코퍼스 기반
한국어교육 연구의
이론과 실제

한국 언어·문학·문화 총서

1

코퍼스 기반 한국어교육 연구의 이론과 실제

강현화 편

보고사

머리말

최근 한국어교육학을 비롯한 많은 연구들은 직관에 따른 문장 중심의 연구에서 벗어나, 대규모 코퍼스를 바탕으로 한 실제 자료에 기반한 연구가 증가하는 추세이다. 특히 응용 학문 분야에 속하는 한국어교육학은 문장 이하 단위가 아닌 실제 사용 맥락(context)을 고려한 담화 차원의 언어 연구가 필수적이며, 이를 위해서는 실제 자료의 구축과 이에 근거한 언어교육학의 이론 도출이 필수적이다. 강현화 교수가 이끄는 연세대학교 국어국문학과의 〈한국어교육 연구팀〉은 이전부터의 말뭉치 언어학에 기반한 연구를 토대로 신규 언어 자료의 구축과 이를 활용한 다양한 기초 연구에서 많은 성과를 얻고 있으며, 이러한 성과는 국제학술대회의 발표와 국내외 학술 저널에의 게재로 이어지고 있어 해당 분야의 학술적 성과에 기여하고자 노력하고 있다.

본 단행본에서 소개되는 논문들은 대부분 대학원 수업의 토론에서 출발한 연구들이다. 1부–3부에 소개되는 연구들은 수업 중의 발표와 토론을 출발로 하여, 주요 한국어교육 관련 학술지에 논문으로 게재된 논의들로 연세대 국어국문학과의 한국어교육 내용학 연구의 단면을 살필 수 있을 것이다.

제1부 어휘 교육 연구는 코퍼스 기반 어휘 연구들을 모았다. 어휘 지식은 언어 교육과정의 초급 단계에서부터 고급에 이르기까지 외국어 습득을 위한 필수 불가결한 요소이며 의사소통의 성패를 결정짓는 요인

중 하나가 된다. 외국어 습득은 어휘의 학습과 함께 시작되며 중·고급으로 갈수록 학습자들의 어휘력 신장과 적절한 사용에 대한 요구가 무엇보다 커지기 때문이다. 또한 어휘 지식은 텍스트 이해와 생산에 중대한 역할을 하고 어휘 오류가 문법 오류보다 의사소통에 더 큰 장애로 작용하는 것을 보아도 외국어 교수·학습에 있어 어휘 교육이 얼마나 중요한가를 가늠할 수 있다. 근래 들어 언어정보처리 기술의 발달로 대규모 코퍼스를 대상으로 한 계량 연구가 가능해졌고, 이에 따라 한국어 어휘 교육 분야에서도 코퍼스를 기반으로 추출한 어휘의 사용 빈도(frequency)나 범위(range) 등의 지표를 연구에 활용하는 일이 많아졌다. 먼저, 강현화 (2015)는 한국어교육 연구의 방향성을 제안하는 논의로 본 단행본의 저술의 배경을 서술하기 위해 작성되었다. 이현정(2014)에서는 한국어 교재와 인터넷 뉴스 기사로 구축한 코퍼스에서 산출한 객관적 지표와 전문가 평정의 주관적 방법을 절충하여 한국어 교육과정에서 교수·학습해야 할 외래어 목록을 선정하였다. 장채린·홍연정(2014)에서는 연구자의 직관에 의존한 기존의 반의어 선정 연구를 비판하면서 코퍼스 분석 및 구글 빈도 조사와 같은 객관적 방법을 가미하여 한국어교육에서 다루어져야 할 반의어 목록을 선정하여 제시하였다. 남신혜·원미진(2011)은 기존 자료와 포털 사이트 검색을 통해 작성한 신어 목록을 조어소로 분석하였다. 이들 연구들은 국내외 학계의 연구 동향을 살피면서 연구의 방향성과 방법론을 모색하였고, 수업의 인프라와 인적 자원을 활용하여 비교적 큰 규모의 언어 자료 정제 및 분석이 가능하였다는 공통점을 갖는다.

제2부 문법 교육 연구는 코퍼스 기반의 문법 연구들을 모았다. 세 편의 연구의 구체적인 연구 목적과 내용은 상이하나 한국어 문법 교육 분야에 유의미하며 적용성 있는 내용적 측면의 지적 산물이라는 점, 그리고 실증적인 언어 자료도서의 코퍼스를 활용한 방법론으로 수행되었다

는 점에 있어서 공통적이다. 먼저 서세정·어지혜(2011)는 한국어 학습자의 숙달도별 연결어미 정확도 변이 양상을 측정하였는데, 한국어 학습자의 작문 자료를 대상 코퍼스로 활용하였다. 이현정·최영롱(2013)은 한국어 교육을 위해 코퍼스에 나타난 사용 빈도와 교재 중복도 등의 객관적인 지표를 사용하여 교육용 연결어미를 선정하였다. 남신혜(2013)는 개별 문법 항목에 대한 구체적인 연구에 속한다. 특히 관계관형 수식화된 간접인용절을 이끄는 표지로서의 '-다는'에 대하여 연구하였는데, '-다는'절에 여러 유형이 있으며 각 유형별로 해당 절을 이끄는 형태인 '-다는'의 문법화 정도가 상이함을 밝혔다. 한승규(2014) 역시 코퍼스를 활용하여 개별 문법 항목에 대한 구체적인 규명을 시도한 연구에 속하는 것으로, 조사 '에게'가 무정성을 가지는

명사와 결합하는 경우에 대한 구체적인 용례 분석을 통하여서 유정성과 무정성에 관한 새로운 시각을 제시하였다

제3부 담화 교육 연구는 최근 활발하게 이루어지고 있는 담화 연구들을 모았다. 한국어교육학 연구에서 담화는 언어 교수 학습의 도구로 연구되기 시작하였다. 의사소통의 성공이 궁극적인 학습자의 목적이라는 관점에서 제2 언어 교육은 미시적인 언어 단위에서 나아가 거시적인 단위들을 연구할 필요성을 지니게 된 것이다. 연구자의 직관이나 주관, 경험에 의존하기보다는 담화 맥락을 객관적으로 살필 수 있는 대규모의 언어 자료 기반 연구가 본격적으로 활성화되기 시작하였다. 이러한 연구 흐름 속에서 최근 한국어 담화 연구는 코퍼스 분석 연구 방법론에 의하여 활발히 이루어지는 동향을 보이고 있다. 박지순(2014)은 코퍼스를 이용하여 한국어의 상대높임법에 영향을 미치는 담화 상의 맥락 요인을 분석하고자 하였다. 홍혜란(2011)은 한국어 논문이라는 특정한 장르의 텍스트가 지니는 담화적 특성을 코퍼스 언어학적 연구 방법과 다차원

분석이라는 통계적 기술을 이용하여 분석하였다. 김강희·김진희(2012)에서는 보조용언 '보다'가 담화 상황에서 사용되는 다양한 의미 기능에 대하여 분석하였다. 이 연구는 보조용언 '보다'가 고정적인 의미 기능을 지니고 있는 것이 아니라, 담화적 요인에 따라 다양한 기능으로 분화되어 사용된다는 점을 밝히고자 하였다. 서지혜(2012)에서는 요청 화행을 수행하는 문법 표현들을 맥락과의 관련성 속에서 기술하고 있다. 이 연구 역시 드라마 발화 말뭉치에 기반하여 문법 표현에 영향을 주는 담화 요인들을 분석하는데, 이를 한국어 교재 말뭉치와 비교 분석하여, 현재 한국어 문법 교육이 지니고 있는 한계와 보완하여야 할 점에 대하여 지적하였다. 이들 네 편의 담화 교육 연구는 모두 코퍼스 기반 연구 방법론에 기반한 논문으로, 한국어의 문법 표현에 영향을 미치는 담화적 요인들을 중점적으로 분석하고 있다는 점에서 의미를 찾을 수 있다.

제4부 교수에의 적용에서는 〈한국어교육 연구팀〉과 교류한 학자들의 논문을 실었다. 한국어교육학 연구는 그 정도의 차이는 있겠으나 언어 학습과 교수를 위한 실용적 목적을 염두에 두고 있다고 할 수 있는데, 여기에서는 이론적 연구나 실증적인 자료를 토대로 도출한 결과를 실제 한국어 교수에의 적용하고자 시도한 연구들을 소개한다. 먼저 김남길(2015)은 기본어휘와 구별되는 핵심어휘를 상정하는 것으로부터 출발한다. 기본어휘 선정에만 쏠려 있는 한국어 어휘 자료 연구의 지평을 핵심어휘라는 새로운 영역으로 확장하고, 핵심어휘 연구를 통해 실제 어휘 사용에서 발견되는 문체적 효과와 표현력의 효과를 검토하여 어휘 교수에 적용할 수 있는 유용한 바탕을 제공하였다는 점에서 의미가 있다고 하겠다. 한송화(2013)는 인용절에 대한 그간의 연구가 주로 '-다고'를 중심으로 이루어졌으나 '-다는' 및 이와 호응하는 보문명사를 통해서도 인용이 이루어짐에 주목하여, 신문 텍스트를 기반으로 '-다는' 인용문의

특성을 살핀 연구이다. 김현강·이윤진(2013)은 한국어 교재의 본문에 내재된 담화적 요소를 분석함으로써 교재 본문이 가지는 중요성과 기능을 재고하고 한국어교육에 시사하는 바를 밝히는 데 방점을 둔 연구이다.

코퍼스라는 키워드로 그간에 이루어진 연구들을 모아보는 일은 매우 뜻 깊은 일인 동시에 지난 몇 년의 연구를 돌아보는 반성적인 작업이기도 했다. 새삼 함께 가고 있는 제자 연구자들의 소중함을 느끼는 작업이었으며, 다시금 새로운 출발을 다짐하게 되는 계기가 되었다. 아울러 동료 학자들의 동행이 늘 힘이 됨을 깊이 느끼게 된다. 이번에 발간하는 연구 성과 모음들이 향후 자료 분석 기반의 한국어교육 연구를 이끄는 작은 역할을 하기를 기대한다.

2015. 4.

대표 저자. 강현화

한국어교육용 외래어 선정을 위한 기초 연구
중복도, 빈도의 객관적 지표와 전문가 평정을 바탕으로 ― 【이현정】

한국어교육을 위한
외래어 조어소 선정에 관한 연구 ― 【남신혜·원미진】

제2부 문법 교육 연구

한국어교육용 연결어미 선정을 위한 기초 연구

구어 · 문어 빈도 및 교재 중복도 등의 객관적 지표를 중심으로 ― 【이현정 · 최영롱】

한국어 학습자의 숙달도별 연결어미 정확도 변이 양상 연구 ― 【서세정 · 어지혜】

{-다는}의 유형과 문법화 ― 【남신혜】

조사 '에게'와 결합하는 무정물 명사의 유정성 연구 – 【한승규】

제3부 담화 교육 연구

한국어 상대높임법 실현의 영향 요인 연구 – 【박지순】

다차원 분석에 의한
한국어 논문 텍스트의 장르적 특성 연구

전공 분야별 비교를 통하여 — 【홍혜란】

'보다' 구성의 가정 의미기능 연구

'-아 봐', '-았어 봐', '-았단 봐'를 중심으로 — 【김진희·김강희】

맥락을 고려한 한국어 문법 교육 연구

요청 화행을 중심으로 — 【서지혜】

제4부 교수에의 적용

한국어 핵심어휘에 대하여

영어의 경우를 참조하여 — 【김남길】

'-다는' 인용과 인용명사의 사용 양상과 기능

신문 텍스트에 나타난 인용을 중심으로 — 【한송화】

한국어 교재 '본문'의 담화적 요소 분석 — 【김현강 · 이윤진】

제1부

어휘 교육 연구

어휘 지식은 언어 교육과정의 초급 단계에서부터 고급에 이르기까지 외국어 습득을 위한 필수 불가결한 요소이며 의사소통의 성패를 결정짓는 요인 중 하나가 된다. 외국어 습득은 어휘의 학습과 함께 시작되며 중·고급으로 갈수록 학습자들의 어휘력 신장과 적절한 사용에 대한 요구가 무엇보다 커지기 때문이다. 또한 어휘 지식은 텍스트 이해와 생산에 중대한 역할을 하고 어휘 오류가 문법 오류보다 의사소통에 더 큰 장애로 작용하는 것을 보아도 외국어 교수·학습에 있어 어휘 교육이 얼마나 중요한가를 가늠할 수 있다.

이와 같은 중요성으로 말미암아 어휘 교육은 한국어교육에 대한 본격적인 논의가 시작된 1980년대부터 지금까지 가장 활발한 연구가 이루어진 분야 중 하나이다. 특히 어휘 교육 연구는 한국어교육 전 영역에 걸쳐 연구가 활발해진 2005년을 전후하여 그 수가 급격히 증가하였고 최근에 와서는 양적인 팽창은 물론이고 연구의 주제나 방법론 역시 다양해지는 추세이다. 한국어교육학의 기초 연구 현황을 진단하고 길잡이를 제시한 강현화(2015)에 따르면 어휘 교육 분야의 이론 연구는 어휘의미 관계와 어휘 대조에 대한 논의의 비중이 절대적으로 크며, 다의어와 유의어, 어

휘장, 연어, 관용 표현을 대상으로 삼은 연구도 활발히 이루어진 편이
다. 앞으로는 한 단계 더 나아가 언어권별, 학습목적별, 숙달도별로 차
별화되고 효과적인 교수가 이뤄질 수 있도록 교수·학습자의 변인을 고
려한 어휘 연구가 필요하다고 보인다. 강현화(2015)에서는 또 어휘 교수
방법론에 대한 기초 연구가 상대적으로 미진하다고 지적했는데, 무엇보
다 학습자 말뭉치 구축이 선행되어야 할 것으로 내다보았다. 어휘 자료
에 대한 연구 역시 아직은 상대적으로 연구의 수가 적은 영역으로 꼽았
는데, 한국어교육용 기본어휘나 특정 목적의 학습자를 위한 어휘 선정
연구는 최근에 그 수가 늘어나고는 있지만 외래어, 한자어, 문화어 등
보다 다양하고 세분화된 주제와 더 다양한 목적의 학습자를 대상으로
한 보다 많은 논의가 요구된다고 할 수 있다.

　근래 들어 언어정보처리 기술의 발달로 대규모 코퍼스를 대상으로 한
계량 연구가 가능해졌고, 이에 따라 한국어 어휘 교육 분야에서도 코퍼
스를 기반으로 추출한 어휘의 사용 빈도(frequency)나 범위(range) 등의
지표를 연구에 활용하는 일이 많아졌다. 특히 코퍼스는 어휘 교수 자료
구축을 위한 연구에 적극적으로 활용되고 있는데, 이현정(2014) 역시 한
국어 교재와 인터넷 뉴스 기사로 구축한 코퍼스에서 산출한 객관적 지표
와 전문가 평정의 주관적 방법을 절충하여 한국어교육 과정에서 교수·
학습해야 할 외래어 목록을 선정하고 있고, 장채린·홍연정(2014)에서는
연구자의 직관에 의존한 기존의 반의어 선정 연구를 비판하면서 코퍼스
분석 및 구글 빈도 조사와 같은 객관적 방법을 가미하여 한국어교육에서
다루어져야 할 반의어 목록을 선정하여 제시하였다. 이들 연구는 한국어
교육용 기본어휘 선정에 치중되어 있던 기존 논의에서 벗어나 외래어,
반의어 등의 주제로 연구의 영역을 확장함과 동시에, 어휘 선정을 위해
전문가 평정과 코퍼스를 바탕으로 한 귀납적 분석을 병행함으로써 연구

자의 주관에 의존한 선행 연구의 한계를 극복하고 어휘 목록을 객관적으로 추출하고 정제하였다는 데 의의가 있다고 하겠다. 남신혜·원미진(2011)은 비록 코퍼스를 활용한 연구는 아니지만 실증적 자료 기반 언어연구라는 점에서 그 궤를 같이 하는데, 기존 자료와 포털 사이트 검색을 통해 작성한 신어 목록을 조어소로 분석하고, 이들 조어소 중에서 한국인이 실제 사용하고 있으나 외국인이 인식하지 못하는 조어소를 교육용 어휘로 선정한 연구이다. 해당 연구는 기존 연구에서 등한시되었으나 구어 의사소통 신장의 관점에서 필요한 신어로 연구의 지평을 넓히고, 어휘의 생성원리에 대한 이해를 통해 효율적 어휘 확장을 도모할 수 있는 자료를 제공한 점에서 그 의의를 찾을 수 있다.

한국어교육의 세계화를 위한 기초 연구

강현화
연세대학교

1. 서론

한국어교육학 분야는 2003년 한국연구재단의 학문 분야로 등록된 이래, 꾸준히 학문 분야로서의 기반을 공고히 하고 있다. 2000년대 이후 해당 분야의 연구물은 양적으로 급증하고 있으며, 외국인 연구자에 의한 연구도 언어권과 수효 면에서 크게 성장하고 있다. 이러한 급속한 성장은 한국어를 배우려는 학습자가 증가하고 이에 따라 한국어 교육기관이 급증하게 됨에 따라, 보다 체계적이고 효율적인 한국어 교수·학습을 위한 학술적 연구 결과에 대한 요구로 이어지고 있기 때문인 것으로 파악된다.[1]

한편으로는 최근 급증하는 한국어교육학 분야의 학술적 성과를 국어학 연구와 연계하여 진단해 볼 수도 있다. 교수학(교육과정론, 교재론, 평가론 등) 영역을 제외한 한국어교육학의 언어지식(내용학) 영역은 한국어를

---

[1] 강현화(2010)에서는 2000~2009년에 이르는 10년간의 연구를 영역별로 분석한 바 있고, 한재영(2013)에서는 최근 30년간의 한국어교육의 논저 목록(7,380편)을 제시하고 있다.

다루고 있다는 점에서 국어학과 연계되기 때문이다. 혹자는 이에 대해 한국어교육학의 내용학 영역이 국어학과 같은가 다른가를 논의하기도 한다. 큰 틀에서 보면 같은 한국어 연구를 대상으로 삼는다는 점에서는 동일하다고 할 수 있지만, 실제 이루어지는 연구 성과물로 보면 국어학 과는 변별되는 한국어교육학적 연구 목적에 의해 변별성을 지닌다. 이는 응용 학문이 가지는 연구의 목적과 연계되는 것이라고 하겠다. 한국어의 교수 학습에서 활용할 수 있는 실제적인 언어 자료를 현재의 국어학 연 구 결과물로는 쉽게 정리할 수 없는 측면이 있다. 한국어교육학의 목표 는 실제 언어를 다루는 담화 층위의 언어, 언어 간 대조 분석에 큰 관심 을 두게 되는데, 이러한 영역들은 상대적으로 국어학의 기존 연구들에서 덜 다루어져 왔기 때문이다. 예를 들어 한국어 교재에서 교수 대상으로 삼고 있는 문법 항목과 국어학 개론의 문법 범주나 학교 문법의 문법 범주들을 단순 비교해 보면, 한국어 교재는 이러한 문법 범주적 접근보 다는 문법 항목별 의사소통 기능에 초점을 두는 어휘적 접근 문형에 다 수를 할애하고 있음을 알 수 있다. 또한 사전이나 교사용 지침서에는 특 정 언어권 학습자를 위한 대조분석 결과의 활용이 중요한 정보로 제공되 고 있어, 학습자 유형에 따른 대조언어학적 연구의 결과물이 매우 중요 하게 다루어지고 있음을 확인할 수 있다.

  따라서 온전히 국어학의 연구 결과만을 가지고 언어 교육을 연구하기 에는 부족함이 있고 이에 따라 여전히 한국어교육학에서의 언어 지식(내 용학)에 대한 연구의 요구는 매우 높을 수밖에 없다. 이는 응용 학문의 초기에 필연적으로 나타나는 현상 중의 하나라고 본다.[2] 강현화(2010)에

---

2 국어교육에서도 일반 국어학과는 달리 학습자를 전제로 한 교육 문법에의 연구가 시 작이 되었던 것과 유사하다.

따른 이전 10년간 한국어교육 분야 논문 편수 중 언어 지식 영역은 총
1,405편의 논문 중 766편(약 55%)에 이르는데, 이는 의사소통 기능 영역
(말, 듣, 읽, 쓰)의 306편에 비하면 2배에 이르는 논문 수이다. 교수 영역
(교재, 평가 등)이 대부분 언어 지식의 기초 자료에 근거하고 있다고 본다
면, 실제로 언어 지식에 할애된 연구의 비중은 78%에 육박함을 알 수
있는데, 이는 그만큼 한국어교육 분야의 기초 연구가 활발했음을 짐작하
게 하는 대목이다. 본고는 한국어교육의 '기초 연구'와 '세계화'라는 키
워드를 중심으로 '기초 연구'의 현황과 전망, 그리고 '세계화'의 방안 모
색을 차례로 살피고자 한다.

2. 한국어교육학 기초 연구의 특징

'기초 연구'라 함은 효율적인 교수·학습을 위한 이론과 자료 구축의
논의에 관한 것으로 주로 (교수 영역이 아닌) 언어 지식 영역과 밀접한 관
련을 가진다. 주로 발음, 어휘, 문법, 문화 교수를 위한 이론이나 자료,
그리고 효율적인 교재 집필이나 교수요목 설계에 필요한 바탕이 되는
연구들을 말한다.

그렇다면 한국어교육 분야의 기초 연구들은 어떠한 특징을 가지는가?
언어의 연구 방법은 다양한 목적에서 이루어질 수 있다. 거칠게 구분해
본다면 첫째는 인간의 산출어로서의 언어 자체를 연구하는 관점이다. 이
는 언어 자체를 객관적으로 기술하는 것으로 주로 국어학의 연구에서
다루어지는 영역이다. 둘째로는 언어의 기능을 다루는 관점이다. 이는
인간이 언어를 통해 어떻게 의미를 전달하고 어떻게 소통하고 어떻게
해석하느냐의 문제로 주로 언어 교육의 영역에서 많은 관심을 가진다.

셋째로는 언어를 개별 인간의 물리적 속성과 연계하여 다루는 관점으로 인간의 언어 습득의 과정이나 절차, 언어 능력 상실의 회복(언어 치료) 등을 연구하는 관점으로 습득론이나 언어병리학 등에서 관심을 가진다. 하지만 이 세 관점의 연구들은 엄밀히 구분되기보다는 언어 연구의 큰 틀에서 서로 연계된다. 이런 구분에서 본다면 한국어교육 분야는 '언어의 의사소통 기능'에 초점을 둔다.

　이러한 언어의 기능에 대한 관심은 자연스레 담화 층위의 연구에 초점을 두게 한다. 언어에 대한 연구의 역사적 흐름을 보면 언어의 가장 작은 단위인 음운론으로부터 시작되어, 형태론, 통사론의 영역으로 관심의 초점이 이동된다. 이러한 시각에서 본다면 향후 연구는 담화 단위의 연구가 활발해지리라 보는데, 최근 구어 문법이나 담화, 텍스트 관련 논의들이 부쩍 증가하고 있음을 확인하게 된다. 이러한 담화 층위의 접근은 언어의 의사소통 기능에 초점을 두는 한국어교육에서 반드시 필요한 부분이다. 실제 의사소통에서는 구어성 담화이든 문어성 담화이든 화자(필자), 청자(독자), 전달 내용(메시지), 전달 환경(상황 맥락)이 반드시 전제되므로, 언어 교육에서의 교수 학습 단위가 담화 층위의 고려가 필수적임은 당연한 일이다. 언어 교육의 측면에서는 언어 간 차이 규명을 위해서는 이러한 상황 맥락(화·청자 관계, 발화 장소, 격식성 여부, 장르 등)을 넘어 사회문화적 맥락(교실 담화, 직장 담화 등) 특성까지도 연구의 대상으로 삼아 고려해야 하기 때문이다.

　한국어교육에서도 이에 관련된 연구들이 집중되고 있고, 특히 구어에 더욱 관심을 두고 있다. 이는 아무래도 언어 학습자의 목표가 구어적 의사소통에 더 초점을 두고 있는 현재의 언어 학습자의 요구와도 맞물리는 것이라 하겠다. 높은 숙달도 학습자에게서 활용될 수 있는 문어 차원의 연구는 상대적으로 국어교육학에서 더 진전되고 있다고 볼 수 있으나,

최근 학문 목적, 직업 목적 학습자가 증가하면서 한국어교육 분야에서도 문어 차원의 담화 연구도 매우 활발히 진행되고 있다.

또한 한국어교육학 연구는 실제 사용 언어 자료를 기반으로 한 연구가 많다. 말뭉치는 발화 맥락이나 상황, 화·청자 변인 등 담화 연구에서 핵심적으로 다루어야 할 담화 정보를 다양하게 포함하고 있어 담화 연구에서 가장 보편적으로 활용된다. 하지만 실제 한국어교육 연구에 활용된 말뭉치 자료는 대규모 말뭉치보다는 연구자가 연구 목적에 맞게 새롭게 구축한 소규모 언어 자료가 많다. 여기에는 학습자 작문이나 말하기 자료, 드라마, 영화 등의 준구어 말뭉치, 그 외의 자료들을 활용해 연구의 목적에 맞게 구축한 말뭉치가 포함된다. 담화의 장르별 접근을 통해 특정 장르에서 의미를 가지는 어휘 패턴이나 문법 패턴을 찾아내려는 연구도 활발한데, 이는 학습자의 의사소통 기능별 교수에 활용이 가능하기 때문이라고 판단된다. 목표 언어 화자인 한국인의 강의 담화나 논문 담화, 수업 발표 담화 등은 학문 목적 학습자의 교육을 위한 준거 말뭉치로서의 기능을 하기도 한다. 아울러 학습자의 중간 언어 말뭉치도 오류 분석을 위해 활발히 사용되는 자료이다.

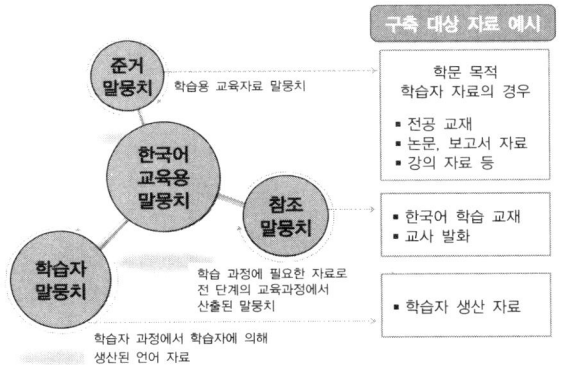

 말뭉치 연구를 보완하는 방법으로 설문 연구가 활용되기도 하는데, 특
히 담화 완성 설문조사 연구는 자료 수집의 용이성으로 자주 활용된다.[3]
균형성과 대표성을 갖춘 자료 수집이 쉽지 않고, 한국어 학습자의 변인
이 다양한 점을 고려할 때 그간의 연구 성과를 잘 모아 체계적으로 분석
하는 것도 합리적인 연구 방법이 될 수 있다. 한편 말뭉치와 설문, 혹은
실험 등을 혼합한 연구도 많다. 이는 말뭉치 자료 분석을 통해 얻은 귀납
적 결과를 설문조사를 통해 검증하거나 교수에의 적용을 위한 구체적인
방법을 구안해 내기 위한 방향을 세우는 데에 상보적으로 활용된다.

 한국어교육학에서는 언어 지식 영역 간의 통합적 연구 경향이 많다.
이는 음운론, 통사론, 어휘론, 담화론 등으로 연구자들이 분화되는 국어
학 영역에 비해, 한국어교육학 분야는 한 연구자가 다양한 분야를 연구
하고 있기 때문이기도 하다. 한 문법 항목의 의미를 억양의 차이로 변별
하려는 연구(음운-문법), 표현 문형의 의사소통 기능 연구(어휘-문법), 특
정 장르에서의 담화 표지의 의사소통 기능 연구(어휘-담화), 친족 호칭어
의 언어 간 대조 연구(어휘-문화) 등과 같은 통합 연구들이 이루어지고
있다.

 대조적 관점에서 한국어 표현의 특성을 찾고자 하는 연구도 활발하다.
주로 의성·의태어나 특정 어휘군, 상투 표현이나 관용구를 중심으로 하
여 한국어 표현의 정형성(stereotype)을 찾고 이를 다른 언어와 비교하려
는 논의들이다. 특히 이러한 언어 연구는 문화 대조에 연계되는데 언어

---

3 그러나 도구의 설계 및 조사 방법의 문제, 수집 자료가 쓰기의 형식을 취하고 있는
  문제, 유도 발화로 자연 발화의 특성을 보이기 어렵다는 문제 등으로 인해 회의적인
  견해도 많다. 또한 화·청자 관계를 비롯한 다양한 상황 맥락을 고려하여 개연성 있게
  설계하는 것이 중요한데, 이러한 상황 맥락을 연구자가 작성한 담화 완성 설문에서
  충분히 반영하고 있는지에 대한 비판적 의견도 많다.

연구와 문화 연구가 밀접하게 연계되는 점도 타분야와의 변별되는 특성이다.

　마지막으로 실제 자료를 기반으로 하는 연구는 규범어에 대한 연구뿐만이 아니라 현실어의 연구에도 초점을 두게 된다. 어종별로 볼 때 현실에서 많이 사용되는 외래어는 교재의 교육적 보수성으로 인해 현실어와의 괴리가 가장 큰 영역이다. 파생어나 합성어 같은 복합어, 구 단위 표제어 역시 실제 사용되는 단어들이 사전에 모두 수록되는 것은 아니므로, 이에 대한 연구도 활발한 편이다. 아울러 자주 통용되는 비표준 발음에 대한 관심도 크다.

3. 영역별 기초 연구 현황과 전망

3.1. 발음 교수

　한국어교육학의 기초 연구는 짧은 시간에 비해 상당히 많은 양적 축적을 보여 왔다. 최근 연구자의 수와 학문 분야에 대한 관심에 따른 것으로 관련 학술대회나 학위 논문, 연구 논문의 수는 급증하는 추세이다.

　한국어에서 발음 교육은 다른 분야에 비해 연구 성과가 많고 연구 수도 급증하는 추세이다. 우선, 해당 영역에서 큰 비중을 차지하고 있는 연구는 대조분석이나 오류분석 연구들이다. 중국어, 일본어, 영어가 주축을 이루던 연구는 최근 다양한 언어권(동남아, 러시아 등)으로 확대되고 있는데, 이는 한국어 학습자의 변화 추이와 무관하지 않은 것으로 보인다. 최근 동남아권 학습자의 급증은 유학생이나 이주민(여성결혼 이민자, 이주 노동자)의 증가와 맞물려 있으며, 한류의 확대로 인한 언어권의 다양성 확대도 한몫을 하고 있다. 아울러 국내 대학원에 재학하는 외국인 연구자들의 증가도 연구 논문의 증가에 일조를 하고 있는 것으로 분석된다. 이런 결과로 최근에는 다양한 음운 대조 연구의 결과들이 산출되고 있으며, 대조분석의 결과와 발음 오류와의 연관성을 지으려는 연구도 늘고 있고 단순한 음소 대조를 넘어서 초분절음소 대조 결과를 활용한 발음 교수 방법에 대한 논의도 진전되고 있다. 발음 영역이 가장 모국어로 인한 부정적 전이를 나타낸다는 점에서 대조 연구나 오류 연구가 활발한 것은 당연한 측면이 있다.

다음으로 의사소통 접근법에 의해 발음의 정확성보다 억양과 강세 등의 영역으로 전환되면서, 보다 다양한 각도에서의 발음 교육에 대한 연구가 활발해지고 있다. 국어원에서 발간한 「함께하는 한국어(고급)」(2012)에서는 단어의 발음 제시를 넘어 문장 단위의 억양을 함께 제시하고 있어 억양 교수에 대한 관심을 보여 주고 있다. 최근에는 특정 언어권(태국어)의 성조를 활용하여 한국어의 /ㅂ/, /ㅃ/, /ㅍ/를 변별하는 방안이나 겹쳐읽기(Shadowing) 기법으로 억양을 개선하려는 교수 방안에 대한 연구도 활발하다. 이러한 교수 방안에 대한 연구는 언어권별 발음 교재에 대한 개발 논의로 이어지기도 한다. 또한 교육과정에서 초급에만 주로 치중되어온 발음 교수를 중급이나 고급 숙달도에까지 지속적으로 확대해서 발음의 화석화를 막아야 한다는 논의도 지속적으로 제기되고 있다.

이 분야에 현재 구축된 기초 연구는 대부분 언어 간 음소 대조 자료에 머물고 있는 실정이므로, 실제 발음 교수에 활용할 수 있는 변이음이나, 초분절음소(강세, 억양, 쉼), 음절 구조, 음운 현상에 이르기까지 폭넓은 대조 자료 구축이 필요하다. 현재 국어학에서의 기술은 음소 기술에 치중된 바가 있고 초분절음소에 대한 기술이 상대적으로 미약하다. 예를 들어 단어 내 강세는 비록 한국어에서 의미를 변별하는 초분절음소로서의 기능을 하지는 못하지만, 이에 대한 지식은 유창하고 자연스러운 발음을 하는 데에는 필수적으로 필요한데 정작 이 부분에 대한 정리된 자료를 찾기란 쉽지 않다.

아울러 표준 발음과 괴리를 보이는 모국어 화자의 현실 발음을 폭넓게 정리할 필요가 있다. 실제 언어에 노출되는 학습자의 이해 영역의 학습을 위해서는 수의적 된소리나 사잇소리 발음, 이중 모음 발음 등에 있어 실제 사용 실태를 분석할 필요가 있다. 또한 문어로 제시되는 교재의 한계로 인해 구어상에서의 발음 특성이 교수되지 못하는 부분이 있으므로 이에 대한 기초 연구가 요구된다.

3.2. 어휘 교수

어휘 교육은 한국어교육학 분야에서 기초 연구가 가장 활발한 영역으로 다수의 논의가 이루어졌다.

첫째, 이론 연구를 살펴보면 어휘의미 관계에 대한 연구가 압도적으로 이루어져 왔으며, 어휘 대조에 대한 연구도 활발했다. 유의어 연구들은 상대적으로 많이 이루어지기는 했으나, 숙달도 별 유의어 목록에 대한 연구는 충분하지 않은 편이다. 어휘장에 대한 연구는 최근 가장 급증한 분야로, 예를 들면 이주 여성을 위한 '요리 관련 어휘'와 같이 학습 목적에 따른 어휘장을 선정하여 이들의 어휘 목록을 다룬 연구가 많다. 다의어에 대한 연구도 증가했는데, 이는 고급 학습자가 증가하면서 다의 항목별 단계적 교수가 필요함을 인식한 데에서 기인했다고 본다. 앞으로는 유의 관계나 반의 관계 어휘 간의 대조분석적 연구나 이들의 연어 구성에서의 차이 등에 대한 논의가 이루어질 필요가 있다. 향후 주제별 어휘장에 대한 논의가 심도 있게 다루어진다면, 특정 주제의 어휘장을 필요로 하는 이주 여성이나 학문 목적 학습자의 교재 개발에 활용될 수 있을 것이다. 대조 연구를 주제별로 살펴보면 한자어 대조와 신체어 대조가 가장 많이 이루어졌으며, 외래어, 존칭어, 의성의태어, 의식주 관련 어휘들이 많이 다루어졌음을 알 수 있다. 개별 어휘를 대상으로 한 대조 연구도 많았는데, 품사별로 보면 동사, 명사, 조사 대조가 많았으며, 수량사, 지시사 등에 대한 논의도 많이 이루어졌다. 조어 방식에 따른 어휘 교육 연구도 활발하다. 특히 고유어 접사보다는 한자어 접사에 대한 연구가 많고, 의미 유형별로 접사를 묶어 대조하는 논문도 보인다.

연어에 관한 연구는 다양한 관점에서 폭넓은 연구가 진행되어 왔다. 이는 학습자의 연어 오류[4]가 많아 어휘 학습에 중요한 부분을 차지하기 때문이라고 판단된다. 초기에는 주로 한국어교육에서 다루어야 할 관용 표현의 범위나 목록에 대한 논의가 이루어져 왔는데, 관용 표현의 개념과 유형 연구에 치중했던 국어학적 관점과는 달리, 언어교육에서 다루어야 할 고빈도 관용 표현의 목록에 대한 논의가 주를 이루었다. 또한 관용 표현의 세부 항목별(관용구, 한자어 관용 표현, 사자성어 등) 연구가 이루어졌는데, 이는 주로 대조 연구를 하기 위한 기초 자료로 사용되었다. 관용 표현은 언어 간 대조의 결과를 바탕으로 유사한 것과 차별적인 것, 혼동을 야기하는 것들로 분석되어야 함에도 불구하고, 다양한 언어권별로 이러한 연구가 충분히 이루어지지 않은 것은 아쉽다. 특히 관용 표현 연구가 현재 사용하는 언어라기보다는 단순히 기존의 사전 목록에 기대고 있는 연구가 많아서 실제성의 측면에서 미진한 경우가 많다. 아울러 효율적인 관용 표현 교수 방법에 대한 논의 역시 어휘 교수의 일반적 방법과 크게 차별화되지 못하는 경향이 있다. 관용표현은 단순한 의미 제시보다는 맥락에서의 사용 방법에 초점을 두는 것이 바람직하기 때문이다.

---

4 연어의 논의에서는 문법적 연어도 포함된다.

또한 화자의 의도에 따라 관용 표현의 사용 여부가 달라져야 하는데, 이러한 측면에 초점을 두지 못하는 측면이 있다. 관용 표현을 이해 어휘에 초점을 두어야 하는지, 생산 어휘로서의 기능을 가져야 하는지에 대한 고민도 필요하다. 대부분 이해어휘가 될 가능성이 많으나 생산어휘로 사용된다고 하더라도 누구에게, 어떤 맥락에서, 어떤 의도를 가질 때 사용할 수 있으며, 용인될 수 있는지에 대한 충분한 교수가 이루어지지 않는다면 효율적인 사용이 이루어질 수 없기 때문이다. 속담은 오랜 기간 목표 문화 화자에게 공유되어 온 문화적 특성을 담고 있는 것으로 교훈성을 담고 있는 것이 대부분이며, 이는 한국의 문화와 밀접하게 연계된다. 하지만 현재의 연구들은 단순히 속담 표현의 목록 제시와 이에 근거한 대조 분석에 머물러 있는 경우가 많으며, 구체적으로 분석 결과를 바탕으로 하여 문화 간 차이를 드러내는 데에까지는 이르지 못하고 있다. 한편 외래어의 경우, 현행 한국어 교재들은 교육적 보수성으로 인해 실제 사용되는 외래어의 비중을 상대적으로 적게 담고 있으므로, 실제 사용을 고려한 부가적 어휘 교수에의 고려가 필요하다. 유행어는 현행 교재에서는 보수적으로 다루어지고 있으나, 한국어 학습자의 관심은 상대적으로 높다. 지속성 여부가 불투명하므로 이를 교육의 대상으로 삼아야 하는지에 대해서는 논란이 있지만, 한류에 영향을 받은 특정한 환경의 학습자에게는 매우 중요한 부가적 어휘 교수의 대상으로 활용될 수 있으리라 본다. 호칭어에 대한 연구도 관심이 높으며, 이 중 많은 수가 대조적 연구임이 주목할 만하다. 이는 한국어의 호칭어 습득이 상대적으로 매우 어렵기 때문인 것으로 파악된다. 호칭어와 지칭어의 구분도 쉽지 않지만, 호칭어는 특히 화자와 청자, 그리고 화자와 청자의 관계에 따라 맥락 의존적으로 달라지므로 외국인 학습자에게는 매우 습득하기 어려운 어휘군이다. 특히 한국어의 호칭이 대명사나 이름보다는 직함이 더 많이 활용되며, 가족 호칭어가 사회에서 상용되기도 하는 특성을 고려한다면 학습자의 어려움을 짐작할 수 있다. 이러한 이유로 해당 분야에 대한 연구가 많은 것으로 해석할 수 있을 것이다. 어휘 영역에서 추가적으로 연구되어야 할 부분은 최근 어휘 사용을 반영한 혼성법(blending)에 의한 어휘나 구어에서 나타나는 줄임(shortening)이나 생략(clipping)에 대한 논의들이다. 이에 대한 논의가 상대적으로 부족하다.

둘째, 어휘 교수 방법론에 대한 기초 연구는 상대적으로 활발하지 못했다. 학습자의 중간언어 분석을 유사통시적 방법으로 접근한 몇몇 논문을 제외하고는 어휘 습득의 구체적인 연구는 매우 제한적이다. 이에 비해 어휘 오류에 대한 연구는 많이 이루어졌다. 하지만 어휘 오류 분석을 바탕으로 한 습득 양상에 대한 고찰에 이르기보다는 오류 자료에 근거한 양적 통계에 머물고 있는 연구들이 많다. 학습자 오류 자료는 양적 규모 면에서 국외의 학습자 언어 자료에 비해 충분하지 못하며, 문어 자료에 치중되어 있다는 점에서 다양성 면에서도 미흡하다. 또한 일부 연구들은 개인이 구축한 소규모 자료의 양적 통계에 의존하고 있어, 오류 유형이나 오류 빈도 분석에 대한 일반화가 어려운 것들도 있다. 이런 의미에서 본다면 학습자 말뭉치의 수집 및 활용은 국내외 기관이 협력하여 체계적으로 구축될 필요가 있다. 말뭉치의 유형 역시 다양한 자료(구어, 문어, 영상)로 구축한 다양한 유형(수업 담화, 평가 자료, 일상 담화 등)이 필요하다.

셋째, 어휘 자료에 대한 연구는 많지 않다. 어휘 선정이나 사전에 대한 논의가 많지 않은 것은 학습사전 혹은 보고서 형식의 자료는 많이 이루어졌으나, 이를 논문으로 작성한 사례는 많지 않기 때문으로 해석된다. 최근 웹을 통한 외국인을 위한 기초사전(5만 어휘)과 다국어 대역사전에 대한 논의가 많이 다루어졌으며,[5] 어휘그림 사전에 대한 논의도 이루어졌다. 한국어교육용 어휘 목록에 대한 연구는 다양하다. 어휘 선정과 관련하여 그간 한국어교육용 어휘 목록에 대한 용역성 연구나 사전 기술을 위한 목록 연구, 개별 연구 등이 다수 이루어져 왔으나, 전체적인 어휘 계량에 대해서만 관심을 가졌을 뿐, 어휘 영역별 선정 기준에 대한 기술은 상대적으로 부족한 감이 있었다. 예를 들면 고유명사 선정 기준이라든지, 어미(어미 복합형 포함) 선정 기준 등에 대한 명시적 기준 제시가 부족했다. 최근의 논의로는 강현화(2014a), 강현화(2014b)에서의 초급과 중급 어휘 선정 연구와 강현화 외(2014d)의 한국어능력시험용 초급과 중급 어휘 선정 연구는 선정의 기준과 절차를 명확하게 제시하고 있다는 점에서 후속 연구를 위한 토대를 마련하고 있다. 강현화(2014c)에서는 현행 한국어 교재 및 한국어능력시험 어휘량을 분석하고 있는데 아래와 같이 선행 연구의 논의들에 비해 교육과정이나 평가에서는 많은 어휘들이 노출되어 다루어지고 있음을 확인할 수 있었다.

〈표 1〉 한국어 5개 기관 교재와 한국어능력시험 텍스트의 어휘량 비교

단계	타입		토큰		비고
	한국어 교재	한국어 능력시험	한국어 교재	한국어 능력시험	
초급	6,966 (5종 평균 3,004)	3,529	302,265	112,667	한국어능력시험 1~34회
중급	14,844 (5종 평균 6,384)	9,942	499,676	215,037	한국어능력시험 1~34회
고급	22,355 (5종 평균 9,053)	18,566	457,293	277,233	한국어능력시험 1~34회
합계	28,511 (5종 평균 12,279)	21,602	1,527,778	327,704	1~36회

---

5 강현화·원미진(2012)에서는 한국어 교재, 한국어 학습사전, 토픽 자료 등 약 17종의 한국어 관련 자료에서 추출한 어휘 목록을 바탕으로 한 5만 어휘의 한국어 학습용 어휘를 선정하고 있어 어휘 목록 수로는 가장 큰 규모를 제시하고 있다.

이러한 연구는 국어정보학적 접근에서 단순히 어휘 빈도에 근거한 기본어휘를 선정하는 방식에 앞서, 한국어교육 교육과정에서 사용되고 있는 어휘량을 객관적으로 파악함으로써 숙달도별 어휘량을 선정하는 데에 기초 자료로 활용될 수 있을 것이다.

3.3. 문법 교수

언어 교육에서 다루는 문법은 어휘와의 연계가 높다. 문법 교육에서의 연구들은 고립된 문법 요소의 연구에 그치지 않고 점차 단어와 문장 구조 사이에 밀접한 연관 관계를 밝혀내는 어휘·문법적 접근 방식으로 변해가고 있다. 또한 문법은 실제 언어 사용의 영역별로 한정적 기술(register-specific descriptions)을 하게 되는데,[6] 이러한 접근은 문법의 사용은 결국 맥락에서의 선택이라는 점에서 매우 타당하다.[7] 또한 언어 교수에서의 문법은 정확성의 문제보다는 적절성의 조건에 주목한다. 이는 하나의 문법이 옳다는 것을 넘어 대체 가능한 문법 구조의 적절성의 여부를 판단하는 것과 관련되어 있다. 이런 이유로 최근 한국어교육에서의 문법 연구는 규칙성과 통일성을 찾는 것보다는 다양성(언어의 사용역별, 계층별, 지역별 차이)에 초점을 두고 있으며, 언어의 변이 현상에도 초점을 두고 있다. 강현화(2012), 강현화(2014e)에서는 문법 형태가 화자(성별, 나이), 청자(성별, 나이), 화·청자관계, (화자의) 발화 의도, 발화 장소에 따라 어떻게 선택되는지를 고찰하는 맥락 문법적 연구가 이루어진 바 있다.

사실 언어 교육에서의 문법은 해당 언어를 좀 더 쉽고 체계적으로 학

---

6   Susan Conrad(2000)

7   Biber et al.(1999)에서도 영어의 구문에 나타나는 문법적 유형이나 특성을 언어 사용 영역별(register)로 구분하여 각 영역별 사용 빈도와 양상을 살피는 것이 중요함을 지적한 바 있다.

습할 수 있도록 돕는 장치로 작용하며, 이런 이유로 성인 학습자들은 외국어의 문법을 습득하는 일을 매우 중요시 한다. 현재의 대부분의 한국어 교재는 비록 다중 교수요목을 추구하지만 여전히 문법 항목은 그 근간을 차지하고 있다고 볼 수 있다. 따라서 문법 교수 영역에서의 기초 연구들은 매우 많고 다양하다.

우선 말뭉치 기반의 연구 방법을 활용하여 조사나 어미(혹은 결합형)와 같은 문법 항목의 사용 빈도와 사용 패턴을 살피는 연구들이 있다. 말뭉치는 문법적 연어 항목의 선정이나 의미 파악에도 기여한다. 개별 문형의 장르별 사용 빈도를 산출하기도 하며,[8] 이러한 코퍼스 기반 연구들은 문형의 숙달도별 등급화에도 관심을 가진다. 하지만 어휘 영역에 비해 표현 문형의 범위에 대한 명확한 준거 설정과 개별 문형의 빈도 등이 총체적으로 다루어지지는 못했다.

초기 연구들이 주로 문장 이하 단위에서의 문법 연구에 초점을 두었다면, 최근의 연구들은 주로 담화 단위에서의 문법의 사용에 주목한다. 교수 문형과 화행과의 연계를 통해 문형을 형태나 의미 외에 사용의 측면에서 접근하고자 하는 노력들이 늘고 있다. 문법 교육 관련 기초 연구의 또 다른 특징은 구어 문법에 대한 관심이 높아지고 있다는 것이다. 최근 구어말뭉치를 활용한 연구들이 증가하고 있으나 활용하는 구어 말뭉치의 규모가 크지 않다는 한계가 있다. 하지만 여전히 구어 영역(말하기, 듣기)과 문어 영역(읽기, 쓰기)에서 사용되는 문형 간의 변별성에는 깊이 주목하지는 못하고 있다.

이 밖의 연구들은 개별 문형에 대한 연구나 유사 문형 간의 변별 연구

---

8 윤현애(2011)는 피동 표현에 초점을 두고 8개의 장르별로 피동 표현의 사용 빈도와 기능에 대해 분석하였고 이를 통해 장르별 문법의 기능이 상이할 수 있음을 보였다.

가 많은 비중을 차지하는데, 한국어교육에의 적용을 위해 유사 문형의
숙달도별 등급화에 관심을 가지거나 학습자의 모국어와 대조하는 연구
들이 다수를 차지하고 있다. 대조적 관점의 연구는 학습자 언어권별로
지속적으로 연구될 필요가 있는 영역이며, 이들 결과들은 학습의 어려움
을 예측하거나 현지화 교재 집필의 기초 자료로 사용될 수 있을 것이다.

4. 한국어교육 세계화를 위한 기초 연구의 방향성 모색

앞장에서는 한국어교육 분야의 언어 지식(내용학) 영역에 한정하여 기
초 연구의 현황을 짚어 보고 향후 연구의 방향성을 모색해 보았다. 큰
틀에서 볼 때, 한국어교육의 세계화를 위한 기초 연구 역시 앞선 장에서
다룬 내용들이 기반을 이루어야 한다고 생각하나, 앞장의 내용들이 주로
언어 교육 연구 자체나 국내의 KSL 학습자에 초점을 두었다고 볼 때,
이밖에도 국외 학습자의 시각에서도 고려해야 할 사항이 있을 것이다.

첫째, 학습 영역별 학습자의 요구 조사가 폭넓게 이루어질 필요가 있
다. 최근 한국어학습자는 점차 도구적 동기를 가진 학습자가 늘고 있으
므로, 이들의 구체적인 요구를 학습 영역별, 언어권별, 학습 목적(학문,
이주, 취미, 직업 등)별로 파악할 필요가 있다.

둘째, 학습자의 언어권별, 대상별(이주, 학문, 재외동포 등) 학습자의 중
간언어 자료 구축이 필요하다. 이를 바탕으로 언어권별 대조 연구나 중
간언어 습득 연구를 진행할 수 있다. 아울러 학습자의 언어를 진단하기
위해 참조 자료(모어화자의 언어 수행 자료) 구축도 필요하다.

셋째, 언어와 문화와의 통합 연구가 보다 구체적으로 이루어질 필요
가 있다. 한국어 학습의 궁극적 목적이 목표 언어 화자와의 소통과 이해

에 있다고 본다면, 언어와 연계된 한국 문화의 제 영역이 함께 다루어질 필요가 있을 것이다. 아울러 가능하다면 한국학의 영역까지 학문적 토대를 연계할 필요도 있다.

5. 마무리

한국어교육계의 연구자들은 초기의 총체적 접근 방식에서 점차 고유의 전문 영역에서 성과를 내는 방향으로 전환되고 있으며, 한국어교육학을 위한 기초 연구와 이의 응용 연구도 점차 분리되어 가고 있는 경향이라고 판단된다. 기초 연구는 변화해 가는 언어 학습의 요구에 부응해서 효율적인 교수·학습을 뒷받침하는 기초 자료 구축에 노력해야 하며, 응용 연구 역시 국외의 언어 교육 이론 적용을 넘어서 한국어의 특성, 한국어 학습자의 특성에 기반한 적용적 교수 방안을 모색하는 데에 노력을 기울여야 할 것이다. 아울러 대규모 언어교육 관련 말뭉치(구어 말뭉치, 학습자 언어 말뭉치, 교육과정 말뭉치)의 구축은 정책적 지원을 통해 지원되어야 하며, 대조분석 연구를 위해서는 다른 외국어교육 분야의 연구자들과의 협업도 필요하다.

한국어교육용 반의어의
개념 설정 및 목록 선정에 관한 연구

중급 범용적 반의어 목록 선정의 예

장채린 · 홍연정
이화여자대학교 언어교육원
홍익대학교 국제언어교육원

1. 서론

　의사소통 교수법 중심의 언어 교육이 유행하면서 어휘 교육의 필요성은 점점 커지고 있다. 어휘 지식은 상대적으로 문법 지식보다 의사소통 상황에서 직접적인 디딤돌을 제공해 주기 때문이다. 따라서 이러한 어휘 교육을 효율적으로 하기 위하여 어휘 관계를 이용한 다양한 연구들이 이루어지고 있다. 파생법 또는 합성법 등의 단어 형성법을 이용한 어휘 교육 연구, 유의어, 반의어, 다의어, 상하위어 등의 계열적 관계를 이용한 연구, 연어, 관용어, 속담 등의 통합적 관계를 이용한 연구, 이 밖에 한자어, 외래어, 문화어 등의 어휘의 다양한 측면을 이용한 연구 등 여러 방면에서 이루어지고 있다. 이상의 다양한 주제의 연구는 나름의 교육적인 효용을 가지고 있는 것으로 보인다.

　본고는 위와 같이 다양한 주제의 어휘 교육 분야에서 계열적 관계에 속하는 반의 관계에 초점을 맞추어 연구를 진행하고자 한다. 반의 관계에 놓인 단어들은 그 단어들의 의미적 동질성을 기본으로 하며 단 하나의 이질적인 요인 차이로 인하여 생긴 것으로 볼 수 있다. 이러한 이론적 조건에서 성립되는 반의어들은 한 문장 내에서 공기할 가능성이 높다는 점과 어떠한 단어의 관련어로서 제시될 가능성이 높다는 점에서 교육적인 효용성을 찾을 수 있다. 학습한다는 것은 그 학습 대상 자체에 대해서도 알아야 하겠지만 그것을 명확히 하기 위해서는 주변적인 관계도 파악해야 한다. 이러한 점에서 생각해 보았을 때 반의 관계에 입각하여 학습 대상이 되는 어휘를 연구하는 것은 학습자의 이해력을 높이기 위해 필요한 일이겠다.

한국어 반의어 교육에 있어서 교육용 반의어의 개념, 범위, 목록, 선정 기준과 같은 쟁점에 관한 차별화된 논의가 필요한 것으로 보인다. 비록 국어학 분야에서는 반의어의 개념, 범위와 같은 여러 논의가 심도 있게 진행되었으나 이를 바로 한국어교육 분야에 적용하기에는 어려움이 따른다. 따라서 국어학에서의 반의어 연구를 딛고 한국어교육 분야를 위한 반의어 개념 및 반의어 목록 자료 구축에 관한 여러 쟁점에 관한 폭넓은 논의가 선행되어야겠다.[1] 본고는 한국어교육용 반의어 목록 선정을 최종 목표로 하여 아래와 같은 연구 질문에 답하기 위하여 연구를 설계하고 진행하도록 한다.

첫째, 한국어교육용 반의어 개념은 무엇인가?
둘째, 한국어교육용 반의어 목록 선정의 방법 및 절차 무엇인가?

---

1 한국어교육용 반의어의 개념 및 범위는 어휘 목록의 활용 상황을 고려해 봤을 때 기존의 국어학 분야에서 논의되는 것과는 차별될 필요가 있다. 언어학 내지는 국어학 분야에서의 반의어가 이론적 또는 연역적으로 개념 정의 및 범위 설정, 목록 선정이 이루어졌다면 한국어교육 분야에서는 귀납적인 방법으로 접근할 필요가 있다. 즉 이론에 의해 결정되는 목록이 아닌 교육적 목적과 교육 환경을 고려하여 다각도로 한국어교육용 반의어의 개념 및 범위와 목록을 모색하여야 한다.

셋째, 한국어교육용 반의어 목록은 무엇인가?
넷째, 한국어교육용 반의어 목록의 등급화는 어떻게 이루어져야 하는가?

한국어교육용 반의어는 학습자들의 숙달도를 고려하여 초급, 중급, 고급으로 등급화되어야 하며, 등급화의 기준이 서로 다르게 적용되어야 할 것이다. 본고에서는 이중에서도 특히 중급 반의어 목록을 선정해 보고자 한다. 그 이유는 반의어 목록이 초급에서 고급으로 갈수록 맥락 의존적으로 변하므로 반의어 목록이 더 다양해질 수 있기 때문이다. 또한 현행 한국어 교재에서의 반의어 제시는 초급 교재에 한정되어 있는 경우가 대다수로 그것이 중급과 고급으로까지 연계되지 않는다. 그러나 중급으로 가면서 학습해야 할 어휘량이 늘어나고 어휘력이 더 중요해진다는 것을 고려해 본다면 중급 학습자들을 위한 반의어 목록이 필요하다. 이러한 필요성에 의하여 본고에서는 중급 반의어 목록을 선정하는 것을 목적으로 하여 그 선정 방법과 과정에 관하여 논의하고자 한다.

2. 선행 연구

반의어와 관련하여 진행된 논문들을 보면 국어학 분야에서 반의어의 개념이나 정의에 초점을 둔 이론적인 연구, 한국어 어휘 교육의 내용학으로서 진행된 반의 관계 관련 연구, 그리고 한국어교육학 내의 어휘 교육 방법에 관한 연구로 크게 세 영역으로 나눌 수 있다.

우선 반의어의 개념이나 정의에 초점을 둔 이론적인 연구에는 강수진(2010), 도재학(2011), 도재학(2013), 류은종(1990), 문창덕(1990), 배정호(1993), 왕파(2012), 이광호(2008), 이민우(2011), 이석주(1975), 정인수(1991)

등이 있다. 이 연구에서는 국어학 개념 내에서 반의어에 관한 전반적인 개념을 다루었으며, 다소 한정하기 어려운 반의어의 범위에 관하여 이론적으로 접근하였다. 한국어교육에서의 반의어 설정을 위해서는 이러한 이론적인 측면의 검토도 필요하나 해당 어휘가 쓰이는 실제적 맥락을 살피는 것 또한 유의미한 것으로 판단된다. 또한 반의어쌍은 교육 상황에 따라 가변적인 측면을 띠므로 교육적 목적에 맞는 반의어 개념을 다음 3장에서 설정하기로 한다.

선행 연구의 두 번째 영역으로 한국어 어휘 교육의 내용학으로 분류될 수 있는 연구에는 이광호(2009가), 이광호(2009나), 이기황(1998), 이동혁(2012), 이민우(2011), 이민우(2012), 이종철(2003), 임채훈(2009), 추엔웨이(2013), 홍윤기(2009) 등이 있었다.

한편 한국어교육 내용학과 더불어 구체적인 어휘 교육 방법에 대하여 논의한 연구에는 김지연(2011), 문금현(2005), 서기선(2007), 이경숙(2007), 이민우(2012), 임지룡(1989), 진소(2005), 최유정(2013), 최호정(2013), 황종(2006), 황종(2007) 등이 있었다.

내용학과 한국어교육학에서의 교육 방법에 대한 선행 논문들을 통하여 반의어 목록 선정 방법과 기준은 무엇인지, 반의어 추출 방법 및 과정은 어떻게 되는지에 관한 논의가 이루어졌다. 이를 통하여 반의어 선정을 위한 기초 자료에는 어떠한 것이 있으며, 최종 목록 선정을 위한 초기 목록의 확보 방법, 사용 말뭉치 등의 여러 측면을 살필 수 있었다.

그 결과 반의어 목록 선정을 위한 기초 자료로는 국립국어원의 '현대 국어 사용 빈도 조사' 목록을 활용한 것도 있었고(임채훈, 2009), 21세기 세종계획 말뭉치(이광호, 2009), 경희대 교재를 비롯한 5종의 한국어 초급 교재(이민우, 2012a), (주)낱말·어휘정보처리연구소의 『넓은 풀이 우리말 반의어 사전』(최유정, 2013) 등의 다양한 자료를 사용한 예가 있었다.

한편 반의어 목록 선정 기준에 관한 내용에서는 이광호(2009)를 비롯한 대부분의 연구에서 '빈도'가 우선순위로 고려되는 것으로 보인다. 또한 반의어는 특성상 그 반의어 쌍이 제시된 맥락에 따라 달라지는 경우가 있으므로 초급 단계 반의어 목록을 제시하는 경우에는 맥락적 가변성이 적은 것을 우선적으로 선정하는 등의 작업이 수반되기도 하였다(이민우, 2012).

선행 연구를 살펴본 결과 반의어를 연구하는 데에 있어서 다른 어휘 선정 작업들과 다른 문제는 어떤 단어를 반의어 교육의 대상으로 삼을 것인가에 관한 것이 아니라 이미 나와 있는 목록의 해당 단어에 대한 반의어가 무엇이며 대응되는 반의어를 어떻게 뽑아낼 것인가에 관한 문제로 집약될 수 있었다. 즉 대응되는 반의어 쌍을 직관에 의존하여 가릴 것인지, 아니면 기술적, 통계적으로 추출할 것인지 등에 관한 쟁점에 있어서 여러 연구에서 다양한 시도를 하였다.

이러한 반의어 추출 방법 및 과정에 관하여 반의어 쌍이 맥락에 따라 그 대응짝이 달라진다는 점에 착안하여 이광호(2009가)와 이광호(2009나)에서는 Jones(2001)의 방법을 활용하여 연구를 진행하였다. 이 연구들에 따르면 반의어 쌍은 표현적인 필요에 의하여 한 문장에 출현할 가능성이 높다고 보고 있다. 따라서 21세기 세종계획의 형태의미분석 1000만 어절 말뭉치를 활용하여 한 문장에서 공기하는 동일 품사 단어짝을 추출하여 빈도순으로 정리하였는데 대체로 고빈도의 동일 품사 어휘짝에서 상당수의 반의어쌍이 나타나는 경향을 보였다고 하였다. 이러한 방법은 코퍼스에 따라 결과가 달라질 수 있다는 한계점이 있으나 장점이 많은 것으로 보인다. 직관적으로 생각한 반의어 쌍 이외에 언어생활에서 쓰이는 실제적인 반의어 쌍 후보 목록을 확보할 수 있다는 점에서 유용한 접근이라 판단된다.

이와 같이 다양한 기술적, 통계적, 직관적 방법을 활용하여 한 단어에 대한 반의어 후보 목록이 확보가 된다면 그 이후에 한국어교육에 활용하기 위하여 나아가야 할 단계는 등급화에 관한 작업이 될 것이다. 예를 들어 '가다'와 관련된 반의어로서 여러 사전, 말뭉치, 직관 등에 기반을 두어 이의 반의어 쌍으로 제시될 수 있는 후보 단어들로서 '나오다', '다가오다', '돌아오다', '되돌아오다', '들어오다', '머무르다', '멈추다', '묵다', '오다', '주저앉다' 등이 추출되었다면 이러한 후보 단어들 중에 어떠한 쌍이 초급, 중급, 고급에서 제시되어야 하는지에 관한 쟁점이 대두될 수 있을 것이다. 위와 같은 반의어 쌍의 후보 목록이 그대로 한국어교육에 활용될 수는 없으므로 등급화의 과정이 필요하다. 그러나 선행 연구에서는 이러한 등급화 기준이나 방법에 관한 내용에 관하여 본격적으로 논의된 바는 없었다. 따라서 이와 관련하여 본고에서는 앞선 연구들의 논의를 종합한 것을 토대로 3장에서 반의어 쌍의 등급별 기준을 제안해 보고자 한다.

3. 한국어교육용 반의어 개념 및 선정 기준

3.1. 한국어교육용 반의어 개념의 설정

본고에서 연구 대상으로 삼고 있는 '반의어'의 영어 술어인 'antonym'은 한국어에서 '반대어', '대립어', '상대어', '반의어' 등의 용어로 사용되었다. 이중 반의어라는 용어가 자주 사용되는데 이 용어는 나머지 다른 용어들과 공통적이기도 하지만 개념적으로 약간의 차이를 동반하기도 한다. 반대어는 반의와 대립을 포함하기도 하고(김광해, 1993), 자질적인 차이에 초점이 있는 경우(남기심, 1974:133-134)도 있어 연구자들마다 조작적 정의가 다소 다름을 알 수 있다. 이광호(2008:118)에서는 "대립어는 반의어라고도 불리는데"라고 하여 이 두 용어가 큰 차이가 없음을 암시하고 있지만 대립어는 기준점에 따라 다르게 설정될 수 있다는 점에서 차이가 있다. 상대어는 대립어보다 훨씬 포괄적인 개념으로 반의어뿐만 아니라 색채 어휘처럼 서로 상관관계를 맺는 다양한 어휘들도 상대어에 포함된다(이승명, 1978). 반대어, 대립어, 상대어라는 용어를 사용할 때에 관련어 역시도 연구 대상에 포함시켜야 할 수 있으므로 본 연구에서는 반의어라는 용어를 사용하기로 한다.

  반의어는 의미적 동질성과 이질성이 전제된 것으로 의미적 배타성을 갖는다(류은종, 1990). 이때 동질성은 동일한 상위 개념을 가져야 하며, 품사가 서로 같아야 함을 의미한다. 또한 한 사회에서 동시 연상이 가능한 어휘여야 한다는 제약이 있다. 그러나 한국어교육용 반의어 선정에 있어서는 이러한 정의가 보다 유연하게 적용되어야 할 것이다. 예를 들어 국어학의 논의에서는 '젊다'는 형용사로 동사인 '늙다'가 반의어로 성립되기 어렵다. 그러나 교육적인 상황에서는 국어학에서의 언어학적 기준에서 벗어나, 비록 품사가 서로 다르더라도 '젊다'의 반의어로 '늙다'가 제시 될 가능성이 높다. 또한 한국어교육 현장에서는 '뚱뚱하다'의 반의어로 '날씬하다'뿐만 아니라 '말랐다(마르다)'를 제시했을 때 교육적 효과가 더 클 수 있다. 이처럼 국어학에서 논의되는 반의어의 개념적인 측면을 한국어교육의 목적과 상황에 비추어 재검토할 필요가 있다.[2]

---

2 또한 사회적 관습이나 문화에 따라서 반의어가 다르게 설정될 수 있으므로 한국어교육적인 목적에 비추어 볼 때 어떻게 반의어를 설정해야 할 것인지에 대한 논의 또한 필요하다. 반의어를 사회적으로 동시 연상이 가능한 어휘로 설정했을 때 문화권이 상이한 학습자들의 경우 반의어 인식이나 수용에 있어서 상당한 차이를 느낄 수 있기 때문이다(박정은, 2009).

우선 교육용 반의어는 목표어 학습에 도움을 줄 수 있어야 한다. 그러나 이때 어떤 반의어 쌍이 학습에 도움이 된다고 할 수 있는지 그 기준에 대한 문제를 제기할 수 있다. 본고에서는 다수의 선행 연구에서 지적한 바와 같이, 그 기준을 맥락 안에서의 공기 가능성이라고 본다. 예를 들어, 『표준국어대사전』에서 제시하고 있는 '입학'의 반의어는 '퇴학'이지만 『21세기 세종 축소 말뭉치』에서 '입학'과 공기하는 반의어를 살펴본 결과 '퇴학'이 아니라 '졸업'이 6회 출현하였다. 이처럼 언어학적으로는 반의어의 조건을 충족한다고 할지라도 그것이 한 맥락에서 공기하지 않는다면 언중들이 연상할 수 있는 범위 밖에 있다고 볼 수 있어 학습자들에게 이러한 언어학적인 기준에 의한 반의어 정보가 반드시 유용하다고 보기 어렵다.

따라서 이 연구에서는 이러한 교육적인 효용성을 만족시키기 위하여 "한국어교육용 반의어의 개념"을 "의미적 배타성을[3] 지니면서 특정 맥락 안에서 공기할 가능성이 높아 학습자들의 목표어 생산 및 이해에 유용할 것이라고 기대되는 어휘 쌍"으로 설정한다.

3.2. 한국어교육용 반의어 목록 선정 기준

3.2.1. 범용적 기준과 적용적 기준

한국어교육 현장에서의 교육용 반의어 목록의 도입과 관련하여, 세부 목적 및 교육의 환경에 따라 범용적 반의어 목록과 적용적 반의어 목록으로 구분해 볼 수 있을 것이다. "범용적"과 "적용적"이라고 하는 개념은 장채린·강현화(2013)에서 문법 항목의 위계화의 기준으로 도입된 것이다. 이에 따르면 한국어교육에서의 위계화는 "범용적 위계화"와 "적용적

---

3 류은종(1990)에서의 용어

위계화"의 두 가지 개념이 필요하다고 하였다. 범용적 위계화는 학습자 변인을 배제하고 한국어 특성만을 고려한 위계화로 범용적 사용을 목적으로 하며 적용적 위계화는 범용적 위계화의 결과를 근거로 학습자 변인(개별 학습자의 언어권별 특성, 학습 목적 등)을 반영하여 산정할 수 있다. 이때 적용적 위계화는 학습자 변인적 측면을 고려한 것으로 학습 목적에 따른 기대 문법, 교수 용이성, 학습 용이성 등의 다양한 변인들이 추가로 고려되어야 할 문제이다. 본고에서는 이와 같은 문법 항목 선정에서의 쟁점을 어휘 항목 선정에 또한 접목시킬 수 있다고 보고 "범용적"과 "적용적"이라는 개념을 사용하였다.[4]

　"범용적 반의어 목록"은 범용적으로 자가 학습용 어휘 교재 제작에 가장 유용하게 사용될 수 있는 것으로 학습자들이 반의어 목록을 통해 어휘 지식을 더욱 견고히 하고 어휘를 확장하는 데에 도움을 줄 수 있다. 한편 "적용적 반의어 목록"은 범용적 반의어 목록을 기초로 하여 특정 언어권의 학습자들을 위하여 적용된 것으로서 범용적 목록을 축소·확장하며 학습자들의 모어 및 문화권을 고려한다. 본 연구에서 제시하는 범용적 반의어 목록 선정을 위한 "범용적 기준"은 어휘 자체의 빈도 또는 자주 출현하는 맥락의 빈도와 같이 객관적이며 양적으로 얻을 수 있는 자료에 근거한다. 한편 적용적 반의어 목록 선정을 위한 "적용적 기준"으로는 학습자의 모어 및 문화를 설정할 수 있을 것이다. 이를 정리하면 아래와 같다.

4　그러나 "범용적", "적용적"이라는 기준이 명확히 구분되는 것으로 볼 수 없을 것이다. 하나의 연속체로서 정도성을 반영하고 있는 개념으로 이해하는 것이 바람직할 것이다.

〈표 1〉 반의어 목록 선정을 위한 "범용적 기준"과 "적용적 기준"

목적	세부 기준
범용적 반의어 목록	어휘 자체의 빈도, 자주 출현하는 맥락의 빈도(공기 빈도), 주제
적용적 반의어 목록	학습자의 모어 및 문화, 학습 목적, 교육 텍스트의 장르

본고에서는 우선 초급, 중급, 고급 중 '중급'에 숙달도를 고정시켰으며, 이러한 중급 반의어 목록 설정에 있어서 특정 언어권이나 문화권을 상정하지 않는 범용적 기준을 적용하고자 하였다.[5] 즉 본고에서 선정하고자 하는 중급의 범용적 반의어 목록은 '어휘 자체의 빈도', '자주 출현하는 맥락의 빈도(공기 빈도)', '주제'를 고려하여 선정하고자 한다. 각각의 기준에 관하여 살펴보면 우선 '어휘 자체의 빈도'는 말 그대로 해당 후보 목록의 빈도가 각종 말뭉치에서 어떠한 빈도로 나타나는지를 살피는 것이다. 이때 21세기 세종계획 말뭉치, 다양한 준구어 말뭉치, 그리고 교재 말뭉치 등이 사용될 수 있을 것이다. 다음으로 '자주 출현하는 맥락의 빈도'를 살피는 것은 한 단어에 반의어로 제시될 수 있는 단어들이 여러 개가 있을 경우 교육적 환경에서 대표적으로 어떠한 대응 단어가 선정될 수 있느냐에 대한 답을 가져다 줄 것으로 기대된다. 이때 해당 단어에 대응되는 반의어가 빈도에 의해 반드시 하나만 선정되는 것이 아니라 여러 개의 후보 어휘가 빈도 순위에 따라 제공될 수 있을 것이다. 세 번째 세부 기준인 '주제'는 주제에 따라 반의어 목록이 달라질 수 있

---

5 발표 당시 '초급·중급·고급'이라는 숙달도가 적용적 기준에 속하는 것이 아닌가 하는 토론 질문이 있었다. 그러나 반의어 목록 선정은 약간의 절차적 조정이 필수적인 것으로 보인다. 반의어 목록 선정은 외래어, 한자어, 문화어 등과 같이 그 어휘 목록 자체를 구하는 데에 초점이 있는 것이 아니라 어떤 목록을 기준으로 그 대응쌍, 즉 반의어쌍을 찾는 것에 초점이 있다. 따라서 본고에서는 이미 '중급'어휘로 발표된 것을 바탕으로 그 중급 어휘에 대응되는 반의어쌍을 어떻게 뽑아낼 것인가에 초점을 맞추었다. 즉'중급'으로 숙달도를 고정시켜 범용적 기준을 적용하였다.

음을 전제한 것이다. 이 기준에 따르면, 교재에 나오는 '주제'에[6] 따라 어떠한 어휘들이 속할 수 있는지를 살피고, 후보 어휘 중에 적절한 반의어 쌍을 고려하여 선정하게 된다.

3.2.2. 수준별 목록 선정 기준

앞서 선행 연구에서는 수준별로 어떠한 기준을 토대로 교육용 반의어 목록이 선정되어야 하는지에 관한 본격적인 논의를 찾기가 어려웠음을 지적한 바 있다. 본고에서는 선행 연구에서의 쟁점들을 통합하여 '맥락', '주제', '한자어/고유어의 구분', '화용적/담화적 배경', '장르' 등의 여러 요소가 초급-중급-고급의 반의어 선정 목록 기준으로서 적용될 수 있는 것으로 보았다. 이를 등급별로 구분하여 제시하면 아래의 표와 같다.

〈표 2〉 수준별 목록 선정 기준

등급	반의어 선정 기준
초급	직관적 기준, 맥락에 대한 고려가 최소한으로 이루어지는 반의 관계
중급	주제와 맥락을 고려한 반의 관계, 어휘 자체의 빈도
고급	한자어 반의어 고려, 텍스트의 장르 고려, 화용적인 배경을 고려한 반의 관계

위의 〈표 2〉는 각 수준별로 그 기준이 절대적인 것으로 제시한 것은 아니다.[7] 대부분의 어휘는 여러 의미 항목을 가지고 있고, 수준별로 어

---

6   경우에 따라서는 교재에서 제시하고 있는 상황 및 기능과도 연계시켜 생각해 볼 수 있을 것이다.

7   이를 표현하기 위하여 각 경계의 선을 점선으로 표현하였다. 위의 표는 하나의 경향 성을 보인 것이지 절대적인 기준으로서 제시된 것은 아니다. 예를 들어 '한자어 반의어 고려'라는 내용이 고급의 기준으로 제시되었으나 이는 초급과 중급에서도 적용될 수 있다. 여기에서 '한자어 반의어 고려' 항목이 고급에서의 기준으로 제시된 이유는 고급 으로 갈수록 한자어 빈출이 높아지며 이에 따라 한자어 접사 제시를 통해 반의어 교육 에 효율성을 가져올 수 있을 것으로 보았기 때문이다.

휘가 사용되는 맥락이 달라진다는 점과 이러한 어휘들이 나선형 교육 과정을 통해 제시된다는 점을 미루어 볼 때 각 경계를 넘나들며 위의 기준을 적용할 수 있을 것으로 보인다.

4. 반의어 선정을 위한 절차

4.1. 연구 대상어의 선정

본고는 연구 대상을 선정하기 위하여 『한국어 교육 어휘 내용 개발(2단계)』(미발간 보고서)의 중급 어휘[8]를 중심어로 삼고 이에 해당하는 반의어를 조사하였다. 『한국어 교육 어휘 내용 개발』의 어휘들은 연세대, 이화여대, 서강대, 고려대, 경희대의 한국어 중급 교재에 제시된 어휘들의 목록과 선행 연구에서 제시된 중급 어휘 목록들을 메타분석하여 추출한 후에 전문가 평점을 거친 것이므로 신뢰도 및 타당도가 매우 높다고 할 수 있다. '중급 어휘 목록'을 중심으로 김지연(2011), 최호정(2013), 최유정(2013)에서 해당 어휘에 대한 반의어를 제시하고 있는지를 조사한 결과, 총 159개의 중급 반의어 쌍을 추출할 수 있었다.[9] 본고는 이 159개의 반의어 쌍 중에서 '낱말', '기초사전', 선행 연구의 반의어 쌍의 제시가 일치하지 않는 것을 연구 대상으로 삼기로 한다. '중급 어휘 목록'의 반의어 쌍과 '낱말', '기초사전', 선행 연구에서의 반의어 쌍의 중복도가

---

8 약칭 : '중급 어휘 목록'

9 이는 동형어 번호 오류로 인한 미스매칭을 제외한 것인데, 예를 들어 '상'이라는 중심어에 '벌(최호정, 2013)'이 반의어로 제시되었으나 '중급 어휘 목록'에서의 '상'은 식탁의 의미의 '상'이었다. 이런 식으로 미스매칭 된 어휘 목록은 총 10개였으며 이는 모두 제외되었다.

일치하지 않는다는 것은 그만큼 교육용 반의어 선정에 있어서 이견이 많은 것으로 보일 수 있으며, 따라서 연구자의 직관, 맥락, 주제, 빈도 등을 고려할 필요성으로 이어진다.

159개의 반의어 쌍 중에서 '낱말', '기초사전', 선행 연구의 반의어 쌍의 제시가 일치하지 않는 것은 총 73개로 이를 제시하면 아래와 같다. 본고에서는 아래의 어휘들을 연구 대상으로 삼아 이들의 반의어 쌍을 선정하기 위하여 자료를 구축하고, 주제를 고려한 반의어 목록 선정에 관한 논의를 진행하도록 하겠다.

〈표 3〉 반의어 쌍 선정을 위한 대상어 목록

가능, 값싸다, 개방, 개인, 거칠다, 고속, 귀하다, 깔끔하다, 꽂다, 낯설다, 냉정하다, 넉넉하다, 녹다, 높임말, 느긋하다, 늘어나다, 닫히다, 달콤하다, 담다, 대단하다, 독특하다, 둥글다, 드물다, 따다, 따르다, 딱딱하다, 떠오르다, 떼다, 뚜렷하다, 뜨다01, 막다, 만족, 묶다, 미루다, 사랑스럽다, 상승, 생산, 서늘하다, 서투르다, 선진국, 승리, 신기하다, 쓰러지다, 아쉽다, 안정01, 어리석다, 연하다, 완성, 유치하다, 이익, 자연스럽다, 장점, 젊은이, 점잖다, 정기적, 정신, 제한, 주의, 지저분하다, 짙다, 쫓다, 차리다, 틀림없다, 평등, 평범하다, 풀리다, 풍부하다, 행운, 허락, 허용, 확실하다, 환하다, 흔하다

4.2. 반의어 쌍 후보 목록의 구축

본 연구에서는 유의미한 반의어 쌍을 추출하기 위하여 김지연(2011), 최호정(2013), 최유정(2013)에서 선정한 한국어교육용 반의어 목록을 입력하여 후보 목록으로 활용하였다. 김지연(2011)은 3급 수준의 중급 학습자들을 대상으로 반의어 목록을 선정하였다. 그는 『한국어3』(건국대학교), 『서강 한국어 3A · 3B』(서강대학교), 『연세 한국어3』(연세대학교)에서 제시하는 형용사와 동사를 입력하고, 교재에서 제시된 어휘에 한하여 해당 반의어를 연구자가 유형별로 선정하였다. 최호정(2013)에서는 5종 한

국어 교재[10]에서 반의어 선정이 가능한 어휘를 선정하고 이를 '한국어 학습용 어휘 목록(국립국어원, 2003)'의 빈도와 비교하였다. 최유정(2013) 은 『이화 한국어1-4』(이화여대), 『연세 한국어1-6』(연세대학교)에서 제시 한 형용사를 입력하고 이에 대한 반의어를 『넓은 풀이 우리말 반의어 사전(약칭: 낱말)』(낱말 어휘 정보 처리 연구소, 2010)에서 검색한 후, '한국어 학습용 어휘 목록(2003)', 『연어 사전』(김하수 외, 2007), 『한국어 학습 사 전』(서상규 외, 2006)과 비교하여 반의어 목록을 선정했다.

선행 연구의 반의어 쌍 선정 과정을 살핀 결과, 몇 가지 보완되어야 할 점을 발견할 수 있었다. 첫째, 반의어 선정 방식에 있어서 객관성을 확보할 필요성이 보였다. 최유정(2013)을 제외한 김지연(2011), 최호정 (2013)에서는 교재의 어휘를 제시한 후에 그것의 반의어 쌍을 연구자가 주관적으로 선정한 것으로 보인다. 비록 전문가 판단과 같은 주관적인 판단은 목록 선정에 있어서 필수적이라고 할 수 있으나 교재 외의 다양 한 기초 자료를 통하여 빈도를 살피거나 맥락과의 관련성을 따지는 좀 더 다양한 객관적 목록 선정 과정이 수반되어야 할 필요성이 있다. 둘째, 품사별로 보았을 때 선행 연구에서는 주로 형용사 쌍을 위주로 다루어진 경향이 있었는데 형용사 외에 명사, 동사, 부사의 다양한 품사의 반의어 쌍을 다룰 필요가 있는 것으로 보인다. 본고에서는 최대한 여러 품사의 반의어 목록을 확보하고자 하였다. 셋째, 반의어 목록의 등급화에 대한 고찰이 필요한 것으로 보인다. 위의 연구를 비롯한 반의어 교육 관련 선 행 연구에서는 교재에서 출현한 어휘가 어느 등급에서 제시되었는지를 중심으로 반의어의 등급화가 이루어졌다. 그러나 어떠한 단어가 단지 교

---

10 가장 많이 사용하고 쉽게 구할 수 있는 교재라는 언급이 있었을 뿐, 어느 학교의 교재 인지에 대한 언급은 없었다.

재에 출현하였다고 하여 그것을 중급 어휘로 보는 것에는 성급한 일반화로 이어질 가능성이 있기 때문에 빈도를 통하여 중요도를 판단하는 등의 면밀한 조사가 필요한 것으로 보인다. 또한 이 세 연구에서 제시된 어휘들의 합집합인 총 918개의 목록에서 중복되는 항목이 129개로 집계되어 반의어 목록에 대한 편차가 연구마다 선정한 목록의 항목들이 상당히 다르다는 것을 알 수 있었다.[11]

본고에서는 이와 같은 선행 연구에서의 보완할 점들을 고려하여 '낱말', '기초사전', 김지연(2011), 최호정(2013), 최유정(2013)의 선행 연구에서 제시된 목록을 입력한 것을 후보 목록으로 삼아 아래에서 설명할 세 가지 기준을 중심으로 최종 목록을 선정하고자 한다.

4.3. 목록 선정 기준의 확정

본 연구는 중급의 범용적 반의어 목록을 선정하고자 하는 데 목적이 있다. 앞서 〈표 1〉에서 반의어 목록 선정을 위한 범용적·적용적 기준을 제시한 바 있다. 본고에서는 이 기준을 활용하여 반의어 목록을 선정할 것이다. 범용적 기준으로 제시한 것에는 아래와 같이 세 가지가 있었다. 각각의 기준과 관련하여 본고에서 사용한 연구 방법에 대하여 살펴보도록 하겠다.

① 어휘 자체의 빈도
② 자주 출현하는 맥락의 빈도(공기 빈도)

---

11 본 연구에서는 본래 선행 연구들에서 제시한 반의어 목록을 중심으로 한 어휘에 해당하는 다양한 반의어를 조사할 계획이었으나, 선행 연구들의 연구 방법 및 대상이 상이하여 중복되는 어휘가 적었다. 또한 중복된 어휘들은 맥락에 덜 민감하다고 할 수 있는 초급 수준의 '길다-짧다', '크다-작다' 등의 반의어 목록이어서 반의어 선정의 쟁점을 충분히 담을 수 없다고 판단하여 연구 방법을 변경하였다.

③ 주제

우선 ① 후보 목록 어휘 자체의 빈도를 살피기 위하여 고려대, 경희대, 서강대, 연세대, 이화여대의 한국어 중급 교재 말뭉치를 사용하였다. 이 중급 교재 말뭉치를 이용하여 앞서 마련한 후보 목록의 단어 하나하나의 빈도를 조사하여 옆에 표기하였다. 본 연구는 중급 수준의 반의어를 선정하는 것이므로 중급 어휘 목록을 중심으로 한 연구 대상어에 대응하는 반의어 또한 중급 수준에 알맞은 것이라야 한다. 따라서 중급 교재 말뭉치 내에서의 빈도를 고려하는 것이 바람직한 것으로 보인다.

다음으로 본 연구에서는 특정 어휘가 여러 개의 반의어를 가질 때 그 중에 더욱 ② 빈번하게 공기하는 반의어 쌍을 찾아보고자 하였다. 반의 관계의 두 단어는 표현적 필요에 이끌려서 한 문장에서 함께 쓰일 가능성이 매우 높기 때문이다(이광호, 2009: 290). 즉, 유의미한 반의어 목록일수록 한 문장 혹은 문장을 넘어서는 담화 안에서 공기할 가능성이 높다. 따라서 본 연구에서는 구글 빈도 검색을 사용해서 반의어 쌍의 공기 빈도를 살폈다.[12]

마지막으로 ③ 주제를 기준으로 한 목록 선정을 위하여 고려대, 경희대, 연세대, 이화여대의 한국어 교재에서 제시하고 있는 중급 주제들을 입력하고 이것을 국제통용의 상황·기능과 대조 분석하였다.[13]

---

12 공기 빈도를 위해서는 말뭉치를 사용하는 것이 이상적이나 『21세기 세종 말뭉치』는 규모가 방대하여 프로그램 활용이 잘 되지 않아 공기 빈도를 찾기에는 무리가 있었다. 따라서 그것을 축소한 김형정(2006)의 말뭉치를 대상으로 해 보았으나 한 어휘와 어울리는 다양한 반의어에 대한 용례를 충분히 찾을 수 없었다는 어려움이 있었다. 따라서 본 연구에서는 이를 대신하기 위해 파일럿 스터디의 형식으로 구글 검색의 방법을 사용하였다.

13 서강대학교의 경우, 4급 교재에서는 '요청하기, 주장하기' 등 단원명이 주제 중심이 아닌 기능 중심으로 배열되어 있어 주제 분석에서 제외하였다.

위와 같은 과정을 거쳐 중급의 주제로서 총 54개의 주제를 선정하였
다. 그 목록은 아래 〈표 4〉와 같다.

〈표 4〉 중급 주제 선정

사회, 사회 문제, 갈등*, 건강, 스트레스*, 경영 경제, 공공장소(기관), 공공장소(도서
관), 공연과 감상, 교육 제도, 꿈과 현실*, 날씨와 계절, 대중매체, 명절*, 모임, 문화,
문화차이, 한국생활, 부탁과 거절*, 분실*, 사건, 사고, 재해, 성격, 감정, 소식과 소
문*, 소식과 정보*, 쇼핑(환불), 신문*, 실수와 사과, 후회*, 여가, 여행, 숙박, 연애
·결혼, 옛날 이야기*, 외모·복장, 음식·요리, 이사, 이웃과 공동체*, 인생과 선택*,
일상생활, 일상의 문제*, 지리정보, 직장생활, 진로와 취업, 집안일, 초대, 추억*, 취
미, 친구·동료·선후배 관계, 컴퓨터와 인터넷, 편지, 하루생활, 학교생활, 한글 소개,
환경문제, 개인 정보, 계획[14]

5. 범용적 반의어 목록 선정의 실제

5.1. 후보 어휘들의 교재에서의 빈도 조사

4장에서『한국어 교육 어휘 내용 개발(2단계)』를 기반으로 하여 연구
대상어로 선정한 73개의 어휘의 후보 목록을 부착하고, 그 옆에 괄호를
두어 빈도를 기입하였다. 이것을 토대로 5.2장에서의 조사 결과와 통합
하여 각 어휘들의 후보 어휘들을 통합하여 정리하는 작업을 진행하도록
할 것이다.

이상의 반의어 쌍의 후보 목록을 작성하고 각각의 빈도를 조사하는
과정에서 야기될 수 있는 문제는 중심어의 의미 항목이 여러 갈래로 나
뉠 수 있어서 반의어 쌍을 선정하는 데에 혼란이 있을 수 있다는 점이었
다. 예를 들어 연구 대상으로 삼고 있는 '미루다'와 같은 단어는 의미 번

---

14 '*'가 붙은 것은 국제통용의 상황·기능에 대응하지 않는다는 표시이다.

호가 세 갈래로 나뉘는데 이러한 의미 항목에 따라 연어 관계가 달라지고 따라서 단어 자체의 의미에 대응되는 반의어 쌍이 달라졌다. 동일한 동형어 번호 또는 심지어 의미 번호 내에서도 연어 관계에 따라 대응되는 반의어가 다른 경우가 자주 발생되었다. 이러한 문제는 다의 항목이 많은 초급 어휘 항목에서도 자주 발생될 것이며 이때 이러한 다의 항목의 반의어는 어떠한 식으로 분류를 하여야 할 것인지에 관한 논의가 필요한 것으로 보인다.

5.2. 후보 반의어 쌍이 공기하는 빈도 : 구글 빈도 이용

구글에서의 공기 빈도가 높은 반의어 쌍은 매우 다양한 텍스트에서 언중들이 즐겨 사용할 가능성이 높은 반의어라고 해석해 볼 수 있다. 예를 들어, 기존 연구에서는 '가능'의 반의어로는 '불능'과 '불가능'을 제시하였으나 구글 빈도 조사 결과 '가능-불능(2,220,000)'보다 '가능-불가능(43,900,000)'의 빈도가 10배 이상 높게 나타났다. 따라서 '가능-불능'보다 '가능-불가능'의 반의어 쌍이 더 많은 텍스트에서 사용되며, '불능'보다 '불가능'이 '가능'과 더 가깝게 반의 관계를 이루고 있다고 해석하는 것이 타당하다. '젊은이'의 반의어 역시도 구글 빈도 조사 결과 '젊은이-늙은이'보다 '젊은이-노인'이 더 고빈도로 공기하는 것으로 나타났다. 이는 '늙은이'라는 말이 한국어에서 어감 상 부정적이라는 점을 고려하면 직관에 부합하는 조사 결과라고 할 수 있다.

구글 빈도 검색 방법은 김유미·강현화(2008)에서 고안된 방법으로 구글은 다른 검색 사이트와는 달리 검색어를 입력하면 출현빈도가 나타나 빈도 조사를 하는 데에 유용하다. 반의어의 경우, 'A B'의 순서로 입력을 하면 그것이 하나의 텍스트 안에서 함께 공기하는 빈도 역시도 확인할 수 있다는 장점이 있다.

그러나 구글 검색엔진을 이용한 공기 빈도 조사 방법은 몇 가지 문제점을 갖는다. 첫째, 형용사나 동사는 기본형의 빈도와 관형형과 같은 활용형의 빈도가 다르게 나타난다. 예를 들어, '평범하다'의 반의어 중에 '기구하다'가 있는데 이를 구글에서 '평범하다 기구하다'로 검색해 보면, 운동 기구의 '기구'가 검색되어 매우 높은 빈도로 검색된다. 본고에서는 이 문제를 해결하기 위해 '기구하다'를 '기구한'으로 재검색한 결과, 공기 빈도가 매우 저조하게 검색되었다. 결국 본고에서는 '평범하다-기구하다'가 아니라 '평범하다-기구한'의 공기 빈도로 제시하였는데, 이는 다른 형용사와는 검색 방법이 다르기는 하지만 매우 다른 의미의 '기구'와의 공기 빈도가 합산되는 것을 막기 위한 최선의 방법이라고 판단했기 때문이다. 둘째, 단어의 의미를 고려하지 않기 때문에 '이익-손', '행운-액', '허락-불낙', '흔하다-뜨다'와 같이 해당 반의어가 동음이의어를 가질 때 반의어 쌍의 공기 빈도를 신뢰할 수 없게 된다. 따라서 이러한 경우에는 공기 빈도 조사에서 제외하였다.

지금까지 1)과 2)장에서 조사한 후보 목록들의 빈도 정보와 연구 대상어와 그에 대응하는 반의어 간의 공기 빈도를 〈표 5〉와 같이 정리하였다.

〈표 5〉 후보 어휘들의 자체 빈도와 공기 빈도 비교를 통한 정리 작업

중심어	빈도출처	반의어 쌍 간 빈도 비교	정리
가능	교재	불가능(42) > 불능(0)	① 가능 ↔ 불가능
	구글	불가능 > 불능	② 가능 ↔ 불능
값싸다	교재	비싸다(266) > 값비싸다(0)	① 값싸다 ↔ 비싸다
	구글	비싸다 > 값비싸다	② 값싸다 ↔ 값비싸다
...	...	...	...

위에서 맨 오른 칸에 정리한 후보 목록은 왼쪽에서 제시된 여러 후보

목록과 빈도 자료를 바탕으로 중급용 반의어 쌍으로 제시될 만한 것으로
정리를 한 것이다. 오른 편에 정리한 것에 번호를 붙인 것은 비록 빈도나
연구자의 판단에 의하여 기본적이라고 생각되는 것을 앞에 놓았으나 절
대적인 것은 아니며 단지 목록을 선정하는 데에 활용될 한층 더 정제된
후보 목록으로서의 기능을 하는 것이다. 다음 5.3절에서 이를 토대로 아
래에서는 주제별 반의어 목록을 보이도록 하겠다.

5.3. 주제별 반의어 쌍

한국어교육 현장에서 어휘는 주제와 관련되어 제시된다. 강현화(2004)
에서는 교재에서 어휘를 제시하여야 할 때 주제와의 상관성을 고려해야
함을 지적한 바 있다. 이는 반의어 교육에서도 적용되는 기준으로 어떠
한 반의 관계는 특정 주제 안에서만 성립될 가능성이 있다. 물론 여기에
는 어휘의 연어 관계나 해당 어휘가 가지고 있는 다의 항목들도 영향을
미칠 것이다. 그러나 반의어 성립에 있어서 연어 관계나 다의 항목들로
설명되지 않는 부분도 있다. 일례로 '허락'은 '요청하는 일을 들어줌'(기
초사전)의 의미만을 가지지만, '결혼'이라는 주제와 관련해서는 '허락—반
대'의 반의 관계가 성립할 수 있으며, '경제'라는 주제에서는 '허락—금지'
의 반의 관계가 성립한다. 이처럼 주제에 따라서 반의어 목록은 가변적
이다.

최호정(2013:79)에서도 주제별로 반의어를 교육하는 것이 효율적일 것
이라고 예상하고 이에 따른 반의어 교육 방안을 제안한 바 있다. 그렇지
만 그는 '반의어의 유형과 학습자 수준에 관계없이' 주제를 선정하였다
고 밝혔다. 그가 제시한 주제는 ①성격, ②비교, ③날씨, ④위치, ⑤감정,
⑥착탈, ⑦외모, ⑧결혼의 여덟 가지로 이중 '착탈'의 경우 하나의 주제

로 성립하기에는 무리가 있어 보인다. 따라서 이러한 분류에서 더 앞서 나가 학습자들이 실제로 마주치고 있는 교재의 주제들을 분석하고 이에 따른 반의어 목록을 제시하는 작업이 필요하다.

본 연구에서는 54개의 주제 중에서 국제통용에 대응되지 않고 개별 교재에서 제시하는 주제(갈등, 스트레스, 꿈과 현실 등)는 주제 목록에서 제외하였다. 또한 '컴퓨터와 인터넷, 집안일, 초대'와 같이 주제가 협소하거나, 반대로 '일상의 문제, 학교생활, 개인 정보 등'과 같이 주제가 광범위하여 반의어를 설정하기 어려운 경우는 주제 선정에서 제외하였다. 끝으로 '사회'와 '사회 문제', '문화', '문화차이', '한국 생활'처럼 서로 다른 주제이지만 비슷한 어휘가 반복적으로 출현할 것 같은 주제는 하나로 통합하였다. 본 연구에서 선정한 주제별 반의어 목록은 다음과 같다.

〈표 6〉 주제별 반의어 목록

중급 주제	주제별 제시 가능한 반의어
사회, 사회 문제	개인↔집단, 만족↔불만, (책임을) 미루다↔지다, 제한↔방치, 허용↔금지, 평등↔차별, 젊은이↔노인, 정신↔물질, 쫓다↔쫓기다
건강	(몸무게가) 늘어나다↔줄다, 늘어나다↔줄어들다, 정신↔몸, 주의↔방심, (질병이나 증상이) 흔하다↔드물다, 쓰러지다↔일어서다
경영, 경제	값싸다↔값비싸다, 개방↔폐쇄, 넉넉하다↔부족하다, 늘어나다↔감소하다, 묶다↔자유화하다, 상승↔하락, 생산↔소비, 선진국↔개발도상국, 선진국↔후진국, 이익↔손해, 제한↔무제한, 허용↔금지
공공장소 (기관, 도서관)	개인↔전체, 닫히다↔열리다, 만족↔불만족, 지저분하다↔깨끗하다, 허용↔금지
공연과 감상	개인↔단체, 낯설다↔친숙하다, 대단하다↔시시하다, 독특하다↔진부하다, (인기나 관심) 상승↔하락, 아쉽다↔만족스럽다, 완성↔미완성
날씨와 계절	녹다↔얼다, (해가) 뜨다↔지다, 서늘하다↔덥다, 서늘하다↔따뜻하다, 서늘하다↔무덥다, (안개가) 짙다↔옅다

문화, 문화차이, 한국 생활	서투르다↔익숙하다, 느긋하다↔성급하다, 독특하다↔평범하다, 드물다↔흔하다, 신기하다↔평범하다
성격, 감정	냉정하다↔다정하다, 느긋하다↔급하다, 장점↔약점, 점잖다↔경솔하다, 평범하다↔엉뚱하다, 유치하다↔성숙하다, 사랑스럽다↔밉다
쇼핑(환불)	가능↔불가능, 값싸다↔비싸다, 값싸다↔값비싸다, 주의↔부주의
여행, 숙박	개인↔단체, 미루다↔당기다, 미루다↔앞당기다
연애, 결혼	(결혼 날짜를) 미루다↔당기다, 미루다↔앞당기다
외모, 복장	낯설다↔낯익다, 독특하다↔평범하다, (머리를) 묶다↔풀다, 지저분하다↔깔끔하다
음식, 요리	(고기가) 연하다↔질기다, 넉넉하다↔모자라다, 넉넉하다↔부족하다, 딱딱하다↔부드럽다, 서투르다↔능숙하다
취미	흔하다↔드물다, 개인↔단체, 대단하다↔대단찮다

반의어 목록은 주제에 따라 성립이 되기도 하지만 반대로 성립이 되지 않기도 한다. '대중교통'이라는 주제에 '고속버스'가 제시된다면, 이때 '고속'의 반의어를 '완속'으로 제시해 줄 수는 없을 것이다. 이처럼 반의어는 맥락에 민감하여 역으로 반의어 성립이 불가능한 경우도 있으므로 향후에는 이에 대한 고려도 필요하다.

6. 결론

본고는 한국어교육용 반의어 개념과 반의어 선정 및 등급화와 관련된 쟁점에 한국어교육용 반의어의 개념, 목록 선정의 방법 및 절차, 반의어 목록, 목록의 등급화에 대한 연구 질문을 가지고 시작하였다.

우선 선행 연구의 비판적 검토를 통해 "한국어교육용 반의어의 개념"을 "의미적 배타성을 지니면서 특정 맥락 안에서 공기할 가능성이 높아 학습자들의 목표어 생산 및 이해에 유용할 것이라고 기대되는 어휘 쌍"

으로 설정하였으며 이러한 개념 정의는 본고에서의 반의어 선정 과정에 있어서 중심축이 되었다. 또한 반의어 어휘 목록 선정에 있어서 장채린·강현화(2013)에서 문법 항목의 선정 과정에서 제시된 '범용적'과 '적용적'이라는 개념을 활용하여 세부 기준을 마련하였으며 본고에서는 이 세부 기준에서 범용적 선정의 기준을 따라 중급의 범용적 반의어 목록을 그 예로 보이고자 하였다. 본고의 논의에 따르면 범용적 목록 선정을 위한 세부 기준으로는 '어휘 자체의 빈도', '해당 반의어 쌍이 공기하는 빈도', '주제'와 같은 점이 해당된다.

이를 위하여 『한국어 교육 어휘 내용 개발(2단계)』(미발간 보고서)의 중급 어휘에서 반의어가 있는 어휘를 중심으로 하여 '낱말', '기초사전', 선행 연구의 반의어 항목들을 입력하여 후보 목록을 확보하고 그 일치도가 낮은 73개의 어휘를 연구 대상으로 삼았다. 중급 어휘 73개에 대한 여러 반의어 쌍을 입력한 후보 목록을 바탕으로 범용적 기준인 '어휘 자체의 빈도', '해당 반의어 쌍의 공기 빈도', '주제'를 각각 5종 중급 한국어 교재 말뭉치에서의 빈도 조사, 구글 검색엔진을 통한 공기 빈도 조사, 4종 교재의 주제·상황·기능 분석의 방법을 이용하여 반의어 후보 목록을 정제하고 추출하는 과정을 보였다.

이 과정을 통하여 그 동안 선행 연구에서 연구자의 직관을 중심으로 한 반의어 목록 선정의 한계점을 극복하고자 객관적인 방법을 도입하였고, 기존의 연구에서는 다루지 않았던 '교육용 반의어 개념의 설정 및 반의어 선정 기준의 정교화'를 이루었다는 점에서 의의가 있다고 볼 수 있겠다. 특히 반의어 선정 기준은 학습 목적에 따라 '범용적', '적용적'인 기준으로 나눌 수 있으며 수준별로 고려할 선정 기준의 쟁점 또한 세부적으로 살펴볼 수 있었다.

그러나 반의어 사전이나 말뭉치를 비롯한 다양한 자료를 활용하여 더욱 객관적이고 실제적인 반의어 후보 목록을 확보하는 문제가 여전히 남아 있으며, 어휘 쌍의 공기 빈도 조사 방법에 있어서의 동형어 번호 문제라든지 맥락을 파악하는 문제라든지 이와 관련한 문제를 어떻게 해 결할 것인지에 대한 논의가 앞으로 진행되어야 할 필요가 있다.

— 이 글은 『언어 사실과 관점』 33권, 245~270쪽에 실린 논문을 수정·보완한 것임.

한국어교육용 외래어 선정을 위한 기초 연구

중복도, 빈도의 객관적 지표와 전문가 평정을 바탕으로

이현정
한국개발연구원국제정책대학원대학교

1. 서론

본 연구는 합당한 자료와 합리적인 절차에 의거하여 한국어교육 현장에서 유용하게 활용될 수 있는 외래어 목록을 마련하는 데 그 목적이 있다.

한국어교육용 외래어 연구의 필요성은 크게 세 가지를 들 수 있다. 첫째는 한국어 사용에서 날로 증가하고 있는 외래어의 비중에서 찾을 수 있다. 교통·통신의 비약적 발달로 국가 간 교류의 규모 및 속도가 급속도로 증가하였고, 이에 따라 유입되는 외래어 또한 방대해졌다. 그러나 외국어에서 차용한 외래어는 한국어에 유입되어 한국어의 음운 체계에 맞추어 표기하는 과정에서 필연적으로 원어의 발음과는 괴리가 생길 수밖에 없다. 때문에 외국인 학습자들은 외래어를 접했을 때 혼란을 느끼는 일이 많고, 외래어가 한국어에서 차지하는 상당한 비중 때문에 학습 부담을 느끼게 된다. 그러므로 한국어에 들어와 광범위하게 사용되는 외래어를 정리하여 외국인 학습자를 위한 한국어교육용 외래어 기초 목록을 마련할 필요성이 제기된다.

둘째, 효율적인 어휘력 신장의 관점에서 외래어 목록의 필요성을 역
설할 수 있다. 외래어 교육은 외국어 어휘와 모국어 어휘 간에 형태적
전이의 기회를 제공한다는 점에서 매우 중요한 교육으로 단기간에 많은
어휘의 양을 증대시키는 효과를 가질 수 있다(조현용, 2000:119). 따라서
외국인 학습자가 이미 가지고 있는 원어에 대한 지식과 연관 지어 어휘
학습을 도모함으로써 외래어 학습에 대한 부담과 거부감을 줄여 줄 수
있을 것이다.

셋째, 서구식 외래어에 익숙하지 않은 학습자의 증가도 외래어 교육
이 필요한 이유이다. 이전까지 외래어는 영어권 학습자의 어휘 능력을
향상시키는 긍정적인 요소로 평가되어 왔다. 그러나 중국인 유학생이나
영어 사용이 대중적이지 않은 언어권 학습자들에게 외래어는 부정적인
요소이며 학습 부담량이 큰 영역이라고 할 수 있다(이정희, 2007:197). 특
히 한국어와 중국어는 외래어가 유입되어 수용되는 양상에 많은 차이를
보이는데[1] 2012년 말 기준 한국어 학습자의 무려 68%가 중국인 학습자
라는 점을 감안할 때 외래어 어휘 교육의 중요성은 더욱 강조된다고 할
수 있다.

이와 같은 인식 하에 본고는 교재, 사전 및 선행 연구에서 제시된 외래
어 목록을 총망라하여 중복도, 빈도의 객관적 지표와 한국어 교사의 경
험적 판단에 근거하여 한국어교육용 외래어 목록을 선정하고자 한다.

---

1 장성희(2007:17)에 따르면, 중국어에서 외국어를 수용하여 외래어로 전환하는 방법
   은 통상적으로 음역(音譯), 의역(意譯), 반의반음역(反意半音譯)인 음의겸역(音義兼
   譯)의 세 가지로 나눌 수 있는데, 표의 문자인 중국어는 전통적으로 의역을 선호하였기
   때문에 음역보다는 의역이 더 많이 사용된다.
   (예) Coca Cola ⇒ (한) 코카콜라 (중) 可口可乐 [kekoukele, 커코우컬러]
        computer ⇒ (한) 컴퓨터 (중) 电脑 [diannao, 띠엔나오]

2. 선행 연구의 고찰

한국어교육 분야에서의 외래어에 대한 연구는 크게 둘로 나눌 수 있는데, 하나는 학습자의 오류 분석을 바탕으로 효율적인 외래어 교육 방안을 제시한 연구이며, 다른 하나는 한국어교육용 외래어를 선정한 연구이다. 본고는 한국어 학습자를 위한 기초 외래어 목록 선정을 목적으로 하므로 후자에 초점을 두어 살펴보도록 하겠다.

한국어 학습자를 위한 외래어 선정에 대한 논의는 문승실(2004)에서 시작되었다. 문승실(2004)은 한국어 교재와 조남호(2003)의 한국어학습용 어휘를 바탕으로 외래어를 선정하고 의미장에 따라 분류하였다. 조은호(2006)는 4종 한국어 교재에 제시된 외래어를 중복도, 빈도, 실용성을 고려하여 선정한 후, 조남호(2003)의 외래어를 더하여 최종 목록을 선정했다. 이정희(2007)는 이병규(2005)와 조남호(2003)의 외래어 목록을 비교 분석한 후 전체 대상 목록을 추출하고, 한국어 교사 6인의 등급 판정을 통해 외래어 목록을 확정하였다. 김낭예(2010)에서는 학문 목적 한국어교재 8권에서 추출한 외래어에 대해 구글 빈도 조사를 실시하고, 조남호(2003)의 외래어와의 중복 여부를 살펴보았다. 김미나(2011)는 조은호(2006), 이정희(2007), 배주채(2010), 김낭예(2010)의 외래어 어휘 중 중복도 2 이상의 어휘를 297개를 1차 목록으로 선정하였다. 그리고 강현화 외(2010)의 '한국어기초사전'의 외래어 2,353개를 대상으로 구글 빈도 조사를 실시, 상위빈도 500개의 외래어를 1차 목록 외래어와 중복도, 자료 빈도, 실생활 어휘 빈도의 측면에서 비교하였다.

지금까지 기존의 외래어 연구를 살펴본 바, 아직 외래어 선정에 대한 논의는 그 절대적인 수가 부족하다고 할 수 있다. 무엇보다 근래 들어 한국어 기초 어휘 보고서들이 여럿 발표되고 교재들이 개정 출간되었음에도 불구하고 이런 자료들을 망라하여 외래어를 선정한 연구가 없었으며, 사용 빈도나 교재, 사전 등에서의 중복도, 전문가의 경험적 판단 등을 두루 고려한 연구가 없었다.

이에 본 연구는 2000년 이후 최근까지 제시된 교재, 사전, TOPIK, 선행 연구 등에서 외래어 목록을 광범위하게 취합할 것이며, 외래어 선정 기준과 방법의 신뢰도를 확보하기 위하여 어휘의 중요도를 나타내는 객관적 지표와 전문가의 질적 판단을 종합한 절충적 방법을 통해 외래어 목록을 선정할 것이다.

3. 외래어의 개념

3.1. 외래어의 개념 및 범위

외래어에 개념은 이희승(1941), 김민수(1973), 강신항(1983), 김세중(1998) 등 여러 국어학자들에 의해 논의되어 왔다. 임홍빈(2008)에서는 기존 논의에 대한 비판적 검토를 바탕으로 외래어를 다음과 같이 정의하였다.

> 외래어는 우리말에 들어온 지가 오래되어 외래어 의식이 없어지거나 약화된 귀화어도 있고, 아직 외래어 의식이 비교적 강하게 남아 있는 예도 있고, 이제 막 우리말에 들어와서 외래어 의식이 아주 강한 외래어도 있다. 이 맨 마지막 것을 외국어로 보려는 견해도 있으나, 외래어는 우리말 문맥에서 한글로 적히거나 한글 자모로 대표되는 우리말 음운으로 발음되면, 그것은 이미 외래어가 되는 것으로 보아야 한다. 그것은 우리말의 유기적 일부가 되는 것으로, 다른 어떠한 외국어와도 다른 것이기 때문이다(임홍빈, 2008:12-28).

본고는 임홍빈(2008)의 정의에 따라 귀화어, 외래어, 외국어의 구분 없이 이 모두를 포괄하는 개념을 외래어로 규정하고자 한다. 외국어와 외래어를 구분하는 '외래어 의식'은 모국어 화자의 주관에 따르는 것이고 가상적인 것이므로 둘 사이에 명확한 경계를 짓기가 어렵다. 게다가 외래어 혹은 외국어 여부와 상관없이 실제 언어생활에서 고빈도로 사용된다면 한국어 학습자에게는 교수·학습의 중요도가 큰 어휘가 된다. 정희원(2004)에서 역시 외래어를 '국어로 굳어진 낱말뿐만 아니라 동화 과정에 있는 외래 어휘들까지를 포함하는 것'으로 정의한 바 있다. 또한 조형일(2013)에서도 '우리말 어휘 체계로 분류되는 외래어 표현과 비록 우리말 어휘는 아니지만 상당히 광범위하게 쓰이면서 다양한 형태로 드러나는 외국어 어휘의 한국어식 표현은 한국어교육에서 반드시 필요한 교육 단위'라고 주장하였다.

이에 따라 본고에서 지칭하는 외래어는 외래어와 외국어를 포괄하는 광의의 개념으로서, '차용원을 외국어에 두고 있으면서 한글로 적히거나 한국어 음운으로 발음되는 어휘'로 정하기로 한다.

3.2. 외래어의 형태적 특성

외래어는 형태적 특성에 따라 하나의 어근으로 구성된 단일 외래어와 합성 또는 파생에 의해 형성된 복합 외래어로 구분된다.

3.2.1. 단일 외래어

단일 외래어에는 '텔레비전', '뉴스'와 같이 원어 그대로를 음차하여 사용하며 단일 어근으로 이루어진 단일어[2]와, 한국어에 유입되어 동화

---

2 본고에서 지칭하는 '단일 외래어'는 하나의 어근으로 이루어진 외래어를 총칭하며,

되는 과정에서 어형이 줄어들어 사용되는 생략어와 약어가 있다. 생략
어, 혹은 절단어(clipped word)는 김봉주(1984:66)에 따르면 '긴 단어의 처
음이나 중간 또는 끝 부분을 끊어내어 만든 말'로 정의할 수 있는데, '(에
어컨디셔너→)에어컨', '(프로그램→)프로' 등을 예로 들 수 있다. 약어는 원
어의 일부 글자만 취하여 형성된 단어를 일컫는데, '(오리엔테이션→)OT',
'(콤팩트디스크→)CD'와 같은 단어들이다.

3.2.2. 복합 외래어

복합 외래어는 외래어가 조어 단위로 사용된 합성 외래어와 파생 외래
어를 말한다. 합성 외래어는 외래어 어근에 한자어, 고유어, 외래어 어
근이 결합된 형태로, '개인택시', '종이컵', '홈쇼핑' 등이 그 예가 된다.
외래어 접사가 다른 어휘와 결합하여 형성된 것을 파생 외래어라 하는
데, 외래어가 접두사로 사용된 '노(no-)+머니→노머니', 외래어가 접미
사로 결합한 '유아+틱(-tic)→유아틱' 등이 있다.

〈표 1〉 형태적 특성에 따른 외래어의 유형

단일 외래어	(1) 단일어	서비스, 스트레스, 메뉴, 카드, 호텔…
	(2) 생략어(절단어)	카레(카레라이스), 슈퍼(슈퍼마켓), 킬로(킬로그램)…
	(3) 약어	TV(텔레비전), PC(퍼스널컴퓨터), PD(프로듀서)…
복합 외래어	(4) 합성어	공항버스, 이삿짐센터, 아이스커피…
	(5) 파생어	노(no-)머니, 유아틱(-tic)…

본고는 원어를 그대로 음차한 외래어뿐 아니라 생략이나 합성·파생
을 통해 새롭게 조어된 어휘를 모두 포함하여 한국어교육용 외래어를
선정할 것이다. 김낭예(2010)에서는 합성 외래어 중 '외래어+외래어' 구

그 하위 차원으로서의 '단일어'는 단일 어근으로 형성됨과 동시에 온전한 형태를 유지
하고 있는 단어로서 '생략어(절단어)' 및 '약어'와 대비되는 개념이다.

성만 선정에 포함시키고 '외래어+한자어' 결합형은 제외한 바 있는데, 이와 같은 기준에 의하면 '셔틀버스'는 선정되고 '시내버스', '고속버스' 등은 제외되는 결과를 낳게 된다.

그리고 정지혜(2013:13)에서 언급한 바와 같이 외래어가 늘어나면서 눈에 띄는 현상 중 하나가 외래어가 국어처럼 어형이 줄어드는 현상인데, 절단 현상은 언어의 경제성, 효율성 측면을 고려할 때 자연스러운 현상이다. 언중들은 간결하게 말하면서도 언어의 전달 효과를 극대화하기 위하여 말을 줄여서 발음하는 경향이 있고, 그렇게 해서 생성된 절단어나 약어는 갈수록 늘어나고 있다. 따라서 본고는 절단 현상에 의해 형성된 생략어와 로마자 약어 역시 선정의 대상에 포함할 것이다.

4. 한국어교육용 외래어 선정

본고는 다음과 같은 절차와 기준에 의하여 한국어교육용 외래어를 선정하기로 한다.

〈표 2〉 한국어교육용 외래어 선정 방법

① 기존 연구의 외래어 목록 취합 (총 12종 자료)
② 중복도 1 외래어 제외
③ 저빈도어 제외 (구글 빈도 및 구어·문어 말뭉치 빈도)
④ 인터넷 뉴스 빈출 외래어 추가
⑤ 전문가 평정

4.1. 기존 연구의 외래어 목록 취합

먼저 최근 10년 이내에 발간된 교재, 사전, 한국어 기초어휘 목록 및

TOPIK 출제 어휘를 종합하여 외래어를 취합하였다. 이에 포함된 자료는 연세대, 경희대, 서강대, 고려대, 이화여대의 5종 교재와 TOPIK의 초·중·고급 출제 어휘, 서상규(2006)의 '외국인을 위한 한국어 학습 사전', 강현화(2012, 2013)의 '한국어 교육 어휘 내용 개발 1단계 및 2단계', 김중섭(2011)의 '국제통용 한국어교육 표준모형 2단계', 그리고 조남호(2003), 이정희(2007), 배주채(2010)에서 제시된 외래어 목록으로, 총 12종의 자료이다.

한국어 교재에 수록된 외래어는 한국어 교수자의 경험적 판단을 토대로 선정된 결과이며, 최근 몇 년 사이에 개정된 교재가 많아 비교적 근래의 외래어 사용 양상을 반영하고 있다. TOPIK 출제 어휘나 조남호(2003), 김중섭(2011), 강현화(2012, 2013) 등 선행 연구의 어휘 목록은 한국어 교육과정 내에서 필수적으로 교수·학습해야 할 기초어휘로서의 성격을 지니므로 이에 포함된 외래어도 어휘 교육에서 우선적으로 다루어져야 할 필요성이 큰 어휘가 된다. 따라서 본고는 전술한 자료를 기반으로 외래어 자료를 취합하였다.

〈표 3〉 외래어 목록 취합에 사용된 자료

교재	연세대, 경희대, 서강대, 고려대, 이화여대
사전	서상규 외(2006), 『외국인을 위한 한국어 학습 사전』
TOPIK	10~31회 TOPIK 출제 어휘
선행 연구	강현화(2012, 2013), 김중섭(2011), 배주채(2010), 이정희(2007), 조남호(2003)

외래어의 절대 다수가 명사 어휘이므로, 본고의 선정 대상은 외래어 명사로 정한다. 따라서 외래어 명사에 '-하다', '-되다' 등의 동사파생접미사가 덧붙어 형성된 파생동사의 경우 접미사는 제외한 외래어 어근(명사)의 형태를 포함시켰다.[3] 이렇게 해서 12종 자료에서 취합된 외래어 명

사는 총 1,492개였으며, 외래어의 평균 중복도는 2.89였다.

4.2. 중복도 1 외래어 제외

중복도는 한 외래어가 선행 연구와 교재에서 몇 번 중복되어 선정되었는가를 나타낸다. 기존의 외래어 목록은 저마다의 기준과 방법에 의해 선정된 결과이므로 중복도가 높을수록 해당 어휘의 중요도가 높다고 판단할 수 있을 것이다. 반대로 중복도가 낮은 어휘는 한국어 교육과정에서 우선 학습해야 할 어휘로서의 중요도가 상대적으로 낮다고 할 수 있다. 따라서 1,492개의 어휘 중 중복도가 1인 외래어를 우선적으로 제거하였다. 그렇게 해서 남은 어휘는 704개였으며, 평균 중복도는 5.00이었다. 중복도가 1인 외래어가 제외되고 남은 외래어 목록을 편의상 1차 목록으로 부르기로 한다.

4.3. '대표어-관련어'로 그룹화

일부 외래어는 개별적으로 학습하는 것보다 의미·형태적으로 관련이 있는 것끼리 묶어서 학습하는 것이 효율적인 경우가 있다. 예컨대 '메달'과 함께 '금메달, 은메달, 동메달, 메달리스트'의 하위어를 관련어로 제시하면 수월하게 어휘 확장을 도모할 수 있다. 조현용(2008:194)에서도 어휘를 독립적으로 암기하는 것이 아니라 의미적 관계를 파악하여 학습하면 어휘를 유기적으로 기억할 수 있는 장점이 있다고 언급하였다. 그리고 어휘의 의미 관계 활용으로서 의미장, 반의 관계, 유의 관계, 다의 관계, 동음이의관계 등을 제시하였다. 따라서 일부 외래어를 '대표어-

---

3 단, 여러 자료에서 중복 선정된 '섹시하다'의 경우, 한국어에서 '섹시'라는 단어가 독립성을 가지지 못하므로 '섹시하다'의 형태로 목록에 제시하였다.

관련어' 관계로 묶는 작업을 하였는데, 이때 적용한 기준은 다음과 같다.

첫째, 원어에서 단어족(word family)으로 분류되는 것을 대표어와 관련어로 그룹화(grouping)하였다. 단어족이란 단어의 굴절형과 파생어를 포함하는 개념이다. 영어에서는 −s, −ed, −ing, 복수 −s, 소유격 −s, 비교급 −er, 최상급 −est 등이 굴절형이 되고, −able, −ish, −ly, −ness, −ism, −ist 등이 결합하여 단어가 파생된다. 이와 같은 원리를 영어를 원어로 하는 외래어에 적용하여 굴절형과 파생어를 관련어로 분류하였다. 단, '엔진−엔지니어'처럼, 한국어에서 대표어와 관련어가 가지는 의미 차이가 큰 경우는 관련어로 묶지 않았다.[4]

> (예) [대표어] 네트워크 − [관련어] 네트워킹
> [대표어] 피아노 − [관련어] 피아니스트
> [대표어] 디자인 − [관련어] 디자이너

둘째, '버스−시내버스, 시외버스…'처럼 합성·파생을 통해 상위어와 하위어 관계를 가지는 어휘를 대표어와 관련어로 묶었다. 단, '벨트−안전벨트'는 관련어로 처리하되, '그린벨트'와 같이 대표어가 구성요소로 쓰였을 때 그 의미가 투명하지 않은 것은 그룹화하지 않았다.[5]

---

4 『표준국어대사전』에서는 '엔진'과 '엔지니어'에 대해 다음과 같이 정의하고 있다.

엔진	열에너지, 전기 에너지, 수력 에너지 따위를 기계적인 힘으로 바꾸는 장치. 주로 열에너지를 이용하는 열기관을 이른다.
엔지니어	기계, 전기, 토목 따위의 기술자.

5 『표준국어대사전』에서는 '벨트', '안전벨트', '그린벨트'를 다음과 같이 정의하고 있다.

벨트	허리띠.
안전벨트	안전띠.
그린벨트	개발 제한 구역.

(예) [대표어] 택시 – [관련어] 개인택시, 모범택시, 택시비
 [대표어] 버스 – [관련어] 시내버스, 시외버스, 마을버스,
 고속버스, 공항버스, 셔틀버스
 [대표어] 메달 – [관련어] 금메달, 은메달, 동메달, 메달리스트

셋째, 반의 관계에 있는 어휘를 관련어로 처리하였다. 그리고 둘 중 중복도가 높은 것을 대표어로, 상대적으로 중복도가 낮은 것을 관련어로 처리하였다. 예를 들면, 1차 목록에 포함된 '업로드'와 '다운로드'를 관련어로 묶되, 이 중 상대적으로 중복도가 높은 '다운로드'를 대표어로 설정하였다.

(예) [대표어] 온라인 – [관련어] 오프라인
 [대표어] 다운로드 – [관련어] 업로드
 [대표어] 체크인 – [관련어] 체크아웃

넷째, 생략어 역시 그룹화하였다. 이때도 생략어의 중복도가 더 높다면 생략어를 대표어로, 원형(본말)을 관련어로 설정했다.

(예) [대표어] 텔레비전 – [관련어] 텔레비
 [대표어] 프로그램 – [관련어] 프로
 [대표어] 팩스 – [관련어] 팩시밀리
 [대표어] 카레 – [관련어] 카레라이스

다섯째, 일부 로마자 약어를 원형(본말)의 관련어로 처리하였다. 이 기준에 의해 'PC', 'TV' 등을 '컴퓨터', '텔레비전' 등의 관련어로 기재하였다. 그러나 'CD', 'MT'처럼 로마자 약어와 동의 관계에 있는 어휘가 1차 목록에 없을 경우에는 그룹화하지 않았다.

(예) [대표어] 텔레비전 - [관련어] TV
　　　[대표어] 컴퓨터 - [관련어] PC

이상의 '대표어–관련어' 그룹화 과정 이후 남은 어휘(대표형)는 611개
이며, 이를 2차 목록으로 지칭한다. 이와 같은 작업을 통해 외래어 목록
은 간소화하면서 효율적 어휘 확장을 도모할 수 있고, 학습자 사전 편찬
에 활용할 수 있는 관련어 정보를 구축했다고 할 수 있다.

4.4. 저빈도 외래어 제외

4.4.1. 구글 웹사이트 빈도 조사

2차 목록을 대상으로 구글 웹사이트(www.google.com) 빈도 조사를 진
행하였다. 김유미·강현화(2008), 김낭예(2010), 김미나(2011) 등에서도
어휘 선정을 위해 구글 웹사이트 빈도를 사용한 바 있다. 김유미·강현
화(2008:230)에 의하면, 구글에서는 그림, 사진, 동영상, 논문, 뉴스 검
색에서 중복된 자료는 상당 부분 제외시키기 때문에 원하는 자료를 찾기
편하고, 해당 검색창에 검색어를 입력하면 출현 빈도가 나타나서 빈도
조사에 유용한 방법이다. 따라서 본고 역시 구글에서 각 외래어의 대표
형을 입력하여 나온 검색 결과 수를 바탕으로 빈도 조사를 실시했다.

4.4.2. 말뭉치 빈도 조사

다음으로는 말뭉치 빈도 조사를 진행하였다. 문어 빈도는 '21세기 세
종'에서 제공하는 문어 말뭉치를 100만 어절 규모로 축소한 균형 말뭉치
를 바탕으로 조사하였다. 그리고 구어 빈도 는 '21세기 세종'의 80만 어
절 구어 말뭉치에 영화와 드라마 대본으로 구축한 20만 어절의 준구어
말뭉치를 합산하여 만든 100만 어절 말뭉치에서 조사하였다.

4.4.3. 저빈도 어휘 제외

2차 목록에 포함된 중복도가 2인 외래어 중에서 구글 빈도와 말뭉치 빈도 모두 400위에 미치지 못하는 어휘를 제외하였다. 빈도 기준 400위를 기준으로 삼은 이유는 본고가 선정하고자 하는 외래어의 양이 500개 내외이기 때문인데, 앞서 분석한 5종 교재에 제시된 외래어의 양은 평균 490개선이므로 500여개 정도의 어휘를 선정한다면 한국어 교육과정에서 교수·학습하기에 무리가 없는 양으로 판단되기 때문이다. 또한 외래어의 빈도를 보다 면밀히 분석한 결과에 따르면, 빈도 순위 400위 밖의 외래어는 평균 빈도에 훨씬 미달하면서 사용 빈도가 급감소하는 빈도 구간에 위치하였다. 따라서 중복도가 낮으면서 구글 및 말뭉치 빈도 둘다 400위 이하의 조건을 충족하는 어휘를 제외하였고, 이렇게 하여 남은 외래어는 562개였다.

4.5. 인터넷 뉴스 빈출 외래어 추가

대부분의 기존 연구는 한국어 기초어휘 목록이나 교재에서 중복 출현하는 외래어를 선정하고 있다. 그러나 이와 같은 방법에는 선행 연구나 교재에는 포함되지 않았으나 실생활에서는 높은 빈도로 사용되는 일부 외래어를 포착할 수 없는 한계가 있다. 특히 외래어는 빠르게 변화하는 한국인의 생활상을 반영하여 지속적으로 생성되므로, 근래 들어 고빈도로 사용되지만 본고의 외래어 목록에 누락된 어휘를 포착하기 위해 최근 1년간의 인터넷 뉴스로 말뭉치를 구축하여 외래어 빈도 조사를 실시하였다.

말뭉치는 포털 사이트 '네이버(www.naver.com)'의 '뉴스' 서비스에서 일자별로 '많이 본 뉴스'로 구축하였다. 2012~2013년까지 매월 사나흘치의 인터넷 뉴스 기사로 말뭉치를 작성하였으며, 특정 분야에 치우쳐서 말뭉치가 구성되지 않도록, 일자별로 '정치, 경제, 사회, 생활/문화, 세계, IT/과학, 연예, 스포츠' 섹션의 기사를 고르게 포함하였다. 이렇게 구성된 인터넷 뉴스 말뭉치의 최종 규모는 10만 어절이다. 이 말뭉치에서 외래어의 빈도 조사를 실시하고 평균 빈도 이상으로 출현한 외래어만 추출해 2차 목록에 추가하였다.

인터넷 뉴스의 빈출 외래어로 추가된 어휘는 '스마트폰, 애플리케이션, 소셜, 물티슈, 코리아, 모바일, VIP' 등 총 26개였다. 여기에는 '아이폰, 갤럭시'와 같은 상표명, '페이스북, 카카오톡' 등의 온라인 서비스명이 일부 포함되어 있었다. 이와 같은 상표명과 온라인 서비스명을 제외하는 것을 고려하였으나, 연구자 개인의 주관적 판단에 의존해 결정을 내리기 보다는 후에 진행될 다수의 한국어 교사 대상 설문을 통해 제외 여부를 결정하는 것이 신뢰도와 객관성을 확보할 수 있다고 판단하여 일단 외래어 목록에 포함시켰다.

<표 4> 인터넷 뉴스 빈출 외래어

외래어	관련어	외래어	관련어
스마트폰	–	모바일	–
아이폰	–	워싱턴	–
폰	저가폰, 알뜰폰, 공짜폰, LTE폰	홍콩	–
애플	–	패치	–
아이패드	–	아티스트	–
갤럭시	–	디스플레이	–
애플리케이션	앱	로고	–
소셜	소셜네트워크서비스(SNS), 소셜미디어	리무진	–
페이스북	–	이코노미	–
카카오톡	–	로스앤젤레스	–
물티슈	–	프랜차이즈	–

코리아	–	캡처	–
치어리더	–	VIP	–

4.6. 전문가 평정

김광해(1993:60-63)에 따르면 객관적 방법에 의한 어휘 선정은 객관적인 기준에 의하여 어휘를 선정할 수 있다는 장점이 있지만, 어휘 조사가 갖는 자료상의 제약으로 인해 기본어휘로 되기에 충분한 단어들이 폭넓은 영역에 걸쳐 수집되기 어렵다는 단점이 있다. 반면 주관적인 방법은 각종 의미 분야 및 사용 영역에 걸쳐서 체계적이고 포괄적으로 단어를 선정할 수 있다는 장점이 있는 반면, 선정자의 주관에 치우칠 우려가 있다. 따라서 객관적 방법과 전문가의 경험적 판단을 종합한 절충적 방법을 사용하는 것이 각 방법론이 가지는 단점을 보완하여 유의미한 어휘 선정 결과를 얻는 최선의 방법으로 여겨진다. 조남호(2003), 강현화(2012, 2013) 등 여러 어휘 선정 연구에서도 절충적 방법을 택하고 있다.

이에 따라 본고는 객관적 지표를 바탕으로 마련한 외래어 목록에 대해 전문가 평정 작업을 진행하였다. 한국어 교사 5인에게 의뢰하였으며, 총 588개의 외래어 중 한국어 초·중·고급의 교육과정에서 제시될 필요성이 낮은 어휘를 삭제해 줄 것을 부탁하였다. 그리고 전문가 판단 결과를 종합하여 5인 중 4인 이상의 대다수가 목록에서 제외되어도 좋다고 합의한 외래어를 삭제하였다. 이에 따라 '시베리아, 에메랄드, 게놈, 마로니에' 등의 단어 32개가 제거되었다.

이상의 과정을 통해 556개로 이루어진 한국어교육용 외래어 최종 목록이 선정되었다. 다음의 표는 본고가 선정한 한국어교육용 외래어와 관련어 정보이다. 아래의 외래어는 중복도가 높은 것부터 낮은 것으로, 만약 중복도가 같다면 빈도가 높은 것에서 낮은 것 순으로 배열되었다.

〈표 5〉 한국어교육용 외래어 목록

	대표어	관련어		대표어	관련어
1	텔레비전	텔레비, TV	279	퍼즐	
2	뉴스		280	파이프	
3	서비스	서비스업	281	퓨전	
4	스트레스		282	포토	
5	메뉴	메뉴판	283	미디어	
6	스포츠		284	쿠폰	
7	프로그램	프로	285	리조트	
8	홈페이지		286	킬로	킬로그램, 킬로미터
9	카드		287	킬로미터	킬로
10	호텔		288	칼럼	
11	컴퓨터	컴퓨터실, PC	289	이미지	
12	카메라		290	코스모스	
13	인터넷		291	소시지	
14	인터뷰		292	판타지	
15	비디오	비디오방, 비디오테이프	293	파인애플	
16	빌딩		294	인테리어	
17	다이어트		295	뉴욕	
18	파티		296	드라이브	
19	메모	메모지	297	스크린	
20	쇼핑	쇼핑몰, 쇼핑백, 홈쇼핑	298	컬러	
21	가스		299	그룹	
22	택시	개인택시, 모범택시, 택시비	300	깁스	
23	디자인	디자이너	301	오디오	
24	피아노	피아니스트	302	미니	
25	아파트		303	스토리	
26	에어컨		304	허브	
27	버스	시내버스, 시외버스, 마을버스, 고속버스, 공항버스, 셔틀버스	305	베트남	

28	엘리베이터		306	솔로	
29	라디오		307	핀	머리핀, 넥타이핀
30	아이스크림		308	유머	
31	에너지		309	장르	
32	터미널		310	브레이크	
33	콜라		311	타이어	
34	메시지		312	밀리미터	밀리
35	컵	종이컵	313	레이저	
36	주스		314	이어폰	
37	소파		315	미사일	
38	슈퍼마켓	슈퍼	316	스페인	스페인어
39	센터	카센터, 쇼핑센터, 이삿짐센터	317	드라이	드라이어, 헤어드라이어
40	모델		318	라이벌	
41	패션	패션쇼	319	로비	
42	드라마		320	붐	
43	터널		321	호프	
44	리듬		322	콘크리트	
45	게임	게임기, 게임방, 게이머	323	레포츠	
46	골프	골퍼, 골프장	324	리모컨	
47	스타	톱스타, 슈퍼스타	325	첼로	
48	로봇	로보트	326	가스레인지	
49	테스트		327	스커트	
50	클래식		328	조깅	
51	올림픽		329	베스트셀러	
52	셔츠	티셔츠, 와이셔츠	330	쿠데타	
53	아이디어		331	카세트	
54	테이블		332	돈가스	
55	스키	스키장	333	패스트푸드	
56	코미디	코미디언	334	싱크대	
57	캠퍼스		335	휠체어	
58	버튼		336	베스트	
59	아나운서		337	리포트	
60	커피	커피숍, 커피잔,	338	히트	

		냉커피, 아이스커피			
61	플라스틱		339	파트너	
62	콘서트		340	데모	
63	노트		341	이슈	
64	테이프		342	이슬람교	
65	마라톤	마라토너	343	기타(guitar)	
66	월드컵		344	실크	
67	샌드위치		345	클릭	
68	피자		346	샐러드	
69	넥타이	넥타이핀	347	라인	
70	껌		348	엔	
71	코트	반코트, 바바리코트	349	캐주얼	
72	스케이트	스케이트보드, 스케이트장, 스케이팅	350	플러스	
73	비타민	비타민제	351	신데렐라	
74	크리스마스	크리스마스트리	352	저널리즘	저널리스트
75	트럭		353	스트레칭	
76	볼펜		354	포털	
77	테니스	테니스장	355	핸드볼	
78	바나나		356	재테크	
79	아르바이트	아르바이트생, 알바	357	리더	리더십
80	초콜릿		358	마트	
81	포크		359	샌들	
82	보너스		360	스탠드	
83	바이러스		361	데뷔	
84	온라인	오프라인	362	스티커	
85	이메일		363	하트	
86	스타일		364	캥거루	
87	쇼	토크쇼, 모터쇼, 패션쇼	365	패키지	
88	세트		366	이탈리아	이탈리아어
89	카페	노천카페	367	아이러니	
90	코스		368	파리(paris)	

91	달러	달러화	369	치킨	
92	데이트		370	토크	토크쇼
93	와인		371	마사지	
94	스웨터		372	매니저	
95	액세서리		373	커트	
96	원피스		374	쿠키	
97	앨범		375	펀드	
98	토마토		376	마요네즈	
99	마이크		377	징크스	
100	노트북		378	센티미터	센티
101	프린터		379	카네이션	
102	커튼		380	보트	
103	케이크		381	커뮤니케이션	
104	바이올린		382	잼	
105	햄버거		383	그린벨트	
106	코너		384	스터디	
107	재즈		385	텐트	
108	벨트	안전벨트	386	알루미늄	
109	파일		387	텔레콤	
110	프로		388	부츠	
111	클럽		389	해킹	
112	팬	팬클럽	390	에어로빅	
113	페인트	페인트칠	391	캐스팅	
114	사이즈		392	드럼	
115	블라우스		393	앵커	
116	채널		394	에스컬레이터	
117	시스템		395	헬기	
118	세일		396	발라드	
119	핸드폰		397	로션	
120	크림		398	햄	
121	오토바이		399	리터	
122	레스토랑		400	다이빙	
123	포스터		401	아토피	
124	아시아		402	아마추어	
125	치즈		403	립스틱	

126	탤런트		404	프로그래머	프로그래밍
127	스케줄		405	캐스터	
128	오피스텔		406	스프	
129	오렌지	오렌지색	407	짬뽕	
130	오페라	오페라하우스	408	알파벳	
131	자장면		409	플러그	
132	사인		410	클로버	
133	포인트		411	린스	
134	슈퍼		412	수프	
135	박스		413	카페인	
136	가이드		414	요구르트	
137	휴대폰		415	소프라노	
138	마크		416	바자회	
139	러시아		417	스쿼시	
140	엔진		418	헬멧	
141	팩스	팩시밀리	419	오리엔테이션	
142	모니터		420	드라이클리닝	드라이
143	뮤지컬		421	체크무늬	
144	스튜디오		422	파스	물파스
145	챔피언		423	나트륨	
146	벨	벨소리, 전화벨, 벨소리	424	오존층	
147	레몬	레몬차	425	포럼	
148	비자		426	카운터	
149	볼링	볼링장	427	스피드	
150	배드민턴		428	데스크톱	
151	알코올		429	샘플	
152	댐		430	오스트리아	
153	콤플렉스		431	체인	
154	사이다		432	업그레이드	
155	디지털		433	트렌드	
156	테마		434	프로듀서	PD
157	스위치		435	칩	
158	사이트		436	워크숍	
159	다운로드	업로드	437	월드	
160	소스		438	클리닉	

161	코드		439	밸런타인데이	
162	브랜드		440	베이징	
163	시리즈		441	볼	
164	유럽		442	커뮤니티	
165	체크		443	스캐너	
166	알레르기		444	웹	
167	프로젝트		445	아날로그	
168	프랑스	프랑스어, 프랑스인	446	갤러리	
169	마케팅		447	트렁크	
170	레저		448	발코니	
171	도쿄		449	시즌	
172	배터리		450	카니발	
173	필름		451	에티켓	
174	캠페인		452	르네상스	
175	미팅		453	머그잔	
176	벤치		454	키	
177	베란다		455	바비큐	
178	샴푸		456	유네스코	
179	스카프		457	모티브	
180	핸드백		458	타임	
181	발레	발레리나	459	CD	CD롬
182	파마		460	뮤직	
183	전자레인지		461	박테리아	
184	인스턴트	인스턴트식품	462	콘텐츠	
185	헬스클럽	헬스	463	내비게이션	
186	액션		464	팝콘	
187	페이지		465	인플레이션	인플레
188	이벤트		466	스페셜	
189	메일		467	아이콘	
190	팀	팀원, 팀장, 야구팀, 농구팀, 연구팀, 팀워크	468	골	골인, 노골
191	라면	컵라면	469	보드	
192	칼슘		470	케이스	
193	캐릭터		471	데이터	데이터베이스

194	키스		472	브라질	
195	애니메이션		473	스킨	
196	커플		474	스팸	
197	팬티		475	리허설	
198	케이블		476	비즈니스	
199	밴드		477	캠핑	캠핑장
200	아프리카		478	채팅	
201	캐나다		479	노하우	
202	타워		480	메모리	
203	퀴즈		481	마일리지	
204	세미나		482	로또	
205	테러		483	메이커	
206	코치		484	레이스	
207	원룸		485	페스티벌	
208	선글라스		486	백	
209	그래프		487	키보드	
210	다큐멘터리		488	필터	
211	시나리오		489	슬럼프	
212	소개팅		490	스피커	
213	슬리퍼		491	스캔들	
214	시멘트		492	카리스마	
215	오케스트라		493	펜션	
216	보일러		494	메신저	
217	사우나		495	에세이	
218	스파게티		496	코믹	
219	프라이팬		497	멕시코	
220	케이블카		498	내레이션	
221	런던		499	스튜어디스	
222	텍스트		500	인도네시아	
223	킬로그램	킬로, 그램	501	램프	
224	컨디션		502	하프	
225	에피소드		503	스웨덴	
226	라이터		504	벤처	
227	비닐	비닐봉지	505	사파리	
228	오븐		506	코팅	

229	점퍼			507	타임머신	
230	펜			508	쿠션	
231	섹시하다			509	유니폼	
232	댄스			510	그리스도	
233	네트워크	네트워킹		511	카지노	
234	네티즌			512	폴란드	
235	그래픽			513	인프라	
236	드레스			514	스테이크	
237	투어			515	프로포즈	
238	팩			516	디스켓	
239	티켓			517	스카우트	
240	타입			518	로마	
241	디스크			519	오아시스	
242	메달	금메달, 은메달, 동메달, 메달리스트		520	워드	
243	소프트웨어	하드웨어		521	피라미드	
244	마우스			522	블랙홀	
245	레슬링			523	쿼터(quarter)	
246	스타킹			524	나이트클럽	
247	아카데미			525	스피치	
248	미터			526	잠바	
249	다이아몬드			527	아이스하키	
250	잉크			528	펜팔	
251	매너			529	에이스	
252	캔			530	MT	
253	버터			531	스마트폰	
254	멜로디			532	아이폰	
255	콘도			533	폰	저가폰, 알뜰폰, 공짜폰, LTE폰
256	재킷			534	애플	
257	가톨릭			535	아이패드	
258	카레	카레라이스		536	갤럭시	
259	트로트			537	애플리케이션	앱
260	뷔페			538	소셜	소셜네트워크서비스 (SNS), 소셜미디어, 소셜데이팅

261	퍼센트		539	페이스북	
262	샤워	샤워실	540	카카오톡	
263	오디션		541	물티슈	
264	리본		542	코리아	
265	콜레스테롤		543	치어리더	
266	인턴	인턴사원	544	모바일	
267	마스크		545	워싱턴	
268	피망		546	홍콩	
269	요가		547	패치	
270	렌터카		548	아티스트	
271	룸메이트		549	디스플레이	
272	매스컴		550	로고	
273	칼로리	저칼로리	551	리무진	
274	웨이터		552	이코노미	
275	웨딩드레스	웨딩	553	로스앤젤레스	
276	로그인	로그아웃	554	프랜차이즈	
277	멀티미디어		555	캡처	
278	캠프		556	VIP	

5. 결론 및 향후 과제

본 연구는 한국어에 광범위하게 존재하는 외래어를 정리하여 효율적 어휘 교육에 활용될 수 있는 한국어교육용 외래어 목록을 제공하고자 하였다. 이를 위해 총 12종의 자료에서 외래어를 취합하여 중복도와 빈도에 의거한 객관적 방법에 의해 외래어를 1차 선정하였다. 그리고 최근의 인터넷 뉴스 기사로 구축한 말뭉치에서 고빈도로 사용된 외래어를 추가함으로써 현재 언중의 언어생활을 최대한 반영한 외래어 목록을 마련하고자 하였다. 끝으로 객관적 방법에 의한 어휘 선정의 단점을 상쇄하기 위해 한국어 교사 5인에게 의뢰하여 중요도에 대한 평정 작업을 진행하였다. 이와 같은 일련의 과정을 통해 교수·학습의 우선순위가 높은 한국어교육용 외래어 목록을 선정하였다.

그러나 여전히 2차 자료를 대상으로 외래어 기초 자료를 취합하고 메타 분석을 진행한 점은 본 연구의 한계로 지적될 수 있다. 한국어교육을 위한 기초어휘로서의 성격을 지니는 외래어를 선정하기 위해서 방법론의 객관성 및 신뢰성을 향상시키는 방안은 말뭉치의 빈도(frequency) 및 분포(range)를 고려하는 것이다. 그러나 문물의 유입이나 생활상의 변화로 새로이 유입되거나 사어화(死語化)되는 어휘가 많은 외래어의 특성 상 비교적 최근에 구축된 구어·문어 말뭉치를 바탕으로 해야만 결과가 유의미하다고 할 수 있다. 그러나 일반에 배포되어 접근 가능한 말뭉치는 대부분 10여년이 지난 자료를 토대로 구성된 것이므로 해당 말뭉치에서 추출한 외래어는 현재 언중의 언어생활, 특히 외래어 사용을 충실히 반영하고 있다고 보기 어렵다. 이에 따라 차선책으로 선행 연구, 사전, 한국어 교재 등에 포함된 외래어를 수집하여 중요도를 가늠하기 위한 척도로 중복도를 고려한 것이며, 완전한 보완책은 아닐 것이나 인터넷 뉴스 말뭉치의 빈출 외래어를 추가하고 경험 있는 한국어 교사의 평정을 거침으로써 일정 부분 한계를 상쇄하고자 시도하였다.

본고의 외래어 선정 결과는 기초 자료로서의 성격을 지니며 향후 한국어 교재 개발이나 어휘 학습에 보다 유용한 자료로 사용되기 위해서는 주제별 분류 및 등급화 작업이 이루어져야 할 것이다. 또한 외국인 학습자가 외래어 학습에서 겪는 혼란과 어려움을 줄이기 위해 한국어에 유입되어 의미가 변화한 외래어나 규정 표기와 관용 표기 간의 괴리감이 큰 외래어, 그리고 외래어 명사를 어근으로 하는 동사의 파생 양상 등에 대한 다각적인 분석 역시 이루어져야 할 것이다.

— 이 글은 『시학과 언어학』 27호, 151~180쪽에 실린 논문을 수정·보완한 것임.

한국어교육을 위한
외래어 조어소 선정에 관한 연구

남신혜 · 원미진
연세대학교

1. 머리말

언어의 변화를 주도하는 것은 문법이 아니라 어휘이다. 비교적 닫힌 체계인 문법에 비해 어휘는 시대의 변화를 반영하여 끊임없이 신어를 생산해 내기도 하며 기존어를 도태시키기도 하는 열린 체계를 가지고 있기 때문이다. 사회의 변화가 크고 변화 속도가 빠를수록 우리 언어의 어휘 체계 안에서 신어가 차지하는 비중은 늘어나고 신어가 유입되는 속도 또한 빨라진다. 더욱이 근래에는 인터넷 사용의 활성화로 인해 다양한 형태와 다양한 방법으로 만들어진 신어의 수가 기하급수적으로 늘어나면서 언어 창조 주체의 폭도 넓고 다양해졌다. 특히 신어의 절반 이상을 차지하는 외래어와 외래어 요소를 포함하는 신어를 모르고는 한국 사회와 문화를 이해하기 힘들기 때문에 한국어교육 안에서 이런 신어에 대한 논의가 필요한 시점이다. 다시 말해, 신어는 외국인 한국어 학습자들이 한국에서 일상생활을 해 나가는데 있어 몰라서는 안 되는 어휘들이기 때문에 신어를 어떻게 볼 것이냐는 국어학계의 논의와는 별도로 어떤 어휘를 어느 정도까지 한국어 교육과정에 포함시켜야 하느냐 하는 실용적인 측면에서의 접근이 가능한 영역이다.

본 연구는 이러한 입장에 근거하여 현재 활발히 생성되고 있는 외래어 조어소를 사용한 신어들에 대한 체계적인 검토를 통해 한국어교육에 필요한 교육용 어휘 목록을 선정하기 위한 기준과 근거를 밝혀보려고 한다. 이를 바탕으로 한국어교육용 어휘 목록의 선정을 위한 외래어 조어소를 선정하고, 이것을 바탕으로 외국인 학습자의 어휘 확장에 효과적으로 이용할 수 있는 구체적인 목록을 제시해 보려고 하는 것이 이 연구의 궁극적인 목적이다.

2. 선행 연구

언어는 끊임없이 살아 움직이며 그 사회 안에서 살아가는 사람들은 그 언어의 변화에 알게 모르게 영향을 받으면서 살아간다. 규범적인 문법을 적용하여 외래어를 어떤 시각으로 바라봐야 하는가의 문제는 본 연구의 대상이 아니다. 무분별한 외래어의 사용은 한국어의 정체성을 무너뜨릴 위험이 있다는 점에서 경계해야 할 현상인 것은 사실이지만, 언어 현실을 받아들이고 그 안에서 의사소통을 시도하려는 한국어 학습자의 입장에서는 외래어 역시 배워야 하는 한국어의 일부이다.

그동안 이루어진 외래어에 대한 연구를 살펴보면 꽤 오랫동안 외래어를 '순화'의 대상으로만 여겨 온 것을 알 수 있다. 그러나 최근 들어 외래어의 중요성을 인식하고 외래어에 대한 체계적인 설명을 시도하는 연구가 많아지고 있다. 실제로 외래어의 사용은 더 이상 순화의 문제가 아니라 언어 현실을 반영하는 현상이기 때문에 현실적으로 연구되어야 할 것으로 보인다. 김희정(2001)은 광고에서 외래어 사용이 압도적으로 많음을 밝힌 바 있고 민현식(2001)은 전국 17개 지역 간판 어종 분석에서 외래어 사용 비율이 56.3%에 이르고 있음을 지적했다. 또한 전명미·최동주(2007)의 연구에서는 외래어와 외래어를 포함하는 신어가 전체 신어의 57.7%에 달하는 것으로 조사되었다. 따라서 신어에 대한 연구는 외래어에 대한 연구를 배제할 수 없다고 말할 수 있다.

이미 민현식(1998)에서는 국어의 체계 안에 편입된 외래어를 다양한 기준을 가지고 분류하면서 외래어에 대한 종합적인 고찰을 시도하여 한제외래어라는 항목을 설정하였다. 한제외래어란 '원어의 음이나 뜻이 크게 변용되어 쓰임으로써 원어와 크게 달라진 상태로 쓰이는 변형외래어'와 '외래어를 재료로 한국인끼리만 통용하도록 한국인이 신조한 신조외래어'를 묶은 개념으로 정의되었다. 민현식(1998)의 한제외래어 항목에서는 고빈도의 한제외래어 목록을 제시하고 있는데 이 중 상당수가 10여 년이 지난 지금까지도 사용되는 어휘임을 확인할 수 있다. 사실 외래어는 본래의 의미와 형식이 그대로 차용되어 쓰이기만 하는 것이 아니라, 고유어나 한자어와 마찬가지로 국어 문법 체계 안에서 변용과 생산을 해내고 있다. 특히나 고유어나 한자어와 결합되어 새로운 혼종어를 끝없이 만들어내는 생산력을 보여준다. 전명미·최동주(2007)에서 분석한 신어 중 파생어를 보면, 생산력이 가장 높은 접사는 바로 외래어 접사였다.[1] 따라서 외래어 요소를 포함하는 신어에 대한 연구가 체계적으로 진행된다면 국어의 어휘가 보다 다양하고 생산적인 모습으로 될 수 있을 것이다.

그러므로 한제외래어, 혹은 외래어 요소가 포함된 어휘의 성격을 파악하고 그것들의 차용양상에 따른 신어 파생어 혹은 합성어들의 특성을

---

1 생산성(단어수/접사수) : 고유어(3.8) 한자어(3.0) 외래어(7.3)

파악하여 한국어교육에 필요한 어휘 목록의 선정 방법을 검토해 보는 것은 학습자의 어휘 확장을 위해 필수적인 작업의 하나가 될 것이다. 대부분의 신어는 기본적으로 어떤 변화를 거쳐 형성된 것들이며, 그 중에서도 특히 최초에는 차용된 외래어였던 어휘의 일부분이 접사화하면서 이후에 다양한 파생어들을 생산해 내는 경우 그 양상에 대한 체계적인 검토 작업은 학습자들이 모르는 어휘를 만났을 때 스스로 그 의미를 깨달을 수 있는 방법을 제공하는 기초가 된다. 일례로 외래어 '호텔(hotel)'이 차용되어 쓰인 이후에 마지막 음절인 '–텔(–tel)'이 마치 접미사처럼 기능하여 '고시텔', '휴게텔', '민텔' 등의 어휘를 생산해 내었다. 이처럼 외래어는 단지 차용 외래어에 머물러 있지 않고 기존에 국어 어휘부에 등재되어 있던 고유나 한자어, 혹은 다른 외래어의 일부 혹은 전부와 결합하면서 다양한 혼종어를 생산적으로 만들어내고 있다. 이와 같은 외래어 요소가 포함된 어휘에 경우 혼성법에 의해서 형성된 이른바 '혼성어'로 보는 논의가 있으나, 아직은 국어의 조어법에서 혼성은 극히 인위적이고 일회적인 단어 형성에만 참여한다고 판단되며, 시간이 지날수록 '접사화' 혹은 '어기화'한 외래어 요소에 의해 생산되는 단어만이 살아남는 경향이 있다. 따라서 본고에서는 이들을 혼성어가 아닌 파생어 혹은 합성어로 처리하기로 한다. 특히 차용외래어가 아닌 한제외래어의 경우, 이들을 교수하지 않는다면 학습자 스스로 그 의미를 파악하는 것은 거의 불가능하다. 따라서 본고에서는 차용외래어가 아닌 한제외래어, 특히 파생어나 합성어로 굳어진 것으로 보이는 복합어 교수에 논의의 초점을 맞추어 이들 중에 한국어교육 현장에서도 교수되어야 할 교육 대상 어휘를 선정하는 작업을 진행하려고 한다.

본고에서는 파생어와 합성어를 '복합어'로 통칭하고, 파생어를 만드는 접사와 합성어를 만드는 어근을 '조어소'로 통칭하기로 한다. 어휘 교육에 있어 파생어나 합성어와 같은 복합어의 교육은 그 조어소의 의미와 기능 및 단어 형성 기제에 대해 설명하는 교사의 역할이 크다는 점에서 그 중요성이 인정되어 왔다. 조현용(2000), 김정은(2003), 서희정(2006) 등 복합어 교육에 대한 대표적인 논의들에서는, 일관되게 중급 이상의 학습자들은 단어 형성 기제를 통한 학습이 가능하며 이를 통해 학습자의 어휘가 비약적으로 확장될 수 있음을 강조한 바 있다. 생산성이 높은 조어소와 그것이 결합되어 생산된 복합어에 대한 학습을 통해 학습자의 한국어 어휘가 확장될 수 있을 뿐 아니라 새로 접하는 어휘의 의미를 추측하는 일도 가능해진다. 뿐만 아니라 명사형을 만드는 접사 '-음, -ㅁ'이나 '-기' 등의 학습을 통해 학습자 스스로가 품사를 유추하도록 하는 효과도 기대할 수 있다는 점이 인정되어 왔다.

이처럼 복합어와 그것의 조어소를 교수하는 것에 대한 중요성은 널리 동의를 얻어 왔으나 '무엇을 어떻게 가르쳐야 하는가'에 대해서는 아직 충분한 논의가 되어 있지 않다. 먼저 '무엇을 가르칠 것인가'에 대한 논의를 위해 교육용 조어소 혹은 교육용 파생어 및 합성어 선정에 대한 논의를 살펴보면, 먼저 이지욱(2009)은 서울대, 연세대, 고려대, 이화여대 등 네 개의 한국어 교재에 제시된 파생접사의 중복도를 조사하여 이들 4개의 교재에서 가르치고 있는 총 44개의 접사 중 사동·피동 접사만이 공통적으로 제시되고 있으며, 3개 교재에서 공통으로 제시되고 있는 것도 '-답다, -지다, -적' 뿐임을 지적하였다. 교육용 어휘소 선정에 대한 문제점 중 다른 하나는 어휘소 선정의 범위가 협소하다는 것이다. 김정은(2003)은 현재 교육 현장에서 사용되고 있는 한국어 교재에서 파생어 목록을 추출하여 국어사전에 등재된 파생어와 비교하는 연구를 통해 더 많은 파생어가 교수되어야 함을 주장하였다. 그러나 파생접사를 고유어와 한자어에만 한정지어 파악하였고 외래어에 그 기원을 둔 파생접사의 존재는 인식하지 못하였다. 또한 실제로 교육용 접사 목록을 제시하는 데까지 나아가지도 못하였다. 서희정(2006)은 교육용 접사 목록을 실제로 선정하였다는 점에서 보다 실제적이나, 주로 고유어 접두파생어에 초점을 맞추어 교육용 접두사를 선정하였기에 외래어 조어소에 대한 인식까지는 나아가지 못하였다. 따라서 서희정(2006)과 같은 실용적인 논의가 이제는 파생어나 합성어가 된 한제외래어에도 있어야 한다는 것이 본고의 주장이다.

한편 '어떻게 가르칠 것인가'에 대해서는, 먼저 복합어를 종합적으로 가르칠 것인가, 분석적으로 가르칠 것인가의 문제가 있다. 이충우(2006)에서는 복합어에 대한 어휘 지도에서 중요한 것은, 복합어를 종합적으로 교수하는 것보다 복합어를 구성하는 조어소를 분석적으로 가르쳐야 한다는 설문조사 결과를 얻었다. 이는 조어소 낱낱의 의미 교수가 효과적임을 지지하는 것이다. 실제로 조어소의 의미 제시를 통한 학습자 어휘망의 확장을 기대한다면 복합어는 분석적으로 교수되는 것이 옳다고 판단된다.

'어떻게 가르칠 것인가'의 두 번째 문제는 파생어와 합성어를 분리하여 가르칠 것인지에 대한 것이다. 단어 형성의 원리를 이용한 복합어 교육에 대한 논의에서 신희삼(2010)은, 파생어는 어기와 접사가 결합하는 형식으로, 합성어는 어기와 어기가 결합하는 형식으로 그 차이점을 밝혀 교수할 것을 제안하였다. 그러나 이는 지나치게 국어학적인 접근인 것으로 생각된다. 모국어 화자들도 인식하지 못하고 있는 접사와 어근의 구분을 외국인 학습자에게 요구할 필요는 전혀 없다. 또한 파생어와 합성어를 구분할 줄 아는 것이 외국인 학습자의 어휘 확장에 영향을 미치는 것도 아니다. 따라서 파생어든 합성어든 생산력 있는 조어소가 포함되어 있는 복합어로 묶고, 그 조어소의 의미와 그것이 결합하여 형성된 단어의 목록을 교수하기 위해 한국어교육을 위한 외래어 조어소를 선정하고 그것을 기반으로 한 어휘 목록을 선정해보기로 하겠다.

3. 연구방법

3.1. 한국어교육을 위한 외래어 조어소 선정 방법

언어 교육용 조어소 선정을 위해서는 모국어 화자의 실제 언어생활이 우선 고려되어야 한다. 연구자의 막연한 직관에만 의존하여 실제성이 결여된 연구는 그 연구의 유용성을 담보하기가 쉽지 않기 때문이다. 최근 말뭉치 구축에 대한 논의나 말뭉치 자료에 기반한 실제 용례를 활용한 연구가 활발한 것도 이러한 사실에 대한 학계의 동의가 있기 때문인 것으로 보인다. 그러나 국어 생활에 편입된 외래어, 혹은 한제외래어에 대한 연구를 살펴보면 언중의 실제적 언어생활과 유리되어 보이는 면이 있다. 이는 아마도 한제외래어에 대한 대부분의 연구가 국립국어원의 〈신어〉에만 전적으로 의존하고 있기 때문이 아닐까 생각된다. 그러나 사실 2000년부터 2005년까지 매해 발간되어 온 국립국어원 〈신어〉는 양면적 성격을 갖는다. 한 편으로는 직관이 아닌 사실적 자료에 기반하여 신어의 탄생과 소멸을 추적할 수 있다는 객관성을 제공한다는 면에서 긍정적이고, 다른 한 편으로는 자료 수집의 대상이 신문이나 뉴스 대본과 같은 공식적이고 문어적이며 덜 일상적인 매체에 한정되어 있다는 점에서 한계를 갖는다. 실제로 2004, 2005년 〈신어〉를 분석한 연구인 장혜연(2007)에서는 '-파라치', '-테크', '데이', '-깡', '-(이)즘', '-텔', '-팅' 등의 외래어 조어소를 공시적 조어력이 높다고 판단하여 접사화된 예로 기술하고 있는데, 만일 이 조어소로 비롯된 파생어나 합성어의 개

수가 많다 하더라도 그 어휘들 중 상당수가 언중의 실제적 언어생활과
유리되어 잘 쓰이지 않는 것이라면 그 공시적 생산성이 진정한 의미에서
의 생산성이라고 말할 수 없을 터이다.

　따라서 본고에서는 첫 번째 단계로 국립국어원의 〈신어〉를 대상으로
하여 후보 목록을 선정하되,[2] 여기에 모국어 화자의 실제적 언어생활을
반영하여 어떤 것까지를 한국어교육을 위한 어휘 목록에 포함시킬 것인
가를 결정하기 위해 두 번째 단계로 모국어 화자를 대상으로 설문 조사
를 실시하여 최종 목록을 선정하는 방법을 사용하였다.

3.2. 후보군의 선정

　최종 목록 선정을 위한 1차로 선정된 후보 목록은 국립국어원에서 편
찬한 신어 자료집[3] 중에서 외래어에서 기원된 것으로 보이는 조어소를
포함한 복합어를 선정하였다. 더불어 국립국어원 목록에 포함되지 않은
단어를 포함시키기 위하여 포털사이트를 통해 인터넷뉴스를 검색하여
몇 가지 어휘를 추가하였다. 국립국어원 〈신어〉 목록에서 추출한 것과
포털사이트 검색을 통해 추출한 것 모두 비교적 높은 공시적 생산성을
보이는 것을 우선으로 선정하였으나 '명품백', '중고백'의 '백'과 같이 해
당 조어소의 생산성은 높지 않더라도 그 조어소를 통해 형성된 어휘의
사용빈도가 높을 가능성이 있는 것은 목록에 포함하였다. 또한 한제외래
어가 아닌 차용어이거나 전문어에 가까운 어휘는 한국어교육용 어휘 선
정의 맥락과 맞지 않으므로 제외하였다. 이렇게 선정한 후보 목록에 포

2　국립국어원 〈신어〉가 더 이상 발간되지 않은 2005년 이후의 신어를 포함하기 위하여
　　연구자의 직관으로 몇몇 어휘를 후보군에 추가하였다.
3　신어(2001), 신어(2002), 신어(2003), 신어(2004), 신어(2005), 『사전에 없는 말 신
　　조어』, 태학사.

함된 조어소는 26개이며, 해당 조어소를 포함한 복합어는 244개로 다음
표와 같다.

〈표 1〉 최종 목록 선정을 위한 1차 후보군 목록(괄호 안은 연도)

조어소	원어	어휘 목록[4]
-가스	カツ	김치가스(02), 김치치즈가스(02), 생선가스〈92〉, 치킨가스〈93〉
걸	girl	비걸(03), 애교걸(03), 이미지걸(02), 이슈걸(03), 파파걸(02)
골	goal	결승골(02), 골가뭄(02), 골대〈90〉, 골맛(02), 골망(02), 골문〈90〉, 골세례(02), 골잡이〈90〉, 골폭풍(02), 선취골(01), 쐐기골(02), 역전골(02), 추가골(04)
-깡	かん	게임머니깡(05), 골드깡(02), 금깡(03), 명품깡(02), 쌀깡(05), 카드깡〈90〉, 쿠폰깡(05), 할인깡(03), 현물깡(04), 회사채깡(02), 휴대폰깡(03)
데이	day	다이어리데이(04), 로즈데이(02), 무비데이(04), 블랙데이〈99〉, 빼빼로데이〈96〉, 사과데이(04), 삽겹살데이(03), 실버데이(04), 오삼데이(05), 와인데이(04), 육아데이(05), 젓가락데이(05), 치킨데이(03), 키스데이(04), 파파데이(05), 포토데이(04), 화이트데이〈91〉
-돌	dol	개념돌〈09〉, 생계돌〈09〉, 시크돌〈09〉, 예능돌〈09〉, 짐승돌〈09〉
-드	d	영드〈07〉, 라드, 미드, 일드, 한드
룸	room	룸까페, 룸살롱, 미니룸(02), 원룸, 채팅룸(01), 투룸, 패닉룸(02)
맨	man	능력맨(02), 라인맨(04), 만능맨(04), 목청맨(05), 보안맨(04), 봉고맨(05), 셔터맨, 작업맨(04), 푸시맨(04), 패밀리맨(02), 시범맨(03), 건실맨(03), 진지맨(00), 버터맨(02), 경품맨(03)
백	bag	명품백〈02〉, 중고백
벨	bell	벨소리(01), 목소리벨(02), 라이브벨
송	song	가나다라송(04), 고백송〈02〉, 곱등이송〈10〉, 러브송〈94〉, 로고송〈91〉, 싸가지송(04), 올챙이송(04), 우유송〈03〉, 원츄송(04), 월드컵송〈00〉, 이사송〈10〉, 캐롤송〈90〉, 캠페인송〈92〉, 허무송(04)
-(이)즘	ism	귀차니즘(02), 대처리즘(04), 마오이즘(02), 스노비즘(04), 언니즘(03), 우리나라리즘(05), 현대이즘(05)
짱[5]	ちゃん	겜짱(04), 공부짱(04), 뇌짱(04), 돈짱(04), 디카짱(04), 맘짱〈03〉, 맞짱(01), 먹짱(05), 몸짱(03), 속짱(04), 수학짱(04), 승짱(04), 쌈짱(04), 얼짱(02), 엉덩이짱〈09〉, 엉짱(04), 올짱(04), 요리짱(04), 인기짱〈00〉, 춤짱(04)
-카	ca	디카(02), 몰카〈98〉, 셀카(02), 폰카(02), 필카〈03〉
-테크	tech	건테크(05), 금테크(03), 땅테크(04), 오일테크(05), 이자테크(06), 재테크〈90〉, 주테크(02), 직테크(05), 차테크(02), 카테크(05), 혼테크(04), 환테크(02)

-텔	tel	고시텔(02), 골프텔(04), 노래텔(06), 미니텔(01), 민텔(04), 벤처텔(01), 스키텔(06), 아파스텔(02), 아파텔(01), 콘도텔(01), 휴게텔〈99〉
-티즌	tizen	노티즌(04), 멀티즌(01), 메가티즌〈01〉, 모티즌(01), 뮤티즌(00), 색티즌(04), 섹티즌(02), 아티즌(01), 악티즌(03), 액티즌(04), 엽기즌(01), 욕티즌(03), 유티즌(04), 폰티즌(04)
-틱	tic	공주틱, 소녀틱, 시골틱, 아동틱, 유아틱
팀	team	소속팀〈90〉, 이적팀〈93〉, 최강팀(01), 최약팀(01), 친정팀(01)
-팅	ting	눈팅〈01〉, 땅팅(04), 미팅, 바캉스팅(02), 번개팅, 번팅(04), 소개팅, 책팅(02), 헌팅
-파라치	parazzi	과파라치(03), 네파라치(02), 대파라치(02), 보파라치(04), 부파라치(05), 성파라치(04), 신파라치(05), 실파라치(05), 쌀파라치(05), 엘파라치(05), 의파라치(02), 카파라치(02), 폰파라치(02), 표파라치(02)
파티	party	개강파티, 생일파티, 자선파티, 종강파티, 쫑파티
팬	fan	골수팬〈97〉, 광팬〈03〉, 드라마팬(04), 만화팬(04), 사생팬〈07〉, 아저씨팬〈00〉, 안방팬(01), 안티팬〈01〉, 팬까페, 팬미팅, 팬사인회, 팬생팬사(03), 팬질, 팬픽, 홈팬
폰	phone	공짜폰, 구석기폰(04), 당뇨폰(04), 대포폰(02), 브릿지폰(03), 비화폰(04), 쇼핑폰(05), 스트레스폰(04), 쌍둥이폰(03), 엠피쓰리폰, 임대폰, 전용폰, 최신폰, 폰뱅킹, 폰사진(03), 휴대폰
-플	ple	리플, 무플, 베플, 악플
26개		244개

3.3. 최종 목록 선정을 위한 설문조사

1차로 선정된 후보군 어휘 목록 중에서 실제 모국어 화자의 언어생활에 정착되어 사용되는 어휘만을 추출하여 최종 교육용 어휘 목록으로 선정하기 위하여 설문 조사를 실시하였다. 또한 동일한 설문 조사를 국내에 거주하는 외국인 학습자를 대상으로도 실시하여 모국인 화자 집단과 외국인 학습자 집단[6] 간의 차이를 밝혀 보고자 하였다. 두 집단의 응

---

4   ( )안은 국립국어원 신어 목록에 제시된 최초 출현 연도, 〈 〉안은 인터넷으로 검색된 기사의 최초 출현 연도.

5   '짱'에 대해서는 그 어원에 대해 다양한 견해가 있지만 여기서는 일본어 'ちゃん'에서 유래한 것으로 본다.

답자는 다음과 같다.

〈표 2〉 설문 응답자 표본

집단	A : 한국인 (52)					B : 외국인 (15)
직업	대학생	대학원생	직장인	전문직	무직	대학원생
	22	12	13	1	4	15
평균연령	25.5					26.0

한국인 응답자는 대학생이나 대학원생만이 아닌 다양한 직군을 포괄하도록 하였고 최연소 응답자는 19세, 최고령 응답자는 35세, 평균 연령 25.5세로 하여 외국인 학습자의 주 연령층과 비슷한 연령대의 모국어 화자 집단이 되도록 설계하였다. 한 편 외국인 응답자는 모두 고급 수준의 한국어 전공 대학원생이므로, 실제 외국인 학습자와 모국어 화자 사이의 차이는 본고에서 선정한 표본 집단과 모국어 화자 사이의 차이보다 더 클 것이다. 설문지에는 조어소는 제시하지 않고 낱낱의 어휘들만 제시하였으며, 〈표 1〉에서 보인 총 244개의 후보 어휘군을 모두 포함시켰다.

설문에는 응답자의 이해 어휘를 알아보기 위한 인식 척도와 응답자의 표현 어휘를 알아보기 위한 사용 척도를 포함하여, 설문 참여자들이 각각의 어휘들에 대해 인식 정도와 사용 정도를 응답하도록 하였다. 인식 정도는 3점 척도(모름, 보통, 앎)로 제시한 후 5점 척도로 환산하였으며, 사용 정도는 5점 척도(전혀 사용하지 않음, 거의 사용하지 않음, 보통, 사용하는 편, 자주 사용)로 제시하였다. 따라서 인식 점수의 평균이 3점 이상이면 응답자가 해당 어휘를 실제로 알고 있으며, 사용 점수의 평균 역시 3점 이상이면 응답자가 해당 어휘를 실제 언어생활에서 사용하고 있는 것으로 판단할 수 있다고 보았다.

---

6 설문에 응답한 외국인 학습자는 모두 연세대학교 국어국문학과 대학원에서 한국어교육을 전공하고 있는 석·박사 과정의 학생들로, 최고급 수준의 학습자이다.

4. 설문 조사의 결과 분석

4.1. 어휘 인식에 있어서의 두 집단 간 차이

설문 조사의 결과, 모국어 화자(집단 A)들이 실제 언어생활에서 인식하고 있는 어휘는 다음과 같이 전체 244개 어휘 중 118개였으며 이 중 외국인 학습자 역시 인식하고 있는 어휘는 49개에 불과하였다. 전체 244개 어휘 중 나머지 126개 어휘는 평균 3점 미만의 점수를 받아 언중의 언어생활에 정착되었다고 보기 어려웠다.

〈표 3〉 해당 어휘에 대한 모국어 화자의 인식 점수가 3 이상인 것.

순위	어휘	평균	표준편차	외국인 목록과 비교	순위	어휘	평균	표준편차	외국인 목록과 비교
1	벨소리	5.00	0.00	O	60	이적팀	4.58	1.14	X
2	디카	5.00	0.00	O	61	눈팅	4.58	1.14	X
3	셀카	5.00	0.00	O	62	골잡이	4.54	1.23	X
4	폰카	5.00	0.00	O	63	룸살롱	4.54	0.94	X
5	종강파티	5.00	0.00	O	64	라이브벨	4.54	1.16	X
6	쫑파티	5.00	0.00	X	65	소녀틱	4.54	0.94	X
7	휴대폰	5.00	0.00	O	66	중고백	4.50	1.18	O
8	리플	5.00	0.00	X	67	올챙이송	4.50	1.18	X
9	악플	5.00	0.00	O	68	로고송	4.46	1.13	X
10	생선가스	4.96	0.28	O	69	만화팬	4.46	1.20	O
11	빼빼로데이	4.96	0.28	O	70	예능돌	4.42	1.14	X
12	미드	4.96	0.28	X	71	최약팀	4.42	1.27	O
13	귀차니즘	4.96	0.28	X	72	번개팅	4.42	1.07	X
14	몰카	4.96	0.28	X	73	쌈짱	4.39	1.35	X
15	소개팅	4.96	0.28	O	74	임대폰	4.35	1.36	X
16	생일파티	4.96	0.28	O	75	쐐기골	4.31	1.48	X
17	안티팬	4.96	0.28	X	76	맞짱	4.31	1.42	X
18	팬까페	4.96	0.28	O	77	엉드	4.27	1.43	X
19	팬미팅	4.96	0.28	O	78	춤짱	4.27	1.37	O
20	팬사인회	4.96	0.28	X	79	공부짱	4.23	1.44	O
21	공짜폰	4.96	0.28	O	80	아저씨팬	4.23	1.49	X

22	최신폰	4.96	0.28	O	81	골망	4.15	1.45	X
23	골대	4.92	0.56	X	82	한드	4.12	1.50	X
24	역전골	4.92	0.39	O	83	겜짱	4.12	1.40	X
25	화이트데이	4.92	0.56	O	84	공주틱	4.12	1.28	X
26	원룸	4.92	0.39	O	85	카드깡	4.00	1.56	X
27	얼짱	4.92	0.56	O	86	생계돌	4.00	1.51	X
28	소속팀	4.92	0.39	X	87	캠페인송	3.96	1.56	X
29	개강파티	4.92	0.39	O	88	골맛	3.89	1.75	X
30	폰뱅킹	4.92	0.39	O	89	투룸	3.89	1.65	O
31	폰사진	4.92	0.39	O	90	필카	3.89	1.79	X
32	무플	4.92	0.56	X	91	친정팀	3.89	1.70	X
33	치킨가스	4.89	0.62	O	92	골가뭄	3.85	1.74	X
34	결승골	4.89	0.62	O	93	월드컵송	3.73	1.68	X
35	몸짱	4.89	0.62	O	94	대포폰	3.73	1.68	X
36	재테크	4.89	0.47	O	95	전용폰	3.73	1.68	X
37	최강팀	4.89	0.47	O	96	채팅룸	3.69	1.72	O
38	미팅	4.89	0.62	O	97	엠피쓰리폰	3.69	1.68	X
39	자선파티	4.89	0.47	X	98	셔터맨	3.65	1.76	X
40	광팬	4.89	0.47	X	99	시크돌	3.62	1.71	X
41	추가골	4.85	0.67	O	100	러브송	3.62	1.71	X
42	골세레	4.81	0.72	X	101	우유송	3.62	1.71	X
43	일드	4.81	0.72	X	102	목소리벨	3.58	1.74	X
44	캐롤송	4.81	0.82	X	103	팬픽	3.46	1.80	X
45	헌팅	4.81	0.72	X	104	골폭풍	3.42	1.79	X
46	골수팬	4.81	0.72	X	105	만능맨	3.35	1.71	O
47	블랙데이	4.77	0.76	O	106	김치치즈가스	3.27	1.77	O
48	골문	4.73	0.80	X	107	구석기폰	3.27	1.73	X
49	고시텔	4.73	0.80	O	108	애교걸	3.19	1.78	X
50	유아틱	4.73	0.69	X	109	개념돌	3.19	1.83	X
51	선취골	4.69	1.00	O	110	뮤티즌	3.19	1.74	X
52	로즈데이	4.69	0.83	O	111	미니룸	3.15	1.85	O
53	아동틱	4.65	0.86	X	112	안방팬	3.12	1.88	X
54	베플	4.65	1.10	X	113	무비데이	3.08	1.63	X

55	명품백	4.62	1.19	O	114	룸까페	3.04	1.88	O
56	인기짱	4.62	1.05	O	115	금테크	3.04	1.84	X
57	시골틱	4.62	0.89	X	116	땅테크	3.04	1.79	X
58	드라마팬	4.62	0.97	O	117	요리짱	3.00	1.82	O
59	짐승돌	4.58	1.07	O	118	사생팬	3.00	1.90	X

이에 비해 외국인 학습자(집단 B)들이 실제 언어생활에서 인식하고 있는 어휘는 다음과 같이 전체 244개 어휘 중 55개로 나타나 그 수에 있어서 한국인과의 차이가 확연하였다. 이 중 모국어 화자 집단이 인식하고 있는 118개 어휘와 겹치는 것은 49개였고, 특이하게도 6개 어휘는 한국인들은 인식하고 있지 못함에 비해 외국인들은 인식하고 있다고 응답하였다. 외국인 인식 목록에 포함되었으나 한국인 인식 목록에 포함되지 않은 어휘는 사과데이, 능력맨, 뇌짱, 돈짱, 김치가스, 삼겹살데이 등이다. 한국인은 모르는 이들 단어를 외국인은 안다고 응답한 것은, 한국인과는 달리 외국인은 개별 조어소의 의미를 통해 복합어의 의미를 추측하는 기제를 더 활발히 활용하기 때문이라 여겨진다. 이는 한국어 어휘 교육에 있어서 개별 조어소를 교육하는 것이 학습자의 어휘 확장에 많은 도움을 주는 것을 간접적으로 시사한다고 할 수 있겠다.

〈표 4〉 해당 어휘에 대한 외국인 학습자의 인식 점수가 3 이상인 것

순위	어휘	평균	표준편차	한국인목록과비교	순위	어휘	평균	표준편차	한국인목록과비교
1	빼빼로데이	5.00	0.00	O	28	폰뱅킹	3.80	1.82	O
2	벨소리	4.87	0.52	O	29	추가골	3.67	1.95	O
3	몸짱	4.87	0.52	O	30	셀카	3.67	1.95	O
4	고시텔	4.87	0.52	O	31	만화팬	3.67	1.95	O
5	생선가스	4.73	0.70	O	32	사과데이	3.53	1.77	X
6	치킨가스	4.73	0.70	O	33	미니룸	3.53	1.77	O
7	원룸	4.73	1.03	O	34	능력맨	3.53	1.92	X
8	소개팅	4.73	1.03	O	35	요리짱	3.53	1.77	O
9	휴대폰	4.73	1.03	O	36	팬까페	3.53	1.92	O
10	블랙데이	4.60	1.12	O	37	최신폰	3.53	1.77	O

11	화이트데이	4.60	1.12	O	38	결승골	3.40	2.03	O
12	얼짱	4.60	1.12	O	39	뇌짱	3.40	1.88	X
13	디카	4.47	1.41	O	40	폰사진	3.40	1.72	O
14	미팅	4.47	1.19	O	41	선취골	3.27	1.98	O
15	생일파티	4.47	1.41	O	42	역전골	3.27	1.98	O
16	공짜폰	4.47	1.19	O	43	로즈데이	3.27	1.98	O
17	명품백	4.33	1.23	O	44	만능맨	3.27	1.83	O
18	인기짱	4.33	1.45	O	45	돈짱	3.27	1.83	X
19	투룸	4.07	1.67	O	46	폰카	3.27	1.98	O
20	중고백	4.07	1.67	O	47	악플	3.27	1.98	O
21	춤짱	4.07	1.49	O	48	김치가스	3.13	1.92	X
22	공부짱	3.93	1.49	O	49	김치치즈가스	3.13	1.92	O
23	개강파티	3.93	1.83	O	50	재테크	3.13	1.92	O
24	종강파티	3.93	1.83	O	51	최강팀	3.13	1.92	O
25	채팅룸	3.80	1.82	O	52	삽겹살데이	3.00	1.69	X
26	드라마팬	3.80	1.82	O	53	짐승돌	3.00	1.85	O
27	팬미팅	3.80	1.82	O	54	룸까페	3.00	1.85	O
					55	최약팀	3.00	1.85	O

또한 학습자 집단 간의 인식의 차이를 알아보기 위해 두 그룹 간에 차이를 t검증을 통해 살펴보았다. 한국인 집단이 실제로 알고 있다고 응답한 어휘 중에서 외국인 학습자 집단과의 점수 차이가 통계적으로 유의미한 차이가 나는 어휘는 118개 중 87개로 나타났다. 이 어휘들은 한국인들은 정확하게 알고 있음에 비해 실제로 외국인 학습자들은 인식하고 있건 인식하지 못하고 있건 간에 한국인 학습자와는 다른 인식의 정도를 보여주고 있다는 점이다. 이 결과는 결국 외국인 학습자 집단은 118개의 어휘 중에 30여개를 제외하고는 인식의 차이가 확연하다는 것을 증명한다.

4.2. 어휘 사용에 있어서의 두 집단 간 차이

다음으로 모국어 화자(집단 A)들이 실제 언어생활에서 사용하고 있는 어휘는 다음과 같이 54개로, 인식하고 있는 어휘 중에서 절반 정도만 실제 언어생활에서 활발히 사용하고 있는 것으로 나타났다. 이를 통해 한국인 응답자들의 이해 어휘 대비 표현 어휘 비율은 50%임을 추산할 수 있다.

〈표 5〉 해당 어휘에 대한 모국어 화자의 사용 빈도 점수가 3 이상인 것

순위	어휘	평균	표준편차	외국인 목록과 비교	순위	어휘	평균	표준편차	외국인 목록과 비교
1	휴대폰	4.52	0.73	O	28	미팅	3.64	1.24	O
2	리플	4.50	0.64	X	29	쫑파티	3.64	1.19	X
3	디카	4.44	0.78	O	30	몸짱	3.60	1.30	O
4	셀카	4.29	0.87	X	31	역전골	3.58	1.18	X
5	악플	4.25	0.76	X	32	얼짱	3.58	1.26	O
6	생일파티	4.19	1.01	O	33	소속팀	3.58	1.21	X
7	벨소리	4.10	0.91	O	34	빼빼로데이	3.56	1.13	O
8	폰카	4.10	1.00	X	35	재테크	3.48	1.39	X
9	폰사진	4.06	0.96	X	36	추가골	3.44	1.20	X
10	미드	4.02	1.06	X	37	명품백	3.42	1.38	X
11	골대	4.00	0.97	X	38	자선파티	3.42	1.24	X
12	귀차니즘	3.90	1.11	X	39	캐롤송	3.37	1.47	X
13	소개팅	3.90	1.09	X	40	광팬	3.37	1.25	X
14	치킨가스	3.87	0.86	X	41	최강팀	3.35	1.20	X
15	베플	3.85	1.26	X	42	팬카페	3.31	1.20	X
16	화이트데이	3.81	1.10	O	43	안티팬	3.29	1.27	X
17	결승골	3.79	0.94	X	44	골문	3.23	1.11	X
18	폰뱅킹	3.75	1.33	X	45	팬사인회	3.23	1.18	X
19	생선가스	3.73	0.87	X	46	팬미팅	3.21	1.23	X
20	공짜폰	3.73	1.22	O	47	헌팅	3.19	1.30	X
21	개강파티	3.71	1.24	O	48	선취골	3.17	1.23	X
22	종강파티	3.71	1.14	O	49	유아틱	3.17	1.17	X
23	원룸	3.67	1.32	O	50	골수팬	3.14	1.37	X
24	무플	3.67	1.20	X	51	이적팀	3.12	1.26	X
25	최신폰	3.65	1.39	O	52	아동틱	3.02	1.21	X
26	일드	3.64	1.16	X	53	최약팀	3.02	1.26	X
27	몰카	3.64	1.16	X	54	눈팅	3.02	1.34	X

이에 비해 외국인 학습자(집단 B)들이 실제 언어생활에서 사용하고 있는 어휘는 다음과 같은 19개로, 한국인 집단과의 사용 어휘 수 차이가 상당히 큰 것으로 나타났다. 또한 외국인 학습자의 이해 어휘 중 약 35%

만 실제로 사용되는 표현 어휘로 나타났다. 이해 어휘 대비 표현 어휘 비율이 모국어 화자에 비해 외국인 학습자의 경우가 현저히 낮다는 사실은, 비록 예상 가능한 일이긴 하나, 외국인 학습자의 표현 어휘를 확장해 주는 교수 방법에 대한 후속 연구가 필요하다는 점을 시사해 준다.

〈표 6〉 해당 어휘에 대한 외국인 학습자의 사용 빈도 점수가 3 이상인 것

순위	어휘	평균	표준편차	한국인 목록과 비교	순위	어휘	평균	표준편차	한국인 목록과 비교
1	휴대폰	4.33	1.18	O	10	미팅	3.33	1.45	O
2	원룸	3.87	1.25	O	11	치킨가스	3.27	1.44	O
3	벨소리	3.87	1.46	O	12	몸짱	3.27	1.49	O
4	공짜폰	3.87	1.46	O	13	생선가스	3.20	1.42	O
5	화이트데이	3.53	1.41	O	14	고시텔	3.20	1.15	X
6	디카	3.47	1.77	O	15	소개팅	3.20	1.52	O
7	생일파티	3.47	1.46	O	16	종강파티	3.20	1.52	O
8	빼빼로데이	3.40	1.30	O	17	투룸	3.07	1.71	X
9	얼짱	3.40	1.64	O	18	최신폰	3.07	1.67	O
					19	개강파티	3.00	1.56	O

사용어휘에 대한 집단 간의 차이를 정확하게 파악하기 위해 두 집단 간의 차이를 t검증을 한 결과 실제로 한국인 집단이 사용하고 있다고 응답한 어휘 중에서 외국인 학습자 집단과의 점수 차이가 통계적으로 유의미한 차이를 보여주는 어휘는 모두 39개로 조사되었다. 결국 모국어 화자가 실제로 사용한다고 응답한 54개의 어휘 중에 열다섯 개 정도만을 외국인 학습자들이 제대로 사용되고 있음을 보여주는 이 결과분석은, 한국어 학습자들을 위한 외래어 조어소와 복합어의 교육이 필요하다는 반증이다.

이상의 결과를 통해 1차 후보군으로 선정되었던 244개의 어휘 중에서 모국어 화자가 실제 언어생활에서 알고 있는 어휘 118개와 사용하고 있는 어휘 54개를 선정하였다. 또한 외국인 학습자 집단과의 비교를 통해

외국인 학습자의 효과적인 의사소통을 돕기 위해서 이들 어휘들이 교수
되어야 한다는 점을 지적하였다.

4.3. 조어소 인식 및 사용에 있어서의 두 집단 간 차이

본고의 최종 목적은 교육용 어휘 선정에 머무는 것이 아니라 교육용
조어소 선정에 있다. 따라서 교육용 조어소를 선정하기 위해서 개별 어
휘에 대한 인식과 사용의 점수를 토대로 하여 조어소 차원에서의 계량적
분석을 실시하였다.

그 결과, 후보군으로 선정되었던 전체 26개 조어소 가운데 모국어 화
자(집단 A)들이 실제 언어생활에서 알고 있다고 나타난 조어소는 다음과
같이 17개였다. 이들 조어소 중에서 외국인 학습자(집단 B)들 역시 알고
있는 것으로 나타난 조어소는 '파티', '-카', '백', '-가스', '룸' 등 6개에
불과하였다.

⟨표 7⟩ 해당 조어소에 대한 모국어 화자의 인식 점수가 3 이상인 것

순위	조어소	N	평균	표준편차	외국인 목록과 비교
1	파티	52	4.954	.151	O
2	-플	52	4.894	.303	X
3	-카	52	4.769	.357	O
4	백	52	4.558	.916	O
5	팀	52	4.538	.736	X
6	-틱	52	4.531	.738	X
7	골	52	4.459	.726	X
8	벨	52	4.372	.774	O
9	팬	52	4.021	.678	X
10	-돌	52	3.962	1.146	X
11	-드	52	3.962	1.146	X
12	-가스	52	3.942	.838	O
13	룸	52	3.626	.744	O
14	-팅	52	3.440	.578	X
15	폰	52	3.183	.424	X

| 16 | 짱 | 52 | 3.065 | .817 | X |
| 17 | 송 | 52 | 3.033 | .615 | X |

　　외국인 학습자(집단 B)들이 실제 언어생활에서 알고 있다고 나타난 조어소는 모두 6개로, 이들 6개 조어소는 모두 한국인 집단에서도 높은 인식 점수를 받은 조어소들이었다. 다시 말해 어휘 차원에서와는 달리 조어소 차원에서는 한국인은 알지 못하지만 외국인은 안다고 응답한 조어소는 없었다. 이는 외국인 학습자들이 개별 어휘에 대해서는 그 어휘를 이루는 조어소들의 의미를 알 경우 추측을 통해 어휘의 의미를 예측하는 것이 가능한 반면, 개별 조어소의 경우 추측 기제의 사용이 불가능하기 때문인 것으로 보인다.

〈표 8〉 해당 조어소에 대한 외국인 학습자의 인식 점수가 3 이상인 것

순위	조어소	N	평균	표준편차	한국인 목록과비교
1	백	15	4.200	1.424	O
2	-가스	15	3.933	1.100	O
3	벨	15	3.489	1.246	O
4	룸	15	3.400	1.290	O
5	파티	15	3.400	1.318	O
6	-카	15	3.267	1.416	O

　　한편, 한국인 집단이 실제로 알고 있다고 응답한 조어소 중에서 외국인 학습자 집단과의 점수 차이가 통계적으로 유의미한 차이가 나타나는 조어소는 17개 중 13개로 나타났다.

　　다음으로, 후보군으로 선정되었던 전체 26개 조어소 가운데 모국어 화자(집단 A)들이 실제 언어생활에서 사용하고 있다고 나타난 조어소는 다음과 같이 6개로, 알고 있는 조어소 대비 약 35.3%의 비율로 사용하고 있는 것으로 조사되었다.

〈표 9〉 해당 조어소에 대한 모국어 화자의 사용 빈도 점수가 3 이상인 것

순위	조어소	N	평균	표준편차	외국인 목록과비교
1	-플	52	4.067	.778	X
2	-카	52	3.873	.842	X
3	파티	52	3.735	1.008	X
4	팀	52	3.138	1.059	X
5	골	52	3.046	.889	X
6	백	52	3.019	1.163	X

　그러나 외국인 학습자의 경우 실제 언어생활에서 사용하고 있는 것으로 조사된 조어소는 단 하나도 없었다. 외국인 학습자의 사용 점수에서 가장 높은 점수를 받은 조어소인 '백'의 경우도 그 점수가 2.8점에 불과하여서 3점에는 미치지 못하였다. 이를 통해 외국인 학습자는 모국어 화자가 인식하며 사용하고 있는 외래어 조어소를 잘 알지 못하며 따라서 사용하지도 못하고 있는 것을 볼 수 있다.

　한국인 집단이 실제로 사용하고 있다고 응답한 조어소 중에서 외국인 학습자 집단과의 점수 차이가 통계적으로 유의미한 조어소는 6개 중에서 5개로, 한국인 사용 점수에서 6위를 차지하고 외국인 사용 점수에서 1위를 차지한 조어소인 '백'을 제외한 모든 조어소가 유의미한 차이를 나타내었다. 결론적으로 외국인 학습자들은 조어소 차원에서는 한국인에 비해 인식에 있어서나 사용에 있어서 상당한 차이를 보이고 있는 것으로 드러났다.

　그러므로 외국인 학습자들에게 적어도 한국인이 쉽게 사용하고 있는 조어소와 그것을 포함하고 있는 신어에 대한 교육이 이루어져야 한다는 전제를 바탕으로 우선적으로 사용 어휘의 측면에서는 6개, 이해 어휘의 측면에서 17개의 조어소를 교육용 어휘 목록에 포함시킬 수 있을 것이라 생각한다. 그러나 이중에서 '-돌'과 같은 조어소의 경우, 비록 높은 점수

를 받았지만 출현 연도가 비교적 근래여서 유행어나 임시어의 단계를 지나 정착된 어휘라고 보기가 어려우므로 최종 목록에서는 제외하였다. 이렇게 해서 사용 어휘의 측면에서 6개, 이해 어휘의 측면에서 16개의 조어소를 선정하였다. 한 편 이렇게 선정된 조어소를 포함하는 어휘의 목록은, 위에서 보인 바 있는 한국인의 이해 어휘와 사용 어휘 목록을 참조하였다. 따라서 어떤 어휘가 최초 244개의 후보군 목록에 포함되어 있었고 그것이 포함하고 있는 조어소가 최종 교육용 목록에 선정되었다 하더라도 그 어휘 자체는 모국어화자가 잘 알고 사용하는 것이 아니라 면, 최종 목록에서 제외하였다. 이렇게 선정된 교육용 조어소와 그것을 포함하고 있는 어휘 목록을 제시하면 다음의 〈표 10〉, 〈표 11〉과 같다.

〈표 10〉 표현 어휘 확장을 위한 교육용 목록

순위	조어소	어휘 목록
1	-플	리플, 악플, 베플, 무플
2	-카	디카, 셀카, 폰카, 몰카
3	파티	생일파티, 개강파티, 종강파티, 쫑파티, 자선파티
4	팀	소속팀, 최강팀, 이적팀, 최약팀
5	골	골대, 결승골, 추가골, 골문, 선취골
6	백	명품백, 중고백

〈표 11〉 이해 어휘 확장을 위한 교육용 목록

순위	조어소	어휘 목록
1	파티	종강파티, 쫑파티, 생일파티, 개강파티, 자선파티
2	-플	리플, 악플, 무플, 베플
3	-카	디카, 셀카, 폰카, 몰카, 필카
4	백	명품백, 중고백
5	팀	소속팀, 최강팀, 이적팀, 최약팀, 친정팀
6	-틱	유아틱, 아동틱, 시골틱, 소녀틱, 공주틱

7	골	골대, 역전골, 결승골, 추가골, 골세례, 골문, 선취골, 골잡이, 쐐기골, 골망, 골맛, 골가뭄, 골폭풍
8	벨	벨소리, 라이브벨, 목소리벨
9	팬	안티팬, 팬까페, 팬미팅, 팬사인회, 광팬, 골수팬, 드라마팬, 만화팬, 아저씨팬, 팬픽, 안방팬
10	-드	미드, 일드, 영드, 한드
11	-가스	생선가스, 치킨가스, 김치치즈가스
12	룸	원룸, 룸살롱, 투룸, 채팅룸, 미니룸, 룸까페
13	-팅	소개팅, 미팅, 헌팅, 눈팅, 번개팅,
14	폰	공짜폰, 최신폰, 폰뱅킹, 폰사진, 임대폰, 대포폰, 전용폰, 엠피쓰리폰, 구석기폰
15	짱	얼짱, 몸짱, 인기짱, 쌈짱, 맛짱, 춤짱, 공부짱, 겜짱, 요리짱
16	송	캐롤송, 올챙이송, 로고송, 캠페인송, 월드컵송, 러브송, 우유송

그 밖에 1차 후보군 목록에 속했던 조어소 중에서 '걸', '-깡', '데이', '맨', '-(이)즘', '-테크', '-텔', '-티즌', '-파라치' 등은 모국어화자의 인식과 사용 두 가지 측면에서 모두 낮은 점수를 받았다. 따라서 이들은 아직까지 한국인의 언어생활에 정착되어 있지 않은 것으로 판단하여 교육용 목록에서 제외하였다.

5. 맺음말

이 연구는 한국어 학습자를 위한 외래어 조어소를 선정하기 위해 기존에 제시된 외래어 신어목록을 바탕으로 한국인 집단과 외국인 학습자 집단의 신어 어휘에 대한 인식과 사용상의 차이를 알아보고 그것을 바탕으로 교육용 어휘 목록을 선정해 보려고 시도하였다.

분석결과를 보면 실제로 국립국어원 〈신어〉 자료로 제시된 어휘들 중에서 상당수는 한국인들도 제대로 인식하거나 사용하지 않음이 드러났다. 이는 앞서 지적한 바대로 문어 텍스트만을 대상으로 신어 자료가 이루어지고 있는 것이 그 원인으로 보인다. 특히 문어 자료에 나타나는 높은 생산성만을 중시하여 어떤 요소가 정착되었는지 여부를 판단한다면 언중의 실제 언어생활과 유리될 가능성이 있다는 것이 몇 가지 예에서 드러났다.

한편 모국어 화자들이 많이 사용하고 있어 이미 한국 언어사회에 정착된 어휘들의 경우에도 외국인 학습자들은 그것에 대한 인식과 사용이 제대로 이루어지고 있지 않음을 알 수 있었다. 이 연구 결과에 따라 한국인들이 직접 사용하고 있는 조어소는 한국 생활에 필요한 어휘라는 기준을 적용하여 교육할 필요가 있다는 전제 하에 한국인들이 사용하고 있지만 외국인 학습자들이 사용하지 못하고 있는 조어소를 교육용 조어소로 선정하였다. 또한 그것들을 바탕으로 한 신어들 중에서 한국인들이 사용하고 있는 어휘들은 교수할 필요가 있음을 지적하였다. 또한 이런 조어소들의 생산과정에 대한 검토와 확장방법에 대한 인식여부를 확인하는 작업은 복합어 어휘 교육을 위한 기본 전제로서 한국어교육을 위한 어휘 교육에서 조어소 단위의 교육이 필요함을 지적하고자 하였다.

대부분의 신어들이 짧은 생명력을 가지는 경향이 있기 때문에 본고에서 신어 목록을 기본 바탕으로 하여 선정한 교육용 어휘 역시 유행어에 지나지 않을 위험이 전혀 없는 것은 아니다. 그러나 최종 목록에 선정된 조어소들은 대부분 적어도 십 년에서 많게는 이십 년에 이르는 기간 사용되어 왔기 때문에 이제는 유행어의 단계를 지나 이제는 실제로 언중의 국어 생활에 정착되어 쓰이고 있는 어휘라고 예상해 볼 수 있을 것이다.

그럼에도 불구하고 이 연구는 많은 신어들 중에서 국립국어원 신어 자료집만을 중점적으로 살펴보았다는 데에 한계가 있다. 본고는 기본적으로 조어소의 선정을 위한 방법 마련을 위한 탐색적 연구였기 때문에 보다 많은 어휘를 대상으로 한 연구는 뒤로 미룬다. 본고에서 다룬 외래서 조어소라는 특수성으로 인해 외국어 학습자 중에서 한국어 고급 학습자만을 대상으로 설문조사를 실시하였고 외국인 설문 참여자를 한 집단으로 설정하였는데 이것 또한 설문조사 방법의 한계가 있음을 밝혀둔다. 좀 더 많은 한국인 학습자들을 대상으로 한 설문조사를 실시할 때 연구의 객관성이 높아지리라 생각한다.

―이 글은 『이중언어학』 46호, 67~102쪽에 실린 논문을 수정·보완한 것임.

제2부

문법 교육 연구

한국어 문법 교육 연구 분야에는 모두 세 편의 연구를 싣는다. 이들 세 편의 연구의 구체적인 연구 목적과 내용은 상이하나 한국어 문법 교육 분야에 유의미하며 적용성 있는 내용적 측면의 지적 산물이라는 점, 그리고 실증적인 언어 자료로서의 코퍼스를 활용한 방법론으로 수행되었다는 점에 있어서 공통적이다.

서세정·어지혜(2011)는 한국어 학습자의 숙달도별 연결어미 정확도 변이 양상을 측정하였는데, 한국어 학습자의 작문 자료를 대상 코퍼스로 활용하였다. 이 연구는 그동안 한국어 학습자의 작문 자료, 즉 '학습자 말뭉치'를 활용한 오류 혹은 중간언어에 대한 기존 연구(김유미, 2002; 김정은, 2002; 김중섭, 2002; 김재욱, 2005 등)와 맥을 같이 하는 것으로 볼 수 있다. 그러나 다양한 언어권 및 숙달도의 학습자 작문 자료가 균형적으로 포함된 코퍼스를 활용하였다는 점, 그에 따라 학습자의 숙달도별로 오류율과 오류 양상의 차이를 밝혀낼 수 있었다는 점에서 장점을 갖는다. 또한 산출되지 않은 오류를 포함한 오류율 산정 방법을 제안하였다는 점에 있어서 방법론적 차별성도 지니고 있는데, 이는 오류 및 중간언어 분석을 기반으로 하는 연구에 있어 참고할 만한 유용한 방법론적 근거를 제공하였다.

이현정·최영롱(2013)은 한국어교육을 위해 코퍼스에 나타난 사용 빈도와 교재 중복도 등의 객관적인 지표를 사용하여 교육용 연결어미를 선정하였다. 그간 연결어미에 대한 연구는 양보관계 연결어미에 대한 연구(장요한, 2009; 권수정, 2010; 정종수·김기범, 2012 등), 인과관계 연결어미에 대한 연구(안주호, 2002; 권미미, 2008 등), 목적관계 연결어미에 대한 연구(안주호, 2007; 채숙희, 2011; 임채훈, 2014 등), 시간관계 연결어미에 대한 연구(김은경, 2006; 이경선, 2007; 김경화, 2011 등) 등과 같이 부분적으로 이루어져 왔다. 또한 그간에는 연결어미의 유용성과 중요도를 나타내는 객관적 지표에 근거하여 선정된 연결어미 목록이 없기 때문에 각 교재마다 수록하고 있는 연결어미 목록이 매우 상이하다는 문제가 있었다. 이를 고려할 때, 이현정·최영롱(2013)은 전체 연결어미를 아우른 조사의 결과물로서 제시하고 있는 목록의 유용성 측면에서 뿐 아니라 여타의 문법 항목의 선정 작업에 있어서도 그 방법론적인 근거를 제시하였다는 점에서 교수 현장에의 적용성이 크다는 의의를 갖는다. 특히 이 연구에서 선정의 지표로 사용한 사용 빈도는 문어 코퍼스와 구어 코퍼스를 동일한 비율로 조사한 것인데, 문어 코퍼스와 구어 코퍼스를 동일한 비율로 조사함에 따라 대상 코퍼스의 불균형성으로 인해 발생 가능한 문제를 사전에 차단하였고 의사소통 중심의 연결어미 목록이 선정될 수 있도록 하였다는 점에도 장점이 있다.

남신혜(2013)는 개별 문법 항목에 대한 구체적인 연구에 속한다. 특히 관계관형수식화된 간접인용절을 이끄는 표지로서의 '-다는'에 대하여 연구하였는데, '-다는'절에 여러 유형이 있으며 각 유형별로 해당 절을 이끄는 형태인 '-다는'의 문법화 정도가 상이함을 밝혔다. 이 연구는 완형보문에 대한 최초의 연구인 남기심(1973)에 그 뿌리를 두며, 구체적으로는 '-다는'을 '-다고 하는'과 분리하여 생각하기 시작한 이필영(1993), 이지양(1996), 김선효(2004), 그리고 이관규(2007)의 맥락을 이어 받은 것으로 볼 수 있다. 그러나 이들 기존의 연구와는 달리 코퍼스에서 조사한 3천여 개의 실제 용례의 귀납적 분석을 바탕으로 하여 보다 실증적인 논의를 전개하였다는 점에서 의의를 갖는다. 특히 이 연구는 많은 용례의 관찰을 기반으로 한 까닭에 이전의 연구에서 밝히지 못하였던 '-다는'절의 세 가지 유형을 밝혔고 이들 유형별로 문법화의 진행 정도에 차이가 있음을 밝히는 성과를 거둘 수 있었다. 이는 코퍼스를 기반으로 한 실증적 언어 연구가 가질 수 있는 장점을 전형적으로 보여주는 것으로 볼 수 있다.

한승규(2014) 역시 코퍼스를 활용하여 개별 문법 항목에 대한 구체적인 규명을 시도한 연구에 속하는 것으로, 조사 '에게'가 무정성을 가지는 명사와 결합하는 경우에 대한 구체적인 용례에 대한 분석을 통하여서 유정성과 무정성에 대하여 새로운 시각을 제시하였다. 그동안 조사 '에게'에 대한 연구는 주로 '에'와의 비교에 초점이 맞춰져 있었는데(박만수, 1985; 이남근, 2001; 김원경, 2014 등), 특히 대조 연구에 기반을 둔 것이 많았다(나가하라 아유미, 2005; 황정숙, 2009; 추민, 2012; 왕종연, 2010; 지혜영, 2014 등). 그러나 개별 문법 형태에 대한 연구에 있어 외부적으로는 관련되는 다른 문법 형태와의 비교 연구가, 그리고 내부적으로는 해당 문법 형태의 정체를 명확히 규명하는 논의가 모두 필요하다고 볼 때, 이 연구는 후자에 그 초점이 있다고 볼 수 있다. 특히 이 연구는 유현경(2007), 김형정(2010)의 논의와 궤를 같이 하는 것으로 '에게'가 유정성을 부호화하는 것으로 보고 코퍼스에 나타난 무정물 체언이 조사 '에게'와 결합한 용례를 귀납적으로 분석하였다. 특히 유현경(2007)에서 언급한 '화자의 판단에 의해 유정성이 부호화된다'는 사실을 지지하면서도 특정

유형에 속하는 명사들은 유정적 속성을 획득하는 것으로 밝혀내어, 유정
성의 부호화가 단지 화자의 판단에만 전적으로 기대는 것이 아니라 그
결합 명사의 어휘·의미적 특성에도 기인하는 것으로 볼 수 있다는 가능
성을 제시하였다는 점에서 앞선 연구들과 차별화된다.

한국어교육용 연결어미 선정을 위한 기초 연구

구어·문어 빈도 및 교재 중복도 등의 객관적 지표를 중심으로

이현정 · 최영롱

한국개발연구원국제정책대학원대학교
연세대학교 한국어학당

1. 서론

1.1. 연구의 필요성 및 목적

본 연구는 합리적인 절차와 객관적인 기준에 의해 한국어교육과정에서 우선적으로 교수·학습되어야 할 한국어교육용 연결어미 목록을 선정하고 연결어미의 위계화를 위한 기초 정보를 제공하는 데 그 목적이 있다.

연결어미는 어간에 붙어 다음 말에 연결하는 구실을 하는 어미로서, 한 문장을 다른 문장에 연결 시켜 주면서 통사적으로 결합된 두 문장 사이의 의미 관계를 제시하는 기능을 한다(임진숙, 2008:25).[1] 연결어미는

---

1 연결어미는 대등적 연결어미, 종속적 연결어미, 보조적 연결어미로 나뉘는데 이중 대등적 연결어미와 종속적 연결어미는 문장과 문장을 이어주는 문장 차원의 기능을 하며, 보조적 연결어미는 본용언과 보조용언을 이어 주는 역할을 하는 것이기 때문에 문장 차원의 표지가 될 수 없다. 이관규(2008, 155-156)에서는 그 이유를 보조 용언이 보조적 연결어미와 함께 화자의 심리 상태를 나타내는 양태 표지로 처리되기 때문이라고 밝히고 있다. 본고에서 지칭하는 연결어미는 문장 차원 기능을 하는 대등적 연결어

문장 내에서 접속 관계를 표현하는 기능을 하므로 텍스트의 수용과 생산에 있어서 연결어미를 잘못 사용하여 문장 내의 논리적 관계에 문제가 생긴다면 텍스트 전체의 통일성이나 일관성은 절대로 기대할 수 없게 된다(유혜령, 2005). 그러므로 한국어 학습자의 원활한 한국어 의사소통을 위해서 연결어미의 학습은 매우 중요하다고 할 수 있다. 그러나 개개의 연결어미는 다양한 의미 기능을 가지면서 문법적 제약도 달리 나타나기 때문에 한국어 학습자는 연결어미의 이해와 사용에 많은 어려움을 느끼고 있다.

따라서 한국어 학습자의 한국어 이해 능력 신장과 정확하고 유창한 생산을 도모하기 위해 필수적으로 익혀야 할 연결어미 목록을 제시하고, 비슷한 의미를 갖는 연결어미 간의 차이점을 변별하여 사용할 수 있도록 하는 방안 모색이 필요하다. 그러나 아직 사용 빈도나 교재 중복도와 같이 연결어미의 유용성과 중요도를 나타내는 객관적 지표에 근거하여 선정된 연결어미 목록이 없기 때문에 각 교재마다 수록하고 있는 연결어미 목록이 상이하고, 연결어미의 제시 순서나 분류 방법에도 차이가 있는 실정이다.

이와 같은 문제 인식하에 본고는 한국어 교육과정에서 우선적으로 교수·학습되어야 할 한국어교육용 연결어미 목록을 선정하고자 한다. 선정의 기준은 구어와 문어에서의 사용 빈도와 교재 중복도가 될 것인데, 말뭉치에서 고빈도로 나타난다는 것은 사용 범위가 넓으며, 노출 기회가 많다는 것을 의미하므로 교수·학습 우선순위를 정하는 데 중요한 기준이 된다. 또, 각 교재는 중요도에 대한 저마다의 기준과 한국어교육 전문가의 판단을 토대로 문법 항목을 선정하여 배치하고 있으므로 여러 교재

미와 종속적 연결어미만을 포함하는 개념으로 한정하며, 향후 진행되는 연결어미의 말뭉치 사용 빈도와 사전 및 교재 중복도 산정에서도 보조적 연결어미는 제외하기로 한다.

에 수록되어 있을수록, 즉 교재 중복도가 클수록 중요도가 크다고 판단할 수 있다.

이와 같은 본고의 한국어교육용 연결어미 목록과 빈도와 중복도 정보는 한국어 교재의 목적별, 단계별, 주제별로 연결어미를 선정 및 배열하는 데 유용한 기초 자료의 역할을 할 것이다.

1.2. 선행 연구의 고찰

연결어미에 관한 연구는 총 103편으로 집계되었는데, 이 중에서 저마다의 기준을 적용하여 연결어미 위계화를 다룬 논문은 23편이었다. 박대범(2008), 김지혜(2009), 권수정(2010), 이수연(2011)을 비롯한 대부분의 연결어미 위계화 연구는 선·후행절의 사건이나 상태가 어떠한 관계(relation)로 맺어지느냐, 즉 관계 의미(relational meaning)를 기준으로 연결어미를 '시간 관계, 목적 관계, 인과 관계, 조건 관계, 양보 관계' 등으로 묶어 연구 대상으로 삼고, 학습자들이 이들 간의 유사점과 차이점을 변별할 수 있는 교수 방안을 제공하는 것을 목적으로 하였다.

한국어교육을 위한 연결어미 목록의 선정 및 위계화를 다룬 연구로는 김제열(2001), 안주호(2004), 임진숙(2008), 임지아(2010) 등이 있다. 김제열(2001)에서는 문법 항목을 기능중심범주, 의미중심범주, 기초문법요소로 범주화하고 문법 항목의 배열 기준으로서 사용 빈도, 난이도, 일반화 가능성, 학습자의 기대 문법, 기능, 그 기능을 달성하기 위한 과제를 제시하였다. 안주호(2004)는 말뭉치 빈도 자료와 활용도, 문법적 제약 등을 고려하여 연결어미 제시 순서를 논의하였으며, 임진숙(2008)은 학문 목적의 교재에 수록되어야 할 단일형 및 복합형 연결어미 목록을 선정하고 단계별로 위계화하였다. 임지아(2010)에서는 한국어 교재와 한국어능력시험(이하 TOPIK)에 나타난 연결어미 항목을 살피고, 사용 빈도 및 오류 분석 결과를 바탕으로 하여 한국어 학습용 연결어미를 선정하였다.

이상의 한국어교육용 연결어미의 선정 및 위계화와 관련한 선행 연구의 고찰을 통해 기존 연구가 다음과 같은 한계를 지니고 있음을 알 수 있었다.

첫째, 한국어교육용 연결어미 목록 선정을 다룬 연구가 양적으로 부족하다. 유사 기능을 하는 연결어미 간의 변별 및 제시 순서 결정을 목적으로 하는 연구가 주를 이루었고, 한국어 초·중·고급의 교육과정에서 교수·학습되어야 할 한국어교육용 연결어미 전체 목록을 체계적으로 선정한 연구는 거의 없었다. 한국어교육용 연결어미 목록을 선정하더라도 기존의 한국어 교재에서 취합한 연결어미를 나름의 기준을 적용하여 재배치하고 있을 뿐이어서, 실생활에서 높은 빈도로 사용되지만 교재에 포함되지 않은 연결어미를 포착하지는 못하고 있다.

둘째, 구어와 문어에서의 사용 빈도를 두루 살핀 연구가 드물다. 구어에서의 사용 빈도가 높은 연결어미는 일상적인 기초 회화를 중심으로 하는 초급 항목으로 선정되어야 하고, 상대적으로 문어 빈도가 높은 항목은 전문적이고 문어적인 표현의 비중이 증가하는 중·고급에 배치되어야 할 개연성이 높다. 따라서 연결어미 선정 및 위계화를 위해서는 구어와 문어 빈도를 모두 산출할 필요가 있다.

셋째, 빈도 정보의 신뢰성 문제이다. 빈도 정보가 말뭉치에서 단순히 형태를 검색하여 나온 결과인지, 용례를 분석하여 의미 빈도를 산출한 것인지를 명확하게 제시하고 있지 않은 경우가 많았다. 만약 단순 형태 검색을 통해 추출한 빈도라면, '-고', '-아/어/여서', '-(으)니까'와 같은 다의적 연결어미와 '-자마자' 등의 단일 의미를 가지는 연결어미의 빈도를 동등 비교하기 어려울 것이다.

이와 같은 선행 연구의 한계를 인식하고 본 연구는 다음과 같은 사항을 염두에 두고 연구를 진행할 것이다.

첫째, 한국어교육을 위해 합리적 기준과 체계적인 절차에 의해 선정된 연결어미 목록이 필요하므로 한국어 학습 사전과 한국어 교재를 총망라하여 연결어미 목록을 추출하고 한국어 연결어미 전반의 빈도를 산출한다.

둘째, 각 연결어미의 구어 빈도와 문어 빈도를 모두 산출한다. 구어와 문어에서의 총 사용 빈도는 어떤 연결어미를 먼저 교수·학습할 것인가를 결정하는 중요한 정보가 될 것이고, 구어와 문어에서의 상대적인 빈도는 학습 목적별, 단계별, 언어 기능별로 문법 항목을 선정 및 배열하는 기준이 될 수 있을 것이다.

셋째, 단순히 형태 빈도가 아닌 의미 빈도를 산출한다. 용례 분석을 통해 산출한 의미 빈도를 바탕으로 실현 형태가 동일하여 빈도가 합산 처리된 경우, 말뭉치 자체의 형태 분석 오류, 보조적 연결어미의 문제 등 전체 빈도 산출 결과에서 일어날 수 있는 문제들을 보완한다.

2. 연결어미 기초 목록 작성 및 교재 중복도 조사

2.1. 연결어미의 기초 목록 작성
:『한국어기초사전』+ 6종 교재의 연결어미 합집합

본고는 한국어 학습자가 원활한 한국어 의사소통을 위해 우선적으로 학습해야 할 연결어미 목록을 선정하고자 한다. 이를 위해서는 먼저 실제 언어생활에서 사용되는 연결어미의 전체 목록이 필요하다. 이는 한국어에 사용되는 연결어미를 바탕으로 빈도와 교재 중복도 조사를 실시하여 교수·학습의 우선순위를 정하기 위함이다.

이에 따라 먼저 국립국어원에서 제공하는 외국인을 위한 인터넷 한국어 학습 사전인 『한국어기초사전』에 수록된 연결어미와 연세대, 이화여대, 서울대, 고려대, 경희대, 서강대의 6종 교재에 제시된 연결어미의 합집합 목록을 작성하였다. 『한국어기초사전』은 기존의 한국어 학습 사전 대비 월등히 많은 약 5만의 표제어를 수록하고 있고, 등재된 연결어미 목록을 타사전과 비교해 보았을 때도 『한국어기초사전』이 대부분의 연결어미를 아우르고 있었다.[2]

기존의 선행 연구에서는 한국어 교재에 수록된 연결어미만을 토대로 빈도 조사를 실시하고 연결어미의 제시 순서를 정하고 있다. 그러나 본고는 6종의 한국어 교재와 사전의 연결어미 합집합 목록을 출발점으로 삼음으로써, 말뭉치에서 고빈도로 나타나지만 교재에서 제시되지 않은 연결어미를 포착할 수 있고, 반대로 여러 교재에서 제시되고 있지만 상대적으로 저빈도로 나타나는 연결어미 목록이 무엇인지 살펴볼 수 있도록 하였다.

『한국어기초사전』에는 총 223개의 연결어미가 등재되어 있었는데, 음운론적·형태론적 이형태가 개별 표제어로 수록되어 있다. 따라서 각각의 표제어로 수록되어 있는 이형태는 합하여 한 개의 연결어미로 처리하고[3] 6종 교재에서 제시되고 있는 연결어미를 모두 조사하여 취합하였다. 그 결과로 한국어교육용 연결어미 선정을 위한 '기초 목록'이 되는 총 142개의 연결어미를 추출하였다.

---

2   기초 목록에 포함된 연결어미가 충분하고 타당한지 여부에 대해서는 4.1에서 말뭉치
    Coverage와 TOPIK 어휘 및 문법 목록과의 비교를 통해 검토할 것이다.
3   (예) -아서, -어서, -여서 ⇒ -아/어/여서
         -ㄹ수록, 을수록 ⇒ -ㄹ/을수록

2.2. 교재 중복도 조사

다음으로 각 연결어미가 6종 교재 중 몇 개의 교재에서 제시되고 있는가, 즉 '교재 중복도'를 조사하였다. 전술한 바와 같이 각 교재는 중요도에 대한 교육 기관의 기준과 전문가의 경험적 판단을 토대로 문법 항목을 선정하여 배열하고 있으므로 교재 중복도가 높을수록 해당 연결어미의 중요도가 높다고 볼 수 있다. 따라서 교재 중복도 역시 한국어교육용 연결어미의 선정을 위한 하나의 기준이 될 수 있을 것이다. 또한, 후에 빈도와 비교 분석함으로써 고빈도로 사용되지만 교재에서는 제시되고 있지 않아 교재에 추가되어야 할 연결어미를 추출하고, 반대로 저빈도로 출현하지만 여러 교재에 수록되어 있는 연결어미에 대한 문제 제기를 할 수 있을 것이다.

중복도 조사 대상이 된 교재는 연세대, 이화여대, 서강대, 서울대, 고려대, 경희대의 6종 교재이다. 먼저 해당 교재들의 교수요목을 살펴 어떤 연결어미가 교재의 몇 급, 몇 단원에서 제시되고 있는지를 조사하였다. 교재 중복도를 조사한 결과, 기초 목록에 포함된 총 142개의 연결어미 중에서 교재에 제시된 연결어미는 81개였고, 제시되지 않은 연결어미는 61개였다. 즉, 81개는 사전과 교재 모두에 수록된 연결어미이고, 61개는 사전에만 등재되어 있는 연결어미이다. 교재에 제시된 81개 연결어미들의 평균 교재 중복도는 3.36이었다.

〈표 1〉 연결어미의 교재 중복도

교재 중복도	연결어미 개수	연결어미
6	16	-(으)니까, -(으)러, -(으)려고, -(으)면서, -거나, -고, -ㄴ/은/는다, -ㄴ/은/는데, -느라고, -다가, -더니, -도록, -ㄹ/을수록, -아/어/여도, -아/어/여서

5	9	-아/어/여야, -자, -지만, -자마자, -듯이, -든지, -다시피, -(으)며, -(으)려면
4	14	-ㄹ/을뿐더러, -기에, -던데, -더라면, -더라도, -다가는, -느니, -ㄴ/은/는지, -ㄴ/은/는다, -기로서니, -고자, -게, -(으)되, -(으)나마나
3	9	-ㄹ/을지라도, -ㄹ/을망정, -길래, -다니, -다가도, -건, -거니와, -(으)므로, -(으)랴
2	15	-아/어/여다, -ㅁ/음에도, -ㄹ/을라치면, -자면, -든, -던지, -던들, -노라면, -ㄴ/은/는답시고, -고서, -고는, -게끔, -거든, -(으)니만큼, -(으)니
1	18	-아/어/여야, -아/어/여서, -아/어/여, -(으)리라, -오니, -ㄹ/을지언정, -ㄹ/을지, -지, -더라니, -다니까, -ㄴ/은/다, -건만, -건마는, -(으)련만, -(으)련마는, -(으)라느니, -(으)라고, -(으)나
총 합계	81	평균 중복도 = 3.36

3. 전체 빈도 조사

3.1. 빈도의 개념

연결어미의 빈도에 관한 논의를 진행하기에 앞서, 본고에서 지칭하는 '전체 빈도', '의미 빈도' 등의 개념에 대한 혼란을 방지하기 위해 각 빈도의 개념을 정리하여 제시할 필요가 있다. 본 연구의 빈도 추출 작업은 '전체 빈도', '의미 빈도', '구어 빈도', '문어 빈도', '총 빈도'의 층위로 이루어지는데, 각 개념은 다음과 같이 정의할 수 있다.

〈표 2〉 빈도의 개념 및 산출 방법

① 전체 빈도	각 연결어미의 형태 빈도 (예) '-(으)니까'를 말뭉치에서 검색하여 집계된 빈도
② 의미 빈도	동형어의 빈도 구분, 보조적 연결어미의 빈도, 말뭉치의 용례 검토를 통해 산출 (예) '-(으)라고'의 경우, 연결어미 '-(으)라고'와 간접 인용절의 연결어미 '라'+격 조사'고'의 결합형의 형태가 동일하다.

③ 구어 빈도	구어에서의 사용 빈도, 구어 말뭉치를 바탕으로 산출
④ 문어 빈도	문어에서의 사용 빈도, 문어 말뭉치를 바탕으로 산출
⑤ 총 빈도	구어 빈도 + 문어 빈도

3.2. 전체 빈도 산출 방법 및 절차

먼저 142개 연결어미에 대한 전체 빈도 산출 작업을 진행했다. 이는 위에서 정의한 것과 같이 연결어미의 형태를 검색하여 추출한 사용 빈도로서, '-고', '-게', '-아/어/여서' 등과 같은 다의적인 연결어미의 경우, 각 의미별로 어떤 비중으로 사용되었는가와 무관하게 형태 자체로 사용된 전체 빈도를 의미한다.

총 빈도는 구어 빈도와 문어 빈도를 각각 구하고 이 둘을 합산하여 산출하였다. 기존 연구에서는 구어 대비 문어 말뭉치의 규모가 훨씬 커서 구어와 문어 말뭉치 규모가 불균형을 이루었다. 문어 말뭉치의 규모가 구어보다 클 때의 문제점은 문어적인 표현이 상위 빈도의 연결어미로 집계될 가능성이 높아 왜곡된 결과를 얻을 수 있다는 것이다. 따라서 본고는 동일 규모의 구어·문어 말뭉치를 토대로 사용 빈도를 조사하였다.

문어 말뭉치는 '21세기 세종 계획'에서 제공하는 문어 말뭉치를 100만 어절로 축소한 축소 균형 말뭉치를 사용하였다. 그리고 구어 말뭉치는 '21세기 세종 계획'의 현대 구어 말뭉치(약 80만 어절)와 드라마와 영화 대본으로 구성된 준구어 말뭉치(약 20만 어절)를 합하여 100만 어절 규모로 구성하였다. 준구어 말뭉치는 장르, 주된 상황, 등장인물의 특성과 관계를 고려하여 상황 맥락 변인이 고루 반영될 수 있도록 구성하였으며, 구어 담화만 반영될 수 있도록 대본에서 지시문은 제외하고 대화문만을 추출하여 만들었다.

전체 빈도를 산출하는 과정에서 몇 가지 문제가 제기되었는데, 첫째는 과거시제 선어말어미 '-았/었/였-'의 결합 형태가 기본 의미와 구별되는 파생/변이 의미를 지니는 경우, 과거형 연결어미를 독립적인 항목으로 선정할 것인가의 문제이다. 교재 중복도 조사 과정에서 기본형과 별개로 독립적인 문법 항목으로 수록된 과거형 연결어미가 5개 발견되었다. 본고에서는 이들을 모두 독립 목록으로 처리하여 빈도를 산출하기로 하였다. 해당 과거형 연결어미들은 기본형의 학습만으로는 유추하기 어려운 변이 의미를 가지고 있어 별도의 교수·학습이 필요하다고 판단했기 때문이다.

〈표 3〉 교재에 과거형이 독립 문법 항목으로 제시된 연결어미

기본형	과거형
-(으)면	-았/었/였으면
-더니	-았/었/였더니
-다가	-았/었/였다가
-더라면	-았/었/였더라면
-던들	-았/었/였던들

둘째는 종결 기능을 갖는 연결어미의 처리 문제이다. 연결어미는 도치 또는 생략에 의해 종결어미로서의 기능을 하기도 하는데, 실제로 구어 상황의 응답 발화에 있어서 대부분의 연결어미가 종결형으로 실현 가능하다. 따라서 종결 기능을 갖는 연결어미의 빈도를 합산하여 처리하는 것이 보다 타당할 수 있겠지만, 용례를 모두 검토하지 않는 한 종결화가 일어난 연결어미의 빈도와 도치 및 생략을 통해 종결 기능을 하는 연결어미의 빈도를 구분하여 집계하는 것이 불가능하며 그 경계가 모호한 경우가 많다.[4] 그러므로 본고에서는 선행절과 후행절을 연결하는 기

---

4 유현경(2003)에 따르면, 연결어미와 종결어미로 모두 가능한 경우, 실현 조건을 만족

능을 하는 연결어미의 빈도만 산출하기로 한다.

셋째는 구어에서의 현실 발음의 빈도 처리 문제이다. 예컨대 '-(으)려고'는 구어에서 '-(으)ㄹ려고', '-(으)려구', '-(으)ㄹ라고' 등의 다양한 발음으로 실현이 되는데, 본고는 이와 같은 현실 발음의 빈도를 합산하여 집계하였다.

〈표 4〉 현실 발음이 존재하는 연결어미

표준 발음	현실 발음
-(으)려거든	-(으)ㄹ려거든, -(으)ㄹ라거든
-(으)려고	-(으)ㄹ려고, -(으)려구, -(으)ㄹ려구, -(으)ㄹ라고, -(으)ㄹ라구
-(으)려니와	-(으)ㄹ려니와

할 때는 종결화로 기능한다. 종결어미화된 연결어미의 조건으로는 첫째, 문장을 종결하는 기능을 수행하고 따라서 문장 종결의 억양을 지니게 되고, 둘째, 연결어미일 때와는 다른 의미를 가지며, 셋째, 문장의 끝에서 평서형, 감탄형, 의문형 등의 다양한 서법으로 실현되고, 넷째, 상대 높임의 어미 체계의 실현, 특히 '-요'와 결합이 가능한 것이다. 아래 예의 (a-1), (b-1), (c-1)은 연결어미로서의 쓰임이고, (a-2), (b-2), (c-2)는 종결어미화되어 사용된 예이다.

  (a-1) 집에 가거든 전화해라.
  (a-2) 내가 집에 이제 들어왔거든.
  (b-1) 나는 학교에 가려고 옷을 입었다.
  (b-2) 벌써 집에 가려고?
  (c-1) 숙제나 하든지, 아니면 잠이나 자라.
  (c-2) 못 오면 못 온다고 전화를 해 주든지.

하지선(2006)은 구어 텍스트에 나타난 어미와 한국어 교재에 제시된 어미를 바탕으로 한국어교육용 종결기능 연결어미를 추출하였는데, 종결기능 연결어미를 '연결어미의 의미가 그대로 쓰이는 것'으로, 종결어미화된 연결어미를 '새로운 의미로 전용된 형태'로 정의하였다.

이를 종합할 때, 종결어미화된 경우는 연결어미일 때와는 다른 의미를 지니고 문장 종결의 억양을 지니게 되므로 종결어미로 보는 것이 타당하다고 생각된다. 그렇기 때문에 연결어미의 빈도를 산출하고자 하는 본고의 목적에는 부합하지 않아 종결어미화된 연결어미의 빈도는 제외하는 것이 옳다는 입장이다.

-(으)려면	-(으)ㄹ려면, -(으)ㄹ라면, -(으)ㄹ려믄, -(으)ㄹ라믄
-고	-구
-고는	-구는
-고서	-구서
-고야	-구야
-ㄴ/은/는다면	-ㄴ/은/는다믄
-ㄴ/은/는다고	-ㄴ/은/는다구
-ㄴ/은/는답시고	-ㄴ/은/는답시구
-느라고	-느라구
-다가도	-다가두
-더니	-드니
-더라면	-드라면, -드라믄
-든	-던
-든가	-던가
-든지	-던지
-자면	-자믄
-ㄹ/을라치면	-ㄹ/을라치믄
-라도	-라두
-라면	-라믄
-아/어/여도	-아/어/여/두

연결어미 기초 목록에 포함된 142개 연결어미의 총 빈도(token 빈도)는 구어 약 14만 6천 회, 문어 약 15만 8천 회로 큰 차이가 없었다. 말뭉치에 사용된 연결어미 목록(type 빈도)과 본 연구가 선정한 142개의 연결어미를 비교함으로써 본 목록의 타당성을 검증할 수 있을 것이다. 그러나 말뭉치의 비교적 높은 형태 분석 오류율로 오(誤)분석된 경우가 많아서 연결어미 목록의 절대 비교는 어렵다고 할 수 있다. 따라서 구어와 문어 말뭉치의 연결어미 총 사용 빈도(token 빈도)와 본 연구가 선정한 142 연결어미의 총 사용 빈도를 비교하여 Coverage를 산출하였으며, 그 결과는 다음과 같다.

〈표 5〉 142개 연결어미의 Coverage

	구어	문어
말뭉치 내 연결어미의 총 사용 빈도	155,980	163,457
142개 연결어미가 사용된 빈도	145,805	157,553
Coverage	93.5%	96.4%

형태 분석의 비교적 높은 오류율을 감안할 때 기초 목록의 142개 연결
어미가 구어와 문어에서 약 95% 내외의 Coverage를 보인다는 것은 실
제 언어생활에서 사용되는 연결어미의 거의 대부분을 아우르고 있음을
의미한다고 판단된다.

4. 한국어교육용 연결어미 선정

4.1. 1차 목록 선정 : 142개 연결어미 내 Coverage 99% 이내 연결어미 선정 + 99% 이외의 연결어미 중 TOPIK 어휘 추가

본 연구의 기초 목록에 포함된 연결어미는 총 142개이고 6종 교재에
실린 연결어미의 평균 개수는 45개 내외임을 감안할 때, 우선적으로 학
습해야 할 연결어미를 선정하여 기초 목록을 간소화할 필요가 있다. 한
국어 교육과정의 시간적 제약이나 학습자의 학습 부담을 고려하더라도
한국어의 모든 연결어미를 가르칠 수는 없다. 따라서 체계적인 절차와
타당한 기준에 의거하여 교수·학습의 우선순위가 높은 연결어미 목록
을 선정해야 할 필요성이 제기된다.

4.1.1. 기초 목록 내 Coverage 99% 이내의 연결어미 추출

먼저 142개 연결어미의 기초 목록 내 Coverage(142개 연결어미의 누적
빈도/142개 연결어미의 총 빈도)를 구하여 사용 빈도가 급격히 감소하는 지

점을 살펴보았다. 상위 빈도 51개 연결어미의 기초 목록 내 Coverage는 99%였다. 즉, 142개 연결어미의 빈도 총합에서 고빈도의 연결어미 51개가 차지하는 비중이 99%이고, 나머지 1%를 저빈도의 91개 연결어미가 차지한다는 뜻이다. 이는 빈도 순위에 의거한 문법 요소 학습이 얼마나 효율적인가를 방증하는 결과이다. 본 연구가 선정한 142개의 연결어미가 구어·문어 말뭉치에서 약 95%의 Coverage를 보였음을 고려할 때(오분석된 형태 분석 결과를 차치하더라도), 142개 연결어미 내 Coverage 99%의 목록을 학습하면 구어·문어에서 사용되는 연결어미의 약 95% 내외를 이해하게 되므로 한국어 텍스트 이해에 큰 무리가 없을 것으로 판단된다.

4.1.2. TOPIK 출제 연결어미 추가

Coverage 99% 이외의 연결어미라도, TOPIK 출제되는 연결어미에 해당하면 포함시켰다. 이 기준에 의하여 '-자마자, -길래, -다시피, -던데, -느라고, -ㄹ/을지라도, -거든, -ㄴ/은/는들, -다가는, -(으)나마나, -(으)니만큼'의 11개 연결어미가 추가되었다. 그 결과, 1차 선정 목록에 포함된 연결어미는 총 62개이다.

TOPIK에 출제되는 연결어미를 포함한 이유는 첫째, 한국어 학습자의 TOPIK에 대한 높은 관심 때문이다. 한국어 학습자의 증가와 함께 한국에서 정규 학위 과정에 입학하기 위해 TOPIK을 치르고자 하는 수단적 목적의 학습자들 역시 늘어나고 있다. 이러한 학습자들의 요구와 관심을 반영하기 위해 TOPIK에 출제되는 어휘가 포함될 필요가 있을 것이다.

두 번째 이유는 객관적 방법에 의한 문법 항목 선정이 갖는 한계를 상쇄하기 위함이다. 본고는 빈도, 교재 중복도 등의 객관적 자료를 토대로 한국어교육용 연결어미를 선정하고자 하는데, 일반적으로 객관적 방법에 의한 선정은 객관적인 기준에 의하여 문법 요소를 선정할 수 있는 장점이 있으나 자료상의 제약으로 인해서 기본 문법 항목으로 선정되기에 충분한 항목들이 폭넓은 영역에 걸쳐 수집되기 어렵다는 단점을 가진다.[5] TOPIK은 말뭉치와 교재에서 자료를 수집하여 빈도 조사와 전문가 평정을 거쳐 어휘 및 문법 요소를 선정하는 절충적 방법을 택하고 있다. 그러므로 TOPIK의 연결어미 목록을 포함함으로써 전문가의 주관적 판단을 수용하고 객관적 기준에만 의거한 선정의 한계를 일정 부분 상쇄할 수 있을 것이다.

4.2. 2차 목록 선정 : 대표형 및 관련형 설정

총 62개의 연결어미를 대상으로 관련형으로 묶을 수 있는 것을 묶고 그 중에 하나를 대표형으로 설정하는 작업을 하였다. 대표형은 '-듯이', '-다가는', '-고는'과 같은 연결어미의 기본형, 즉 '본말'이 된다. 본말과 준말 중 고빈도로 나타나는 꼴[6]을 대표형으로 설정하는 것을 고려하였으나, 확장형에서 축약형을 유추하는 것이 축약형에서 확장형을 유추하는 것보다 수월하므로 학습의 용이성을 고려하여 본말을 대표형으로 정

---

5 김광해(1993, 60-63)에서는 객관적 방법에 의한 어휘 선정이 가지는 장·단점을 '일반적으로 객관적 방법에 의한 어휘 선정은 객관적인 기준에 의하여 어휘를 선정할 수 있다는 장점이 있지만, 어휘 조사가 갖는 자료상의 제약으로 인해 기본어휘로 되기에 충분한 단어들이 폭넓은 영역에 걸쳐 수집되기 어렵다는 단점이 있다. 반면 주관적인 방법은 각종 의미 분야 및 사용 영역에 걸쳐서 체계적이고 포괄적으로 단어를 선정할 수 있다는 장점이 있는 반면, 선정자의 주관에 치우칠 우려가 있다'라고 기술하였는데, 이를 문법 항목 선정 연구에 적용하여 인용하였다.

6 예를 들어 말뭉치에서 본말인 '-다가'의 빈도는 1,902회, 준말인 '-다'의 빈도는 5,941회로 준말이 본말보다 월등히 높은 빈도로 나타났다. 이처럼 준말이 본말의 빈도보다 높은 연결어미는 '-아/어/여서(20,166회)〈-아/어/여(67,377회)', '-든지(419회)〈-든(562회)', '-아/어/여다가(55회)〈-아/어/여다(272회)', '-느라고(99회)〈-느라(118회)가 있다.

하였다. 단, 대표형과 관련형의 빈도를 각각 기재해 줌으로써 실생활에
서 본말과 준말 중 어느 것이 더 많이 쓰이는지에 대한 정보를 제공하기
로 하였다.

　관련형으로 분류하는 첫 번째 기준은, 기본 의미의 변화가 없는 준말
(축약형)로서 국립국어원(2008)에 가표제어로 등록되어 있는 연결어미이
다. '-듯', '-다간/-단', '-고는/곤'이 그 예가 된다.

　다음으로, 독립된 표제어로 등록되어 있어도 큰 의미 차이 없이 바꿔
쓸 수 있는 것은 관련형으로 묶었다. 예컨대 두 가지 사실 가운데 어느
하나를 선택함을 나타내는 '-든가'의 경우 70회 빈도로 사용되었는데,
모든 용례를 분석한 결과 '-든지'와 모두 대체하여 사용 가능했다. 따라서
상대적으로 높은 빈도(349회)로 나타난 '-든지'를 대표형으로 두고 '-든
가'는 관련형으로 설정했다. 한국어 교재와 TOPIK에서도 '-든지'를 수록
하고 있고, '-든가'를 제시한 교재는 없으며 TOPIK 문법 목록에도 포함되
어 있지 않다.

　그리고 '-(으)니까는'과 같이'연결어미+조사'의 결합형으로서 보조사
의 의미 첨가 이외에 특별한 의미 변화가 없는 것도 관련형으로 처리하
였다.

　이와 같은 연결어미의 대표형 및 관련형 설정 과정을 통하여 연결어미
목록이 62개에서 51개로 간소화되었다. 편의상 51개의 연결어미를 2차
목록으로 부르기로 한다.

〈표 6〉 연결어미의 대표형과 관련형

대표형	관련형1	관련형2	관련형3	빈도				
				대표형	관련형1	관련형2	관련형3	빈도 합계
-아/어/여서	-아/어/여	-라서	-라	20,166	67,377	206	373	88,122
-아/어/여야	-라야			9,068	22			9,090
-다가	-다			1,902	5,941			7,843

-(으)니까	-(으)니	-(으)니까는	-(으)니깐	4,856	1,876	35	186	6,953
-지만	-지마는			4,880	73			4,953
-아/어/여도	-라도			4,149	665			4,814
-ㄴ/는다면	-라면			1,615	540			2,251
-(으)려고	-(으)려			1,874	434			2,308
-더니	-더니만			1,189	25			1,214
-든지	-든가	-든		349	70	562		981
-고는	-곤			522	300			822
-듯이	-듯			399	380			779
-아/어/여다가	-아/어/여다			55	272			327
-느라고	-느라			99	118			217
-다가는	-다간	-단		47	30	0		77

4.3. 예비 목록 선정
: 기본형과 구별되는 의미를 지니는 과거형 연결어미 추가

　연결어미 중 과거형이 교재에 개별적으로 수록된 것은 '-았/었/였으면', '-았/었/였다가', '-았/었/였더니', '-았/었/였더라면', '았/었/였던들' 5개이다. 이들 중, 빈도수 기준으로 1차 목록 선정 과정에서 탈락된 '더라면', '-던들'을 제외하고 나머지 3개를 독립된 목록으로 추가하였다. 이들은 과거시제 선어말어미 '-았/었/였'의 결합으로 변이/파생의미가 발생한 연결어미들로서, 기본형 연결어미의 학습만으로 과거형의 의미 기능을 유추하기 어려운 연결어미들이다. 그러므로 별도의 문법항목으로 제시할 필요가 있다고 하겠다.

　이상의 과정을 통해 총 54개의 연결어미로 구성된 한국어교육용 연결어미 예비 목록이 확정되었다. 본고가 일련의 과정을 통해 선정한 54개의 연결어미를 '최종 목록'이 아닌 '예비 목록'으로 지칭한 이유는 이후 진행될 의미 빈도 분석 과정을 통해 일부 연결어미는 빈도에 의거한 우선순위가 조정되거나 목록에서 제외될 여지가 있기 때문이다. 전술한 바와 같이 본고가 선정 대상으로 삼는 연결어미는 문장과 문장을 접속하여 관계 의미를 나타내는 대등적 연결어미와 종속적 연결어미로 한정하며, 본용언과 보조용언을 연결하는 보조적 연결어미는 제외하기로 한다. 따라서 보조적 연결어미로서의 쓰임을 갖는 '-아/어/여', '-고', '-지', '-게'의 용례를 분석하여 보조적 연결어미로 사용된 빈도를 제외한 후의 빈도를 산출할 필요가 있다. 이 과정을 통해 일부 연결어미의 빈도는 차감 집계될 것이다. 또한, '대립'의 '-라', '-라서'의 준말 '-라', '-라고'의 준말 '-라'와 같이 형태가 동일하여 빈도가 합산 집계된 연결어미 빈도를 분리하여 산출할 필요가 있다. 이 과정에서 coverage 99%의 기준이 된 빈도 206회에 미달하는 연결어미는 제외될 수 있다.

4.4. 최종 목록 선정 : 의미 빈도 산출 결과 반영

예비 목록으로 선정한 연결어미 중 일부를 대상으로 의미 빈도 산출 작업을 진행하였는데, 그 이유는 다음과 같다.

첫째, 형태가 동일하여 빈도가 합산되어 처리된 일부 연결어미의 빈도를 각각 산출할 필요가 있기 때문이다. 예를 들어, '의도/목적'의 의미를 가지는 '-(으)라고'[7]의 경우, 간접 인용의 표현인 '-(으)라고 하다/그러다/부르다…'[8]에 쓰인 '연결어미+조사' 결합형의 형태가 동일하기 때문에, 기계적으로 검색하여 빈도를 산출할 경우, 빈도가 합산되어 처리된다. 따라서 용례 분석을 통한 의미빈도 산출을 통해 각각의 빈도를 제시할 필요가 있다.

둘째, 말뭉치 자체의 형태 분석 오류로 말미암아 빈도가 과대하게 집계된 경우이다. '-야'를 한 예로 들 수 있는데, 종결어미 '-야'가 연결어미로 태깅(tagging)되어 있는 등의 문제가 있어 형태소 분석의 오류를 용

---

7 (예) 나는 그가 옷을 편하게 갈아입으라고 방에서 나갔다.
8 (예) 승규가 너보고 여기에 있으라고 하던데.

례 분석을 통해 바로 잡을 필요가 있다.

셋째, 본용언과 보조용언을 연결하는 보조적 연결어미로 사용된 빈도를 분류하여 제시할 필요성이 있다. 예를 들어 '-지'의 경우, 전체 빈도가 약 1만6천 회로 상위 6위의 고빈도 연결어미로 나타났는데, 부정문을 형성하는 '-지 않다/말다/못하다' 등의 보조적 연결어미의 쓰임 외에 '대립'[9]의 의미를 가지는 '-지'를 제시하고 있는 교재는 1종뿐이었다. 본고의 연결어미 목록에는 보조적 연결어미를 제외하기로 하는 만큼, '대립'의 의미 빈도가 얼마인지에 따라 최종 목록에 선정 혹은 제외할 것인지 여부를 결정할 수 있을 것이다.

4.4.1. 의미 빈도 산출 대상 연결어미 선정

본고는 다음과 같은 기준으로 의미 빈도 산출 대상이 되는 연결어미를 선정하였다.

첫째, 전술하였듯이, 형태가 동일하여 빈도가 합산되어 처리된 연결어미, 둘째, 형태 분석 오류로 집계된 빈도의 수정이 필요한 경우, 셋째, 보조적 연결어미의 쓰임을 갖는 연결어미이다. 이와 같은 기준에 의해 선정된 연결어미는 총 11개이다.

<표 7> 의미 빈도 산출 대상 연결어미

연결어미	전체 빈도	의미 빈도 산출 이유
-아/어/여	67,377	보조적 연결어미의 쓰임 ('-아/어/여 버리다/놓다' 등)
-고	61,291	보조적 연결어미의 쓰임 ('-고 싶다/있다' 등)
-게	20,122	보조적 연결어미의 쓰임 ('-게 하다/시키다' 등)
-지	15,742	보조적 연결어미의 쓰임 ('-지 않다/말다' 등)
-(으)라고	4,990	동형어의 빈도 구분 제시 (목적/의도, '-라고 하다' 등)

---

9 (예) 선물은 마음이 중요하지 가격은 중요한 게 아니다.

-ㄴ/는다고	4,731	동형어의 빈도 구분 제시 (목적/의도, '-ㄴ/는다고 하다' 등)
-라	4,223	동형어의 빈도 구분 제시 (대립, '-라고'의 준말, '-라서'의 준말 등)
-(으)나	2,251	동형어의 빈도 구분 제시 (반대, 상관 없음, '-나 하다/싶다 등)
-다	1,902	동형어의 빈도 구분 제시 ('-다가'의 준말, '-다고'의 준말 등)
-(으)니	1,876	동형어의 빈도 구분 제시 (말·생각·의견을 나열, -(으)니까의 준말 등)
-야	518	형태 분석 오류 수정

4.4.2. 의미 빈도 산출 방법

가. 용례 추출

의미 빈도 산출을 위해서 먼저 말뭉치에서 용례를 추출하였다. 용례를 추출하기 위해서 울산대에서 제공하는 'U-Tagger'라는 형태소 분석기를 사용하였는데, 'U-Tagger'로 말뭉치를 형태 분석하면 각 어절별로 원어절, 형태 분석 결과, 용례(중심어의 ±5 어절) 정보가 텍스트 파일의 형태로 추출된다. 이 텍스트 파일을 엑셀에서 불러와서, 열을 하나 추가한 후 용례에 쓰인 연결어미의 의미 기능을 태깅해 주었다.

나. 의미 빈도율 / 의미 빈도 산출

의미 빈도를 구하기 위해서는 용례를 전수 조사하는 것이 가장 이상적이겠지만, 시간과 인력의 제약으로 인해 상위 빈도의 연결어미는 의미 빈도율을 구하기로 하였다. 이때, 충분한 용례 분석을 통해 의미 빈도율을 구할 수 있도록, 전체 빈도가 1만 회 이상인 연결어미는 구어와 문어 용례 각 5천개씩, 즉 총 1만 개의 용례를 분석하였으며, 전체 빈도가 1만 회 미만인 연결어미는 전수 조사하여 의미 빈도를 산출했다.

단, 연결어미 간의 빈도수 비교를 위해서 의미 빈도율을 구한 경우 총 빈도에 빈도율을 곱함으로써 의미 빈도수를 추정하였다. 그러므로 아래에 제시된 '-아/어/여서', '-고', '-게', '-지' 등의 빈도수는 '의미 빈도율×총 빈도'로 역산한 수치임을 밝혀 둔다.

4.4.3. 의미 빈도 산출 결과를 반영한 최종 목록 선정

의미 빈도 산출 작업을 통해 빈도가 수정되어 빈도 순위가 하향 조정된 연결어미는 '-고, -아/어/여, -다, -라, -(으)나, -지, -(으)라고, -(으)니'의 총 8개였다. 그리고 연결어미 기초 목록의 선정 기준인 빈도 206회에 미달하여 최종 목록에서 제외된 연결어미는 '-게, -(ㄴ/는)다고, -(으)니'이다. 그리고 '-아/어/여야'의 이형태로서 끝음절 모음이 'ㅏ, ㅗ'인 동사/형용사와 결합하는 '-야'의 경우, 태깅 오류를 수정한 빈도(23회)를 본말에 합산해 주었다. 이와 더불어 일부 장르에 집중되어 나타나고, 예스러운 표현으로서 요즘에는 보통 '-자'로 대체되어 쓰이는 '-요'를 목록에서 제외하였다.[10] 그 결과 총 51개의 연결어미가 최종 선정되었다.

본고가 선정한 한국어교육용 연결어미 최종 목록은 다음의 표와 같다. 최종 목록에는 연결어미 대표형 및 관련형의 빈도 합계, 교재 중복도 외에 각 연결어미의 중요도를 표시하는 별표를 부착했다. 서상규 외(2006)의 『외국인을 위한 한국어 학습사전』에서 착안한 것으로[11] 중요 문법 항

---

10 (예) 그 중에서도 막내딸 송 양은 가족의 기쁨이요, 보물이었다.

11 서상규 외(2006)의 '외국인을 위한 한국어 학습 사전'에서는 다음과 같은 표지로 중요 단어를 표시했다.

  ★★★ⓐ/ⓑ

  첫 번째 ★ : 5개 어휘 빈도 목록 공통 중요 단어

  두 번째 ★ : 26종 한국어 교재의 공통 중요 단어

  세 번째 ★ : 12종의 기본어휘 목록과 7종의 사전 중요어 목록의 공통 중요 단어

  ⓐ ⓑ : 국립국어연구원 '한국어 학습용 단어' A단계 또는 B단계 단어

목을 학습자들이 직관적으로 파악하고 더욱 주의 집중하여 학습하도록
하기 위함이다. 중요 단어는 총 세 개의 별표로 표시되며 각 별표의 의미
는 다음과 같다.

〈중요 단어 표시(☆★◉)〉
첫 번째 ☆: 사용 빈도 1,000회 이상의 연결어미
두 번째 ★: 4종 교재 이상에 제시된 연결어미
세 번째 ◉: TOPIK 출제 연결어미

〈표 8〉 한국어교육용 연결어미 최종 목록

번호	대표형	관련형	빈도[12]	교재 중복도[13]	중요도		
					빈도	중복도	TOPIK
1	-아/어/여서	-아/어/여라서 -라	47,117	6	☆	★	◉
2	-고		39,376	6	☆	★	◉
3	-(으)면		16,215	6	☆	★	◉
4	-ㄴ/은/는데		14,922	6	☆	★	◉
5	-아/어/여야	-라야	9,113	5	☆	★	◉
6	-(으)니까	-(으)니 -(으)니까는 -(으)니깐	6,877	6	☆	★	◉
7	-다가	-다	6,207	6	☆	★	◉
8	-(으)며		5,930	5	☆	★	◉
9	-(으)면서		5,709	6	☆	★	◉
10	-지만	-지마는	4,953	5	☆	★	◉
11	-아/어/여도	-라도	4,814	6	☆	★	◉
12	-ㄴ/은/는지		3,477	6	☆	★	◉
13	-(으)려고	-(으)려	2,308	6	☆	★	◉
14	-라		2,283	5	☆	★	
15	-(ㄴ/는)다면	-라면	2,155	6	☆	★	◉
16	-자		1,475	5	☆	★	◉
17	-(으)나		1,404	1	☆		
18	-(으)러		1,385	6	☆	★	◉
19	-도록		1,337	6	☆	★	◉
20	-거나		1,298	6	☆	★	◉
21	-더니	-더니만	1,214	6	☆	★	◉
22	-든지	-든가 -든	981	5		★	◉

23	-ㄹ/을지		934	1			✪
24	-았/었/였으면		844	4		★	✪
25	-고는	-곤	822	2			
26	-았/었/였더니		819	4		★	✪
27	-듯이	-듯	779	5		★	✪
28	-았/었/였다가		667	4		★	✪
29	-더라도		521	4		★	✪
30	-고서		469	2			
31	-(으)려면		421	5		★	✪
32	-지		392	1			
33	-(으)므로		389	3			✪
34	-ㄹ/을수록		345	6		★	✪
35	-고자		330	4		★	
36	-아/어/여다가	-아/어/여다	327	2			
37	-(으)라고		327	1			✪
38	-아/어/여야지		314	1			
39	-기에		281	2			✪
40	-자면		224	2			
41	-느라고	-느라	217	6		★	✪
42	-자마자		156	5		★	✪
43	-길래		123	3			✪
44	-다시피		120	5		★	✪
45	-던데		100	2			✪
46	-다가는	-다간 -단	77	4		★	✪
47	-ㄹ/을지라도		70	3			✪
48	-거든		67	3			✪
49	-ㄴ/은/는들		50	2			✪
50	-(으)나마나		13	4		★	✪
51	-(으)니만큼		10	2			✪

5. 한국어교육용 연결어미 선정 결과에 대한 논의

　본고가 선정한 한국어교육용 연결어미 목록의 빈도와 교재 중복도 정보를 바탕으로 현행 한국어교재에 수록된 연결어미에 대한 문제를 제기하고 향후 교재 개발 시에 고려할 사항들을 제언하고자 한다.

---

12 '빈도'는 대표형과 관련형의 빈도를 모두 합산한 수치이다.
13 '교재 중복도'는 대표형이 제시되고 있는 교재의 수를 나타낸다.

5.1. 한국어교육용 연결어미의 적정 수에 대한 논의

본고가 선정한 한국어교육용 연결어미는 총 51개이다. 6종 한국어 교재에 수록된 연결어미의 평균 개수가 45개 내외이고 가장 많은 연결어미를 제시하고 있는 연세대 교재에 실린 개수가 59개임을 감안할 때, 본고의 선정한 연결어미의 개수는 한국어 교육과정에서 교수·학습되기에 무리가 없는 적절한 정도라고 판단된다.

5.2. 한국어 교재에 수록되어야 할 연결어미
(빈도↑, 교재 중복도↓)

한국어교육용 연결어미 목록에 포함된 상위 빈도 연결어미 대부분은 5종이상의 교재에서 제시되고 있고 TOPIK 출제 문법과도 중복된다. 그러나 비교적 고빈도로 나타나면서도 교재 중복도가 1 이하로 낮은 연결어미가 있었는데, '-(으)나', '-ㄹ/을지'가 그 예이다. 선행절과 후행절의 내용이 반대임을 나타내는 '-(으)나'는 문어에 자주 쓰이는 표현으로 총 빈도가 1,404회로 나타났음에도 불구하고 교재 1종에서만 제시되고 있었고, TOPIK 출제 문법에도 포함되지 않는다. '-ㄹ/을지'는 추측에 대한 막연한 의문을 나타내는 표현으로서 구어에서 '-ㄹ/을지 모르겠는데…'의 표현으로 자주 사용된다. TOPIK 출제 문법에도 포함되며 934회의 비교적 높은 빈도의 연결어미이나 역시 1종 교재에만 실려 있다. '-(으)나'와 '-ㄹ/을지'는 향후 교재 개발 시에 목표 문법으로 제시 여부를 고려해 볼만 하다고 여겨진다.

5.3. 한국어 교재에서 제외를 고려할 수 있는 연결어미
(빈도↓, 교재 중복도↑)

'-다가도', '-거니와', '-느니', '-(으)랴', '-ㄹ/을망정', '-ㄹ/을뿐더

러', '-기로서니', 'ㄴ/는다손'의 평균 빈도는 17회로 말뭉치에서 매우 저
빈도로 나타나는 반면, 3종 이상의 교재에서 제시되고 있는 연결어미이
다. 이들의 교재 수록 여부에 대해서는 고려할 필요성이 제기된다.

6. 결론

본고는 우선순위에 근거한 언어 학습이 이루어질 수 있도록 빈도, 교
재 중복도, TOPIK 어휘와의 비교 등을 통해서 '한국어교육용 연결어미'
목록을 선정하였다. 그러나 본고의 목적은 연결어미 위계화 자체에 있는
것이 아님을 밝혀 둔다. 실제 문법 요소의 선정 및 배열은 학습 단계별,
교재의 주제별, 학습자의 학습 목적별, 언어 기능별로 달라질 수 있기
때문에 본고는 위계화를 위해 기초 자료로 구실할 수 있는 정보 제공을
목적으로 한다.

기존에는 합리적인 기준과 체계적 절차에 의해 선정된 연결어미 목록
의 부재로 한국어 교재마다 목표 문법 항목으로 제시하고 있는 연결어미
목록에 차이가 있었다. 뿐만 아니라 연결어미의 위계화를 위한 준거로
삼을 수 있는 정보가 부족하여 연결어미의 제시 순서와 분류 방법도 상
이한 실정이다. 따라서 본고의 한국어교육용 연결어미 목록과 빈도, 교
재 중복도 정보는 향후 교재 개발 및 효율적인 연결어미 교수·학습에
기여하는 유용한 정보가 될 것으로 기대한다.

― 이 글은 『언어와 문화』 9권 3호, 245~269쪽에 실린 논문을 수정·보완한 것임.

한국어 학습자의 숙달도별 연결어미 정확도 변이 양상 연구

서세정 · 어지혜
시마네현립대학교
연세대학교

1. 서론

  본 연구는 학습자 언어를 목표어에 이르는 중간언어로 보는 관점에서 한국어 학습자의 수준별로 연결어미의 정확도가 변화하는 양상을 보이고자 한다. 이를 위해 한국어 학습자의 작문 자료의 연결어미 오류를 분석하여 학습자 연결어미 오류 유형을 분류하고 오류율을 계산하여 보인다.

  Selinker(1972)가 제시한 중간언어적 관점에 따르면 학습자 언어에서 발견되는 오류는 제거되어야 하는 잘못이 아니라 목표어 단계에 이르기까지의 학습자 언어 변화의 증거이다. 즉 오류는 목표어 수준까지의 간극을 가늠케 하는 지표로서 기능할 수 있는 것이다. 그러나 기존 한국어 학습자 오류 연구는 대다수가 오류를 제거되어야 하는 부정적인 요소로 보는 대조분석적 입장에서 이루어졌다. 또한 중간언어적 관점을 갖는다고 밝힌 연구들도 학습자가 지향하는 목표어 100% 숙달 수준에 대해 학습자 언어가 현재 어느 지점에 도달해 있는지 알려주는 지표로서 기능하는 오류의 양상을 포착하는 데에는 한계가 있었다.

그동안 학습자 오류분석 연구는 상기한 바와 같이 오류에 대한 부정적이고 한계적인 관점 하에 다양한 변인의 통제가 제대로 이뤄지지 않은 자료에서 산출 오류의 누적빈도를 세어 오류율을 계산하고 주로 문장 이하 단위인 품사별로 '대치, 첨가, 생략'과 같이 오류의 유형을 나누어 보이는 경우가 많았다. 이러한 방식으로는 학습자 중간언어의 정확도 양상을 효과적으로 보이기 어렵다. 학습자 중간언어의 정확도 양상을 제대로 보이기 위해서는 우선 다양한 변인이 효과적으로 통제된 분석 자료가 요구된다. 그리고 분석 대상이 되는 오류의 정의가 명확해야 하며 각 오류마다 그 원인을 유형화하고 타당한 방법으로 오류율을 계산하여 전체 오류 양상을 보일 수 있어야 한다. 이러한 조건이 모두 충족이 되어야 비로소 효과적 교수를 위한 실효성 있는 방안도 모색될 수 있다고 판단된다.

이에 본고는 학습자가 오류를 범하는 문법 요소 중 연결어미를 대상으로 분석 대상이 되는 오류의 정의를 명확히 한 후 각 오류를 원인별로 유형을 분류하고 오류율을 제시하여 한국어 숙달도별 연결어미 정확도의 변화 양상을 보일 것이다.

2. 분석 자료

분석 자료로는 한국어 학습자들의 작문 자료를 이용하였다. 한국어 학습자 작문 자료는 2008년 10월에 실시된 제17회 전국 외국인 한국어 백일장 대회에 참가한 한국어 학습자들의 작문 텍스트이다. 백일장은 시 부분과 수필 부분으로 나누어져 있는데 수필 부분 참가작 중 주제가 '행복'인 것만을 선정하였으며 일본어권과 영어권 참가자들의 경우 교포들의 쓰기 텍스트는 되도록 제외하였으며 표절이 의심되는 텍스트 역시 제외하였다.

위와 같은 기준에 따라 학습자 언어권을 중국어, 일본어, 러시아어, 서양어권 총 4개 언어권으로 분류하였는데 서양어권 텍스트는 그 분량이 어느 한 언어권으로 분류할 만큼 충분하지 못하여 러시아어를 제외하고 하나로 분류하였다. 중국어, 일본어, 러시아어 쓰기 텍스트는 초·중·고급 각각 10개씩, 서양어권의 경우는 급별로 8개씩을 무작위로 선정하여 총 114개의 텍스트를 분석하였다.[1] 이는 총 34,876 어절이다. 언어권별 분석 작문의 수와 어절 수는 아래 〈표 1〉와 같다.[2]

〈표 1〉 언어권별 분석 자료의 정보

	초급	중급	고급
중국어	10	10	10
일본어	10	10	10
서양어권	8	8	8
러시아권	10	10	10
총계(부)	38	38	38
총어절수	6,130	14,039	14,707

본 연구에서 분석 대상으로 삼은 학습자 자료의 특징은 다음과 같다.

첫째, 백일장 자료는 그동안 한국어 학습자의 오류분석 연구에서 누차 지적되었던 자료의 언어권별, 수준별 비균일화로 인한 문제를 갖지 않는다. 기존 오류분석 연구들 중 다수가 주로 중국어, 일본어권 등의 동양어권 학습자들의 작문에 치우친 예가 많았다. 이는 서양어권 학습자

---

1 서양어권 학습자의 국적별 인원은 미국 3명, 뉴질랜드 1명, 프랑스 1명, 스위스 1명, 독일 1명, 모로코 1명이며 중급은 미국 6명, 노르웨이 1명, 영국 1명, 고급은 미국 5명, 캐나다 1명, 독일 1명, 프랑스 1명으로 초·중·고급별로 각각 8명씩 구성하였다.

2 학습자 작문 자료는 서세정(2009)에서 연구 대상으로 삼았던 자료를 재사용한 것임을 밝힌다.

들이 상대적으로 그 수가 적어 자료를 수집하기 어려운 이유 때문이었다. 본 연구는 비록 전체 자료의 양이 연구 결과를 일반화하기에는 무리가 있으나 언어권별, 수준별로 균일한 수의 학습자 자료를 분석 대상으로 삼아 학습자의 수준과 언어권에 따른 변인이 효과적으로 통제되었다는 점에서 연구 결과에 대한 신뢰성을 확보했다고 할 수 있다.

둘째, 본 연구 자료는 학습자들의 실수가 나타날 가능성이 매우 낮다. 기존의 오류분석 연구는 학습자들이 제한된 시간에 작성해야 하는 시험지 자료 등을 분석하여 학습자들의 실수와 오류를 구분할 수 없었다. 그러나 백일장은 학습자들에게 2~3시간 이상의 시간을 주어 학습자 자신이 충분히 퇴고하여 실수를 수정할 수 있게 한다. 따라서 본고의 분석 자료 작문 내 연결어미 오류는 실수가 아닐 가능성이 높다.

셋째, 작문 자료의 완성도가 높고 주제가 통일되어 있다. 앞서 서술하였듯이 백일장 수필 부분 참가작 중 주제가 '행복'인 것만을 선정하여 글의 장르적, 주제적 특성에 따라 의미 관계별 연결어미의 사용 비율이 달라질 수 있는 가능성이 통제되었다고 할 수 있다.[3]

넷째, 본 연구의 분석 자료가 전국 규모의 외국인 백일장에서 작성되었기 때문에 교육기관별, 교재별 변인이 통제되어 교육기관과 교재에 따라 특정 시점에서 교육되는 특정 연결어미가 집중적으로 나타날 가능성을 사전에 차단하였다. 기존 오류분석 연구 자료는 주로 개별 기관에 종속된 것이었다.

이와 같이 본 연구의 분석 자료는 학습자들의 각 수준별로 여러 변인이 효과적으로 통제된 작문 자료를 분석 대상으로 한 점에 따라 초·중·

---

3 분석 대상 자료들의 장르 및 내용이 통일되지 않을 시, 자료를 구성하는 문장들의 의미 관계에 따라 요구되는 연결어미가 다를 수 있다. 이는 숙달도별 연결어미의 정확도 변이 양상을 제대로 보일 수 없게 한다.

고급 중간언어의 연결어미 정확도의 변이 양상을 보이는 데 설득력을
갖추었다고 할 수 있다.

3. 학습자 연결어미 오류 유형 분류

3.1. 연결어미 오류 유형 설정

숙달도별 학습자의 연결어미 정확도의 양상은 첫째, 오류 유형을 분
류하는 것과 둘째, 의미 관계별 개별 연결어미의 오류율을 계산하여 나
타내 보이고자 한다. 학습자의 연결어미 오류의 유형을 분류하기 위해서
는 분류의 기준이 되는 항목의 설정이 필요하다. 분류 항목은 실제 자료
분석 전 학습자 오류의 유형을 예상하여 연구자가 연역적으로 정한 뒤
실제 오류 자료를 분류하며 세부 유형 항목을 거듭 수정하고 보완하는
귀납적인 과정을 거쳐 최종적으로 지정하였으며 그 후 최종 지정된 항목
으로 다시 학습자 작문의 전체 연결어미 오류를 분류하였다.

학습자 연결어미 오류 유형 분류의 기준은 분석할 오류를 규정하는
두 가지 관점에 따라 나눌 수 있다. 첫째는 '학습자가 산출한 연결어미
자체'(UC)를 오류분석 대상으로 삼는 것이다.[4] 이러한 관점은 기존의 오
류 연구가 가졌던 관점이다. 그러나 이러한 관점으로는 학습자가 사용을
회피한 목표 연결어미에 대해 설명할 수 없으며 따라서 목표어에 기준한
학습자 연결어미의 중간적 발달 양상을 전면적으로 보이기 어렵다는 한
계를 갖는다. 따라서 본고에서는 각각의 문장에서 사용이 요구되지만 학

---

4 본고에서는 학습자가 사용한 연결어미를 UC(Used Connective ending)로 부르기로
한다.

습자가 사용하지 못한 연결어미, 즉 '학습자가 사용했어야 할 목표 연결어미'(TC)도 오류분석의 대상으로 삼는다.[5]

오류 유형 분류를 위한 항목을 설정하기 위해서는 먼저 오류를 판정하는 층위를 살펴야 한다. 문장 내 연결어미의 오류 판정은 '의미적 적법성 판정'[6]과 '문법적 적법성 판정'의 두 가지의 서로 다른 층위에서 이루어진다. '의미적 적법성 판정'은 문장에서 연결어미가 문법적 오류를 갖는가 여부에 관계없이 문장 내에서 각 절 사이에서 요구되는 의미 관계에 맞는 적절한 연결어미를 사용했는가를 판정하는 것이다. 이는 TC(목표 연결어미)를 기준으로 삼는데, TC(목표 연결어미)가 문장에서 사용되었다면 이는 의미적 오류에 해당하지는 않는다. 그러나 UC(사용 연결어미)와 TC(목표 연결어미)가 속한 의미 범주에서부터 다른 경우에는 연결어미의 의미 범주 자체를 모르는 '의미 인식 실패'로 판정하고, 같은 의미 범주에 속했으나 의미가 비슷한 다른 연결어미를 사용했을 경우에는 '유사 연결어미의 혼용'으로 판정한다. 두 번째는 '문법적 적법성 판정'으로서 이는 UC(사용 연결어미)를 기준하여 연결어미의 철자와 문장 내에서의 형태적, 통사적 적법성을 따라 철자 오류, 형태적 오류, 통사적 오류로 판정한다.

따라서 연결어미의 오류 유형은 TC(목표 연결어미) 기준의 의미적 적법성에 따른 의미적 오류와 UC(사용 연결어미) 기준의 문법적 적법성을 따라 철자 오류, 형태적 오류, 통사적 오류로 나눌 수 있다. 그리고 학습자들의 연결어미 오류 중에는 위의 유형에 명확히 분류되지 않는 기타 오류들이 있다. 이러한 오류에는 문장의 연결어미가 의미적, 문법적으로

---

5   이는 TC(Target Connective ending)로 한다.
6   문장 내에서 절들 사이에 요구되는 의미 관계에 적법한 범주의 연결어미를 사용했는가를 판정하는 것이다.

명확히 오류라고 할 수는 없지만 일반적으로 한국어 담화 상황에서 쓰이
지 않는 담화적 오류, 문장에서 각 절들의 연결이 비논리적이거나 연결
의 개연성을 전혀 찾을 수 없는 경우[7], 그리고 명사형이나 관형사형 전
성 어미와 같이 다른 문법 형태로 쓰여야 하는 경우 등이 있다.[8]

본고에서는 모든 오류 유형에 대한 기준을 자세히 설명하기보다 본
고의 학습자 연결어미 오류 양상 결과에 있어서 의미적 오류와 함께 유
의미한 결과를 보인 통사적 오류의 설정 기준에 대해서만 소개하고자
한다.[9]

허웅(2004:296)은 연결어미의 제약으로 시제선어말어미 제약, 주어일
치 제약, 선행용언 제약, 문장형태 제약을 제시하였다. 본고는 이를 기
준으로 하여 발생되는 오류를 연결어미의 통사적 오류의 하위 항목으로
정하여 실제 자료를 분석하였다.[10]

통사적 오류의 첫 번째 하위 항목은 시제선어말어미이다. 연결어미
중에는 문장의 시제가 선행절과 후행절의 시제가 모두 과거이거나 모두
미래일 때 시제 선어말어미 '-았/었-'이나 '-겠-'을 결합하면 오류가 되
는 경우와 이와 반대로 결합시키지 않으면 오류가 되는 경우가 있다. 또
한 그러한 제약이 없는 연결어미라도 후행절과 의미적으로 자연스럽게
연결되는 데에 요구되는 시제 선어말어미를 결합시키지 않거나 혹은 불
필요하게 결합시켜서 오류가 되는 경우도 있다.

---

7 이러한 경우는 오류 문장을 학습자의 모어로 바꾸어도 비문이 되는 경우이다.
8 각 오류 유형마다 구체적인 설정 기준을 제시하는 것이 필요하지만 지면 관계상 통계
   적 오류의 설정 기준만 보인다.
9 나머지 오류 유형에 대한 설정 기준은 서세정(2009)의 설명을 참고할 수 있다.
10 '문장형태 제약'은 '문장서법 오류'로 바꾸어 사용한다.

(1) 가. *머리가 아팠*어서* 약을 먹었어요.
    나. *비록 제가 아주 행복하게 살고 있*지만* 그것은 행복인지 몰랐다.
    다. *아마 많은 사람들이 이렇게 생각하지 않*지만* 난 그렇다.

1가)는 '-어서'와 결합이 불가능한 과거시제 선어말어미 '-았/었-'을 사용한 오류인 반면, 2나)는 과거시제인 선행절 서술어 용언의 어간에 '-지만'을 결합할 때 반드시 '-았/었-'과 결합하여 사용해야 하는 제약을 숙지하지 못하여서 범한 오류이다. 그리고 1다)는 선행절의 연결어미 앞에 미래시제 선어말어미 '-겠-'을 사용하지 않아서 오류가 된 문장이다.

두 번째 통사적 오류의 하위 항목은 주어 불일치 오류이다. 연결어미 중에는 연결어미로 구분되는 선행절과 후행절의 주어가 달라도 되는 것이 있는가 하면 두 문장의 주어야 반드시 일치해야 하는 어미도 있다. 그리고 문장에 따라 드물지만 주어가 반드시 달라야 하는 경우도 있다.

(2) 가. *비록 제가 아주 행복하게 살고 있*지만* 그것은 행복인지 몰랐다.
    나. 동생은 성격이 외향적이*지만* 언니는 내향적이에요.
    다. *그 아이를 쳐다보*면서* 저한테 미소했다.

'-지만'과 같은 연결어미는 2가)와 같이 선·후행절의 주어가 같을 수도 있고 2나)와 같이 다를 수도 있다. 그러나 '-(으)면서'는 선행절과 후행절의 주어가 동일해야 한다. 2다)의 경우 해당 작문 자료의 문맥을 살펴볼 때 선행절의 주어는 학습자 자신이지만 후행절의 주어는 '그 아이'이므로 이 문장은 주어 불일치 오류에 해당한다.

세 번째는 선행 용언 오류이다. 연결어미 중에는 동사와 형용사, '이(다)' 모두와 쓰일 수 있는 어미들도 있고, 이들 중 어느 한두 부류하고만 쓰이는 어미들도 있다.

> (3) 가. 어려운 일 생겼을 때도 곧 도와주_고_ 가족처럼 대해줬다.
> 　　나. *"가족"에 대해서 다른 사람보다 부족한 점이 있_느라고_ 행복스
> 　　　럽게 살기가 어렵지 않아요.

3가)의 '-고'와 같은 연결어미는 동사와 형용사, '이(다)' 등 모든 용언
과 결합할 수 있지만 '-느라고'는 동사와만 결합할 수 있기 때문에 형용
사 '있다'와 '-느라고'가 결합한 3나) 문장은 비문이다.

네 번째 통사적 오류의 하위 항목은 문장 서법 오류이다.[11] 연결어미
중에는 후행절이 명령문, 청유문, 의문문 등이 될 때 이것들과 어울리지
못하는 것들이 있다. 또한 경우에 따라 화자의 의지나 추측 등의 태도와
어울리지 못하는 것들도 있다.

> (4) 가. *다른 한국 사람과 같이 통지 잘하고 싶_어서_ 한국어를 열심히
> 　　　공부 하겠습니다.
> 　　나. *한국의 문화를 배우_려고_ 한국어를 공부해야 합니다.

4가)는 학습자가 '한국인과 의사소통을 잘하고 싶다'는 이유의 선행절
과 '한국어를 열심히 공부하겠다'는 결과의 후행절을 인과관계의 의미
범주에 속하는 '-어서'를 사용하여 연결한 문장으로, '-어서' 뒤에 의지
의 서법의 후행절이 올 수 없는 제약으로 인해 오류이고, 4나)는 목적,
의도의 의미인 '-려고'가 당위의 태도를 드러내는 후행절과 어울릴 수
없는 이유로 인한 오류이다.

다음은 연결어미 전체 오류 유형을 정리한 표이다.

11　본고에서의 '서법'은 서정수(2004:301)의 논의를 따라 '말할이가 문장의 내용에 대하
　여 가지는 정신적 태도를 나타내는 문법 범주'로 보았다. '-겠-', '-ㄹ 것' 등의 선어말
　어미와 '-습니다. -지요?' 등의 어말어미를 통해서 드러난 학습자의 태도와 연결어미
　가 어울리는지를 판단하여 오류를 판정하였다.

〈표 2〉 학습자 연결어미 오류의 유형 분류 항목[12]

기준	오류 유형	세부 유형	
UC	철자 오류	철자 오류	
	형태적 오류	변이 형태 오류	
		선행 용언 활용 오류	
	통사적 오류	시제선어말어미 오류	필요
			불필요
		주어 불일치 오류	
		선행 용언 오류	
		문장 서법 오류	
TC	의미적 오류	의미 인식 실패 오류	
		유사 의미의 혼용 오류	
	담화적 및 기타 오류	관용적 표현, 논리적 오류, 중복 및 기타 판정 불가능한 오류	

3.2. 오류 유형 분류 결과

전체 학습자 작문 자료에서 오류 연결어미가 포함된 문장은 총 186개로서 초급은 66개, 중급은 87개, 고급은 33개이다. 한 문장 안에는 오류 연결어미가 두 개 이상 발견되는 경우가 있으며 또한 하나의 오류는 판정의 층위에 따라 여러 개의 유형으로 판정될 수 있다. 이에 따라 초급 학습자의 작문 자료에서는 총 75회, 중급은 104회, 고급은 34회의 유형별 오류가 발견되었다.

---

12 이 분류 기준의 설정은 한 오류를 하나의 오류 유형 항목에만 배타적으로 분류하여 양적인 수치만을 살피기 위한 목적이 아니다. 상기했듯이 판정의 층위에 따라 하나의 연결어미 오류는 의미적, 문법적, 담화적 기타 오류에 중복되어 판정될 수 있다. 이러한 분류 기준은 학습자 연결어미 오류의 양상과 원인을 질적으로 보이는 지표가 된다. 본고에서는 학습자들의 오류를 판정의 기준에 근거하여 복합적으로 분류하여 숙달도별로 분석함으로써 학습자들의 중간언어 중 연결어미 숙달도의 실태를 질적으로 보여준다고 할 수 있다. 이러한 연구 방법은 다른 문법 형태의 오류분석에도 적용될 수 있으며, 충분한 자료를 대상으로 연구가 이루어진다면 오류를 줄일 수 있는 효과적인 교수 방안을 위한 지침도 제공할 수 있다.

다음은 오류의 유형별로 초·중·고 학습자 연결어미 오류를 분류한 결과이다.

<표 3> 숙달도별 학습자 연결어미 오류 유형 분류 결과

수준	오류 빈도	철자 오류	형태적 오류		통사적 오류						의미적 오류		담화적 및 기타 오류
			변이 형태	선행 용언 활용	시제선어말 어미 오류		주어 불일치 오류	선행 용언 오류	문장 서법 오류		의미 인식 실패	유사 의미 혼용	
					필요	불필요							
초급	75	5	6	3	0	1	1	0	6		20	16	17
중급	104	13	19	6	12	0	4	1	3		20	16	10
고급	34	0	1	1	6	1	1	0	3		9	4	8

분석 결과, 초급은 75개, 중급은 104개, 고급은 34개의 연결어미 오류를 산출했다.[13] 이를 숙달도별 총 문장 수로 나누었을 때 한국어 숙달도가 증가할수록 문장당 연결어미 오류의 발생 비율은 감소했다.

숙달도별로 각 오류 유형이 차지하는 비율과 순위는 다음과 같다.[14]

<표 4> 숙달도별 연결어미 오류 유형 비율과 순위

수준	철자 오류		형태적 오류		통사적 오류		의미적 오류 [의미인식실패, 유사의미혼동]			담화적 및 기타오류	
	비율	순위	비율	순위	비율	순위	비율		순위	비율	순위
초급 (100%)	6.6	5	12	3	10.7	4	48		1	22.7	2
							26.7	21.3			
중급 (100%)	12.5	4	24.1	2	19.2	3	34.6		1	9.6	5
							19.2	15.4			
고급 (100%)	0.0	5	5.9	4	32.4	2	38.2		1	23.5	3
							26.5	11.7			

---

13 이 수는 총 산출된 오류 연결어미의 누적 빈도를 뜻함이 아님을 밝힌다. 이미 언급하였듯이 하나의 오류 연결어미는 오류 판정의 층위에 따라 여러 유형에 중복되어 분류될 수 있다.

14 유형별 오류의 절대적인 수는 큰 중요성을 갖지 않는다. 각 숙달도 내에서 오류 유형 간의 상대적인 비율 양상, 또한 한국어 숙달도가 향상될수록 오류 유형 비율 순위의 변화가 유의미하다고 판단된다.

위 표에 제시된 대로 초·중·고급에서 모두 가장 높게 나타난 오류 유형은 의미적 오류로서 초급의 경우 전체 오류의 절반에 가까운 오류가 의미적 오류에 해당했다. 중급과 고급의 경우 초급에 비해 그 비율은 줄어들지만 여전히 의미적 오류가 전체 연결어미 오류 중 가장 높은 비율을 차지했다. 의미적 오류에서 의미 인식 실패는 초급에서는 가장 많이, 중급과 고급에서는 다른 유형들에 비해 두 번째로 많이 발생한 오류 유형이다. 유사 의미의 혼용 오류는 다른 오류 유형과 비교하여 초급에서는 세 번째, 중급과 고급은 네 번째의 오류 비율을 차지한다. 이는 학습자들에게 있어서 연결어미의 다양한 범주별 의미 차이를 구분하여 인식하는 것이 숙달도가 향상되어도 가장 어렵다는 것을 의미한다. 동일 의미 관계 내의 유사 연결어미와의 혼용 오류는 다른 오류 유형에 비해 상대적으로 낮은 비율을 차지한다.

각 급에서 가장 낮은 오류율을 보인 것은 철자 오류로 나타났다. 고급의 경우에는 한 차례도 발견되지 않았는데 중급의 경우 그 비율이 초급보다 두 배 이상으로 나타났다. 이는 중급에서 초급에 비해 급격히 많은 새 연결어미를 배우기 때문으로 판단된다. 중급에서 형태적 오류가 다른 유형에 비해 높은 비율을 차지하는 것도 이와 비슷한 이유 때문이라고 판단된다.

위의 결과에서 또 하나 흥미로운 점은 통사적 오류의 비율 변화이다. 초급의 통사적 오류는 전체 연결어미 오류 중 네 번째로 많았다. 그러나 중급에서는 세 번째로 많았고 고급에서는 두 번째로 높은 비율을 차지했다. 이는 한국어 숙달도가 향상될수록 연결어미 오류에 있어서 통사적 오류의 비율이 증가한다고 말할 수 있다. 따라서 숙달도별 전체 문장당 연결어미 오류의 총 발생 비율이 감소하는 가운데 통사적 오류의 비율이 증가하는 것은 한국어교육 현장에서 연결어미의 통사적 제약에 대해 보다 더 주의 깊게 가르쳐야 함을 의미한다.

4. 한국어 학습자 연결어미의 오류율

본고는 기존 오류분석 연구에서 시도되지 않았던 방법으로 학습자 연결어미 오류율을 두 가지 방법으로 측정한다. 이는 분석 대상이 되는 오류에 대한 새로운 관점에 기인한다. 오류를 학습자 중간언어가 목표어에 이르는 변화 과정의 지표로 보자면 오류는 학습자 언어 자료에서 학습자의 입력과 산출 여부의 제한 없이, 목표어에 기준하여 규정하고 분석해야 한다. 그리하면 각 문법 항목당 개별 형태들은 처음 오류율 100%에서 시작하여 모어 화자 수준의 0%에 이르기까지의 오류율 변화 양상을 보이게 된다.[15] 기존의 오류분석 연구는 학습자가 산출한 오류만을 기준으로 오류율을 제시하였다. 예를 들어 학습자가 '-(으)니까'를 사용했어야 하는 상황에서 '-아서/어서'를 사용했다면 기존의 연구는 산출된 '-아서/어서'를 오류로 보고 전체 자료에서 나타난 '-아서/어서'의 빈도로, 잘못 사용된 '-아서/어서'의 빈도를 나누는 방식으로 오류율을 계산하였다. 그러나 이러한 오류율 계산 방법으로는 학습자가 사용하지 않은 연결어미에 대한 이해 정도를 나타낼 수 없다. 상기한 상황의 오류는 '-아서/어서' 오류가 아닌 '-(으)니까'의 오류인 것이다.

따라서 본고는 학습자가 잘못 사용한 연결어미마다 본래 사용했어야 할 목표 연결어미를 정하고, 그 목표 연결어미를 기준하여 오류를 판정

---

15 입력이 없어서 산출되지 않은 것도 오류로 보는 것에 대해 반대의 견해가 있을 수 있다. 이는 '오류'가 갖는 부정적인 인상으로 인한 것이다. 그러나 학습자 언어를 중간언어로 보는 관점은 오류 판정과 분석의 기준을 학습자와 그 산출 결과에 둘 것이 아니라 목표어와 산출되었어야 하는 결과에 두어야 할 것이다.

하였다. 그리고 학습자가 잘못 사용한 연결어미의 빈도와 사용했어야 할 목표 연결어미의 빈도를 모두 계산하여 두 가지 방식으로 오류율을 측정하였다. 본고에서는 첫 번째 방식을 '사용 연결어미(UC) 기준 오류율'로, 두 번째 방식은 '목표 연결어미(TC) 기준 오류율'로 설정하였다.

$$① \text{ UC(사용 연결어미) 오류율} = \frac{\text{UC 오류 수}}{\text{UC 사용 수}}$$

$$② \text{ TC(목표 연결어미) 오류율} = \frac{\text{TC 오류 수}}{\text{TC의 정확한 사용 수}^{16} + \text{TC 오류 수}}$$

첫 번째 UC 오류율은 기존의 오류분석 연구에서 일반적으로 사용되었던 공식으로 이를 통해서 학습자가 사용한 연결어미 이해의 정확도를 살펴볼 수 있다. 그러나 이미 여러 차례 상기한 대로 이 공식만을 통해서는 학습자가 회피한 연결어미와 학습자의 중간언어 내 연결어미의 정확도를 보일 수 없다. 이에 본고는 TC 오류율을 통해서 학습자 자료에서 산출되지 않은, 즉 학습자가 사용을 회피하거나 잘못 사용한 목표 연결어미의 양상을 함께 제시함으로써 한국어 학습자의 숙달도별 연결어미 정확도 양상을 전면적으로 살펴보고자 한다.

4.1. UC(사용 연결어미) 오류율

UC 오류율은 기존 오류분석 연구의 오류율 계산법으로서 학습자가 산출한 연결어미를 기준으로 하여 학습자의 해당 연결어미 이해의 정확

---

16 TC(목표 연결어미)의 정확한 사용 수
          = UC(사용 연결어미)사용 수 − UC(사용 연결어미)오류 수

도를 계산한다. 학습자의 숙달도별로 각 연결어미들이 사용된 수와 오류
수, UC(사용 연결어미) 오류율을 정리하면 〈표 5〉와 같다.

〈표 5〉 학습자 숙달도별 UC 오류율

관계	연결어미	초급 UC오류율		중급 UC오류율		고급 UC오류율	
나열·병렬관계	-고	0.10[17]	0.10	0.05	0.05	0.03	0.03
	-(으)며		–[18]		0.17		0
시간관계	-(으)면서		0.23		0.22		0.17
	-고		0.20		0.13		0
	-아서/어서	0.29	0.40	0.16	0.06	0.09	0.22
	-자마자		0.50		0		0
	-다가		–		0.57		0
대조관계	-지만	0.11	0.11	0.24	0.24	0.22	0.19
	-(으)나		–		–		1
인과관계	-(으)니까		0.64		0.44		0
	-아서/어서	0.49	0.44	0.29	0.14	0.15	
	-느라고		–		–		–
	-(으)ㅁ로		–		1		–
조건관계	-(으)면		0.17		0.17		0.05
	-(으)려면	0.15		0.12	–	0.04	
	-아야/어야		0		0		0
목적·의도관계	-(으)려고		0.60		0.29		0
	-(으)러	0.31		0.07	0.50	0.04	
	-도록		0		0		0.17
	-게		0.14		0.02		0.03
가정·인정관계	-아도/어도		0		0.11		0.17
	-라도	0		0.10		0.17	
	-지라도		–		–		–
수단·방식관계	-아서/어서	0	0	0.04	0.05	0	0
	-고		–		0		0
선택관계	-든지	0	0	0	0	0	0
	-거나		0		0		0
배경관계	-는데/(으)ㄴ데		0.71		0.31		0.13
	-니	0.42	–	0.26	0.33	0.05	0
	-아서/어서		0		0.17		0
평균		0.22		0.19		0.08	

위 표에 나타난 대로 각 연결어미의 오류율의 평균은 숙달도가 높아질

수록 감소한다. 위 표에서 초급에서부터 고빈도로 사용되는 연결어미의 오류율 감소는 학습자들의 해당 연결어미의 이해와 사용에 대한 정확도 향상의 증거가 될 수 있다. 그러나 이 결과는 산출되지 않거나 저빈도로 산출되는 연결어미에 대해서는 학습자들의 정확도 발달의 양상을 살피기 어렵다는 것을 반증한다.

4.2. TC(목표 연결어미) 오류율

TC(목표 연결어미) 오류율은 학습자가 잘못 사용한 연결어미를 바르게 고친 연결어미를 해당 상황의 오류 연결어미로 판정하고 이에 기준하여 계산한다. 이는 학습자가 본래 사용해야 했으나 실제 자료에서 산출되지 않은 연결어미를 오류로 봄으로써 연결어미에 대한 학습자의 숙달도 양상을 폭넓게 보일 수 있다.[19]

다음은 TC 오류율을 숙달도별로 정리한 표이다.

〈표 6〉 학습자 숙달도별 TC 오류율

		초급 TC오류율		중급 TC오류율		고급 TC오류율	
나열· 병렬관계	-고	0.03	0	0.01	0.01	0.02	0.02
	-(으)며		1		0.17		0
시간관계	-(으)면서	0.34	0.41	0.16	0.50	0.11	0.25

---

17 이 수치는 한국어 연결어미 중 "나열·병렬관계"의 의미 항목에 해당하는 연결어미 전체에 대한 오류율을 밝힌 것이다.

18 이는 산출되지 않아 오류율을 밝힐 수 없음을 뜻한다.

19 잘못 사용된 특정 연결어미의 오류의 기준이 되는 목표 연결어미는 한 의미 범주에서 유일하게 한 가지 형태의 연결어미가 될 수도 있고 혹은 한 의미 범주에서 두 개 이상의 다양한 연결어미가 될 수 있다. 이는 한 의미 범주 내 하위 연결어미들 간의 의미 분포가 배타적이 아니라 서로 겹치는 경우가 많기 때문이다. 따라서 본고는 한국어를 모어로 하는 한국어교육 전공의 연구자 2명의 직관과 협의에 따라 사용 가능한 연결어미를 모두 TC로 정하여 오류율을 계산하였다.

	-고		0.33		0.06		0.09
	-아서/어서		0.14		0.11		0
	-자마자		0		0		0
	-다가		1		0		0
대조관계	-지만	0.33	0.20	0.24	0.15	0.14	0.14
	-(으)나		1		1		0
인과관계	-(으)니까	0.59	0.75	0.18	0.26	0.21	0.36
	-아서/어서		0.31		0.12		0.11
	-느라고		1		1		0
	-(으)므로		1		1		0.80
조건관계	-(으)면	0.12	0.05	0.04	0.06	0.01	0.01
	-(으)려면		1		–		0
	-아야/어야		0.25		0		0.03
목적·의도관계	-(으)려고	0	0	0.02	0.17	0	0
	-(으)러		–[20]		0		0
	-도록		0		0		0
	-게		0		0.01		0
가정·인정관계	-아도/어도	0.43	0.43	0.19	0.17	0.23	0.23
	-라도		–		0		–
	-지라도		–		1		–
수단·방식관계	-아서/어서	0.5	0.5	0	0	0	0
	-고						
선택관계	-든지	0	0	0	0	0	0
	-거나		0		0		0
배경관계	-는데/(으)ㄴ데	0.3	0.60		–		
	-니		–				
	-아서/어서						
평균			0.40		0.21		0.07

위 결과는 학습자의 숙달도가 증가함에 따라 한국어 연결어미 전반이 어떠한 정확도 변이 양상을 갖는지를 보여준다. 자료의 양의 한계로 일반화는 할 수 없으나 산출되지 않은 연결어미들도 목표어 정확도 100%, 즉 오류율 0에 이르기까지 초·중·고급에서 어떠한 오류율을 갖는지 그 정확도 변이 양상을 보였다.[21] 위 결과에 따르면 학습자들의 연

20　TC 오류율을 구하는 공식에서 분모 자체가 0이 되어 계산이 불가한 경우이다. 이는 학습자 작문 자료에서 해당 연결어미 사용이 필요한 문장이 없었기 때문이다. 초급 학습자의 경우 5개의 연결어미가 이러한 예이고, 중·고급에서는 1개, 2개로 급격히 줄어든다.

결어미의 정확도는 한국어 숙달도가 향상될수록 대체적으로 증가되고 있는 양상을 보인다. 특히 나열·병렬관계의 '-(으)며', 시간관계의 '-다가', 조건관계의 '-(으)려면', 인과관계의 '-느라고' 등은 저빈도로 산출되어 UC 오류율 계산법으로는 그 정확도 발달 양상이 드러나지 않은 연결어미이다.

　또한 위 분석 결과에서 흥미로운 점은 한국어 숙달도가 증가할수록 UC 오류율이 감소하는 것으로 측정되었던 일부 고빈도 연결어미들이 TC 오류율에 있어서는 뚜렷한 감소 경향을 보이지 않았다는 점이다. 이에 대해서 여러 가지 원인이 추측 가능하지만 초급에서부터 이미 고빈도로 사용되어 학습자에게 익숙한 연결어미에 여러 다른 문법 형태의 결합을 시도하는 과정에서 의미적 오류 이외의 통사적, 담화적 오류 등이 발생한 것으로 추측할 수 있다. 이는 자료의 양과 분석의 치밀성을 한층 보강한 후속 연구를 통해서 자세히 밝혀질 필요가 있다.

5. 결론

본 연구는 기존 학습자 오류 연구가 학습자의 산출 오류만을 기준으로

21　학습자의 연결어미 오류율이 0이라고 해서 학습자가 모어 화자처럼 해당 연결어미를 완벽하게 이해했다고 판정하기 어려운 것이 사실이다. 실제 사용의 다양한 상황에서 오류가 나타날 가능성이 있기 때문이다. 다만 이 연구는 학습자가 생산한 텍스트 자료에서 해당 연결어미가 사용되어야 하는 모든 맥락에서 제대로 사용된 것을 오류율 0으로 본 것이다. TC 오류율은 분석 대상이 되는 학습자의 언어 자료에 따라 그 절대적인 수치가 달라질 것으로 예상된다. TC 오류율을 통해 학습자 중간언어의 오류 변이 양상을 포착하기 위해서는 숙달도별로 변인이 통제된 언어 자료가 필수적이다. 다시 말하면 숙달도별로 잘 통제된 대규모의 언어 자료가 구축될 시 TC 오류율 분석 방법은 학습자 중간언어 정확도 변이 양상을 효과적으로 보일 수 있는 연구 방법이라고 할 수 있다.

오류율을 측정하고 '대치, 첨가, 생략' 등으로 오류의 유형을 분류했던 방식이 학습자의 중간언어의 변이 양상을 효과적으로 보이지 못한 점을 지적하고 근본적으로 학습자 오류를 보는 관점을 새롭게 하고자 했다. 오류는 학습자가 산출한 학습 실패의 증거이자 제거되어야 할 대상으로서가 아니라 목표 한국어 수준에 이르기까지 학습자 언어의 숙달도 변이 양상을 보이는 증거가 될 수 있다. 본고는 이러한 입장에 근거하여 산출된 오류뿐만 아니라 산출되지 않은 오류도 분석의 기준으로 삼고 의미적 적법성과 문법적 적법성에 따라 오류의 유형을 철자 오류, 형태적 오류, 통사적 오류, 의미적 오류, 담화적 및 기타 오류 등의 다섯 가지로 분류하였다. 그리고 학습자가 회피한 연결어미의 오류율도 측정하였다. 이를 통해 숙달도별 연결어미 오류 유형과 모든 개별 연결어미의 학습자 숙달도별 오류율을 측정하여 목표어 정확도 수준, 오류율 0에 이르기까지의 학습자의 연결어미 정확도 변이 양상을 보였다.

연구 결과, 학습자들의 연결어미 정확도는 숙달도가 높아짐에 따라 오류 유형과 오류율에 있어서 유의미한 변화 양상을 보였다.

초·중·고급의 학습자들이 모두 철자 오류의 비율이 가장 낮게 나타났으며, 의미적 오류에서 가장 높은 오류율을 보였다. 특이한 점은 학습자들의 숙달도가 높아질수록 전체 오류 연결어미 비율 중 통사적 오류의 비율은 오히려 점점 높아진다는 점이다. 이는 한국어 숙달도가 향상되면서 연결어미의 정확도가 전체적으로 상승하는 중에도 연결어미의 통사적 제약에 대한 학습이 제대로 이루어지지 않음을 보이는 증거이다. 이는 한국어교육 현장에서 연결어미를 가르칠 때 연결어미의 다양한 통사적 제약에 대한 보다 면밀한 교수의 필요성을 지적하는 교육적 함의를 갖는다.

초급 학습자의 작문에서 사용한 연결어미 오류를 기준으로 한 UC(사용 연결어미) 오류율의 평균은 22%로 나타났다. 학습자가 산출했어야 하는 목표 연결어미를 오류의 기준으로 삼은 TC(목표 연결어미) 오류율의 초급의 평균은 40%로 UC 오류율보다 높게 나타났다. 이는 TC 오류율이 학습자가 사용을 회피하여 산출하지 않은 연결어미의 오류율도 측정하였기 때문이다. 초급의 TC 오류율 중 나열·병렬관계의 '-(으)며', 시간관계의 '-다가', 인과관계의 '-느라고', '-(으)므로', 조건관계의 '-(으)려면'이 100%의 오류율을 보였는데 이를 통해 UC 오류율로는 보일 수 없었던 초급 학습자들의 연결어미 정확도 양상을 확인할 수 있다.

중급 학습자의 전체 연결어미 중 UC(사용 연결어미) 오류율의 평균은 19%, TC(목표 연결어미) 오류율의 평균은 21%로 나타났다. 중급의 TC 오류율 중 대조관계의 '-(으)나', 인과관계의 '-느라고', '-(으)므로', 가정·인과관계의 '-지라도'가 100%의 오류율을 보였다.

고급 학습자의 UC(사용 연결어미) 오류율의 평균은 8%, TC(목표 연결어미) 오류율의 평균은 7%로 나타났다. 학습자의 한국어 숙달도가 고급 수준에 이르러도 여전히 사용이 정확하지 못한 연결어미는 인과관계의 연결어미들로 나타났다.

본고의 각 숙달도별 TC 오류율에 따르면 한국어 학습자는 초급에서 중급으로, 중급에서 고급으로 한국어가 숙달될 때 연결어미 정확도는 두 배 가까이 향상되는 것으로 나타났다. 그러나 한국어 숙달도가 증가할수록 UC 오류율이 감소하는 것으로 측정된 일부 고빈도 연결어미들이 TC 오류율에 있어서는 감소 경향을 보이지 않았다. 이는 학습자가 초급에서부터 이미 자주 사용하여 익숙해진 연결어미에 여러 다른 문법 형태의 결합을 시도하는 과정에서 의미적 오류 이외에 통사적, 담화적 오류 등이 발생한 것으로 추측할 수 있다. 고빈도 개별 연결어미들의 숙달도별 정확도 변이 양상은 후속 연구를 통해서 보다 자세히 밝혀질 필요가 있다. 또한 본고에서 분석한 자료는 일반화하기에는 그 양이 적은 한계가 있다. 후속 연구를 위한 대규모 텍스트 자료의 구축이 필요한 바이다.

― 이 글은 『한국어교육』 22권 1호, 123~143쪽에 실린 논문을 수정·보완한 것임.

{-다는}의 유형과 문법화

남신혜
연세대학교

1. 서론

인용절의 종결어미 '-다'와 인용절을 관형절로 바꾸어주는 요소 '는'의 결합체인 {-다는}은 그동안 '-다고 하는'에서 '-고 하-' 부분이 단순히 생략된 것이라고 여겨져 왔다. 만일 {-다는}이 실제로 '-다고 하는'에서 '-고 하-' 부분이 단순히 생략된 것이려면 이 둘 사이에는 어떤 의미나 통사적 차이가 없어야 한다. 실제로 {-다는}을 '-다고 하는'으로 환원시켰을 때 의미 차이가 발생하지 않으며 서로 다른 통사적 제약을 보이지도 않는 경우도 있다. 그러나 '-다고 하는'과 {-다는} 사이에 의미 차이가 전혀 없는 것은 아니다. {-다는}은 '-다고 하는'으로 의미 차이의 발생 없이 교체가 가능한 것과 그렇지 못한 것으로 나뉘는데, 이런 점에서 {-다는}은 '-다고 하는'과 다른 분포를 보이는 것처럼 보인다. 예를 들어서 아래 예문에서 (1ㄱ)의 {-다는}은 '-다고 하는'으로 교체가 되지만 (1ㄴ)의 {-다는}은 '-다고 하는'으로 교체될 수 있다고 보기가 어렵다.

(1) ㄱ. 그가 결혼했다는 소문.
   그가 결혼했다고 하는 소문.

ㄴ. 의심스럽다는 눈초리.

*의심스럽다고 하는 눈초리.

이처럼 {-다는}은 경우에 따라 '-다고 하는'으로 교체가 가능하기도 하고 그렇지 않기도 하므로 {-다는}이 과연 '-다고 하는'과 동일한 것으로 봐도 무방할 것인지에 대해서 보다 심도있는 논의가 필요하다. 그리고 {-다는}과 '-다고 하는' 사이에 의미의 차이가 있다면 그 조건은 무엇인지를 규명할 필요가 있다. 본고는 이러한 문제의식에서 출발하여 {-다는}을 '-다고 하는'과 비교하여 어떤 경우에 교체가 가능하며 어떤 경우에 교체가 불가능한지를 기술하고 그 이유를 탐색해 볼 것이다. 이를 통해 결국에는 {-다는}이 '-다고 하는'에서 왔으나 '-다고 하는'과 의미 차이가 발생한, 문법화되고 있는 요소라는 것을 밝힐 것이다. 이를 위한 연구 방법으로는 말뭉치 용례 분석의 귀납적 방법을 사용하였다.

2. 선행 연구

완형보문에 대한 초창기 연구인 남기심(1973)에서는 '-다고 하는'을 완형보문의 관형수식화요소라고 하면서 {-다는}은 '-다고 하는'에서 '-고 하-' 부분이 생략된 것이라고 하였다. 이러한 견해는 {-다는}과 '-다고 하는'을 동질한 것으로 간주한 것이다. {-다는}을 '-다고 하는'과 분리하여 생각하기 시작한 것은 이필영(1993), 이지양(1996)에 이르러서였는데, 이들은 '-다고 하는'과 {-다는}의 차이점을 융합 현상으로 설명하고 이들을 원래 형태로 환원이 가능한 환원적 유형과 환원이 불가능한 비환원적 유형으로 구분하였다. {-다는}의 특성을 보다 면밀하게 포착하고자 했던 논의는 김선효(2004)와 이관규(2007)에 와서 구체화되었다.

김선효(2004)는 '-다고 하는'과 {-다는}의 차이에 초점을 맞추어 {-다는}의 특성을 이른바 '언어수행성'을 가지지 않는 명사와 결합하는 것이라고 기술한 바 있으며 이관규(2007)는 {-다는}이 독자적인 의미를 가지므로 관형사형 어미의 하나로 규정할 것을 제안하였다.

이처럼 {-다는}을 '-다고 하는'과 분리하여 하나의 관형사형 어미로서 기능하는 것으로 설정하고자 하는 논자들은 {-다는}을 완형보문 형식에서 문법화된 요소로 보고 있는 것을 알 수 있다.

완형보문 형식에서 '-고 하-'가 생략되면서 축약, 융합의 과정을 거쳐 문법화된 요소들로는 {-단다, -다면서, -다네, -대} 등 여러 가지가 있다. 이처럼 완형보문 형식이 많은 문법화 요소들을 낳은 데에는 {하다}의 '하'가 형식화되면서 'ㅎ'음운이 약화되고, 이것이 탈락에 이르는 현상이 있었던 것으로 여겨지는 것이 보통이다. 이것이 음절이 줄어들게 하는 동기가 되었고, 이와 함께 의미론적, 통사론적 변화가 수반되는 융합 현상에 의하여 문법화가 일어난다는 것이다.

그런데 {-다는}은 {-단다, -다면서, -다네, -대} 등의 다른 여러 요소들에 비해서 그 문법화 여부나 정도에 대한 논의가 많지 않았던 것이 사실이다. 완형보문의 형식이 문법화되면서 종결어미 내지는 연결어미처럼 기능하게 된 요소들은 여러 가지가 부각되어 왔지만, 관형사형으로 기능하는 {-다는}에 대해서는 유독 논의가 소홀했던 것은 일견 의아한 일이다.[1]

---

1 이러한 점은 사전 기술에 있어서도 나타난다. 〈표준국어대사전〉에서는 {-다는}을 "'-다고 하는'이 줄어든 말"이라고 풀이하였는데, 이는 '-단다, -다고, -다네' 등을 어미로 규정한 것을 보면 그 올림말로서의 지위에 차등을 준 것을 알 수 있다. 또한 〈연세한국어사전〉에서도 {-다는}을 "수식의 '-다고 하는'이 줄어든 말"이라고 하면서 준꼴로 처리하고 있다. 이 역시 '-단다, -다네' 등의 경우 어미로서의 올림말과 준꼴로서의 올림말을 나누어 기술한 것에 비해 볼 때, {-다는}의 지위에는 차이를 두고 있다

한편 {-다는}에 대한 본격적인 논의라고 볼 수 있는 김선효(2004)와 이관규(2007)에서도 {-다는}과 '-다고 하는'의 차이에 집중한 나머지 {-다는} 절을 그 하위 종류에 따라 체계적으로 비교 검토를 하지는 못하였다. 일반적으로 완형보문 형식에서 문법화된 것으로 여겨지는 여타의 요소들과는 달리, {-다는}은 인용절을 관형절화하기 때문에 관형절의 특성을 고려하여 논의를 하지 않으면 안 된다. 따라서 인용절을 관형화하는 {-다는}의 특징을 본격적으로 살펴보기 위해서는 관형절의 하위 범주에 대한 고찰이 필요하다. 만일 머리명사와의 의미 관계가 {-다는}의 환원성 여부에 영향을 미친다면 {-다는} 절 역시 관형절의 유형에 따라 분석적으로 검토할 필요가 있는 것이다.

관형절은 그 머리명사와의 의미 관계에 따라 동격절, 관계절 등으로 구분되어 왔다. 최현배(1955:772)에서는 '매김말되기'에 대해 기술하면서 "풀이씨가 매김 자리에 설 적에는 그 감목법의 매김꼴로서 하기도 하고 이름꼴로서 하기도 하느니라"라고 언급한 바 있다. 여기서 풀이씨가 감목법의 매김꼴로서 매김말이 될 때의 매김꼴에는 {-ㄴ, -ㄹ, -은, -는, -을}의 다섯 가지를 설정하였으며 이때 관계절과 동격절의 구분을 두지는 않았다. 그러다가 Lee(1970), Yang(1972), 남기심(1973)에 이르러서는 동격절에 해당하는 예들을 관계절로부터 분리하여 '보문'으로 설정함으로써 관계절과 동격절의 차이에 대한 인식이 나타나게 되었다. 그 이후로 관형절은 그 머리명사와의 의미 관계에 따라 관계절과 동격절로 구분되는 것이 널리 받아들여지게 되었다.

그러다가 김지은(2002)에 이르러 관형절을 이루는 제3의 유형으로서 이른바 '연계절'에 대한 논의가 등장하였다. 김지은(2002:184)에서는 서

는 점을 알 수 있다.

로 긴밀한 관계를 가지는 두 가지 사태를 전제로 하는 머리명사가 그 중 다른 사태에 수반되는 하나의 사태를 의미적으로 범주화하거나 그 시점이 되는 경우에, 명사가 범주화하지 않는 나머지 하나의 사태가 이 루는 관형절에 대하여 '연계절'이라고 명명함으로써 이를 동격절로부터 분리하였다. 다시 말해 '연계절'은 기존의 동격절을 머리명사와의 의미 관계의 차이에 기반하여 다시 나누어 본 것으로 볼 수 있다.

이에 본 연구에서는 {-다는}에 의해 이끌리는 절이 머리명사와의 의 미 관계에 따라 '-다고 하는'과의 차이 존재 여부 및 그 차이 정도에 영 향을 미칠 것으로 보고, 그 의미 관계를 세부적으로 나누기 위해서 연계 절을 따로 설정한 김지은(2002)의 기준을 적용하기로 한다. 따라서 본고 에서는 관형절을 관계절, 동격절, 연계절의 세 가지 범주로 나누어 볼 것이다.

이제까지 검토해 본 결과를 토대로 하여, 본 연구에서는 그동안 비교 적 소홀히 다루어져 왔던 요소인 {-다는}을 관형절의 종류에 따라 관계 절, 동격절, 연계절로 나누어 면밀히 검토함으로써 그 문법화의 정도를 살펴볼 것이다.

3. 연구 방법

본 연구에서는 실제로 부려 쓰인 말에서 나타나는 {-다는}의 실제 용례 를 토대로 하여 그 특성을 규명하기 위해서 말뭉치를 기반으로 한 귀납적 연구 방법을 채택하였다. 대상 말뭉치로는 문어와 구어가 포함된 균형말 뭉치인 국립국어원 300만 어절 형태의미분석 말뭉치를 삼았다. 이 말뭉 치는 '정보(information), 문학(literature), 잡지(megazine), 신문(news), 구

어(spoken)'의 다섯 가지 장르로 구분되어 있는 축소균형 말뭉치로서 동형
어 구분과 형태 주석이 되어 있는 말뭉치이다.

이 말뭉치를 대상으로 하여 {-다는}의 용례를 검색한 결과 총 13,221
개의 용례가 검출되었다. 이때 각 장르별 용례의 수는 다음 표와 같다.

〈표 1〉 장르별 {-다는}의 빈도

장르	정보	문학	잡지	신문	구어	합계
용례 수	4,667	3,104	1,537	2,830	1,038	13,221

본 연구에서는 이상의 13,221개의 용례 중에서 1/4 개의 용례를 무작
위로 추출하여 분석의 대상으로 삼았다. 이와 같은 표본화의 과정에서
자료가 편향되는 것을 막기 위해서 문장 단위로 수집한 각 용례별로 숫
자 1에서 4까지를 부여한 뒤 1번을 부여받은 용례만을 재추출하였다. 그
결과 총 3,303개의 용례가 추려졌는데, 이때 각 장르별 용례의 수는 아
래 표와 같다.

〈표 2〉 재추출 후 장르별 {-다는}의 빈도

장르	정보	문학	잡지	신문	구어	합계
용례 수	1,166	776	384	707	270	3,303

4. 관계절의 {-다는}

관계절은 그 뒤에 오는 머리명사를 꾸며 주는 기능을 하는 절로서, 머
리명사와 동일한 것을 가리키는 문장 성분이 삭제되어 있다는 통사적
특징을 가진다. 관계절은 이론상으로는 어떤 머리명사와도 어울릴 수 있
다. 그러나 실제 말뭉치 자료에서는 주로 머리명사가 인명, 지명, 연도,

국가명 등의 구체 명사이거나 고유명사인 경우에 {−다는} 절을 관계절
로 취하는 것으로 나타났다. 말뭉치에서 검출된 용례를 면밀히 검토한
결과, {−다는} 관계절은 머리명사와의 의미 관계로 보아 다시 두 가지로
나누어 볼 수 있었다. 첫 번째는 {−다는} 절이 머리명사의 발화 내용인
경우로, 머리명사가 {−다는} 절을 발화한 주체인 경우이다. 따라서 이때
는 머리명사가 주로 인물을 가리키게 된다. 둘째는 {−다는} 절이 머리명
사에 대한 뭇사람들의 발화인 경우인데, 이때 머리명사는 {−다는} 절에
기술된 발화의 대상이 된다. 아래 예문에서 (2)~(4)는 첫 번째 관계절의
예를 보인 것이고 (5)~(7)은 두 번째 관계절의 예를 보인 것인데, (ㄱ)
용례와, (ㄱ)에서 {−다는}을 '−다고 하는'으로 바꾸어 본 (ㄴ) 용례를 비
교해 보면, 이 두 부류의 관계절 모두에서 {−다는}은 의미 차이의 발생
없이 '−다고 하는'으로 환원될 수 있다는 것을 알 수 있다.

{−다는} 절이 머리명사의 발화 내용인 부류

(2) ㄱ. 연기하시는, 하겠다는 분 있고 감독 {하겠다는} 분 있고. 〈입말〉

  ㄴ. 연기하시는, 하겠다는 분 있고 감독 {하겠다고 하는} 분 있고.

(3) ㄱ. 거리를 쫓겨다닐 남편 때문에 {울었다는} 사람. 〈정보〉

  ㄴ. 거리를 쫓겨다닐 남편 때문에 {울었다고 하는} 사람.

(4) ㄱ. 더 이상의 자유과 쾌감이 없을 {듯싶다는} 채미경 씨의 말을
   빌리면. 〈잡지〉

  ㄴ. 더 이상의 자유과 쾌감이 없을 {듯싶다고 하는} 채미경 씨의
   말을 빌리면.

{−다는} 절이 머리명사에 대한 뭇사람들의 발화인 부류

(5) ㄱ. 대형 맨션에 {산다는} 가이후 현 총리의 아파트가 48평정도로.
   〈신문〉

  ㄴ. 대형 맨션에 {산다고 하는} 가이후 현 총리의 아파트가 48평정도로.

(6) ㄱ. 너희들은 누가 언제 나고, 언제 {죽었다는} 연대를 외우느냐?
     〈문학〉
     ㄴ. 너희들은 누가 언제 나고, 언제 {죽었다고 하는} 연대를 외우
     느냐?
(7) ㄱ. 이 땅에서 이미 소멸해 {버렸다는} 토종닭을 요리하는 집도 버
     젓이 있었다. 〈정보〉
     ㄴ. 이 땅에서 이미 소멸해 {버렸다고 하는} 토종닭을 요리하는 집
     도 버젓이 있었다.

  (2)~(4)의 {−다는}은 '−다고 말하는'의 의미로 해석될 수 있고
(5)~(7)의 {−다는}은 '−다고 말해진(알려진)'의 의미를 갖는 것으로 해석
될 수 있다. 전자는 머리명사가 {−다는} 절에 서술된 발화의 주체인 경
우이며 후자는 머리명사가 {−다는} 절에 서술된 발화의 내용으로 알려
진 대상인 경우이다. 이 두 경우 모두 말하는 이의 발화를 인용한 부분이
바로 {−다는} 절이 되고, 이때 말하는 이는 전자의 경우 머리명사 자신이
며 후자의 경우 불특정다수가 된다. 따라서 이때 '−다고 하는'의 '하다'
는 언제나 발화와 관련되므로 발화동사의 의미를 갖는 것으로 추정할
수 있다.
  이제까지 {−다는} 절이 관계절인 경우에는 {−다는}이 '−다고 하는'으
로 자유롭게 환원될 수 있으며, 양자 간에는 의미상 차이가 없음을 살펴
보았다. 이를 통해서 관계절에 사용된 {−다는}은 '−다고 하는'과 다르지
않음을 알 수 있다. 또한 이때 {−다는} 절의 내용은 모두 발화와 관련된
것으로서, '−다고 하는'의 {하다}가 발화동사를 대신하는 것으로 생각된
다는 점을 밝혔다.

5. 동격절의 {-다는}

{-다는} 절이 동격절인 경우에는 {-다는}이 '-다고 하는'으로 의미 차이 없이 교체될 수 있는 경우와 그렇지 못한 경우로 구분된다. 먼저 {-다는}이 '-다고 하는'과 자유롭게 교체될 수 있는 동격절인 경우의 {-다는} 절은 그에 뒤따르는 머리명사의 내용이 {-다는}에 이끌리는 동격절에 의해 언어적으로 서술되는 경우이다. 이때의 {-다는}은 '-다고 하는'으로 자유롭게 환원되며 의미에 있어서의 차이도 발생하지 않는데, 아래 예문이 모두 이에 해당한다.

(8) ㄱ. 도넬리의 사악한 속삭임의 연기는 소름이 {끼친다는} 후문이다. 〈정보〉

ㄴ. 도넬리의 사악한 속삭임의 연기는 소름이 {끼친다고 하는} 후문이다.

(9) ㄱ. 갑돌이와 을돌이가 호랑이를 쏘아 {잡았다는} 소문. 〈문학〉

ㄴ. 갑돌이와 을돌이가 호랑이를 쏘아 {잡았다고 하는} 소문.

(10) ㄱ. 지분을 둘러싸고 한판 붙을 수도 {있다는} 견해도 내놓고 있다. 〈잡지〉

ㄴ. 지분을 둘러싸고 한판 붙을 수도 {있다고 하는} 견해도 내놓고 있다

(11) ㄱ. 재력 면에 있어 형을 {눌렀다는} 기사가 신문지상에 오르내렸다. 〈잡지〉

ㄴ. 재력 면에 있어 형을 {눌렀다고 하는} 기사가 신문지상에 오르내렸다.

(12) ㄱ. [SI 부분사업자]를 구분해야 {한다는} 논의가 제기되고 있다. 〈신문〉

ㄴ. [SI 부분사업자]를 구분해야 {한다고 하는} 논의가 제기되고 있다.

(13) ㄱ. 요즘 들어서 목이 굉장히 {뻣뻣하다는} 말을 자주 하거덩요.
　　　　〈입말〉

　　　ㄴ. 요즘 들어서 목이 굉장히 {뻣뻣하다고 하는} 말을 자주 하거덩요.

(14) ㄱ. 농산물 개방은 절대 안 {된다는} 주장. 〈정보〉

　　　ㄴ. 농산물 개방은 절대 안 {된다고 하는} 주장.

(15) ㄱ. 시민사회 일각에서는 오래전부터 그렇지 {않다는} 비판을 제기
　　　　하고 있습니다. 〈구어〉

　　　ㄴ. 시민사회 일각에서는 오래전부터 그렇지 {않다고 하는} 비판을
　　　　제기하고 있습니다.

(16) ㄱ. 후원금이 적절하고 유익하게 사용되고 {있다는} 생각이 들었
　　　　다. 〈잡지〉

　　　ㄴ. 후원금이 적절하고 유익하게 사용되고 {있다고 하는} 생각이
　　　　들었다.

　주지하였다시피, 동격절인 경우의 {-다는} 절은 그에 뒤따르는 머리
명사의 내용이 {-다는}에 이끌리는 동격절에 의해 언어적으로 서술되는
경우라고 할 때, '언어적'이라는 것은 꼭 음성 언어에 의한 것만을 가리
키지는 않는다. 위의 예문들에서 볼 수 있듯이 음성 언어를 통해서든 문
자 언어를 통해서든, 아니면 심지어 머릿속으로 하는 생각을 통해서라도
그 내용이 언어적으로 서술될 수 있는 모든 경우가 포함되는 것이다. 위
의 예문을 통해서 이를 살펴보자면, (8, 9, 13) 용례들처럼 머리명사가
'후문, 소문, 말' 등일 때는 동격절에 서술되는 그 내용이 음성 언어로
서술되는 내용이겠지만, 용례 (10, 12, 14, 15) 등과 같이 그 머리명사가
'견해, 논의, 주장, 비판' 등일 때는 그 내용이 음성 언어로도, 문자 언어
로도 표현될 수 있는 것이다. 또한 용례 (11)과 같이 머리명사가 '기사'일
때는 그 내용이 문자 언어를 통해 표현되는 것이어야 할 것이다. 뿐만
아니라 '생각, 견해, 판단' 등 사고연관어가 머리명사일 때는 그 동격절

이 서술하는 내용이 음성적으로도, 문자로도 실현되지는 않지만 생각의 수단인 언어를 통해 서술되는 것이다.

　이러한 사실이 중요한 이유는 {-다는}을 관형사형 어미로 문법화가 정착된 요소로 간주한 논의인 김선효(2004)에서 '비환원성 {-다는}은 '말, 소문' 등의 언어수행성 명사와만 결합한다'고 한 주장에 대한 반박 근거가 되기 때문이다. 이러한 주장에 따라 김선효(2004)에서는 '생각, 견해' 등의 머리명사와 결합하는 경우의 {-다는}은 비문으로 보는 입장을 취하였는데, 본고의 조사를 통해 실제 말뭉치에서 나타난 예문들을 살펴본 결과는 그와 달랐다. {-다는}은 비단 언어수행성 명사와만 결합할 수 있는 것이 아니라, 그 내용이 어떤 형태로든 언어적으로 서술될 수 있는 모든 종류의 머리명사와 결합할 수 있는 것으로 보아야 하는 것이다.

　이러한 용례의 검토를 통해 '-다고 하는'의 {하다}는 '말하다, 속삭이다' 등과 같은 일반적 의미의 발화동사 뿐 아니라 '생각하다, 주장하다, 기록하다' 등의 동사를 모두 대용할 수 있는 동사일 것이라는 추측을 해 볼 수 있다. 즉 이때의 {하다}는 그 내용이 언어적으로 기술될 수 있는 종류의 모든 동사를 대용할 수 있는 동사로 볼 수 있다는 것이다. 이처럼 그 내용이 음성적으로 뿐 아니라 언어적으로 서술될 수 있는 모든 종류의 동사를 광의의 발화동사로 규정한다면, {하다}는 광의의 발화동사의 대동사로 볼 수 있을 것이다.[2]

2　김영희(1980)에서는, '하다'의 대동사설을 비판하면서, '하다'는 대동사가 아니라 외연의미가 넓은 상위동사라고 주장하였다. '하다'가 발화동사들을 대용할 수 있는 이유는 '하다'가 그 하위어들을 모두 포괄하는 상위어이기 때문이라는 것이다. 그러나 본고에서는 광의의 발화동사를 대용할 수 있는 이 동사를 일반적으로 사용되는 용어인 '대동사'로 지칭하기로 한다. '하다'를 상위어로 본다 하더라도 그 하위어들을 대용할 수 있는 동사라는 사실은 다르지 않기 때문이다.

그러나 동격절이라 하더라도 {-다는}의 '-다고 하는'으로의 환원성 여부를 정확히 판정하기가 어려운 경우가 있다. 예컨대 아래 예문 (17)에서는, {-다는}을 '-다고 하는'으로 바꾸면 문장의 의미가 달라지는 것 같다.

> (17) ㄱ. 그가 의심스럽다는 사실
> ㄴ. 그가 의심스럽다고 하는 사실

(17ㄱ)에서 '-다는' 절의 주어인 '그'는 의심스러운 사람과 동격으로 해석되지만 (17ㄴ)에서 '그'는 의심스러운 사람일 수도 있고 무언가를 의심스럽다고 말하거나 생각하는 사람일 수도 있는 것이다. 이러한 차이는 (17ㄴ)의 경우에 '하는'이 게재됨으로써 '말하다, 주장하다, 떠들고 다니다' 등의 '발화'의 의미가 추가되기 때문인 것으로 여겨진다. 그러나 (17)의 문장을 다음과 같이 확장시켜 보면 두 경우의 의미 차이가 보이지 않는다.

> (17') ㄱ. 그가 의심스럽다는 사실에는 의심의 여지가 없다.
> ㄴ. 그가 의심스럽다고 하는 사실에는 의심의 여지가 없다.

위의 예문에서 (17'ㄴ)은 (17'ㄱ)에 비해 조금 어색하게 여겨지기는 하나 비문이라고 생각되지는 않는다. 이처럼 경우에 따라 {-다는}과 '-다고 하는'의 교체가 되는 듯하기도 하고 되지 않는 것처럼 보이기도 하여 판정이 어려운 경우가 있는데, 이는 현재 문법화가 진행되고 있는 요소들이 보이는 특징이기도 하다. {-다는} 역시 문법화가 진행 중인 요소라고 본다면 이러한 예문이 보이는 것은 자연스러운 일이다.

한편, 동일한 머리명사가 동격절을 취하는 때에도 경우에 따라서 {-다는}이 '-다고 하는'으로 교체가 되기도 하고 되지 않기도 하는 때도 있다. 아래 예문을 보자.

> (18) ㄱ. 즉 남의 지식이나 경험이 나의 것이 {된다는} 뜻이다. 〈정보〉
> ㄴ. *즉 남의 지식이나 경험이 나의 것이 {된다고 하는} 뜻이다.
> (19) ㄱ. 이는 그가 현장을 목격한 것이 {아니었다는} 뜻이다. 〈소설〉
> ㄴ. *이는 그가 현장을 목격한 것이 {아니었다고 하는} 뜻이다.

위의 예문에서는 {-다는}을 '-다고 하는'으로 대체할 경우 문장의 적법성이 떨어진다는 사실을 알 수 있다. 그러나 이들과 동일하게 {뜻}을 머리명사로 갖는 아래 예문들의 경우에는 {-다는}이 '-다고 하는'으로 자연스럽게 환원될 수 있다.

> (20) ㄱ. 그는 판단에 관련된 자료제공에 {협조하겠다는} 뜻을 밝혔다.
> 〈잡지〉
> ㄴ. 그는 판단에 관련된 자료제공에 {협조하겠다고 하는} 뜻을 밝혔다.
> (21) ㄱ. 이라크는 한편으로는 유엔의 요구를 {수용하겠다는} 뜻을 전하면서. 〈신문〉
> ㄴ. 이라크는 한편으로는 유엔의 요구를 {수용하겠다고 하는} 뜻을 전하면서.

이처럼 동일한 머리명사가 동격절을 취하는 경우라 하더라도 {-다는}이 '-다고 하는'으로 환원이 되지 않는 경우가 있는데, 이는 동일한 형태의 머리명사라 하더라도 그 의미 기능이 다를 수 있기 때문이다. 즉 {-다는}이 '-다고 하는'으로 환원이 되고 안 되고 하는 문제는 머리명사의 형태에 달려 있는 것이 아니라 그 의미 기능에 달려 있다는 것이다. 예문 (18)과 (19)의 경우 모두 '뜻이다'가 필자의 주장을 강조하거나 단정지어 말하는 용법으로 사용되어 일반적인 경우의 용법과 차이가 있다. 이와 유사한 예는 아래와 같이 '말'이 머리명사로 쓰인 경우에서도 발견된다.

> (22) ㄱ. 엔지니어는 대부분 인도가 도맡고 {있다는} 말을 과장으로 생
> 각하는 현지인은 없다. 〈잡지〉
> ㄴ. 엔지니어는 대부분 인도가 도맡고 {있다고 하는} 말을 과장으
> 로 생각하는 현지인은 없다.
> (23) ㄱ. 자신감이 상실되면 사람을 피하면 죽고 {싶다는} 말을 하기도
> 해. 〈입말〉
> ㄴ. 자신감이 상실되면 사람을 피하면 죽고 {싶다고 하는} 말을 하
> 기도 해.
> (24) ㄱ. 구조상 상당 부분 영향을 미치게 {되었다는} 말이다. 〈정보〉
> ㄴ. *구조상 상당 부분 영향을 미치게 {되었다고 하는} 말이다.
> (25) ㄱ. 이미 그들에게 자존심이란 사라진 지 {오래였다는} 말이다.
> 〈문학〉
> ㄴ. *이미 그들에게 자존심이란 사라진 지 {오래였다고 하는} 말
> 이다.

위의 예에서는 모두 동일한 머리명사가 발견되지만 (22), (23)의 경우
(ㄱ)과 (ㄴ) 예문이 모두 가능한 문장인 반면 (24), (25)의 경우에는 (ㄱ)
을 (ㄴ)으로 바꾸면 문장의 적법성이 떨어진다.

이와 같은 비교를 통해서 '말이다, 뜻이다' 등은 특별한 의미 기능, 즉
필자의 주장을 강조하거나 단정지어 말하는 의미 기능을 갖는 요소로
문법화된 것을 볼 수 있으며 이러한 경우에 한해서는 {-다는}이 '-다고
하는'으로 교체되기 어렵다는 것을 알 수 있다. 이는 필자의 주장을 강조
하거나 단정지어 말하는 용법이 '-는 말이다/ -는 뜻이다'에 할당되는
것이 아니라, '-다는 말이다/ -다는 뜻이다' 등에 할당되는 것이기 때문인
것으로 추측된다. 따라서 이때의 {-다는}은 문법화된 요소로 볼 수 있다.

이제까지 살펴 본 것 외에도 {-다는} 이 '-다고 하는'과 차이를 보이는 부분이 있는데, 그것은 바로 시제에 있어서이다. 아래 예문을 통해 이를 확인해 볼 수 있다.

(26) ㄱ. 대통령은 조기 대통령 선거를 실시하겠다는 종전의 약속에서 후퇴했다. 〈신문〉
ㄴ. *대통령은 조기 대통령 선거를 실시하겠다고 하는 종전의 약속에서 후퇴했다.
ㄷ. 대통령은 조기 대통령 선거를 실시하겠다고 한 종전의 약속에서 후퇴했다.
(27) ㄱ. 대법원은 12억여 원의 세금을 내야 한다는 원심을 확정했다. 〈신문〉
ㄴ. *대법원은 12억여 원의 세금을 내야 한다고 하는 원심을 확정했다.
ㄷ. 대법원은 12억여 원의 세금을 내야 한다고 한 원심을 확정했다.

위의 용례에서 (26ㄱ)과 (26ㄴ), 그리고 (26ㄱ)과 (27ㄴ)의 비교를 통해서 {-다는}을 '-다고 하는'으로 교체하면 어색한 문장이 되는 것을 알 수 있다. 오히려 {-다는}을 '-다고 하는'이 아니라 '-다고 한'으로 교체한 (26ㄷ)과 (27ㄷ)이 적법한 문장이 된다. (26), (27) 예문에서 머리명사는 각각 '종전의 약속'과 '원심'으로, 이들은 모두 그 의미상 모문에서 서술된 사태보다 먼저 일어난 과거의 사태를 가리킨다. 이러한 종류의 머리명사가 올 경우 그 동격절의 {-다는}은 '-다고 하는'보다는 '-다고 한'으로 대체가 되는 것으로 보이는데, 이를 통해서 {-다는}이 나타내는 시제가 '-다고 하는'과는 다르다는 사실을 확인할 수 있다. 즉 '하는'은 현재 시제를 나타내는 반면 '한'은 과거를 나타낸다고 볼 때, {-다는}은 현재 뿐 아니라 과거도 포괄할 수 있는 요소인 것으로 여겨진다. 따라서 이때의 {-다는}은 {-단}으로 바꾸어도 그것이 가리키는 시제가 변화하지 않는다. 이는 아래의 예문을 위의 (26ㄱ, 27ㄱ)과 비교해 보면 이를 확인할 수 있다.

> (26') ㄱ. 대통령은 조기 대통령 선거를 실시하겠단 종전의 약속에서 후퇴했다.
> (27') ㄱ. 대법원은 12억여 원의 세금을 내야 한단 원심을 확정했다.

이처럼 {-다는}과 {-단}은, '-다고 하는'과 '-다고 한'의 경우와는 달리 시제에 따라 변별되지 않는다. 이러한 {-다는}의 특징은 '-다고 하는'과 구별되는 {-다는}만의 독특한 특징이라고 할 수 있다.

이제까지 살펴본 바와 같이 {-다는}이 동격절을 이끄는 경우, {-다는}은 '-다고 하는'과 교체가 가능한 경우도 있고 가능하지 않은 경우도 있었다. 그렇다면 {-다는}이 '-다고 하는'과 교체가 가능한 경우에는 이들 사이에 통사적인 차이 역시 존재하지 않는 것일까? 아래 용례를 통해 이 문제에 대한 답을 고찰해 볼 수 있다.

> (10') ㄱ. ?지분을 둘러싸고 한판 붙을 수도 {있다시는} 견해
>   ㄴ. 지분을 둘러싸고 한판 붙을 수도 {있다고 하시는} 견해
> (12') ㄱ. ?[SI 부분사업자]를 구분해야 {한다시는} 논의
>   ㄴ. [SI 부분사업자]를 구분해야 {한다고 하시는} 논의
> (13') ㄱ. ?요즘 들어서 목이 굉장히 {뻣뻣하다시는} 말
>   ㄴ. 요즘 들어서 목이 굉장히 {뻣뻣하다고 하시는} 말
> (14') ㄱ. ?농산물 개방은 절대 안 {된다시는} 주장.
>   ㄴ. 농산물 개방은 절대 안 {된다고 하시는} 주장.

위의 예문은 앞에서 보였던 동격절 예문의 일부에서 {-다는}과 결합

하는 용언 부분을 선어말어미 '-시-'와의 활용형으로 바꾸어 본 것이다. 각각의 예문을 통해서 {-다는} 절의 경우에는 선어말어미 '-시-'가 결합되면 매우 부자연스러워 성립되기 어려운 문장이 되지만 '-다고 하는'의 경우 해당 발화의 주체가 존대의 대상인 상황을 가정한다면 충분히 용인될 수 있는 문장이 된다는 점을 알 수 있다. 이처럼 동격절의 {-다는}은 '-다고 하는'으로 환원이 되는 경우라 하더라도 선어말어미와의 결합 양상에 있어서는 '-다고 하는'과 다른 특징을 보일 수 있다.

이처럼 동격절의 {-다는}의 경우 그 시제나 선어말어미와의 결합 양상에서 '-다고 하는'과는 다른 점이 발견되며, 이로 미루어 볼 때 동격절의 {-다는}은 현재 문법화가 진행되고 있는 요소로서 '-다고 하는'과 멀어지고 있는 여러 특징을 가지고 있음을 알 수 있다.

6. 연계절의 {-다는}

{-다는} 절이 동격절이나 관계절이 아닌 경우, 즉 김지은(2002)에서 명명한 제3의 관형절인 연계절인 경우에는 관계절이나 동격절과는 달리 모든 경우의 {-다는}이 '-다고 하는'으로 환원되기가 어렵다. 머리명사가 지시하는 사태가 아닌, 그 사태와 긴밀히 연결된 다른 사태가 {-다는} 절을 이루는 경우가 여기에 해당된다. 말뭉치 검색 결과 여기에 해당되는 머리명사의 예는 다음과 같은 것들이 있었다.

> 눈길, 분위기, 얼굴, 빛, 절, 자극, 표정, 어투, 한숨, 설렘, 보람, 괴로움, 기쁨, 시선, 인상, 자세

위에서 열거한 명사들은 동격절의 머리명사인 '말, 견해, 주장, 생각,

기사' 등등의 부류와는 달리 의미상 그 내용이 언어적으로 서술될 수 없는 것들이다. 또한 아래 예문들에서 볼 수 있듯이, 이들 머리명사들은 관계절과는 달리 그 관형절의 성분이 될 수 없으며 관형절과 모문이 머리명사로 나타나는 성분을 공유하고 있지도 않으므로 관계절로 보기도 어렵다.

(28) ㄱ. 그러자 어쩔 수 {없다는} 눈길이 돌아왔다. 〈문학〉
　　 ㄴ. *그러자 어쩔 수 {없다고 하는} 눈길이 돌아왔다.

(29) ㄱ. 신 여사는 {한심스럽다는} 표정으로 혀를 찼다. 〈문학〉
　　 ㄴ. *신 여사는 {한심스럽다고 하는} 표정으로 혀를 찼다.

(30) ㄱ. 배구장 크기만 한 운동장이 {있다는} 해방감에서 마음껏 뛰고 놀았다. 〈잡지〉
　　 ㄴ. *배구장 크기만 한 운동장이 {있다고 하는} 해방감에서 마음껏 뛰고 놀았다.

(31) ㄱ. 나중에 또 그 매에게 내 청을 들어주어 {고맙다는} 절을 하자고 마음속으로 다짐을 했습니다. 〈문학〉
　　 ㄴ. *나중에 또 그 매에게 내 청을 들어주어 {고맙다고 하는} 절을 하자고 마음속으로 다짐을 했습니다.

(32) ㄱ. 뒤에서야 그 허길섭이라는 남자는 약간 {억울하다는} 어투로 말했다. 〈문학〉
　　 ㄴ. *뒤에서야 그 허길섭이라는 남자는 약간 {억울하다고 하는} 어투로 말했다.

(33) ㄱ. 그제서야 나는 그 신기가 내 몸에 붙어 있지 {않았다는} 안도의 한숨을 내쉬었다. 〈문학〉
　　 ㄴ. *그제서야 나는 그 신기가 내 몸에 붙어 있지 {않았다고 하는} 안도의 한숨을 내쉬었다.

(34) ㄱ. 산천을 죽기 전에 기필코 보고야 {말겠다는} 설렘 속에서 밤잠을 못 이룬다는 이야기다. 〈정보〉

ㄴ. *산천을 죽기 전에 기필코 보고야 {말겠다고 하는} 설렘 속에서 밤잠을 못 이룬다는 이야기다.

(35) ㄱ. 이를 건축자재용으로 {재활용한다는} 보람에 이 일을 시작했다. 〈잡지〉

ㄴ. *이를 건축자재용으로 {재활용한다고 하는} 보람에 이 일을 시작했다.

(36) ㄱ. 명절에는 친인척과 선산을 만나고 {온다는} 기쁨이야말로 대단한 것이다. 〈정보〉

ㄴ. *명절에는 친인척과 선산을 만나고 {온다고 하는} 기쁨이야말로 대단한 것이다.

(37) ㄱ. 단단히 경을 쳐 {줘야겠다는} 몸짓이었다. 〈문학〉

ㄴ. *단단히 경을 쳐 {줘야겠다고 하는} 몸짓이었다.

(38) ㄱ. 행동하거나 말하는 게 좀 {귀엽다는} 인상을 또 받았어요. 〈구어〉

ㄴ. *행동하거나 말하는 게 좀 {귀엽다고 하는} 인상을 또 받았어요.

이렇듯 대부분의 연계절에서는 {-다는}을 '-다고 하는'으로 교체하기 어렵다는 사실은 {-다는}이 '-다고 하는'과 다른 분포를 보인다는 것을 보여주므로 {-다는}의 문법화를 분명하게 보여주는 증거가 되는 것이다. 그런데 유독 연계절에서의 {-다는}이 '-다고 하는'으로 교체되기 어려운 이유는, 연계절에는 그 의미 구조 상 광의의 발화동사를 대용한다고 규정하였던 {하다}가 게재되기 어렵기 때문이 아닌가 한다. 동격절의 경우에는 {-다는} 절이 머리명사의 내용을 언어적으로 서술하였으므로 광의의 발화동사 {하다}가 게재될 여지가 있었고 관계절의 경우에는 {-다는} 절이 머리명사의 발화 내용이거나 머리명사에 대한 타인의 발화 내용인 경우가 대부분이었으므로 역시나 {하다}가 게재되었을 때 전혀 어색하지 않았던 것이다. 그런데 연계절은 위의 두 경우 모두와 달리 광의의 발화동사 {하다}와 잘 어울리지 못한다. 이는 아래 예문을 통해 살펴볼 수 있다.

(28') ㄱ. [어쩔 수 없다는] 눈길
ㄴ. [[어쩔 수 없다는] 의미의] 눈길
ㄷ. [[[어쩔 수 없다고] 하는] 의미의] 눈길
(36') ㄱ. [친인척과 선산을 만나고 온다는] 기쁨
ㄴ. [[친인척과 선산을 만나고 온다는] 일의] 기쁨
ㄷ. [[[친인천과 선산을 만나고 온다고] 하는] 일의] 기쁨

(28')과 (36')의 예문의 일부를 각색한 위의 예문을 보면, (28'ㄱ)은 사실 (28'ㄴ)과 같고 (36'ㄱ)은 (36'ㄴ)과 같은 의미임을 알 수 있다. 연계절은 본래 머리명사가 지칭하는 사태가 아닌, 그와 연관된 다른 사태를 서술한 절이므로 머리명사가 지칭하는 사태를 유추하여 복원하여 보면 (28'ㄴ), (36'ㄴ)와 같은 문장이 되는 것이다. 이렇게 보면 연계절은 {-다는}과 그 머리명사 사이에, 표면에 드러나지 않은 동격절을 취하는 머리명사, 예컨대 '의미, 일' 등이 숨겨져 있는 것으로 볼 수 있다. 이렇게 볼 때 {-다는} 연계절은 표면에 드러나 있는 머리명사인 '눈길, 기쁨'의 내용이 아니라 숨겨진 머리명사인 '의미, 일' 등의 내용을 서술한 절이라고 보아야 할 것이다. 따라서 (28'ㄱ), (36'ㄱ)의 연계절은 그 의미상 (28'ㄷ), (36'ㄷ)의 동격절과 같다고 볼 수 있으나, 전자는 연계절의 구조를, 후자는 동격절의 구조를 가지고 있어 그 구조가 서로 다르다는 사실을 알 수 있다. 이때 (28'ㄱ), (36'ㄱ)과 (28'ㄷ), (36'ㄷ)을 비교해 보면 연계절인 (28'ㄱ), (36'ㄱ)에는 {하다}가 게재되지 못한다는 점을 확인할 수 있다.

한편, 연계절의 {-다는}은 선어말어미 '-시-'와의 결합 역시 불가능

한 것으로 보이는데, 아래 예문을 통해 이를 알 수 있다. 이를 통해서
연계절의 {-다는}은 '-다고 하는'으로 환원도 불가능하며 통사적으로도
다른 특징을 갖는다는 사실이 분명해진다.

(28) ㄱ'. *그러자 어쩔 수 {없다시는} 눈길이 돌아왔다.

(29) ㄱ'. *신 여사는 {한심스럽다시는} 표정으로 혀를 찼다.

(30) ㄱ'. *배구장 크기만 한 운동장이 {있다시는} 해방감에서 마음껏 뛰
　　　　　고 놀았다.

(31) ㄱ'. *나중에 또 그 매에게 내 청을 들어주어 {고맙다시는} 절을 하
　　　　　자고 마음속으로 다짐을 했습니다.

(32) ㄱ'. *뒤에서야 그 허길섭이라는 남자는 약간 {억울하다시는} 어투
　　　　　로 말했다.

(33) ㄱ'. *그제서야 나는 그 신기가 내 몸에 붙어 있지 {않았다시는} 안
　　　　　도의 한숨을 내쉬었다.

(34) ㄱ'. *산천을 죽기 전에 기필코 보고야 {말겠다시는} 설렘 속에서
　　　　　밤잠을 못 이룬다는 이야기다.

(35) ㄱ'. *이를 건축자재용으로 {재활용한다시는} 보람에 이 일을 시작
　　　　　했다.

(36) ㄱ'. *명절에는 친인척과 선산을 만나고 {온다시는} 기쁨이야말로
　　　　　대단한 것이다.

(37) ㄱ'. *단단히 경을 쳐 {줘야겠다시는} 몸짓이었다.

(38) ㄱ'. *행동하거나 말하는 게 좀 {귀엽다시는} 인상을 또 받았어요.

7. {-다는}의 유형에 따른 문법화의 정도

이제까지 {-다는}을, 관형절의 종류에 따라 나누어서 그 특징을 살펴
보았다. 구체적으로는 인용절을 관형화하는 요소 '-다고 하는'으로 환원

이 가능한지 여부와 선어말어미 결합에 있어 어떤 차이를 보이는지를 통해 {-다는}과 '-다고 하는'의 다른 점을 면밀히 분석하였다. 그 결과 {-다는}은 '-다고 하는'으로 환원이 되기도 하고 되지 않기도 하며, 환원이 가능한 경우에도 의미가 달라지기도 하고 달라지지 않기도 하는 것으로 보아 현재 문법화가 진행되고 있는 요소라고 볼 수 있었다.

첫 번째로 {-다는} 절이 관계절인 경우에, {-다는}은 '-다고 하는'으로 교체가 가능하며 의미상의 변화 역시 없었다. 이때 관계절은 머리명사의 발화나 머리명사에 관한 타인의 발화를 따온 것이다. 따라서 이 경우의 {-다는}이 '-다고 하는'으로 자유롭게 교체가 된다는 사실은, '-다고 하는'의 '하다'가 발화동사를 대용하는 동사임을 보여준다.

두 번째로 {-다는} 절이 동격절인 경우에, 대부분의 동격절은 머리명사의 내용을 언어적으로 서술하는 것이었는데, 이러한 경우 {-다는}은 비교적 쉽게 '-다고 하는'으로 환원될 수 있었다. 따라서 동격절의 경우를 통하여서도 '-다고 하는'의 {하다}가 광의의 발화동사를 대용하는 것으로 볼 수 있다.

그러나 '사실' 등의 일부 머리명사의 경우, {-다는}이 '-다고 하는'으로 교체될 때 그 의미가 달라지거나 자연스럽지 못하게 되는 경우가 있었다. 또한 {-다는}의 시제가 '-다고 하는'과는 달리 과거와 현재를 모두 나타낼 수 있다는 사실은 '-다고 하는'과 {-다는}이 동질적인 요소라고 볼 수 없는 분명한 차이점으로 밝혀졌다. 더욱이 선어말어미 {-시-}와의 결합에 있어서 {-다는}과 '-다고 하는'은 서로 다른 양상을 보여, 그 통사적 특성이 서로 다름을 보여주었다. 따라서 동격절의 경우 {-다는}은 관계절의 {-다는}에 비해서 문법화가 더 진행된 것으로 볼 수 있다.

마지막으로 {-다는} 절이 연계절인 경우에는 {-다는} 절이 대부분 '-다고 하는'으로 교체되지 못했는데, 이는 연계절의 경우 {-다는} 절이 해당 머리명사의 내용을 언어적으로 서술할 수도 없고 머리명사의 발화나 머리명사에 관한 발화를 인용한 것이라고 할 수도 없기 때문인 것으로 보인다. 즉 머리명사가 가리키는 사태가 아닌 그와 관련된 또 다른 사태를 서술한 절이라는 연계절의 의미 구조의 특징상, 광의의 발화동사 {하다}가 게재되는 것이 어렵기 때문이라고 추측할 수 있다. 또한 연계절의 {-다는}은 선어말어미 {-시-}와의 결합 역시 불가능하였는데, 이러한 점으로 볼 때 연계절의 {-다는}은 '-다고 하는'과는 다른 하나의 문법 요소로 완전히 굳어져 사용되고 있음을 알 수 있다.

이처럼 대부분의 연계절이나 일부 동격절에서와 같이 {-다는}이 '-다고 하는'으로 단순히 환원되기 어려운 경우가 많았다는 사실과 {-다는}이 '-다고 하는'과 통사적 기제에 있어서 다른 경우가 있다는 사실은 {-다는}이 문법화가 진행되고 있는 요소라는 것을 보여준다. 그러나 각 관형절의 종류에 따라 {-다는}의 문법화 정도에는 차이가 있었다. 다시 말해 {-다는}은 기존의 양 극단에 선 논의들에서와 같이 '-다고 하는'과 동일한 것도 아닐뿐더러 그렇다고 {-다는}을 관형사형 어미로 설정해야 할 정도로 모든 {-다는} 절이 동일하게 독자성을 지니고 있는 것도 아니었다. 오히려 {-다는}은 해당 절이 관형절 중에서도 어떠한 유형의 관형절인지에 따라서 그 문법화의 정도가 상이하였다. 이러한 차이를 반영하여 {-다는}의 문법화 정도를 표로 나타내면 아래와 같다.

〈표 3〉 {-다는}의 문법화 정도

-환원		연계절의 {-다는}	↑ 문법화의 정도
+환원	+통사적 차이	동격절의 {-다는}	
	-통사적 차이	관계절의 {-다는}	

8. 결론

이제까지 {-다는}을 관형절의 종류에 따라 분류한 뒤 그 문법화의 정도와 의미를 살펴보았다. 그 결과 문법화의 정도에 있어서 각 관형절의 종류에 따라 차이를 보였다. 관계절에 사용된 {-다는}의 경우 '-다고 하는'과 차이가 있다고 보기 어려웠지만 연계절에 사용된 {-다는}의 경우에는 '-다고 하는'과는 많이 멀어져 문법화된 요소로 보는데 무리가 없었다. 동격절의 {-다는}은 그 중간 단계에 있는 것으로 여겨진다.

이처럼 {-다는}이 관형절의 종류에 따라 문법화의 정도가 다르게 나타난다는 사실은 기존 연구에서는 알려진 바가 없던 사실이다. 이는 향후 {-다는}의 문법화 정도를 계속 추적하여 종국에는 그를 관형사형 어미의 체계 내에서 독자적인 위치를 갖는 요소로서의 지위를 부여할 수 있을 것이라는 추적의 시발점을 보여 준다. 만일 그렇다면 기존의 '-다고 하-'에 그 기원을 두었으나 현재는 독자적 형태로서 문법화된 것으로 여겨지는 여러 항목들 가운데 관형절을 이끄는 요소로서 {-다는}의 자리를 마련해 줄 수 있을 것이다.

─이 글은 『언어사실과 관점』 32집, 289~314쪽에 실린 논문을 수정·보완한 것임.

조사 '에게'와 결합하는
무정물 명사의 유정성 연구

한승규
연세대학교

1. 서론

유현경(2007:263-264)은 조사 '에게'를 유정성을 부호화하는 표지로 설명한 바 있다. 이 논의에서는 유정성이 [±alive]의 의미 자질만의 문제로 보아 온 기존 연구들의 문제점을 지적하며 '에게'는 명사의 유정성 의미 자질을 활성화시켜 주는 기능을 한다는 점을 강조하였고 화자의 판단에 따라 명사가 나타내는 유정성의 정도성이 다르게 나타날 수 있다고 보았다.

이 연구는 유현경(2007)의 논의와 맥락을 같이하여 조사 '에게'가 화자의 유정성을 나타내는 것을 전제로 한다. 무정물 명사가 유정성을 부호화하는 표지인 '에게'와 결합된다면 그것은 화자의 판단에 의해 유정화된 것으로 파악할 수 있을 것이다. 따라서 이 연구는 무정물 명사가 유정화되는 현상을 살피기 위해 무정물 명사와 조사 '에게'가 결합한 예를 분석한다.

(1) 가. 버스는 가끔 전용 차선으로 끼어드는 <u>승용차에게</u> 신경질적인

반응을 보이며 거칠게 움직인다.

나. 마침 피그말리온이 <u>조각상에게</u> 매료되어 있을 때에 아프로디
테를 기리는 호화로운 축제가 열렸습니다.

(1가)의 '승용차에게'는 엄밀히 말해 '승용차에 탑승한 운전자에게'로
해석할 수 있는데 이것은 일종의 환유(換喩)로 해석할 수 있다. (1나)는
의인화된 조각상에 감정을 느끼며 인격을 부여한 의인화로 볼 수 있다.[1]
이러한 예는 화자의 판단에 의한 것이기 때문에 한정적으로 나타나나
무정물(inanimate) 명사가 유정성(animacy)을 획득한 예로 볼 수 있기 때
문에 주목할 필요가 있다. 이러한 용법이 한국어 화자들에게 용인이 된
다면 어떠한 경우에 한국어 사용에 있어 무정물 명사가 유정화하는지
알 수 있기 때문이다. 이 연구는 그러한 예를 분석하여 한국어에서 무정
물 명사가 유정화되어 사용되는 예를 살펴보고 그 원인에 대해 고찰해
볼 것이다.

2. 유정성의 개념과 유정성의 부호화

2.1. 유정성의 개념

어떤 개념이 유정적(animate)인 것인가 비유정적, 또는 무정적(ina-
nimate)인 것인가는 그 개념이 가진 의미적 속성과 자질에 해당한다. 사
람이나 동작성을 띠는 동물 부류는 [+animate] 자질이 나타나며 유정물
이라고 판단할 수 있고 정적인 사물과 추상적인 개념미적 속성과 관련이

---

1 이러한 무정물 명사에 대한 환유나 의인화는 Yamamoto(1999)나 김형정(2010) 등에
   서 이미 지적한 바 있다.

있으나 그 개념과 적확하게 일치하지는 않는다. 유정성은 유정적 속성의
유무로 판단될 수 있으나 언어적으로 표현되는 유정성은 개별 언어에
따라, 혹은 화자의 판단에 따라 달라질 수 있다.[2] 김형정(2010)에서는 이
러한 입장에 따라 유정성은 본래 언어학적이라기보다는 언어 외적인 개
념에서 비롯된 것이며 이분법적으로 유정성을 판단할 수 없고 개체의
'원형성'이나 '정도성'으로 유정성을 파악해야 된다고 보았다.

　이에 따라 유정성을 계층적이고 연속적인 개념으로 파악한 많은 학자
들이 유정성을 위계화하는 논의를 한 바 있고[3] 유정성은 통사적인 문법
범주나 어휘를 통해 언어적으로 실현되는 것으로 논의되었다. 즉, 언어
학적인 유정성은 사물의 개념적인 속성이 아니며 개별 언어나 화자에
따라 언어적으로 유정화되는 사물의 속성으로 정의할 수 있다.[4]

　특정한 개념이 언어적으로 어떻게 유정화되는 방식은 형태적, 통사
적, 어휘적으로 나타난다.

>　(2)　달님은 나의 소원을 들어주었다.
>　(3)　가. 그가 책을 찢었다.
>　　　　나. 책이 그에 의해 찢겼다.
>　(4)　가. 나는 학교에 동생을 데리고 갔다.
>　　　　나. 나는 학교에 책을 가지고 갔다.

2　유현경(2007)은 유정성 자질에 대해 화자의 심리적 태도를 언급한 바 있다.

3　Silverstein(1976), Dixon(1979), Langacker(1991), Croft(1990), Foley and Van
　Valin(1985) 등.

4　물론 유정성은 문법적인 개념이기에 앞서 의미적인 개념으로 보는 것이 타당하다.
　뿐만 아니라 연재훈(1995)은 인식론적 개념으로 Yamamoto(1999)는 심리언어학적 개
　념으로 접근한 바 있다. 그러나 이 연구에서는 유정성이 한국어 문법에서 부호화되는
　것에 초점을 맞춰 연구를 진행하기 때문에 유정성의 개념을 다소 한정한다.

(2)에서는 무정물인 천체 '달'이 의인화되어 나타나는데 접사 '-님'과 결합하여 유정화되는 것을 볼 수 있다.[5] 통사적으로 유정물 주어가 쓰인 (3가)의 문장이 의미가 동일한 무정물 주어가 쓰인 (3나)의 문장보다 자연스럽다. (4)에서는 목적어의 유정성에 따라 어휘가 다르게 선택되는 것을 볼 수 있다. 이렇게 유정성이 언어적으로 나타나는 방식을 유정성의 부호화(coding)로 볼 수 있는데 한국어에서의 대표적인 유정성의 부호화의 예로 조사 '에게'가 있다.

2.2. 유정성의 부호화

조사 '에게'를 유정성의 부호화로 연구한 논의는 유현경(2007)과 김형정(2010)이 있다.[6] 유현경(2007)은 조사 '에게'에 결합하는 명사의 유정성 자질은 화자의 판단에 의한 것으로 보았고 김형정(2010)은 나아가 말뭉치에서의 계량적인 분석을 통해 조사 '에게'가 결합하는 체언 범주의 유정성 위계를 설정한 바 있다. 이러한 연구들의 전제는 조사 '에게'가 유정성이 부여된 명사에 결합한다는 것이다. 『표준국어대사전』과 같은 한국어 사전에서도 조사 '에게'에 대해 '사람이나 동물 따위를 나타내는 체언 뒤에 붙어'라는 문법적인 제약을 붙여 설명한다.

반면 조사 '에'는 '에게'와 이형태 관계에 있다는 논의(박양규, 1975 등)에서 주로 설명한 것처럼 무정물 명사와 주로 결합하는 것처럼 설명되었다. 그러나 유정물 체언에 조사 '에'가 결합하는 예를 볼 수 있다.

---

5 『표준국어대사전』에는 접미사 '-님'이 '그 대상을 인격화하여 높임'의 뜻을 더하는 접미사로도 풀이되어 있다.

6 이 두 논의는 조사 '에게'를 '에'와 독립적으로 다루어야 한다는 것을 전제로 하는데 이러한 논의는 고영근(2005)에서 의미론적, 문법론적 이형태 설정의 타당성이 빈약하다는 주장을 따른 것이다.

(5) 그 <u>아버지에</u> 그 아들.
(6) 가. <u>나에</u> 맞는 직업을 찾다.
     나. <u>나에게</u> 맞는 직업을 찾다.
(7) <u>교원들에(/교원들에게)</u> '뭇매'맞은 교육정책 (김형정, 2010: 185)

(5)는 관용적인 표현으로 명사 '아버지'에 '에'가 결합한 예이다. (6가)는 (6나)와 동일한 의미로 보이는데 '나'가 '나의 성격'이나 '나의 적성' 등의 의미를 내포한다면 (6나)와 같은 문장도 성립할 수 있다. (7)은 김형정(2010)이 '문체적'인 것으로 제시한 예로 신문, 잡지의 기사에서 정물 체언에 조사 '에'가 결합하는 예이다.[7] 유현경(2007: 269-270)은 서술어로 쓰인 '의하다, 관하다, 대하다, 따르다, 비하다' 등은 특정한 활용형으로 나타나기 때문에 유정물 체언이 조사 '에게'가 아닌 '에'와만 결합이 가능한 예로 설명하기도 하였다.

반면 유정물 명사가 아니더라도 조사 '에게'와 결합한 예도 한국어에서 볼 수 있다.

(8) <u>꿈에게</u> 추방당한 자.
(9) 가. 철학은 물질은 <u>물리학에게</u> 주고 하늘은 <u>천문학에게</u> 넘겼다. 대지는 <u>지리학에게</u>, 마음은 <u>심리학에게</u> 넘겨야 했다.
     나. 그 논쟁은 <u>심리학에게</u> 이미 추월당했는데.

앞에서 제시한 (1)의 예는 구체물인 '승용차'와 '조각상'에 '에게'가 결

---

7 문체적으로 신문, 잡지, 방송 등에서 조사 '에게'를 '에'로 대치하여 사용하는 것과 유사하게 조사 '에서' 또한 '서'로 축약하여 사용된다. 아래는 뉴스의 헤드라인에 제시된 예로 선행 체언의 종성 유무와 관계없이 조사 '서'가 사용되었다.
     ㄱ. 민주, <u>국회서</u> '국정원 국정조사' 촉구대회
     ㄴ. 김연아 "<u>한국서</u> 하는 '레미제라블' 기대돼"

합한 것인 반면 말뭉치에서 나타난 (8),[8] (9)의 예는 '꿈'과 '학문'을 나타
내는 추상명사에 조사 '에게'가 결합한 것이다. 김형정(2012: 185)에서는
유정성 위계를 도식화했는데[9] 이에 따르면 추상명사는 원형적으로 가장
유정성 위계가 낮음에도 (8), (9)와 같은 예를 한국어에서 관찰할 수 있
다. 유정성의 부호화(coding)란 단순히 [±animate] 자질로 나타나는 것
이 아니라는 점은 김형정(2010, 2012)에서도 제시된 바 있고 이에 따라
'원형성(prototype)'과 '정도성(degree)'의 유정성 위계에 중요한 척도가
된다는 것을 강조한 바 있다. 그런데 '원형성(prototype)'과 '정도성
(degree)'은 '유정물/무정물'의 이분법(dicho- tomy)보다 가변적이고 유연
한 척도가 되지만 (8), (9)와 같은 예는 유정성의 위계화의 화자의 선택
성(selectivity)이 관여된다는 것을 보여준다.

이 연구에서는 연역적으로 위계화한 유정성이 아닌 귀납적으로 '에게'
로 유정성이 부호화되어 나타난 무정물을 연구의 대상으로 한다. 화자의
판단은 개별적인 화자의 개인차로 나타날 수 있다는 위험이 있으나 다양
한 언어 사실을 밝힐 수 있다는 장점이 있다.

---

8 엄밀히 말해 이 예는 구어 말뭉치에서 '꿈한테 추방당한 자'로 검색이 된 예이다. 이
 연구에서는 조사 '한테'와 조사 '에게'가 의미적으로 큰 차이가 없고 실현되는 환경,
 즉 구어와 문어에서의 사용 양상에 의한 차이가 나는 것으로 보아 조사 '한테'가 사용
 된 예를 일부 사용하였다.
9 김형정(2010)의 유정성 위계와 김형정(2012)의 유정성 위계는 추상명사에 대한 언급
 에서 차이가 난다. 김형정(2012)에서는 사태명사와 더불어 추상명사가 무정물 명사구
 에 포함이 되었다. 이는 추상 명사를 유정성 위계의 하위에 위치한 Langacker(1991)
 등의 이론적 배경에 영향을 받은 것으로 추정된다. 더불어 식물명사를 김형정(2010)에
 서는 '사람이 아닌 유정물 체언'으로 언급한 반면 김형정(2012)에서는 '유정물과 무정
 물의 경계적 명사구'로 분류하였다.

3. 말뭉치에서의 무정물 명사와 조사 '에게'의 결합

이 연구의 연구 대상은 무정물 명사와 조사 '에게'의 결합형이다. 말뭉치를 활용하여 계량적으로 조사 '에게'의 결합형을 분석한 연구로는 김형정(2010)이 있다. 김형정(2010)은 아래와 같이 100만 어절 규모의 말뭉치에서 용례를 분석하였으나 순수한 무정물 체언이 '에게'와 결합한 예는 17개에 불과하다.

〈표 1〉 김형정(2010:150)의 '에게'의 선행하는 명사구의 분포

유형(type)			빈도(token)	비율(%)
유정물 체언	사람 유정물 체언	사람 고유명	563	15.7%
		1인칭 대명사	511	14.2%
		2인칭 대명사	35	1.0%
		3인칭 대명사	241	6.7%
		인칭대명사 기타	89	2.5%
		인칭대명사 합계	876	24.4%
		사람 보통명사 (일반)	1,742	48.5%
		사람 보통명사 (집단)	67	1.9%
		사람 보통명사 (친족)	164	4.6%
		사람 보통명사 합계	1,973	54.9%
		사람 유정물 체언 합계	3,412	95.0%
	사람이 아닌 유정물 체언	유사 사람명사	25	0.7%
		동물명사	57	1.6%
		사람이 아닌 유정물 체언 합계	82	2.3%
	유정물과 무정물의 경계적 존재 (조직, 지역공동체, 식물명사 등)		80	2.2%
	무정물 체언		**17**	0.5%
	합계		3,591	100.0%

김형정(2010)은 Yamamoto(1999)와 맥락을 같이하여 컴퓨터와 자동차를 유정물과 무정물의 경계적 존재로 판단하였다. Yamamoto(1999: 18)에서는 자동차가 인간과 유사한 외형을 가지고 운동 능력이 있다는 점, 컴퓨터가 정보 처리 과정을 가진다는 점에서 인간과 유사하다고 판단하였다. 그러나 이 연구에서는 컴퓨터나 자동차는 [−alive] 자질이 나타난다고 파악하여 무정물 명사로 보았다. 그렇게 판단한 근거는 첫째, 인간과 유사한 속성은 지능, 감각, 동작, 통제 등 여러 속성으로 확장이 가능하다는 점, 둘째, 김형정(2010)에서 유정물과 무정물의 경계적 존재로 밝힌 지리학적 개체(geographical entities)나 지역 공동체(local communities)와는 컴퓨터와 자동차는 속성이 다르다는 점에서이다. 컴퓨터나 자동차는 의인화가 가능하나 이것들에 적용되는 의인화는 다른 무정물에도 가능하다. 또 지리학적 개체(geographical entities)나 지역 공동체(local com-munities)는 인간을 구성원으로 포함하는 집단성을 갖고 있기 때문에 인격화되어 컴퓨터나 자동차의 의인화와는 다른 속성이 나타난다.

100만 어절 규모의 말뭉치를 분석한 김형정(2010)에서의 무정물 명사와 조사 '에게'의 결합 예는 매우 한정적이기 때문에 이 연구에서는 300만 어절 규모의 균형 말뭉치를 활용하였다. 연구에 활용된 말뭉치는 국립국어원(2005)의 현대 한국어 빈도 조사에 활용된 바 있는 말뭉치[10]이다.

분석 결과 300만 어절 규모의 말뭉치에서도 무정물 명사가 조사 '에게'와 결합한 예는 36개밖에 나타나지 않았다. 조사 '에게'와 결합한 무정물 명사는 다음과 같다.

---

10 이 말뭉치는 장르 비율을 고려한 형태 의미 분석 말뭉치이다. 이 연구에서는 용례가 적어 장르적 차이가 유의미하지 않다고 판단하여 말뭉치 장르에 대한 분석은 하지 않는다.

> 물체, 엽전, 옷(3), 관(管)들, 농기구(2), 달님, 별(3), 별들, 군함, 뒷차, 승용차, 앞차,
> 차(3), 택시, 화물차, 바람, 파도(2), 불(佛), 인(仁), 불행, 여름, 인형, 장승, 조각상,
> 첼로(2), 컴퓨터(2), 문장들

말뭉치에서 조사 '에게'와 결합한 무정물 명사는 다양하게 나타난다. 구체 명사뿐 아니라 추상 명사도 나타나며 도구나 자연 현상, 시간을 나타내는 명사도 나타났다. 이렇게 많지는 않지만 다양한 예들은 의미 부류와는 별개로 화자의 판단에 의해 어떤 명사가 선택적으로 유정적으로 부호화될 수 있다는 것을 의미한다. 다음 장에서는 이러한 예를 바탕으로 조사 '에게'로 부호화되는 한국어의 유정화 현상을 분석하고자 한다.

4. 말뭉치 용례 분석

본 장에서는 무정물 명사와 조사 '에게'가 결합한 다양한 예들을 분석해 본다.

4.1. 교통수단

말뭉치에서 조사 '에게'와 결합한 무정물 명사 중 가장 많은 비율을 차지하는 것은 교통수단을 나타내는 명사이다. '군함, 뒷차, 승용차, 앞차, 차, 택시, 화물차'로 나타났는데 '군함'을 제외하고는 모두 '자동차'에 속하는 것으로 나타난다. 자동차에 대해 Yamamoto(1999)는 원시적인 교통수단인 말을 대체하였다는 것에서 유정성을 표현할 수 있고 자동차 주인이 자신의 차를 가족처럼 생각하는 경우가 있다고 설명한 바 있다.

(10) 가. 가는 그 택시에게 온갖 욕설을 퍼붓고 남아 있는 힘을 다해 사
  력으로 돌리며 깡통을 사라지는 택시에다 던지는 불행한 죄수.
 나. 버스는 가끔 전용 차선으로 끼어드는 승용차에게 신경질적인
  반응을 보이며 거칠게 움직인다.
(11) 결국 그때까지 사람에게 거수경례하고 허리 굽혀 인사했던 것이 아
 니고 그 사람을 싣고 왔던 '큰차'에게 존경을 보였다는 말이 되니,
 정도가 그 지경이면 자동차의 가치(?)는 이미 사람머리 꼭대기에
 올라 있다고 해도 지나치지 않을 정도다.

그런데 (1가)의 예를 보면 택시를 향해 욕설을 퍼붓는 것으로 볼 수도
있지만 탑승한 운전자에게 욕을 한 것으로 볼 수 있다. 운전자가 조종하
고 있는 자동차는 운전자의 의도성(intentionality)이 투영된 것으로 볼
수 있기 때문에 유정화될 수 있는 것이다. (10가)에서는 '택시에게' 깡통
을 던지지 않고 '택시에다' 깡통을 버리는 행위가 나타나는데 이 부분에
서는 깡통을 던지는 피행위의 대상인 '택시'가 유정화되지 않는다. 운전
자는 차 안에 있기 때문에 운전자에게 깡통을 던지는 피행위가 작용하지
않으며 따라서 굳이 '택시'를 유정화할 필요가 없는 것이다. 운전자는 의
도성을 투영하여 차에 대해 일체감을 느낄 수 있으며 처소적(localistic)으
로도 운전자는 차 안에 위치하기 때문에 자동차는 집단이나 장소 명사와
같이 소속되거나 소재된 사람까지 포함한 개념이 되기도 한다. (10나)에
서는 버스에 위치한 '버스 운전자'가 승용차에 위치한 '승용차 운전자'에
게 신경질적인 반응을 보이며 운전을 하는 것으로 해석될 수 있는 것이
다. 나아가 자동차는 소유자의 소유물로서 소유자와 밀접한 존재로 나타
난다. 한국어에서는 높이는 대상의 소유가 되는 '집(댁), 자식(아드님, 따
님)' 등도 함께 높이는 현상이 나타나는데 (11)에서는 자동차의 가치로
탑승한 사람에게 경의를 나타내는 모습이 나타난다.

(12) <u>조선</u>보다 한걸음 먼저 개국한 <u>일본</u>은 자기들이 <u>미국 군함에게</u> 당했
던 대로 <u>아시아의 이웃나라</u>에 앙갚음을 했던 것이다.

(12)의 예는 자동차가 아닌 교통수단인 '군함'이 나타난 예로 같은 문
장에 나타난 '조선, 일본, 아시아의 이웃 나라'로 유추한다면 '미국'의 군
사력에 대한 제유법(提喩法)으로 해석할 수 있다. 이는 '미국'이라는 국가
명으로 대치하여도 크게 의미가 달라지지 않는다는 점에서 '배'의 의미
적 속성이 사라지고 '미국'의 조직(organization)적 속성이 나타나는 것으
로 보는 것이 합당하다.

4.2. 인간의 형상

'인형, 장승, 조각상' 등은 무정물에 속하지만 인간의 형상을 모방하였
다는 점에서 인간과 유사한 속성이 나타난다. 이는 유정성을 설명할 때
자주 언급되는 개념인 '공감(empathy)'으로도 설명할 수 있다. Lan-
gacker(1991)은 공감의 위계를 설명하며 이는 '인간 중심의 평가'를 반영한
다고 하였다. Langacker(1991)가 설정한 공감의 위계는 다음과 같다.

화자 > 청자 > 인간 > 동물 > 물리적 사물 > 추상적 개체

인간의 형상을 한 무정물들은 Langacker(1991)의 공감의 위계에 따르
면 '물리적 사물'로서 유정성이 떨어지는 셈이나 이 논의에서 밝힌 것처
럼 인간의 공감을 이끌어낼 잠재성이 무척 큰 사물로 볼 수 있다. 아래는
앞에서 언급한 (1나)의 예문이다.

(1) 나. 마침 피그말리온이 <u>조각상에게</u> 매료되어 있을 때에 아프로디
테를 기리는 호화로운 축제가 열렸습니다.

오비디우스의 〈변신이야기〉에 등장하는 피그말리온이 자신이 제작한 조각상에 사랑에 빠지게 되었다는 유명한 이야기처럼 인간의 형상을 한 무정물은 인간의 감정이 투영될 수 있다.

(13) (너구리집 할머니, 돌 <u>인형에게</u> 옷 입히며)
할머니: <u>우리아기</u> 때때옷 입으니까~ 더 예쁘네…

그렇기 때문에 (13)의 예문처럼 무정물인 '인형에게' 옷을 입히며 '우리 아기'와 같이 인격성을 부여할 수 있는 것이다. 인간의 형상을 한 무정물들은 동작성이 없고 수동적이라는 점에서 유정성이 떨어질 수 있으나 일반적인 물리적인 사물에 비해 유정화할 수 있는 경향이 클 수 있다. 또 인간의 형상을 하거나 인간의 형상이 그려진 종교적인 예술품은 숭배의 대상이 될 수 있다는 점에서 초자연적인 존재[11]나 유사 사람명사[12]로 유정성을 획득할 수 있다.

4.3. 천체

천체를 나타내는 명사는 유정성의 위계를 나타낸 여러 논의에서 언급된 바가 거의 없다. 그러나 한국어에서는 '달, 별 해'를 의인화하여 높여

---

11 유현경(2007: 266)은 초자연적 존재를 사람과 동등한 유정물로 간주할 수 있음을 보았다.

12 김형정(2010: 161)은 덜 유정적이기는 하나 유사 사람명사나 동물명사는 자신의 의지에 의해서 움직이거나 변화를 일으킬 수 있는 존재라는 점에서 유정물 체언으로 분류될 수 있다고 보았다.

서 '달님, 별님, 해님'으로 부르기도 한다는 점에서 천체를 인격화하는 것이 부자연스럽지 않다.

천체의 유정화는 천체의 초자연적 속성과 물활론적 사고(animistic thinking)와 관련이 깊다. 태양, 달 등의 천체는 인간으로부터 신적인 속성을 부여받아 왔다. 비록 인간의 형상과 거리가 있으나 신처럼 숭앙되며 신성(神性)을 획득해 왔다. 신성을 획득하는 천체는 신화에 한정되거나 신화에서 확장된 것으로 볼 수 있다. 물활론적 사고는[13] Piaget(1926/1955)가 언급한 바 있는데 이에 따르면 물활론(animism)은 사물이 살아있고 의지를 지닌 것으로 간주하는 경향으로 정의할 수 있다. Tunmer(1985)는 Piaget(1926/1955)의 견해에서 나아가 무생물에 생명성을 부여하는 물활성과 무생물에 감정(sentiency)이 있다고 간주하는 추론된 물활성이 있음을 밝힌 바 있다. 이러한 물활론은 유아기나 아동기에 주로 나타난다.

(14) 단군신화에 따르면 단군조선 때 강화도 마니산에 참성단(塹星壇)을 두고 <u>별에게</u> 제를 올렸다고 한다.

(15) 가. 당신은 <u>달님에게</u> 다가갔어요.

　　 나. <u>별들에게도</u> 감정이 있어 때론 기쁘고 때론 슬프고 울고 웃고 한다고 생각했다.

(14)의 예는 '별'에 신적 속성이 부여된 것을 확인할 수 있는 예문이다. (15)는 물활론의 예가 되는데 (15가)는 '달'에게 생명성을 부여하였으며 (15나)는 '별'에 감정을 부여한 것이다.

13　Yamamoto(1999: 17)에서 재인용.

4.4. 컴퓨터

컴퓨터는 앞서 언급한 자동차와 더불어 Yamamoto(1999)에서 유정물과 무정물의 중간적인 존재로 언급이 되었다.

> (16) 가. 그녀의 메시지가 끝난 뒤 역시 그녀의 목소리를 내는 <u>컴퓨터에게</u> 오늘의 일정을 물어본다.
>
> 나. 이제 <u>컴퓨터에게</u> 영어를 가르치기 위한 머나먼 여행이 시작된 것이다.

(16가)에서는 컴퓨터가 '목소리를 내며' (16나)에서 영어를 배울 수 있다. Yamamoto(1999)가 이미 인간과 유사한 특징을 갖는 기계로 지능과 운동 능력이 있는 컴퓨터와 자동차를 언급한 바 있으나 (16)에서는 '지능을 갖는 것' 외에도 인간이 컴퓨터와 상호작용을 하는 의미도 나타난다. 비록 컴퓨터는 [−alive] 자질이 나타나지만 현대인들에게 친숙성, 상호작용성이 강한 존재이다.

컴퓨터뿐 아니라 현대적인 기계에 유정성이 부여되는 예를 한국어에서 쉽게 볼 수 있다. 다음은 『표준국어대사전』에서의 관용어 '밥(을) 주다'의 뜻풀이이다.

시계가 정상적으로 작동하도록 태엽을 감아 주다.
¶ 아침마다 시계에 <u>밥을 주다.</u>

아래는 『표준국어대사전』의 '죽다'의 한 의미 항목이다.

움직이던 물체가 멈추어 제 기능을 하지 못하다.
¶ 시계가 <u>죽는</u> 바람에 늦잠을 잤다./라디오를 떨어뜨렸더니 <u>죽어</u>버렸다.

이렇게 기계에 유정성을 부여하는 것은 비유적인 것으로 유정물과 유사한 속성에서 기인한 것으로 볼 수 있다. 컴퓨터를 비롯한 기계가 동력을 필요로 한다는 점, 인간의 능력과 유사한 기능을 수행한다는 점, 나아가 인간과 상호작용을 하는 점은 이러한 부류에 유정성을 부여하는 근거로 충분하다.

4.5. 일반 구체물 명사

3)에서 밝힌 바 있는 물활론은 일반적인 구체물 명사에도 적용이 된다.

> (17) 가. 단말마의 비명조차도 <u>그 첼로에게는</u> 허락되지 않는다.
> 나. 시달리는 <u>낡은 관들에게</u> 소리 없는 응원을 보내고서, 그는 영어 대본에 다시 마음을 모았다.
> 다. 그 헛간에서 <u>농기구들에게</u> 많이 구박을 당했었거든.

(17)의 예에서 구체물 명사들은 유정물과 같이 감정을 느끼는 주체로 의인화되며 추론된 유정성(inferred animacy)을 보인다. 이러한 예들은 주로 문학 작품에서 많이 나타나는데 작가의 선택에 의해 의인화하는 경향을 보여 준다. (17나)는 '낡은'과 같이 무정물과 공기하는 어휘가 나타난다. 이러한 예는 구체물 명사가 완전히 유정화되지 않았다는 것을 의미하는데[14] 이러한 혼용에 대한 기준은 작가의 선택에 의한 것으로 엄밀하게 제시하기는 힘들다.

4.6. 추상 명사

앞서 밝혔듯 추상명사는 Langacker(1991) 이후로 유정화의 경향이 가

---

14 유정물로 인식한다면 '늙은'을 사용할 수 있다.

장 낮은 부류로 인식되어 왔다.

(18) 가. 이렇게 도는 <u>불에게</u> 말할 게다.
　　　 나. 이렇게 덕은 <u>인에게</u> 말할 게다.
(19) 게다가 글이란 대개 순서적으로 읽히는 것이니까, 앞서의 <u>문장들</u>
　　 <u>에게</u> 당신은 '그러나'의 반전이 일어나기 전까지 잠깐 동안, 이미
　　 약간의 불쾌한 충격을 느꼈음직하다.
(20) 그러므로 가을은 <u>여름에게</u> 능욕당한 계절이었다.

　(18)에서는 사상을 나타내는 '도(道)'와 '덕(德)'의 입장에서 '불(佛)'과 '인(仁)'에 사상의 내용을 전달하는 것을 의인화한 것이다. '도(道)'와 '덕(德)'는 행위의 주체처럼 표현이 된다. (19)에서의 '문장'은 '독자'인 '당신'에게, (20)에서의 시간 명사 '여름'은 '가을'에게 부정적인 감정을 유발하게 하는 것처럼 의인화되어 있다. 이렇게 '의인화(personified)'는 구체 명사뿐 아니라 추상 명사에서도 추론된 유정성으로 나타나는데 이와 같이 확장된 유정성은 Langacker(1991)가 설정한 원형적인 유정성 위계를 벗어나는 것이다. 이러한 예는 작가나 화자의 선택에 의한 것으로 보는 것이 타당하다.

5. 결론

　이 연구는 Yamamoto(1999), 유현경(2007), 김형정(2010)의 논의와 맥락을 같이하며 유정성을 논의하였다. Yamamoto(1999)는 유정성에 대해 심리언어학적 배경에서 논의하였으며 유현경(2007)은 유정성 자질에 대해 화자의 심리적 태도를 언급하였다. 김형정(2010)은 비유정물 명사에 '에게'가 결합한 예에 대해 의인화, 환유, 유정적 속성의 실현 등으로 설명한다. 이러한 논의들은 귀납적인 연구를 통해 기존의 유형론의 입장에서 수행한 연역적인 연구들의 한계를 보완하고 개별 언어에서의 유정성의 특징을 구체적으로 살폈다. 이 연구에서도 유현경(2007), 김형정(2010)의 논의와 같이 한국어 조사 '에게'가 유정성을 부호화하는 것으로 보고 무정물 체언이 조사 '에게'와 결합한 예를 귀납적으로 말뭉치에서 검색 후 분석하였다.

말뭉치에서 무정물 체언이 조사 '에게'와 결합한 예는 극히 제한적으로 나타났으나 '교통수단', '인간의 형상', '천체', '컴퓨터'와 일부 구체 명사, 추상 명사 등이 나타났다. 이러한 예들은 인간적 속성의 발견이나 대유나 비유, 물활론에서 비롯된 의인화로 유정성이 생성된 것으로 나타났는데 이는 그 의미 부류의 속성보다는 확장된 의미에 의한 것이거나 작가, 화자의 선택에 의한 것으로 볼 수 있었다. 결과적으로 화자의 판단에 의해 유정성이 부호화된다는 유현경(2007)의 견해가 타당한 것으로 볼 수 있다. 이렇게 유정성의 부호화를 개별 화자에 의한 것으로 본다면 한국어에서의 유정성을 설정할 수 없겠으나 '자동차', '인간의 현상', 초자연적인 존재로 여길 수 있는 '천체' 등의 유형은 유정적 속성을 획득하는 것으로 자료를 통해 확인할 수 있었다.

이 연구는 말뭉치에서의 제한된 자료를 활용하였기 때문에 많은 언어 사실을 관찰할 수 없었다. 그러나 무정물 명사에 유정성을 부호화하는 조사 '에게'가 결합하는 예를 보다 큰 규모의 언어 자료를 활용한다면 더 많은 용례를 통해 한국어에서의 유정화의 원리를 관찰할 수 있을 것이라 본다.

― 이 글은 대만 중국문화대학 출판부의『韓國學研究論文集(3)』에 실린 논문을 수정·보완한 것임.

담화 교육 연구

제3부는 한국어교육에서 최근 활발하게 이루어지고 있는 담화 교육 연구들을 중점적으로 다루고 있다. 한국어교육학 연구에서 담화는 언어 교수 학습의 도구로 연구되기 시작하였다. 의사소통의 성공이 궁극적인 학습자의 목적이라는 관점에서 제2 언어 교육은 미시적인 언어 단위에서 나아가 거시적인 단위들을 연구할 필요성을 지니게 된 것이다.[1]

초기 한국어 담화에 대한 관심은 문어 텍스트 내의 응집성과 담화 구조에 대한 분석을 중심으로 이루어져 왔다.[2] 이는 주로 텍스트 언어학 및 사회언어학에서 이루어지던 것으로 담화의 구조, 담화 표지, 담화 패턴 등에 대한 분석을 주요 내용으로 하고 있다. 한편, 이 시기 한국어

---

1 담화(discourse)는 흔히 '문장보다 큰 언어 단위'로 정의되고 있으나, 언어 교육에서는 담화를 문어 텍스트뿐만 아니라 '의사소통이 이루어지고 있는 맥락의 총체'로 보고 이를 연구 대상에 포함해오고 있다. 이는 '담화 상황'을 포함하는 것으로, 언어 표현이 형태 자체로서 의미를 지니는 것이 아니라 의사소통 담화 맥락 안에서 언어 사용자에 의해 선택되는 것이라는 관점을 토대로 하고 있다.

2 박용익(2012)에서는 한국어교육학과 대화, 텍스트언어학의 접목이 초기에는 담화의 내부적 구조에 초점을 두고 진행되었다고 지적한 바 있다.

교육학에서의 담화 교육 연구는 주로 교육 현장의 경험적, 이론적 연구가 집중적으로 이루어졌다. 이는 담화가 현장에서의 요구로 말미암아 한국어교육학에 접목되었음을 짚어볼 수 있는 지점이기도 하지만, 초기 담화 교육에 대한 연구가 실제적인 언어 자료를 기반으로 하지 않아 객관적 근거를 제시하는 일에 미흡했다는 한계를 드러내는 지점이기도 하다.

본격적으로 2000년대에 이르러 한국어 담화 교육 연구는 내용 개발을 목적으로 활발히 이루어지게 되었다. 이와 동시에 연구자의 직관이나 주관, 경험에 의존하기보다는 담화 맥락을 객관적으로 살필 수 있는 대규모의 언어 자료 기반 연구가 본격적으로 활성화되기 시작하였다.[3] 문장 이상의 단위인 '담화'에 대한 한국어교육학 내의 관심은 직업 목적, 학문 목적 등 특수 목적 한국어 학습자의 수요가 급증함에 따라 학습자 변인을 중요시 하는 실제적 연구의 필요성에 의해 시작하였으며, 초기에는 학습자 작문의 내부 구조나 패턴을 분석하여 말하기, 듣기, 읽기, 쓰기 등 언어 기능 교육에 적용하려는 움직임이 활발히 이루어졌다.

최근에 이르러서는 구어의 중요성과 의사소통 맥락이 중요시되며, 담화에 대한 언어교육의 관심이 상당히 확대되는 양상을 보이고 있다. 즉, 주로 문어 위주로 다루어지던 담화가 화자와 청자가 발화하는 의사소통 상황 맥락의 총체로 접근되고 있으며 따라서 구어성을 반영한 담화에 대한 연구가 활발히 이루어지고 있는 실정이다. 초기 담화의 내부적 구조 분석을 중심으로 하던 연구 풍토도 담화 상황, 담화 맥락으로 확대되어 연구되기 시작하였고, 이에 따라 '한국어교육에서 유의미한 담화 구성 요소는 어떤 것인가?'라는 쟁점이 제기되기에 이르렀다.

---

3 강현화(2010)에서는 담화 연구의 양적 추이를 그래프로 제시하고 있다.

이러한 연구 흐름 속에서 최근 한국어 담화 연구는 코퍼스 분석 연구 방법론에 의하여 활발히 이루어지는 동향을 보이고 있다. 즉, 의사소통에 영향을 미치는 담화 구성 요소를 분석하기 위해 실제적인 언어 자료의 구축이 중요한 화두로 자리 잡게 된 것이다. 제3부에서 다루고 있는 네 편의 담화 교육 연구는 모두 코퍼스 기반 연구 방법론에 기반한 논문으로, 한국어의 문법 표현에 영향을 미치는 담화적 요인들을 중점적으로 분석하고 있다. 나아가 '한국어교육에서 유의미한 문법 교육, 어휘 교육은 어떠한 것인가'라는 물음에 대한 답을 찾아가는 과정으로도 살펴 볼 수 있다.

먼저 박지순(2014)은 코퍼스를 이용하여 한국어의 상대높임법에 영향을 미치는 담화 상의 맥락 요인을 분석하고자 하였다. 이 연구에서는 준구어 코퍼스인 영화 시나리오 코퍼스를 기반으로 화자와 청자가 사용한 종결어미를 추출하였고, 이로 말미암아 한국어 상대높임법에 영향을 미치는 맥락 요인을 장소 유형, 화자 성별, 화자 연령, 청자 연령, 연령차, 관계 유형, 지위 차, 만남 횟수, 친소 관계, 장르, 제3자 유무 등으로 제시하였다. 기존의 연구들이 상대높임법의 화계 설정 기준과 그 구분 자체에 중점을 부여했던 것과 달리 이 연구는 상대높임법을 나타내는 종결 표현에 미치는 의사소통 담화 맥락의 요인들을 분석하고자 하였으며, 이는 '한국어교육에서 요구되는 문법이란 무엇인가?'라는 물음에 대한 초석을 닦고 있다고 판단된다.

한편, 홍혜란(2011)은 한국어 논문이라는 특정한 장르의 텍스트가 지니는 담화적 특성을 코퍼스 언어학적 연구 방법과 다차원 분석이라는 통계적 기술을 이용하여 분석하였다. 그 결과 전공 영역에 따라 한국어 논문 텍스트의 언어학적 특성이 달라짐을 확인하였고, 논문, 보고서와 같은 문어 텍스트와 강의, 발표, 토론 등의 구어 텍스트에 나타난 담화표지 분석만으로는 불충분했던 논문 텍스트의 담화적 특성을 밝혀 학문 목적 학습자들에게 그 형태, 통사적 구조에 대하여 객관적으로 설명할 수 있는 근거를 제시하였다. 이는 실제 코퍼스 자료에 기반하여 장르적 특성과 그러한 특성이 어휘, 문법 등의 언어 표현에 미치는 영향을 밝힌 논문으로 '담화 문법'의 가능성을 보여주고 있다.

김강희·김진희(2012)에서는 보조용언 '보다'가 담화 상황에서 사용되는 다양한 의미 기능에 대하여 분석하였다. 이 연구는 보조용언 '보다'가 고정적인 의미 기능을 지니고 있는 것이 아니라, 담화적 요인에 따라 다양한 기능으로 분화되어 사용된다는 점을 밝히고자 하였다. '-아 봐', '-았어 봐', '-나 봐'와 같이 구어적으로 사용될 때, 사전에서는 기술되지 않았던 가정하기, 협박하기 등의 기능이 드러날 수 있음을 밝히고 있으며, 이 때 영향을 미치는 요인으로는 담화의 상황 유형, 사용역, 화자와 청자의 연령, 친소 관계, 지위 등이 있다고 보았다. 그러나 이러한 담화 문법 연구가 객관성을 부여받기 위해서는 담화 요인에 대한 보다 정밀한 분석이 보완되어야 할 것이라고 밝히고 있어, 코퍼스 기반 담화 교육 연구 방법론의 적용과 한계를 제시하고 있다.

마지막으로 서지혜(2012)에서는 요청 화행을 수행하는 문법 표현들을 맥락과의 관련성 속에서 기술하고 있다. 이 연구 역시 드라마 발화 말뭉치에 기반하여 문법 표현에 영향을 주는 담화 요인들을 분석하는데, 이를 한국어 교재 말뭉치와 비교 분석하여, 현재 한국어 문법 교육이 지니고 있는 한계와 보완하여야 할 점에 대하여 지적하였다. 이렇게 코퍼스를 기반으로 한 연구는 연구자의 직관이나 주관으로는 분명하게 분석하기 어려운 의사소통 상황을 보다 객관적으로 연구할 수 있게 한다는 장점을 가지고 있다. 물론 코퍼스의 구성 및 특성이 연구 결과에 영향을 미칠 수 있다는 코퍼스 자체의 생래적 한계도 존재하지만, 보다 균형성 있는 코퍼스를 구축하여 보완한다면, 주관과 경험에 의존한 담화 교육 연구의 한계를 극복하고, 나아가 한국어교육에서 논의되고 있는 효과적인 발음, 어휘, 문법 등 내용 교육 방안도 담화라는 총체적 구조와의 연관성 속에서 보다 심도 있게 연구될 수 있을 것이다.

한국어 상대높임법 실현의 영향 요인 연구

박지순

국립국어원

1. 서론

상대높임법은 상황 맥락에 따라서 언어 형식이 달라지는 가장 대표적인 문법 범주이다. 이정복(2006)에서 "국어 높임법의 실상을 정확히 이해하고 잘 설명하기 위해서는 대화 참여자와 대화 상황, 사회 구조를 체계적으로 적극 반영할 수 있는 시각과 연구 방법이 필요하다"고 한 점, 박영순(1995)에서 상대높임법 연구를 위해서는 사회언어학적 연구가 필수적이라고 한 점 역시 상대높임법의 맥락 의존적인 성격을 전제로 한 것이라고 볼 수 있다. 상대높임법은 형태·문법적 차원보다는 화용론의 차원에서, 정확성이 아니라 적절성의 차원에서 접근해야 하는데 이는 상대높임법이 어휘와 문법이라는 언어 요소로 실현되지만 이를 실현하는 메커니즘은 형태적인 규칙만으로는 설명되지 않기 때문이다.

특히 외국인을 대상으로 한 한국어교육에서 높임의 정도나 격식성을 기준으로 한 상대높임법 체계를 제시하는 것만으로는 학습자들이 실제 언어생활에서 상대높임법을 적절히 사용하게 하는 데 충분하지 않다. 그러나 현재 한국어교육 현장에서는 교육적 필요에 의하여 격식성과 높임

의 정도에 따른 단순화된 화계를 교육하고 있을 뿐 화·청자의 연령, 지
위, 매체, 장르, 발화 상황 등의 맥락 요인에 따라 화계 사용 양상이 어
떻게 달라지는지 그 구체적인 원리를 다루고 있지는 않다.

따라서 현실 언어에서 실현되는 상대높임법의 사용 양상을 조망하고
이를 체계화하여 교육적인 정보로 제공하기 위해서는 상대높임법의 실
현에 관여하는 요소가 무엇인지 밝히고 그에 따라 상대높임의 언어 표현
이 어떻게 달라지는지 그 구체적인 실현 원리를 밝힐 필요가 있다. 이에
본 연구는 상대높임법의 화계 선택에 영향을 주는 요소가 무엇인지, 그
리고 각 요소들이 복합적으로 작용하였을 때 요인별 영향력의 정도가
어떠한지를 통계적인 검정 방법으로 살펴보고자 한다. 이를 통해 상대높
임법의 실질적인 실현 원리를 파악하고 나아가 한국어교육을 위한 기초
자료를 마련하는 데 그 목적을 둔다.

2. 선행 연구

상대높임법 연구는 크게 상대높임의 등분 설정과 관련한 연구, 사회
언어학적 관점에서 모어 화자들의 상대높임법 사용 양상을 분석하거나
상대높임에 영향을 미치는 요인을 살피는 연구, 한국어교육을 위해 학습
자의 언어 사용 양상을 분석하거나 교재를 분석한 연구 등 총 세 가지
유형으로 나누어 볼 수 있다.

상대높임의 등분 설정과 관련된 연구는 상대높임법 체계를 세우려는
시도로서 대체로 근래에는 화계를 격식체와 비격식체로 나누고 격식체
를 높임의 정도에 따라 4등분, 비격식체를 2등분한 이원 체계(남기심·고
영근, 1985; 이관규, 2005; 임지룡 외, 2005)로 보는 것이 일반적이다. 이에

본고에서도 상대높임의 화계를 하십시오체, 해요체, 하게체, 하오체, 해체, 해라체의 6가지로 보고 자료 분석을 시도하고자 한다.[1]

  사회언어학적 관점에서 한국어 모어 화자의 상대높임의 사용 양상을 분석한 연구로 박영순(1978)에서는 한국어 모어 화자에 대한 조사 연구를 통해 화자의 연령, 사회계층, 성별, 직업, 출신 지역 등의 사회적 요인에 따라 2등분에서 6등분을 쓰는 사람이 다양하게 존재하기 때문에 한국어의 화계를 어떤 특정한 화계로 일원화할 수 없음을 주장하였고(박영순, 1995에서 재인용), 설문조사를 통해 상대높임법 사용 실태를 조사하고 이를 바탕으로 현대 국어의 화계를 재설정한 엄경옥(2008)에서는 화계 결정 요인으로 연령, 성, 위계, 상황(장소, 제3자의 개입 여부), 전략적 의도, 친밀 정도의 6가지를 들었다. 또한 화계를 연구자의 직관에 의해 구분할 것이 아니라 언중의 살아있는 언어를 연구하여 결정해야 함을 주장하면서 언중이 느끼는 화계의 높임의 정도를 파악하여 9가지 화계를 크게 존대, 평대, 하대로 구분하였다. 이경우(2001, 2004)에서는 드라마 대본을 분석하여 친족 관계와 일부 타인 관계에서 화청자의 관계에 따른 상대경어법 사용 양상을 밝히면서, 최근세국어의 '하소서체'가 명맥만 유지하다가 현대에 와서 사용되지 않는 것으로 미루어 사용 빈도가 현격히 낮은 현대의 '하오체'와 '하게체' 역시 사라질 등급이라고 하였는데 하게체가 쇠멸해가는 상태에 있음을 언급한 남기심(1981)의 논의와 함께 본 연구의 자료에서 하오체는 '-읍시다' 한 가지 형태, 하게체는 단 한 건도 나타나지 않은 현상과도 일치한다.

---

1 본고에서는 화계 설정의 기준과 그러한 기준으로 등분된 화계의 구분의 타당성은 논의의 대상이 아니다. 그러나 화자의 화계 선택에 영향을 미치는 요인을 밝히고자 하는 본고의 연구 결과가 역으로 화계 설정의 기준과 화계 등분 설정에 대한 논의에 귀납적으로 접근할 수 있게 해 줄 수 있을 것이다.

한편 역시 사회언어학적 관점에서 상대높임법에 영향을 주는 요인을 분석한 연구들도 있는데, 우선 한길(2002)에서는 화·청자의 나이, 사회적 지위, 성별, 친밀성, 친인척 관계, 언어 행위가 이루어지는 장면이 유기적으로 작용하여 상대높임법의 등분 선택에 영향을 미친다고 보았고, 이 밖에 장면이 사적이냐 공적이냐, 들을이가 개인이냐 다수이냐, 들을이가 특정인이냐 불특정인이냐, 말할이가 들을이를 의식하느냐 그렇지 않느냐에 따라 등분 사용이 달라질 수 있다고 하였다. 김정호(2004)에서는 높임법 사용에 관여하는 사회적 요소를 크게 참여자 요소와 상황 요소로 나누고, 참여자 요소는 다시 개별 요소와 관계 요소로, 상황 요소는 발화 상황요소와 참여자 상황 요소로 구분하였다.

또한 한국어교육 관점에서의 연구로 박석준(2005), 이은경(2002), 이은희(2004)에서는 한국어 교재의 상대높임법 각 화계의 제시 순서, 기술 방식, 교재 내 사용 비율 등을 분석하여 효과적인 상대높임법 교육 방안을 찾고자 하였으며, 최주희(2013)에서는 외국인 학습자들의 상대높임 등급 전환 양상을 살펴 학습자들이 자신의 감정이나 의도를 능동적으로 표현하려는 의도로 사용하고 있는 점은 긍정적이나 전환 불가한 등급 간의 전환 양상을 보이는 점은 교육적 과제로 지적하고 있다.

이상 살펴본 것처럼 상대높임법 실현의 복잡한 양상을 밝히려는 시도는 사회언어학적 관점에서, 그리고 한국어교육학 분야에서 다양하게 시도되었으나 대체로 직관에 의거한 분석에 머물고 있거나, 교육 내용을 점검하는 데서 그치는 등 상대높임법 실현에 관여하는 영향 요인을 총체적으로 다루어 그 실현 양상을 살핀 연구는 드물다고 할 수 있다.

3. 한국어교육에서의 상대높임법 교육

한국어교육에서는 상대높임법의 체계 자체를 교육한다기보다 개별 종결어미 항목을 제시하면서 해당 종결어미가 속한 화계의 정보를 일종의 화용적 정보로 제공하고 있다. 그런데 아래 〈표 1〉, 〈표 2〉, 〈표 3〉에서 보는 것처럼 한국어 교재에 제시된 각 화계를 대표하는 종결어미의 화계에 대한 설명은 대체로 격식적인 상황인지 여부, 친소 관계, 지위 차, 연령 차, 화·청자 관계에 관한 것들이다. 그러나 실제 상대높임법의 화계를 결정하는 요인은 교재에 제시된 요인 외에도 다양하며 이들이 어떠한 원리에 따라 그 영향력을 달리하여 상대높임법 실현에 관여한다는 것을 고려했을 때 교재에 제시된 설명만으로 학습자들이 실제 언어생활에서 적절한 화계를 선택해 의사소통하기를 기대하는 것은 어려운 일이다. 따라서 효과적인 상대높임법 교육을 위해서는 상대높임법의 화계 실현에 관여하는 요인들이 좀 더 명확히 규명되어서 교육 내용으로 제시될 필요가 있다.

〈표 1〉 연세대학교 교재에 제시된 화계 관련 설명

종결어미	설명
-습니다, -습니까?	이 종결어미는 동사 어간과 함께 쓰이며 어떤 행위나 상태를 청자에게 공식적으로 설명하거나 선언할 때 사용된다.
-어요/아요/여요	이 비격식체의 종결어미는 동사 어간과 함께 쓰이며 가까운 친구 사이의 대화에서 자주 사용된다.
-어/아/여, -이야/야	이 친밀한 문체(intimate style)는 구어체로 지위가 동등하거나 낮은 사람에게 사용된다. 이 형식은 청자가 화자와 친밀한 사이일 경우 더 높은 지위인 청자에게도 사용될 수 있다.
반말 : -는다/ㄴ다/다, -니?, -어라/아라/여라	격식적 발화의 친밀한 문체(intimate style)는 지위가 동등하거나 낮은 청자에게 쓰일 수 있다. 그러나 연장자에게는 쓸 수 없다. 반면 신문이나 잡지 등에서는 널리 쓰일 수 있다.

〈표 2〉서강대학교 교재에 제시된 화계 관련 설명

종결어미	설명
-아/어요	한국어에는 비격식적 존대(informal polite), 격식적 존대(formal polite), 평대(plain style)의 세 가지 문체가 있다. 화자의 연령이나 상황의 격식성과 같은 요인들이 문체의 사용을 결정한다. 비격식적 존대체의 문장은 '요'로 끝난다. 성인 화자는 격식성이 필요하지 않은 일상 대화에서 보통 이러한 문체를 사용한다.
반말	반말은 '-아/어요'보다 더 일상적(casual) 이고 덜 정중한 문체이다. 반말은 (1) 같은 나이의 친구나 비슷한 나이의 친한 친구 사이에서, (2) 자신보다 어리거나 사회적 지위가 낮은 사람들 사이에서, (3) 아이들에게 쓰인다. 한국어의 화계는 다음과 같은 세 가지로 볼 수 있다. 1) 격식적인 존대체(formal polite speech) : -습니다. 2) 비격식적인 존대체(informal polite speech) : -아/어요. 3) 일상적인 문체(casual speech) : -아/어
-습니다	'-습니다' 또는 '-습니까?'는 공식적인 발표(announcement)나 뉴스 보도, 연설, 업무 회의, 컨퍼런스, 군대와 같은 공식적이고 격식적인 상황에서 청자에게 존경을 표시하는 데 쓰인다.
-다	'-다'는 주로 감탄을 표현하는 데 쓰인다. '-다'는 평대의 문체(plain style)이므로 주로 친구에게나 스스로에게 말할 때 쓴다. ※ '-다'는 신문이나 잡지, 소설 등에서도 사용된다.

〈표 3〉서강대학교 교재에 제시된 화계 관련 설명

종결어미	설명
-습니다/ㅂ니다	격식적인 상황에서 그 문장을 정중하게 끝맺을 때 사용한다.
-아요/어요	비격식적인 상황에서 현재의 사실에 대해 설명하거나 질문할 때 사용한다.
반말	대화하는 사람의 관계가 매우 친밀할 때 사용할 수 있으며, 높이지도 낮추지도 않는 말이다. ※ 친구나 아랫사람에게 반말로 권유나 제안, 요청을 하고자 할 경우 '-자'를 사용한다. ※ 친구나 아랫사람에게 반말로 물어보고자 할 경우 '-아/어', '-(으)니/니', '-(으)냐/느냐'를 사용한다. 그러나 '-(으)니/니', '-(으)냐/느냐'는 청자의 사회적 지위가 더 낮을 때만 사용할 수 있다.

4. 상대높임법의 실현에 영향을 미치는 요인

상대높임법의 등분 설정에 관한 연구들과 상대높임법의 실현 양상을
살핀 연구들에서 상대높임법의 등분 설정 기준 혹은 상대높임법 실현에
영향을 주는 요인으로 제시한 것들은 다음 〈표 4〉에 정리된 바와 같다.

〈표 4〉 상대높임법의 실현에 영향을 미치는 요인

연구	상대높임법의 실현에 영향을 미치는 요인
박영순(1978)	친족 여부, 청자가 성인인지 여부, 청자의 상대적 사회적 지위, 연령 차
이익섭(1994)	친족 서열, 직장 서열, 나이, 친분
박경래(1999)	대화 상황, 화자의 심리, 청자의 신분과 지위, 성별, 가족 관계
한길(2002)	나이, 사회적 지위, 성별, 친밀성, 친인척 관계, 장면
이은경(2002)	근접-전화(상황요인), 아는 사람-낯선 사람(친분요인), 남성-여성(성별요인), 직원-손님, 교사-학생(상황요인)
김정호(2004)	1. 참여자 요소 　개별요소 : 화자의 특성, 나이, 성, 사회적 지위 　관계요소 : 나이 차, 지위 차, 성차, 친밀도 2. 상황 요소 　발화상황요소 : 격식성 　참여자 상황요소 : 제3자의 존재
이보라(2008)	1. 참여자 요소 개별요소 : 화청자의 나이, 지위, 성 　관계요소 : 나이 차, 지위 차, 성차, 친밀도 2. 상황 요소 　발화상황요소 : 격식성, 근접-전화대화, 제3인물 현장성 3. 전략적 요소
엄경옥(2008)	연령, 성, 위계, 상황(장소, 제3자의 개입 여부), 전략적 의도, 친밀 정도

이 중 화자의 전략적 의도, 화자의 심리 등과 같은 주관적인 것들을
제외하고 자료를 통해 객관적으로 파악할 수 있는 것은 연령, 성별, 연령
차, 지위 차, 친소 관계, 장면, 장소, 제3자의 존재, 매체 등이다. 연령과
지위의 경우 대체로 화자나 청자의 연령, 지위 각각을 개별적인 요인으
로 보기보다는 연령 차나 지위 차와 같이 상대적인 차이가 상대높임법에
영향을 주는 것으로 보는 견해가 일반적이었는데, 본고에서는 화청자의

연령이 각각 개별적인 요인으로서 연령 차와 더불어 화계에 직접적인 영향을 줄 것으로 보고 분석 변인에 포함시키기로 한다. 또한 지위의 경우에는 화청자가 공동으로 속해 있는 집단 내에서만 지위가 의미가 있는 것으로 보아 화청자의 개별적인 지위는 분석 요인에 포함하지 않고, 지위 차 역시 화청자가 동일 집단에 속해 있는 경우에만 지위고하를 파악하고 그렇지 않은 경우는 동등으로 처리하기로 한다.

Hymes(1974)(Hewings and Hewings, 2005에서 재인용)는 대화 분석의 체크리스트 중 하나로 장르를 제시하였고, 언어와 맥락의 밀접한 관계를 강조하면서 문법 기술에서 맥락의 중요성을 주장한 Hewings and Hewings (2005)에서는 특정한 직업적, 사회적 그룹이 반복적인 의사소통 상황에 놓이면서 특징적인 문법 구조, 텍스트나 담화를 조직하는 방식인 언어사용역(register)을 개발하게 된다고 하였다. 한국어의 상대높임법은 다른 문법 범주보다 상대적으로 언어 외적 요소들의 영향을 많이 받는 범주로서 장르나 담화공동체, 언어사용역이라는 맥락 역시 상대높임법의 실현에 영향을 미칠 가능성이 크다. 담화공동체와 언어사용역은 특정 직업군뿐 아니라 나이, 성별, 관심사 등과 복합적으로 관련되어 세분화되므로 이를 구체적으로 분류하기는 쉽지 않고 특정 담화공동체에 속한 개인이라고 해도 청자에 따라 언어사용역이 달라질 것이므로 화청자가 속한 담화공동체를 개별 영향 요인으로 보기보다는 화청자의 관계를 파악하여 이를 분석 요인으로 보는 것이 더 적절할 것이다. 따라서 본고에서는 장르와 함께 화청자의 관계를 분석 요인으로 설정하고 화청자의 관계를 그 성격에 따라 크게 4가지 유형으로 분류하기로 한다. 이상 본고에서 상대높임법에 영향을 줄 것으로 예상하는 요인들을 정리하면 아래 〈표 5〉와 같다.

〈표 5〉 상대높임법에 영향을 줄 것으로 예상되는 요인

영향 요인		분류
화·청자 요인	1. 화자 성별	남성, 여성
	2. 화자 연령	10대, 20대, 30대, 40대, 50대 이상
	3. 청자 성별	남성, 여성, 다양, 모름
	4. 청자 연령	10대, 20대, 30대, 40대, 50대 이상, 다양, 모름
	5. 연령 차	+연령 차, −연령 차, 0연령 차, 다양, 모름
	6. 지위 차	+지위 차, −지위 차, 0지위 차, 다양
	7. 친소 관계[2]	친, 소, 다양
	8. 만남 횟수	초면, 구면, 다양
	9. 관계 유형[3]	1차집단(친족), 2차집단(친분이 있는 사적 관계), 3차집단(친분이 있는 공적 관계), 4차집단(친분이 없는 낯선 관계)
상황 요인	10. 장소 유형[4]	실내사적, 실내공적, 실외사적, 실외공적
	11. 발화 장면	격식적, 비격식적
	12. 제3자 유무	있음, 없음
기타 요인	13 장르	일상대화, 강의담화, 구매대화, 업무대화
	14. 매체[5]	면대면, 비면대면

2 친소 관계는 이은경(2002)에서 아는 사람–낯선 사람으로 구분한 것과 달리 면식이 있음에도 소원한 관계가 있을 수 있음을 고려해 친밀함과 그렇지 않음으로 구분하고, 이와 별도로 만남 횟수를 분석 요인으로 설정하여 '초면'과 '구면'으로 구분한다. 친소 관계는 한 시나리오 안에서 등장인물 간에 고정되어 있는 관계가 아니라 친밀하지 않은 관계에서 친밀한 관계로 변화하기도 한다.

3 친족을 별개의 관계 유형으로 분류한 것은 친족 간에는 언어 사용을 포함한 여타 행위에 관습법이 강하게 적용되는데 그 중심에는 항렬로 특징지어지는 전통적인 위계가 기준이 되어 상대높임법 역시 다른 사회적 관계에서와는 다른 양상을 보이기 때문이다. 이는 박영순(1995)에서 청자가 친족인지 아닌지의 여부가 언어 사용자의 화계를 결정하는 최우선의 요인으로 작용한다고 한 점, 남기심(1981)에서 압존법의 사용 양상과 관련해 가족과 그 바깥이 높임법의 사용에 있어 두 개의 세계를 이루고 있다고 한 것과 같은 맥락이다.

4 장소 유형의 구분에서 공적, 사적이냐의 구별 외에 실내와 실외를 구분한 것은 물리적 공간의 폐쇄성 또는 개방성이 화청자의 관계에 영향을 주어 화자의 화계 선택에도 영향을 미칠 가능성이 있을 것으로 판단했기 때문이다.

5 이은경(2002)와 이보라(2008)에서는 매체를 근접–전화로 구분하였으나 이는 보다

5. 자료 분석

5.1. 분석 대상 및 분석 방법

5.1.1. 분석 대상

이 연구에서는 한국어 모어 화자들의 상대높임법 사용에 영향을 미치는 요인을 살펴보기 위하여 2000년대에 상영된 영화 시나리오 총 4편 분량에 해당하는 19,027 어절을 분석하였다. 강현화(2012)에 따르면 드라마와 시나리오와 같은 준구어 자료는 실제 발화 자료가 아니기 때문에 실제성이 떨어지고 작가 개인 혹은 몇몇 작가들에 의해 작성되었다는 점에서 다양한 화자들의 발화 특성을 포괄하지 못하고 개인 방언에 머무를 수 있다는 한계를 가진다. 그러나 영화 시나리오라는 장르의 특성상 발화에 앞서 괄호 안에 제시되는 정보 또는 지문 등을 통해 상황과 등장인물의 발화 의도를 제시하므로 발화자의 의도와 발화 맥락을 파악하기 쉬운 장점이 있고, 일상생활에서의 각종 상황이나 장면이 다양하게 반영되어 있어 대인 상호작용에서 나타나는 다양한 의사소통 기능과 그에 해당하는 발화 유형을 살피는 데 적절하다. 본 연구에서의 분석 자료는 시나리오만으로 한정하였는데 그 이유는 같은 분량의 드라마 자료보다 등장하는 인물의 수가 많아 다양한 등장인물 간의 언어적 상호작용 양상을 폭넓게 파악할 수 있다고 판단하였기 때문이다.

분석 대상 자료의 목록은 아래 〈표 6〉과 같다. 다양한 상황에서의 발화가 포함되도록 하기 위해 액션, 드라마, 스릴러, 로맨스 등 장르를 고

세분화될 필요가 있다. 그러나 본고에서는 분석 자료의 양적 한계로 인해 다양한 발화 매체를 세분하여 분석하기가 어려워 매체를 하위분류하지 않고 '면대면'과 '비면대면'의 두 가지로 분류하기로 한다. '비면대면'의 경우 텔레비전과 같은 방송매체, 전화, 무전기 등의 통신 매체를 모두 포함한다.

루 고려하였고, 연령대가 고루 반영될 수 있도록 등장인물로 10대 청소년에서부터 5, 60대 성인까지 다양한 연령대가 등장하는 영화('울학교 이티')를 특별히 선정하였으며, 사적 상황뿐 아니라 공적 상황도 충분히 반영될 수 있는 영화('7급 공무원', '추격자')를 선정하려 하였다. 종결어미가 포함된 발화의 개수는 총 4,571개로 연령, 성별과 같은 기본적인 화청자 정보를 알 수 없는 경우에는 분석 대상에서 제외하였고, 혼잣말의 경우에는 역시 분석 대상에서 제외하였다. 분석 자료에 나타난 등장인물은 총 197명이며 등장인물 간의 상호작용 유형은 총 545가지이다.

〈표 6〉 분석 자료

시나리오 제목	상영 시기	등장인물 수(명)	발화 개수(개)[6]	어절 수(어절)
7급 공무원	2009. 4.	27	1,372	6,487
울학교 이티	2008. 9.	53	1,037	4,305
추격자	2008. 2.	54	1,001	3,487
용의주도 미스신	2007. 12.	63	1,161	4,748
총계		197	4,571	19,027

5.1.2. 분석 방법

수집한 자료는 아래 〈그림 1〉과 같이 종결어미가 포함된 발화 단위만을 대상으로 하여 목록화한 후,[7] 해당 발화에 포함된 종결어미의 화계를

---

6 시나리오상 해당 등장인물의 대사가 존재해 분석 자료에 포함된 경우를 계수하였다.
7 분석 결과 연결어미, 명사, 명사절, 부사 등 비종결형으로 끝나는 발화가 전체 발화의 19.8%에 해당하였다. 이익섭·채완(1999 : 352)에서는 "문장이 마무리되지 않은 채 끝나거나 명사구만으로 문장 구실을 하는 형태도 일종의 변칙적 반말체로 보아 대개 반말체의 범주에 넣어 이해하는 것이 편리"하며, "일종의 변칙적 반말형에도 '요'가 덧붙어 해요체가 됨"을 보인 바 있다. 또한 백봉자(2009)에서는 어간에 붙는 것은 아니지만 '요'를 문장을 종결하면서 상대높임법의 해요체를 나타내는 일종의 종결어미로 보았다. 즉, 비종결형으로 끝나는 발화도 '요'가 붙느냐 붙지 않느냐에 따라 상대높임법의 등급이 나타날 가능성이 있다. 그러나 '요'가 붙지 않는 발화의 상대높임법 등급이

추출하고 그러한 화계 선택에 영향을 주었을 것으로 추측되는 변인들을 정리하여 데이터화하는 작업을 실시하였다.

〈그림 1〉 분석 자료의 데이터화

A	B	C	D	E	F	G	H	I	J	K	L	M	N	O	P	Q	R	S	T	U	Y
제목	장소	장소유	화자	청자	화자성	화자연	청자성	청자연	연령차	관계	관계 분	장면	지위차	만남횟	친소관	매체	장르	제3자	용례	종결어	화계
7급공무원_0000001	한강 난지	실외사적	수지	재준	여성	30대 초반	남성	30대 초반	고하	연인	2차집단	비격식적	동등	구면	친	통신매체(	일상대화	없음	바쁘다고 했잖아.	어	해
7급공무원_0000002	한강 난지	실내사적	재준	수지	남성	30대 초반	여성	30대 초반	하고	연인	2차집단	비격식적	동등	구면	친	통신매체(	일상대화	없음	(F) 오늘 만나기로 한 거 잊었어?	어	해
7급공무원_0000003	한강 난지	실외사적	수지	재준	여성	30대 초반	남성	30대 초반	고하	연인	2차집단	비격식적	동등	구면	친	통신매체(	일상대화	없음	어? 그게 오늘이었어?	어	해
7급공무원_0000004	한강 난지	실내사적	재준	수지	남성	30대 초반	여성	30대 초반	하고	연인	2차집단	비격식적	동등	구면	친	통신매체(	일상대화	없음	(F) 중요하게 할 말 있다고 했잖아	어	해
7급공무원_0000005	한강 난지	실내사적	재준	수지	남성	30대 초반	여성	30대 초반	하고	연인	2차집단	비격식적	동등	구면	친	통신매체(	일상대화	없음	잠깐 시간 낼 수 있어?	어	해
7급공무원_0000006	한강 난지	실외사적	수지	재준	여성	30대 초반	남성	30대 초반	고하	연인	2차집단	비격식적	동등	구면	친	통신매체(	일상대화	없음	지금 좀 그런데... 미팅 중이라... 내일까		해

이렇게 코딩된 자료를 대상으로 어떠한 요인이 발화자의 화계 선택에 영향을 미치는지, 그리고 그 요인들이 어떠한 정도로 영향을 미치는지를 밝히기 위해 통계 소프트웨어인 SAS 9.3를 활용하여 카이제곱 검정을 실시한 후 SAS 9.3의 PROC CATMOD Procedure를 활용하여 일반화 로짓 모형(Generalized Logit Model)으로 검증하였다. 카이제곱 검정을 통해 본고에서 화계 선택에 영향을 줄 것으로 예측한 변인들 각각이 통계적으로 유의미한 변인인지를 검증하였고, 일반화 로짓 모형을 통해 각 변인들이 화계 선택에 미치는 영향력의 순위를 분석하였다.

5.2. 분석 결과

분석 자료에서 종결어미가 포함된 전체 발화 수는 4,571개였다. 이 중 하오체 종결어미가 사용된 발화는 총 12회 등장하였는데[8] 통계적 검증을 실시하기에 자료로서의 규모가 충분치 못하여 분석에서 제외하였다. 이 밖에 청자를 상정하지 않고 발화하여 상황과 맥락 변인에 크게 좌우되지

명확하지 않고, 기본적으로 상대높임법은 종결어미에 의해 실현되기 때문에 종결어미로 끝나는 발화만을 분석 대상으로 삼았다. 종결어미의 판별은 『표준국어대사전』을 기준으로 하여 『표준국어대사전』에 종결어미로 등재된 어미만을 종결어미로 보았다.

8 분석 자료에서 등장한 하오체 종결어미는 모두 청유를 나타내는 '-읍시다'였다.

않는 혼잣말 발화 132개를 제외한 결과 분석 대상 발화의 수는 총 4,415개로 각 발화를 종결어미의 화계에 따라 분류하면 아래 〈표 7〉과 같다. 전체 발화 중 가장 큰 비중을 차지하는 것은 53.5%를 차지한 해체의 발화였으며, 그 뒤를 이어 해요체 발화가 23.42%를 차지하였고, 합쇼체 발화의 비율이 8.65%로 가장 적었다.

〈표 7〉 화계별 등장 빈도

화계	빈도(회)	백분율(%)
합쇼	382	8.65
해요	1,034	23.42
해	2,362	53.5
해라	637	14.43
총계	4,415	100

5.2.1. 화계 선택에 영향을 미치는 요인

가. 화자 성별

화자 성별 변인은 χ^2= 88.1334, p값은 <.0001로 유의 수준 .05에서 화계 선택에 영향을 주는 요인으로서 유의한 것으로 나타났는데 남성과 여성 화자 모두 공통적으로 해체와 해라체의 사용이 다른 화계보다 압도적으로 많았으며, 남성 화자는 여성 화자가 합쇼체를 사용하는 비율보다 더 높은 비율로 합쇼체를 사용하였으며, 여성 화자는 남성 화자가 해요체를 사용하는 비율보다 더 높은 비율로 해요체를 사용하였다. 이는 앞선 연구들의 연구 결과와도 일치하는 것이다.[9] 여성 화자의 합쇼체 사용 빈도는 총 70회로 그중 격식적 장면에서의 사용은 90%에 이르는 63회

---

9 이를테면 김정호(2008)에서는 1970년대의 소설 대화 분석을 통해 남성 화자는 관계와 지위에 상관없이 합쇼체를 여성 화자보다 높은 빈도로 사용하고 평균적으로 여성 화자가 해요체를 더 높은 빈도로 사용한다고 하였다.

인 반면 남성 화자의 경우에는 아래 (1)에서 볼 수 있듯이 격식적 장면 (79.8%)에서뿐 아니라 비격식적 장면(20.2%)에서도 여성보다 합쇼체를 많이 사용하는 것으로 나타났다. 여성의 경우 비격식적 장면에서 합쇼체를 쓰는 경우는 대체로 (2)에서와 같이 의례적 표현을 사용하는 경우가 많았다.

    (1) 서울에서도 이렇게 즐길 수 있다는 게 정말 좋지 않습니까?(남성) _용의주도 미스 신
    (2) 잘 부탁드립니다. (여성) _용의주도 미스 신

〈표 8〉 화자 성별 변인에 따른 화계 선택 양상

( ) 안은 값은 비율(%)을 나타낸 것임.

빈도	합쇼	해요	해	해라	합계
남성	312 (10.81)	577 (19.99)	1,566 (54.24)	432 (14.96)	2,887 (100)
여성	70 (4.6)	454 (29.81)	796 (52.27)	203 (13.33)	1,523 (100)
합계	382	1,031	2,362	635	4,410

통계량	자유도	값	Prob
카이제곱	3	88.1334	〈0.0001

나. 화자 연령

화자 연령 변인은 χ^2= 405.5344, p값은 〈.0001로 유의 수준 .05에서 화계 선택에 영향을 주는 요인으로 유의한 것으로 나타났다. 연령에 따른 사용 양상을 살펴보면 10대는 해요체의 사용이 다른 연령대보다 많은 편이었고 합쇼체와 해라체의 사용은 적었으며, 20대는 해요체와 해체의 사용이 많았다. 30대는 합쇼체와 해체의 사용이 많았으며 40대는 해체의 사용이 많은 반면 합쇼체의 사용은 적었다. 50대 이상의 연령대에서

는 해체와 해라체의 사용이 많았다.

10대가 합쇼체를 쓰는 경우는 아래 (3)에서와 같이 교실 수업 상황에서 교사의 질문에 대답하거나 하는 격식적인 장면에서인데 주로 '감사합니다, 죄송합니다' 등의 인사말이나 의례적인 표현인 경우가 많았다. 해요체의 쓰임이 압도적으로 많고 해체와 해라체의 쓰임이 적은 것은 대상 시나리오의 특성상[10] 10대들의 주된 발화 상대가 연령이나 지위가 자신보다 상위자이기 때문인 것으로 보인다.

(3) 예. 알겠습니다. (10대 고등학생) _울학교이티

〈표 9〉 화자 연령 변인에 따른 화계 선택 양상

빈도	합쇼	해요	해	해라	합계
10대	*15* *(4.98)*	171 (56.81)	87 (28.9)	*28* *(9.3)*	301 (100)
20대	66 (5.65)	400 (34.25)	524 (44.86)	178 (15.24)	1,168 (100)
30대	250 (11.59)	345 (15.99)	1,251 (58)	311 (14.42)	2,157 (100)
40대	*30* *(5.24)*	91 (15.88)	374 (65.27)	78 (13.61)	573 (100)
50대 이상	17 (8.33)	26 (12.75)	125 (61.27)	36 (17.65)	204 (100)
합계	378	1,033	2,361	631	4,403

통계량	자유도	값	Prob	결측
카이제곱	12	405.5344	<0.0001	12

10 10대들이 주인공인 시나리오가 아님.

다. 청자 성별

카이제곱 검정 결과 청자 성별 역시 $\chi^2 = 159.6532$, p값은 <.0001로 유의 수준 .05에서 화계 선택에 영향을 주는 요인으로 유의한 것으로 나타났다. 청자가 남성인 경우에는 해요체를 많이 사용했으며 여성인 경우에는 해체를 많이 사용했다. 아래 (4)에서는 다른 맥락 요인이 유사한 경우(화자 성별, 지위 차, 관계 등) 청자가 남성인 경우 해요체를 여성인 경우 해체를 쓴 예이다. 청자의 성별 요인이 단독으로 화계 결정에 영향을 미치는 것은 아니지만 영향을 미치는 경우 여성 청자라는 요인이 상대적인 화계를 조금 더 낮추게 하는 데 영향을 미칠 가능성이 있는 것이다.[11] 그리고 듣는 이가 다수이면서 남녀가 모두 있는 경우에는 합쇼체, 해라체가 많이 쓰였다. 청자가 다수인 경우는 아래 예 (5)에서처럼 주로 보고 대화 등 격식적인 장면에서 쓰이기 때문에 합쇼체나 해라체가 주로 사용되는 것으로 보인다.

> (4) 장남은 안 된다고 했잖아.
>   (화자 : 여성, 청자 : 여성, −지위 차) _7급공무원
>   그 자리에 영어선생으로 대치해요.
>   (화자 : 여성, 청자 : 남성, −지위 차) _울학교이티
> (5) 도착 5분 전입니다.
>   (화자 : 국정원 직원, 청자 : 상사와 부하들) _7급공무원

---

11 이익섭·채완(1999)에서는 성별이 높임법 결정에 얼마간 영향력을 행사하는데 여성을 좀 더 낮은 등급으로 대우한다고 한 바 있다.

〈표 10〉 청자 성별 변인에 따른 화계 선택 양상

빈도	합쇼	해요	해	해라	합계
남성	253 (9.34)	746 (27.53)	1,339 (49.41)	372 (13.73)	2,710 (100)
다양	49 (17.82)	42 (15.27)	115 (41.82)	69 (25.09)	275 (100)
여성	80 (5.62)	244 (17.13)	904 (63.48)	196 (13.76)	1,424 (100)
합계	382	1,032	2,358	637	4,409

통계량	자유도	값	Prob	결측
카이제곱	6	159.6532	〈0.0001	6

라. 청자 연령

청자 연령은 χ^2= 1145.173, p값은 〈.0001로 유의 수준 .05에서 화계 선택에 영향을 주는 요인으로서 유의한 것으로 나타났다. 청자가 10대일 때는 해체, 해라체의 사용이 많은 편이었는데 이는 10대를 상대로 이야기하는 이들이 대부분 이들과 동년배이거나 연령상 상위자이기 때문에 낮춤의 화계를 주로 사용하기 때문인 것으로 보인다. 10대 청자에게 합쇼체를 사용하는 경우는 매우 극소수 등장하였는데 주로 (6)에서 보는 것처럼 격식적인 강의 담화(공개 강의)에서 교사가 다수의 10대 학생들에게 이야기하는 경우가 주를 이루었다. 이렇게 특정한 장르와 상황이 아니고서는 일상생활에서 10대에게 합쇼체를 사용하는 경우는 매우 드물다고 하겠다.

20대일 경우에는 해체, 30대의 경우에는 해요체, 4,50대일 경우에는 아래 (7), (8)에서처럼 합쇼체와 해요체가 상대적으로 많이 쓰였는데 이는 대체로 4,50대가 사회적인 지위나 연령 등으로 보았을 때 그들이 속한 집단에서 상위자인 경우가 많기 때문에 화자가 이들을 상대로 대체로 높임말인 해요체와 합쇼체를 주로 사용하게 되기 때문인 것으로 보인다.

(6) 모두 잘 들었습니까?

(화자 : 교사 청자 : 10대 고등학생) _올학교이티

(7) 제가 가진 정보 다 오픈하겠습니다.

(화자 : 부하직원, 청자 : 50대 상사) _7급공무원

(8) 지금 당장 지영민이 내보내고, 직원들 복귀시키세요.

(화자; 검사, 청자 : 40대 경찰 대장) _추격자

〈표 11〉 청자 연령 변인에 따른 화계 선택 양상

빈도	합쇼	해요	해	해라	합계
10대	*18* *(3.54)*	29 (5.7)	311 (61.1)	151 (29.67)	509 (100)
20대	*54* *(4.34)*	199 (15.98)	766 (61.53)	226 (18.15)	1,245 (100)
30대	*61* *(3.34)*	544 (29.74)	1015 (55.49)	209 (11.43)	1,829 (100)
40대	170 (39.53)	123 (28.6)	123 (28.6)	*14* *(3.26)*	439 (100)
50대	34 (23.29)	89 (60.96)	*21* *(14.38)*	*2* *(1.37)*	146 (100)
다양	45 (19.4)	32 (13.79)	120 (51.72)	35 (15.09)	232 (100)
합계	382 (100)	1,016 (100)	2,356 (100)	637 (100)	4,391 (100)

통계량	자유도	값	Prob	결측
카이제곱	15	1145.17	〈0.0001	24

마. 연령 차

연령 차도 마찬가지로 χ^2= 1094.973, p값은 〈.0001로 유의 수준 .05 에서 화계 선택에 영향을 주는 요인으로서 유의한 것으로 나타났는데 청자가 화자보다 나이가 어린 경우(−연령 차)와 동년배일 경우(0연령 차) 해체와 해라체가, 청자가 화자보다 나이가 많은 경우(+연령 차) 합쇼, 해

요체가, 다양한 연령대의 청자 다수에게 이야기할 때는 합쇼체를 많이 사용하였다. 합쇼체의 사용은 다수를 상대로 하는 발화의 장르가 대체로 보고대화나 업무대화 등의 격식적인 장면에서의 대화이기 때문인 것으로 보인다.

청자가 화자보다 나이가 어리거나(−연령 차) 동년배인 경우(0연령 차) 합쇼체를 사용할 때는 대개 (9)와 같이 인사말 등의 의례적 표현인 경우였으며, 청자가 화자보다 나이가 많음(+연령 차)에도 해라체를 쓰는 경우는 매우 드물었는데 (10)에서 보듯이 그 관계가 가족 간 혹은 연인 간으로 친소 관계가 매우 가까운 경우에 해당하였다.

(9) 네, 반갑습니다.
      (−연령 차, 만남 횟수 : 초면) _7급공무원
(10) 오늘도 미수 누나 만나고 왔냐?
      (+연령 차, 관계 : 형제) _용의주도 미스 신

〈표 12〉 연령 차에 따른 화계 선택 양상

빈도6	합쇼	해요	해	해라	합계
−연령 차	84 (4)	216 (10.3)	1409 (67.16)	389 (18.54)	2098 (100)
0연령 차	17 (2.42)	117 (16.64)	396 (56.33)	173 (24.61)	703 (100)
+연령 차	240 (16.36)	656 (44.72)	515 (35.11)	56 (3.82)	1467 (100)
다양	41 (33.06)	28 (22.58)	36 (29.03)	19 (15.32)	124 (100)
합계	382	1,017	2,356	637	4,392

통계량	자유도	값	Prob
카이제곱	9	1094.973	<0.<0.00010001

바. 지위 차

지위 차의 경우에도 $x^2 = 382.432$, p값은 <.0001로 유의 수준 .05에서 화계 선택에 유의미한 영향을 주는 것으로 나타났다. 자신보다 지위가 낮은 청자에게 발화할 때(-지위 차)는 (11), (12)에서처럼 주로 해체와 해라체를 사용하였고, 합쇼체의 사용은 적었으며 지위 차가 없는 경우(0지위 차)에는 주로 해체를 사용하였으며 역시 합쇼체의 사용은 비중이 적었다. 지위가 높은 청자에게 발화할 때(+지위 차)는 (13)과 같이 해요체의 사용이 많았으며 격식체의 사용 역시 28.94%나 되어 -지위 차이거나 0지위 차인 경우보다 그 사용 비율이 높았다. (13)에서 보듯이 동일한 청자를 대상으로 한 화자의 발화에서 합쇼체와 해요체가 동시에 나타나는 경우도 자주 있었다.[12]

> (11) 암호나 풀어 놓고 퇴근 해.
>   (-지위 차, 화자 : 상사, 청자 : 부하직원) _7급공무원
> (12) 왜 그런거 같니?
>   (-지위 차, 화자 : 교장, 청자 : 학생) _올학교이티
> (13) 알아봤는데요. 둘 다 증거불충분이었답니다.
>   (+지위 차, 화자 : 형사, 청자 : 대장) _추격자

〈표 13〉 지위 차에 따른 화계 선택 양상

빈도	합쇼	해요	해	해라	합계
-지위 차	*47* *(3.67)*	76 (5.94)	879 (68.67)	278 (21.72)	1,280 (100)
0지위 차	*108* *(4.51)*	657 (27.42)	1,310 (54.67)	321 (13.4)	2,396 (100)

---

12 이익섭·채완(1999 : 363)에서는 "합쇼체와 해요체가 상위자의 신분에 따라 배타적으로 분포되어 쓰이지 않고", "동일한 청자에게 두 등급을 다 쓸 수 있기 때문에 한 장면에서 해요체와 합쇼체를 수시로 바꾸면서 사용"한다고 하였다.

+지위 차	202 (28.94)	293 (41.98)	171 (24.5)	32 (4.58)	698 (100)
합계	382	1,026	2,360	631	4,374

통계량	자유도	값	Prob
카이제곱	6	985.2979	⟨0.0001

사. 친소 관계

친소 관계 역시 χ^2= 404.6758, p값 ⟨.0001로 유의 수준 .05에서 화계 선택에 영향을 주는 요인으로서 유의한 것으로 나타났다. 친밀한 관계가 아닌 경우에는 주로 (14), (15)에서처럼 합쇼체와 해요체를, 친밀한 관계에서는 (16)과 같이 해체와 해라체를 사용하는 것으로 나타났다.

(14) 저녁은 드셨다니 제가 술 한 잔 대접하겠습니다.
　　　(소, 화자 : 준서, 청자 : 미수) _용의주도 미스 신
(15) 경찰에 신고 좀 해 주세요.
　　　(소, 화자 : 미진, 청자 : 가게 주인) _추격자
(16) 야야. 그게 아니지. 어휴. 며칠 남았다고 이러냐.
　　　(친, 화자 : 윤철, 청자 : 후배 단원들) _용의주도 미스 신

〈표 14〉 친소 관계 따른 화계 선택 양상

빈도	합쇼	해요	해	해라	합계
소	*192* *(12.57)*	*590* *(38.64)*	615 (40.28)	130 (8.51)	1,527 (100)
친	190 (6.58)	444 (15.38)	1,745 (60.46)	507 (17.57)	2,886 (100)
합계	382	1,034	2,360	637	4,413

통계량	자유도	값	Prob	결측
카이제곱	3	404.6758	⟨0.0001	2

아. 만남 횟수

카이제곱 검정 만남 횟수는 $\chi^2 = 270.5056$, p값 <.0001로 유의 수준 .05에서 화계 선택에 영향을 주는 요인으로서 유의했는데 구면일 경우에는 해체와 해라체가 많이 사용되었고, 초면인 경우에는 (17)과 같이 해요체가 많이 사용되었으며 (18)에서 보는 것처럼 합쇼체의 비율도 구면인 경우보다 상대적으로 높았다. 한편 초면에서 해라체의 사용 비율은 적었는데 (19)에서처럼 청자가 아이들이거나 군대 후임인 경우였다.

(17) 듣던 대로 진짜 미인이시네요.
   (초면, 화자 : 준서, 청자 : 미수) _용의주도 미스 신
(18) 여기 제 명함입니다.
   (초면, 화자 : 준서, 청자 : 미수) _용의주도 미스 신
(19) 이효리 차다 임마.
   (초면, 화자 : 상봉, 청자 : 아이들) _7급공무원
   엄마 어딨니?
   (초면, 화자 : 지수, 청자 : 아이들) _용의주도 미스 신
   조국이 책임진다.
   (초면, 화자 : 재준, 청자 : 군대 후임) _7급공무원

〈표 15〉 만남 횟수에 따른 화계 선택 양상

빈도	합쇼	해요	해	해라	합계
구면	297 (8.51)	637 (18.25)	1,987 (56.92)	570 (16.33)	3,491 (100)
초면	85 (9.22)	397 (43.06)	373 (40.46)	*67* *(7.27)*	922 (100)
합계	382	1,034	2,360	637	4,413

통계량	자유도	값	Prob	결측
카이제곱	3	270.5056	<0.0001	2

자. 관계 유형

관계 유형 역시 앞선 요인들과 마찬가지로 χ^2= 405.6171, p값은 <.0001로 유의 수준 .05에서 화계 선택에 유의미한 영향을 주는 것으로 나타났는데, 친족 관계인 1차 집단에서는 주로 해, 해라체가 쓰이고 합쇼체는 거의 쓰이지 않았으며, 친밀한 사적 관계인 2차 집단은 상대적으로 해체를, 친밀한 공적 관계인 3차 집안에서는 역시 해체를 가장 많이 사용하였으나 다른 집단보다 합쇼체의 사용 역시 비중이 높았고, 해라체의 사용은 높지 않았다. 낯선 관계인 4차 집단에서는 해요체의 사용이 많았다.

친족 관계에서는 (20)에서와 같이 연령 차가 상당한 모자, 또는 모녀 관계에서 어머니가 자녀에게 낮춤의 해체나 아주 낮춤의 해라체를 사용하는 것은 물론이고 자녀도 어머니에게 해체 혹은 해라체를 사용하는 경우가 적지 않았는데 이는 친족 관계 중에서도 아주 가까운 가족 간이라는 특수한 관계에서 일어나는 현상이라 할 수 있겠다.[13] 2차 집단과 같이 친분이 어느 정도 있는 사적인 관계에서 역시 합쇼체의 사용이 드물었는데 (21)에서처럼 주로 합쇼체의 의례적인 표현들을 사용하는 경우가 많았다.

> (20) 아들~ 밥 먹었나?
> (1차 집단, 관계 : 모자) _용의주도 미스 신
> 엄마! 나 독서실에서 공부하다 쓰러진 거야.

---

13 남기심(2001 : 383–384))에서는 화자보다 주체나 객체가 하위자라도 듣는 이를 대우해 높이는 것이 가족 이외의 청자에 대해서만 이루어지는 것을 두고 "가족과 그 바깥 세계가 높임법에 있어서는 두 개의 세계를 이룬다"고 하였는데 상대높임법의 적용 역시 가족 간에는 연령차나 지위 차 등의 요인이 영향을 미치는 양상이 특수하다고 볼 수 있다.

(1차 집단, 관계 : 모자) _울학교이티

내가 잘 볼 턱이 있어?

(1차 집단, 화자 : 딸, 관계 : 모녀) _울학교이티

(21) 자. 다왔습니다.

(2차 집단, 관계 : 호감 있는 남녀) _용의주도 미스 신

<표 16> 관계 유형에 따른 화계 선택 양상

빈도	합쇼	해요	해	해라	합계
1차 집단	*2* *(1.59)*	17 (13.49)	81 (64.29)	26 (20.63)	126 (100)
2차 집단	*39* *(2.8)*	262 (18.84)	839 (60.39)	251 (18.04)	1,391 (100)
3차 집단	292 (14.42)	379 (18.72)	1,060 (52.35)	*294* *(14.52)*	2,025 (100)
4차 집단	49 (5.61)	376 (43.07)	*382* *(43.76)*	66 (7.56)	873 (100)
합계	382	1,034	2,362	637	4,415

통계량	자유도	값	Prob
카이제곱	9	405.6171	〈0.0001

차. 장소 유형

카이제곱 검정 결과 장소 변인은 χ^2= 168.1251, p값은 〈.0001로 유의수준 .05에서 화계 선택에 영향을 주는 요인으로서 유의한 것으로 나타났다. (22)에서 보듯이 다른 장소에서보다 실내 공적 장소에서 합쇼체가 많이 사용되었고, (23)과 같은 해체는 적게 사용되었으며, 실내 사적 장소와 실외 공적 장소에서는 상대적으로 (24)와 같이 해라체의 사용이 많았다. 실외 사적 장소에서는 해요체와 해체의 사용이 두드러졌으며 합쇼체를 사용하는 것은 상당히 드물었는데 대체로 (25)에서처럼 인사말 등 의례적 표현인 경우였다.

(22) 노박사 오프됐습니다.

　　(장소 : 브리핑실) _7급공무원

(23) 내가 다 해명 하고 책임진다니까?

　　(장소 : 브리핑실) _7급공무원

(24) 성근아. 니 전화 아니냐?

　　(장소 : 삼겹살집) _울학교이티

(25) 죄송합니다, 선생님.

　　(장소 : 삼겹살집) _울학교이티

〈표 17〉 장소 변인에 따른 화계 선택 양상

빈도	합쇼	해요	해	해라	합계
실내공적	277 (14.46)	424 (22.14)	*965* (*50.39*)	249 (13)	1,915 (100)
실내사적	*42* (*2.99*)	348 (24.75)	782 (55.62)	234 (16.64)	1,406 (100)
실외공적	33 (10.28)	*63* (*19.63*)	180 (56.07)	45 (14.02)	321 (100)
실외사적	*30* (*3.88*)	199 (25.74)	435 (56.27)	109 (14.1)	773 (100)
합계	382	1,034	2,362	637	4,415

통계량	자유도	값	Prob
카이제곱	9	405.6171	〈0.0001

카. 발화 장면

발화 장면의 경우에도 $\chi^2 = 382.432$, p값은 〈.0001로 유의 수준 .05에서 화계 선택에 유의미한 영향을 주는 것으로 나타났다. 격식적 장면에서 합쇼체는 18.31%가 사용되었는데 비격식적 장면에서 2.58% 사용된 것과 비교할 때 상당히 높은 비중으로 사용되어 격식체의 높임 화계로서 합쇼체의 성격을 잘 드러내고 있다. 또한 (26)에서처럼 격식적인 장면에서 비격식체인 해요체와 해체의 사용도 전체의 64%로 상당히 큰 비중을 차지하였다.

한편 비격식적 장면에서는 해체의 사용이 60.13%로 다른 화계보다 압도적으로 많이 사용되었고 해요체는 24.86%를 차지해 비격식체인 해체와 해요체의 사용이 85%에 이르는 것으로 나타났다. 합쇼체의 사용은 매우 적었는데 (27)과 같이 비격식적 장면에서 합쇼체를 사용하는 경우는 대부분 남성 화자의 발화(총 70회 발화 중 67회, 96%에 달함)라는 점이 특기할 만하다.

> (26) 이거 이메일로 좀 보내줘요.
> (격식적 장면, 화자 : 사장, 청자 : 비서) _용의주도 미스 신
> 감정 자체도 갖지 마.
> (격식적 장면, 화자 : 상사, 청자 : 부하직원) _7급공무원
> (27) 저도 아부지의 길을 갈겁니다.
> (비격식적 장면, 화자 : 천성근, 청자 : 옛 스승) _올학교이티

한편, 해라체는 격식적 장면에서보다 비격식적 장면에서 더 많이 사용되었는데 해라체를 격식체의 낮춤 화계로 보는 일반적인 견해와 상반되는 결과이다. 본고의 분석 자료에 나타난 해라체의 종결어미는 총 9가지였는데 그 중 '-ㄴ다/는다/다'를 제외하고는 모든 종결어미가 격식적 상황에서보다 비격식적 상황에서 더 많이 사용되었다. 이로부터 해라체가 격식체의 낮춤 화계라기보다는 해체와 마찬가지로 비격식적 상황에서 주로 사용되는 화계이며, 해라체 종결어미 중 '-ㄴ다/는다/다'와 같은 특정 어미의 경우에는 격식적인 상황에서 더 많이 사용되는 특성이 있다는 가정을 할 수 있다. (28)과 (29)에서 보는 것처럼 해라체의 종결어미 '-ㄴ다/-는다/다'는 격식적 장면에서와 비격식정 장면에서 모두 사용이 활발하지만 격식적 장면에서 더 많이 사용되었는데 그 외의 해라

체 종결어미는 (30)에서처럼 비격식적 상황에서의 쓰임이 더 많았다. 해라체를 격식체로 생각되게 하는 것은 이러한 몇몇 종결어미의 쓰임에서 비롯된 것일 뿐 해라체 종결어미 전체가 격식체의 성격을 갖는 것은 아닐 가능성이 있다.[14]

(28) 지금부터 강수지한테는 모든 정보를 차단한다.

　　　(격식적 장면, 화자 : 대장, 청자 : 부하들) _7급공무원

(29) 니 친구들 기다리겠다.

　　　(비격식적, 화자 : 동현, 청자 : 유진) _용의주도 미스 신

(30) 왜 요즘 갑자기 친한척 하는거냐?

　　　(비격식적, 화자 : 동현, 청자 : 미수) _용의주도 미스 신

〈표 18〉 발화 장면에 따른 화계 선택 양상

빈도	합쇼	해요	해	해라	합계
격식적	312 (18.31)	360 (21.13)	732 (42.96)	300 (17.61)	1,704 (100)
비격식적	70 (2.58)	674 (24.86)	1,630 (60.13)	337 (12.43)	2,711 (100)
합계	382	1,034	2,362	637	4,415

통계량	자유도	값	Prob
카이제곱	3	382.432	〈0.0001

14　이익섭·임홍빈(1983)과 이익섭·채완(1999)에서는 해라체를 청자를 가장 낮추는 등급으로 해체와 해라체를 뚜렷한 등급의 차이를 찾기 어려운 동등한 등급으로 보았으며, 나이 어린 손아랫사람이나 가까운 친구에게 쓴다고 하여 해라체의 비격식체적 성격을 제시하였다. 그러나 이익섭·채완(1999)에서 "군대에서 상관이 부하들을 모아 놓고 훈시하는 말투와 같은 상하 관계와 그러한 격식적인 자리에 가장 적절한 말투"라 하여 해라체를 격식체로 보기도 하였는데 이것은 군대와 같이 위계가 엄격한 조직에서 사용되는 특수한 담화에만 국한되는 것으로 보는 것이 타당할 듯하다. 따라서 해라체 종결어미 전체가 격식체적 성격을 갖는다기보다 특정 장르에 사용되는 종결어미가 그러하다고 보는 것이 적절하다고 하겠다.

타. 제3자 유무

제3자 유무의 경우 χ^2= 56.445, p값이 <.0001로 역시 유의 수준 .05에서 화계 선택에 영향을 주는 것으로 나타났으며 제3자가 있을 경우가 없을 경우보다 합쇼체의 사용빈도가 높게 나타났다. (31)과 (32)는 동일한 화자가 동일한 청자에게 하는 발화이지만 제3자가 있고 없고에 따라 화계 사용이 달라진다. 그러나 이때의 화계 선택에 영향을 미치는 요인이 단순히 제3자의 존재 유무라고만 볼 수는 없고, 상위자라든가 발화 문장의 주체나 객체가 되는 특정한 제3자라든가 하는 세부적인 분석이 더 필요하다고 하겠다.[15]

    (31) 나쁜 놈이기는 하지만 그 정도로 나쁜 놈은 아닙니다.
        (제3자 : 있음, 화자 : 수지, 청자 : 홍팀장) _7급공무원
    (32) 그냥 확 말해버릴까?
        (제3자 : 없음, 화자 : 수지, 청자 : 홍팀장) _7급공무원

〈표 19〉 제3자 유무에 따른 화계 선택 양상

빈도	합쇼	해요	해	해라	합계
없음	122 (5.58)	503 (22.99)	1,241 (56.72)	322 (14.72)	2,188 (100)
있음	260 (11.67)	531 (23.84)	1,121 (50.34)	315 (14.14)	2,227 (100)
합계	382	1,034	2,362	637	4,415

통계량	자유도	값	Prob
카이제곱	3	56.445	<0.0001

---

15 한길(2002)에서는 높임법의 일반적 제약 원칙 중 하나로 "관련 당사자나 윗사람의 발화 현장 존재 여부"를 들면서 단순히 제3자의 존재가 아니라 특정한 제3자가 높임법에 영향을 미친다고 하였나.

파. 매체

분석 결과 매체는 χ^2= 0.1386, p값 0.9868로 유의 수준 .05에서 화계 선택에 영향을 주는 요인으로서 유의미하지 않은 것으로 나타났다. 비면 대면으로 분류한 매체는 통신 매체인 전화, 인터폰, 무전기, 그리고 방송 매체인 텔레비전으로 각각의 매체에 속하는 데이터가 양적으로 충분치 않아 하위 요소로 분류하지 못한 탓에 통계상으로는 유의미한 차이를 보이지 못하였다.[16] 그러나 질적 분석 결과 무전기를 매체로 하는 대화의 경우 종결어미를 사용하지 않고 (33)과 같이 서술성 명사 형태로 끝나거나 (34)의 경우처럼 명사형 전성어미 '-음', 또는 (35)에서와 같이 해라체의 종결어미 '-는다'를 사용하는 발화가 주로 등장하는 등 글말에서 주로 나타나는 이른바 중화체[17]와 유사한 화계를 보여 매체에 따라서 화계 사용이 크게 달라질 수 있음을 짐작케 한다.

(33) 오토바이 도난. 웨딩드레스 차림의 20대 후반 여자. 공항고속도로 질주 중. (통신매체(무전)) _7급공무원

(34) 지원바람.
(통신매체(무전)) _7급공무원

(35) 용의자가 총기로 무장했다.
(통신매체(무전)) _7급공무원

---

16 각각의 매체를 하위 요인으로 세분화하기에는 자료의 양이 적어 요인 간 우선순위를 분석할 수 없어 부득이하게 면대면과 비면대면으로 구분하였다. 그러나 데이터가 충분치 않은 텔레비전을 제외하고 면대면, 통신매체(전화, 인터폰), 통신매체(무전기)로 하위 요인을 분류한 후 카이제곱 검정을 실시한 결과는 χ^2=36.8329, p값이 <.0001로 유의미한 것으로 나타났다.

17 남신혜(2012)에서는 신문 표제, 문자 메시지, 계약서, 공문, 매뉴얼 등 일상 생활에서 자주 사용되는 글말 장르에서는 화계가 중화되어 사용되는 경우가 상당한데, 이러한 문체를 '중화체'라 하고 중화체의 문장 유형별 종결형을 제시한 바 있다.

〈표 20〉 매체에 따른 화계 선택 양상

빈도	합쇼	해요	해	해라	합계
면대면	329 (8.7)	887 (23.45)	2,020 (53.4)	547 (14.46)	3,783 (100)
비면대면	53 (8.39)	147 (23.26)	342 (54.11)	90 (14.24)	632 (100)
합계	382	1,034	2,362	637	4,415

통계량	자유도	값	Prob	결측
카이제곱	3	0.1386	0.9868	46

하. 장르

카이제곱 검정 결과 장르 역시 χ^2= 388.0091, p값 <.0001로 유의 수준 .05에서 화계 선택에 유의미한 영향을 주는 것으로 나타났다. 일상대화에서는 다른 장르에서보다 해체와 해라체의 사용 비율이 높았으며, 구매대화에서는 (36)과 같이 해요체가, 강의담화에서는 (37), (38)에서처럼 합쇼체와 해라체의 사용 비율이 다른 장르보다 높게 나타났다. 또한 업무 대화에서는 (39)와 같이 해체가 많이 사용되었고 합쇼체의 사용도 일상대화나 구매대화에서보다 상대적으로 높은 비율로 사용되었다.

> (36) 여보세요? 지금 방송 보고 있는데요. 네, 링클케어 12종 세트요.
> (구매대화, 화자 : 수지, 청자 : 홈쇼핑 판매원) _7급공무원
> (37) 그럼 책을 펴시고 123페이지. 첫 번째 문장부터 시작합니다.
> (강의담화, 화자 : 교사, 청자 : 학생들) _울학교이티
> (38) 니들…사람되는 법부터 배워야 겠다!!
> (강의담화, 화자 : 교사, 청자 : 학생들) _울학교이티
> (39) 그래 그럼 부탁 좀 할게.
> (업무담화, 화자 : 교수, 청자 : 교수) _용의주도 미스 신

〈표 21〉 장르에 따른 화계 선택 양상

빈도	합쇼	해요	해	해라	합계
일상대화	_75_ _(2.75)_	616 (22.6)	1,575 (57.78)	460 (16.87)	2,726 (100)
구매대화	_3_ _(5.66)_	29 (54.72)	18 (33.96)	_3_ _(5.66)_	53 (100)
강의대화	25 (18.8)	41 (30.83)	31 (23.31)	36 (27.07)	133 (100)
업무대화	253 (17.33)	336 (23.01)	737 (50.48)	134 (9.18)	1,460 (100)
합계	356	1,022	2,361	633	4,372

통계량	자유도	값	Prob
카이제곱	9	388.0091	〈0.0001

5.2.2. 화계 선택 영향 요인들의 우선순위

앞 절에서 상대높임법의 실현에 유의미한 영향을 미치는 요인은 매체를 제외한 13개 요인이었다. 개별 요인으로는 유의미한 영향이 없을지라도 여러 요인들이 복합적으로 작용할 때는 유의미한 영향을 미칠 수 있으므로 본 절에서는 매체 요인을 포함한 전체 14개 분석 요인을 대상으로 검증을 하였다. 이들 요인이 화계 선택에 복합적으로 작용해 영향을 미치는 영향력의 순위를 분석한 결과는 아래 〈표 19〉와 같다. 가장 큰 영향력을 미치는 요인은 발화 장면이었고 그 뒤를 이어 화자 연령, 청자 연령, 지위 차의 순으로 영향력이 있는 것으로 나타났다. 여러 요인이 복합적으로 작용할 때 관계 유형, 매체, 만남 횟수, 제3자 유무는 크게 영향력이 없는 것으로 나타났는데, 이에는 여러 가지 이유가 있을 수 있는데 화계 선택에 유의미한 영향을 주지 않기 때문이거나, 각 요인별, 각 요인의 하위 범주별로 충분한 데이터가 확보가 되어야 여러 변수가 복합적으로 작용하는 것을 통계적으로 검증할 수 있는데 데이터가 충분치 않기 때문이거나 혹은 다른 요인과 그 성격이 중복되기 때문일 수 있다. 분석 결과 화계 선택에 영향력이 크지 않은 것으로 나타난 네 가지 요인 중 매체의 경우에는 유의미한 요인이 아니기 때문에, 그리고 나머지 요인들은 데이터가 충분하지 않기 때문에 이러한 결과가 나타난 것으로 보인다.

〈표 22〉 각 요인이 화계 선택에 미치는 영향력 순위

순위	Source	DF	Chi-Square	Pr>ChiSq	Chi-Square/DF
1	발화 장면	3	164.72	<.0001	54.90667
2	화자 연령	12	158.48	<.0001	13.20667
3	청자 연령	12	146.59	<.0001	12.21583
4	지위 차	6	72.92	<.0001	12.15333
5	연령 차	9	76.75	<.0001	8.527778
6	친소 관계	3	22.8	<.0001	7.6
7	장르	6	41.3	<.0001	6.883333
8	화자 성별	3	18.05	<.0004	6.016667
9	장소 유형	9	49.62	<.0001	5.513333
10	청자 성별	6	13.21	<.0399	2.201667

6. 결론

지금까지 본고에서는 영화 시나리오라는 준구어 자료를 대상으로 발화 상황과 관련된 14개 맥락 요인이 해당 발화의 화계 선택에 유의미한 영향을 미치는지 통계적인 검정을 통해 알아보았다. 그 결과 매체를 제외한 모든 요인이 화계 선택에 유의미한 영향을 미쳤으며, 매체 요인은 분석 자료의 양적 한계로 인해 하위 요인의 분류를 세분화하지 않았기 때문에 유의미하지 않은 결과가 나온 것으로 생각되는 바, 모든 요인이 화계 선택에 영향을 미친다고 잠정적으로 판단할 수 있을 것이다. 또한

여러 요인이 복합적으로 작용할 때 어떠한 요인이 어떤 정도의 영향력을 가지고 화계 선택에 관여하는지 분석한 결과 '장면', '화자 연령', '청자 연령', '지위 차', '나이 차', '친소 관계', '장르', '화자 성별', '장소 유형', '청자 성별'의 10개 요인이 나열한 순서대로 영향을 미치는 것으로 나타났다. 이 중 상대적으로 가장 영향력이 큰 요인은 격식성과 비격식성을 하위 요인으로 하는 '장면'이었으며 1순위와의 통계적 검정 수치가 크게 차이 나는 가운데 그 뒤를 이어 '화자 연령', '청자 연령', '지위 차'가 그 순서대로 유사한 정도의 영향력을 갖는다는 것을 알 수 있었다.

본 연구는 지금까지 연구자의 직관으로 화계의 등분 기준을 세우고 이를 바탕으로 화계를 구분하거나 어 화자의 머릿속 직관을 설문 등의 방식으로 파악한 연구들과는 달리 비록 준구어 자료이기는 하지만 한국어 모어 화자의 언어 사용 양상을 토대로 화계가 사용되는 양상을 파악하고자 하였다. 또한 여러 요인들이 복합적으로 작용하는 양상을 살피기 위해 통계적 검정을 실시하여 직관이나 빈도만으로 파악하기 어려운 상대높임법 화계의 선택 요인을 분석하였다. 이러한 작업만으로 여러 맥락의 층위들과 각 층위의 요인들이 복잡하게 영향을 미치는 다양한 양상을 명백히 밝힐 수는 없지만 한국어교육에서의 상대높임법 교육을 위한 기초 자료로서의 의미는 가질 수 있다고 생각한다.

한국어 학습자들이 기존의 화계 구분법을 통해 한국어 상대높임의 실제 사용법 익힐 수 없다는 것은 분명하다. 오히려 개별 종결어미를 학습하면서 배우게 되는 화용적인 정보를 통해 그 화계를 어렴풋이 알 수 있을 뿐이다. 그러나 한국어에 화계라고 일반화할 수 있는 어떠한 체계가 있다면[18] 이의 실제 실현 양상을 밝혀 언어 사용을 위한 메타적인 정

---

18 이정복(2006 : 422)에서는 구체적 언어공동체를 정하지 않고 한국어 전체의 상대높

보로서 학습자들에게 제시해야 할 필요가 있다. 본 연구의 결과에서 볼 수 있었듯이 각 화계는 서로 뚜렷하게 구분되어 존재한다기보다 화계 간에 겹치는 영역이 있고 넘나듦이 존재하기 때문에 이의 실현 양상을 파악하기 위해서는 보다 정밀한 분석이 필요하다. 거시적인 차원에서는 각 화계별 특성이 규명되고 미시적인 차원에서는 각 화계에 속하는 종결 어미들의 담화·화용적 쓰임이 상세히 밝혀질 때 상대높임법의 전반적인 양상을 비로소 파악할 수 있을 것이다.

— 이 글은 『새국어교육』 제98호, 293~329쪽에 실린 논문을 수정·보완한 것임.

임법 말 단계 체계를 세우는 것은 '추상적 최대 체계'로서 어떤 화자 집단에게도 그대로 적용될 수 없다고 하였는데 모든 개별 화자의 언어 사용을 포괄할 수 없는 체계라고 하더라도 한국어 모어 화자의 가장 일반적인 언어 사용을 드러내 주는 체계를 밝히는 일은 교육적인 목적에서는 충분히 의미 있다고 하겠다.

다차원 분석에 의한
한국어 논문 텍스트의 장르적 특성 연구
전공 분야별 비교를 통하여

홍혜란
연세대학교

1. 서론

이 연구는 말뭉치 언어학적 연구 방법과 다차원 분석에 의한 통계적 기술과 질적 분석을 통해 한국어 논문 텍스트의 장르적 특성을 살펴보고, 한국어교육에의 적용을 위한 텍스트 분석 연구 방법으로써 다차원 분석의 효용성을 검토해 보는 데에 목적이 있다.

하나의 텍스트는 그것이 사용되는 상황, 사용하는 사람, 사용 양식(구어, 문어), 매체, 주제, 목적에 따라 독특한 특성을 보인다. 이들은 이른바 사용역(register) 또는 장르(genre)적 특성으로 설명되는데, 각각이 독립적이지 않고 서로 관련이 된다(강범모, 1998: 17).[1] 그리고 그러한 특성

---

[1] Ferguson(1994)에서는 '사회에서 반복적으로, 그리고 규칙적으로 발생하는 언어사용 상황'을 '레지스터(register)', '사회에서 반복적으로, 그리고 규칙적으로 나타나는 메시지 유형'을 '장르(genre)'로 정의하고 있다. 강범모(1998)에서는 장르가 언어 사용의 목적과 더 깊은 관련성을 가지는 것으로 보되, 두 가지 모두가 언어 사용 상황의 다양성에 기반한다는 점을 고려하여 구분하지 않고 같은 의미로 사용하고 있다. 사용역과 장르의 정확한 개념 정의를 위해서는 보다 심도 깊은 논의가 필요할 것이나, 본고

은 다양한 언어 자질들이 일정한 패턴의 공기 관계를 가지며 텍스트를 구성하는 방식으로 나타난다. 즉, 동일한 장르의 텍스트는 담화적 특성과 담화 환경에 의해 특정한 언어 자질들이 고빈도로 공기하면서 특유의 통사적 구조를 이루게 된다. 또한 각 언어 자질들은 특정 장르의 텍스트 안에서 고유의 담화 기능을 수행하게 된다.

이러한 정보는 언어학적으로 특정 장르의 텍스트 특성을 규정하고 설명하기 위한 자료로서의 가치가 크다. 또한 그러한 특성들을 일반화할 수 있다면 한국어 학습자들에게 의사소통 맥락과 상황에 따라 다양하게 사용되는 언어 자질의 담화적 특성을 보다 효과적으로 가르칠 수 있을 것이다.

기존의 연구에서는 텍스트의 언어적 특성을 연구하는 데 있어 주로 소량의 자료를 대상으로 한 대화분석 또는 담화분석을 통한 질적 연구 방법을 취해 왔다. 특히 학문 목적 학습자를 위한 자료 구축 및 교수 방안 모색에 관한 연구에서는 논문, 보고서와 같은 문어 텍스트와 강의, 발표, 토론 등의 구어 텍스트에 나타난 담화표지 분석이나 어휘 연구, 이들을 토대로 한 미시적인 자료 분석이 주를 이루어왔다. 그러나 이것만으로는 학술 텍스트의 언어적 특성을 설명하기 어려우며, 다양한 유형의 학술 텍스트에 존재하는 장르적 특성을 보이는 것은 더더욱 어렵다. 특히 한국어 교재에서 제시하고 있는 텍스트와는 확연히 다른 학술 텍스트를 직접 쓰고 말해야 하는 학습자에게 각 텍스트가 가지는 형태, 통사적 구조에 대하여 객관적으로 설명할 수 있는 근거를 마련하기 어렵다.

한편, Biber(1988)에서 비롯된 다차원 분석은 이러한 한계를 보완할

___

에서는 한국어교육에의 적용을 위한 실용적 입장에 따라 Ferguson(1994)의 견해를 수용하여 사용역을 언어 사용 상황이나 맥락, 목적으로 규정하고 장르를 사용역에 따른 텍스트 특성으로 보고사 한다.

수 있는 연구 방법론으로 텍스트에 포함된 언어 자질들을 계량적으로
분석하고 그 결과에 대한 질적 해석을 덧붙임으로써 사용역의 차이에
따른 여러 가지 장르의 텍스트와 언어적 특성 간의 관계를 입체적이고도
유기적으로 분석해 준다. 이 연구에서는 다차원분석에 기반해 사용역의
차이에 따른 학술 텍스트의 장르 내적 특성을 밝히고자 한 Conrad(1996)
의 연구 방법론을 원용하여 전공의 차이에 의한 논문 텍스트의 특성이
언어적으로 어떻게 나타나는지를 살피고자 한다. 이는 서로 다른 사용
역, 서로 다른 장르의 텍스트의 언어적 특성을 보다 체계적으로 설명할
수 있는 연구 방법론을 모색하기 위한 파일럿 연구로, 그 유효성을 입증
함으로써 한국어 학습자에게 텍스트의 장르적 특성을 보다 체계적으로
교수하는 데에 도움이 될 것이다.

2. 다차원 분석에 의한 텍스트 분석 연구

다차원 분석(MD: Multi-dimensional Analysis)은 사용역에 따른 구어와
문어의 언어적 특성을 분석하기 위해 Biber(1988)에서 시작된 연구 방법
이다. 이것은 언어의 사용역에 따른 언어의 다변적 특성을 텍스트를 구
성하는 언어 자질 간의 공기 양상을 통해 파악하고자 한 계량적 접근법
이다. 따라서 개별적인 언어 자질에 주목하기보다는 공기하는 언어 자질
들의 유형을 추출하게 된다. 이때 함께 공기하는 각 언어 자질들은 각각
하나의 차원(dimension)으로 구성되며, 하나의 차원에는 다양한 텍스트
가 연속체의 형태로 분포한다. 공기 현상은 언어 자질들이 중요한 의사
소통적 기능을 공유함으로 해서 일어나는 것이므로, 각 차원의 특성은
공유된 자질의 기능과 해당 차원에서 현저하게 높거나 낮은 점수를 받은

사용역과 관련된 상황적, 사회적 산출 환경을 평가함으로써 해석된다
(Conrad, 1996: 305).

  MD 분석을 활용한 언어 연구는 다양한 장르의 텍스트의 특성을 밝히
고자 한 연구(Biber 1988, Kim&Biber 1994, Kim 1990, Biber et.al 2006, 강범
모 1992), 언어유형론적 관점에서 언어 간의 장르적 특성의 차이를 밝히
고자 한 연구(Biber & Hared 1992), 특정 전공 영역 내 또는 전공 영역 간
의 장르적 특성을 밝히고자 한 연구(Conrad 1996), 언어 사용 상황이나
계층에 따른 장르적 특성을 밝히고자 한 연구(Reppen 1994, Biber 2003,
White 1994), 교재에 수록된 텍스트의 장르적 특성을 밝히고자 한 연구
(Biber 1991) 등으로 다양하게 응용되어 왔다(Conrad 1996 참고).

  Biber(1988)는 LOB(Lancaster-Oslo-Bergen) 말뭉치에서 추출한 23가
지 장르의 문어와 구어 텍스트 481개(총 960,000어절)와 67개의 언어 자
질을 사용하여 영어의 사용역에 따른 변이를 다음의 6가지의 범주적 특
성(차원)으로 설명하였다.[2]

  (1) 차원 1: 참여 대 정보 산출
         (Involved vs. Informational Production)
  (2) 차원 2: 서술 대 비서술(Narrative vs. Non-narrative Concerns)
  (3) 차원 3: 명백한 지시 대 상황의존적 지시
         (Explicit vs. Situation-dependant Reference)
  (4) 차원 4: 명시적 설득(Overt Expression of Persuasion)
  (5) 차원 5: 추상 대 비추상 문체(Abstract vs. Non-abstract Style)
  (6) 차원 6: 실시간 정보 부가(On-line Informational Elaboration)

---

2 Biber(1988), Kim(1990)의 각 차원의 번역은 강범모(1988: 92)를 참고하였다. 다만,
   Biber(1988)의 차원 3의 경우 원전과 강범모(1988: 92)에 차이가 있어 원전에 따라
   수정, 번역하였다.

Conrad(1996)는 생물학 분야의 전공 텍스트 중 생태학을 주제로 하는 전문 학술 텍스트와 교재의 텍스트, 허구 또는 사실적인 내용을 포함하는 일반 텍스트의 장르적 특성을 밝히고자 한 연구이다. 이 연구는 동일한 주제의 학술 텍스트 간에도 독자의 전문성 여부에 따른 특성의 차이가 있다는 것을 연구 가설로 하고 있다. 이를 밝히기 위하여 대학의 생태학 수업에서 사용되는 교재와 학술지로부터 추출한 60개의 지문(총 48,000어절)을 수집한 후 Biber(1988)의 6가지 차원 중 차원 1, 차원 2, 차원 5에 상응하는 세 가지 차원을 규정하고 그와 관련된 언어 자질의 빈도를 산출하였다. 그리고 Biber(1988)의 연구 결과 중 일반적인 소설과 인기 에세이와의 비교 분석을 통해 세 가지 유형의 텍스트가 서로 다른 특성을 보인다는 사실을 밝혀냈다.

Biber(2003)는 대학이라는 특정한 커뮤니티에서 사용되는 구어와 문어의 사용역 변이를 밝히고자 한 연구이다. 이 연구는 TOEFL 2000 Spoken and Written Academic Language Corpus(T2K-SWAL)로부터 추출한 423개의 텍스트(2,737,168어절)와 129개의 언어 자질을 대상으로 분석을 실시하였다. 분석 결과 학문적 텍스트는 4가지 차원에 의해 그 특성이 설명되었다.

Biber et.al(2006)은 스페인어를 대상으로 한 다차원 분석 연구로 2천만 어절 규모의 The Corpus del Espanol(4,049개의 텍스트)과 146개의 언어 자질을 사용하였다. 그 결과 아래의 6가지 차원을 통해 그 특성을 설명하였다.

한편, Kim(1990)과 강범모(1998)는 다차원 분석을 활용한 한국어 텍스트의 장르적 특성을 밝히고자 한 연구이다. Kim(1990)은 150개의 텍스트로 구성된 22개 장르의 텍스트(총 135,000어절)와 58개의 언어 자질을 바탕으로 아래의 6가지 차원을 통해 한국어의 특성을 설명하였다.

(1) 차원 1: 비형식적 상호 교류 대 명시성
    (Informal Interaction vs. Explicit Elaboration)
(2) 차원 2: 담화 연쇄 대 담화 단편
    (Discourse Chaining vs. Discourse Fragmentation)
(3) 차원 3: 입장(Stance)
(4) 차원 4: 서술적 관심(Narrative Concern)
(5) 차원 5: 실시간 대 비실시간 산출
    (On-line vs. Off-line Production)
(6) 차원 6: 높임(Honorification)

강범모(1998)에서는 고려대학교 말모둠 1과 추가로 구축한 구어 텍스트 334개(총 370,000어절)와 82개의 언어 자질을 사용하여 사용역에 따른 한국어의 특성을 다음의 6개 차원을 통해 설명하고 있다.

(1) 차원 1: 비형식적 상호교류 대 계획된 산출
(2) 차원 2: 실시간/상황성 대 내용/정보성
(3) 차원 3: 사건서술 대 추상
(4) 차원 4: 형식적 견해 진술
(5) 차원 5: 공적 보고/보도
(6) 차원 6: 공적 상황의 외래 문물 언급

그 외에도 강범모(1998)에서는 언어 자질의 빈도를 바탕으로 텍스트에 대한 군집분석을 실시하여 8개의 유형으로 텍스트의 특성을 설명하고 있다. 8개의 텍스트 유형은 사용역을 배제하고 언어 자질만을 가지고 언어 특성을 설명하고자 한 시도로 언어 사용 상황과 목적에 따른 장르적 특성을 기술하고 있는 6개의 차원과는 또 다른 설명 방식이다. 강범모(1998)는 지금까지 질적 분석에 주로 의존해 왔던 한국어 텍스트의 장르적 특성을 대규모의 말뭉치와 통계 기법을 활용해 설명하고자 한 최초의 연구로 '차원'이라는 거시적인 범주 체계 안에서 한국어 텍스트의 특성을 설명하고 있다는 점에서 주목할 만하다.

　살펴본 바와 같이 다차원 분석은 말뭉치와 언어 자질을 사용한 계량적 분석과 각 언어 자질의 담화 기능에 대한 질적 해석을 통해 각 차원의 특성을 규정해 준다. 즉, 텍스트를 이루는 언어 자질과 그 공기 관계를 통해 텍스트의 형태적 특성이나 통사적 구조, 담화 기능을 체계적으로 설명할 수 있게 해 준다. 그러나 다차원 분석이 대규모의 자료를 효율적으로 설명하기 위한 데이터 축소라는 알고리즘을 기본으로 하는 통계 기법에 기반하고 있기 때문에 세부적인 특성들은 상당 부분 누락된다는 한계가 있다. 따라서 경험적 연구에 기초한 심도 있는 질적 해석을 통해 이러한 한계를 보완해야 할 필요가 있다. 그러나 앞선 국내외의 연구에서는 그런 점에서 다소 미흡하였다. 즉, 계량적으로 언어 자질들이 공기 패턴을 제시하기는 했으나, 특정 장르 내에서 개별 언어 자질들이 가지는 담화 기능과 그들 간의 상호작용에 대한 설명은 심도 있게 이루어지지 못하였다. 이 연구에서는 이러한 한계를 앞으로 풀어가야 할 과제로 남겨 두고 한국어 논문 텍스트의 특성을 살피는 과정을 통해 한국어교육에의 적용을 위한 연구 방법론으로써 다차원 분석이 텍스트의 특성을 얼마나 설득력 있게 설명하는가를 검토해 보고자 하는 것이다.

3. 연구 방법 및 절차

3.1. 연구 방법

이 연구는 Conrad(1996)[3]에서 착안하여 한국어 텍스트를 대상으로 다차원 분석을 한 강범모(1998)의 연구 결과를 토대로 한국어 논문 텍스트의 특성을 살펴보고자 한다. 강범모(1998)는 한국어의 텍스트 특성을 6가지 차원으로 설명하고 있는데, 그 중 '차원 1: 비형식적 상호 교류 대계획된 산출'과 '차원 4: 형식적 견해 진술'에서 한국어 논문 텍스트가 어떤 양상을 띠는지를 분석해 보고자 한다. 차원 1과 차원 4를 분석 대상으로 삼은 이유는 강범모(1998)의 연구 결과 차원 1이 한국어 텍스트의 특성을 의미있게 구분해 줄 수 있음이 통계적으로 입증되었고(R^2: 81.5%), 문어성을 띤 논문 텍스트가 차원 1의 '계획된 산출'의 특성을 잘 보여 줄 수 있는 텍스트라고 보았기 때문이다. 또한 논문 텍스트가 연구자의 논조에 따라 연구 가설이나 결과에 대한 견해를 밝히는 글이기 때문에 차원 4를 통해서도 그 고유의 특성을 살피기에 적합하다고 판단하였기 때문이다.

3.2. 분석 대상

분석 대상은 4개 전공 영역의 한국어 논문 텍스트이다. 이는 최근 급증하고 있는 학문 목적 학습자를 고려한 것으로 국내 대학 또는 대학원에서 수학하는 과정에서 자주 접하는 텍스트 유형 중 하나이기 때문이다. 또한 진학 이전의 한국어 학습 환경에서 접했던 한국어 교재 텍스트나 구어 텍스트와는 확연히 다른 특성을 띠기 때문에 학습자들이 많은

---

3   Conrad(1996)는 생물학 분야의 개론서와 논문 텍스트 간의 사용역 변이를 밝히고자 한 연구이다. 이 연구에서는 생물학 분야의 텍스트에서 Biber(1988)의 연구 결과 중 세 가지 차원의 특성을 나타내 주는 언어 자질의 빈도를 추출하고 통계적 절차를 거쳤다. 그리고 Biber(1988)의 일반 소설과 그 결과를 비교하여 학술 텍스트의 장르적 특성이 변별적으로 나타남을 보이고, 더불어 개론서와 논문 텍스트의 장르적 특성의 차이 또한 밝혔다.

어려움을 겪고 있어 성공적인 수학을 위해 체계적인 교육이 필요한 영역이기 때문이다. 특히 이 연구에서 중점적으로 살피고자 하는 것은 전공 분야별 특성으로 전공에 따라 학습 내용이 달라지는 만큼 논문 쓰기 방식도 크게 달라진다는 점에 착안한 것이다. 이는 기존의 연구에서 텍스트의 장르적 특성을 결정하는 사용역을 상당히 미시적으로 해석한 것으로 전공 특성을 언어 사용 상황, 또는 맥락의 특성을 본 것이다. 이 연구에서 선택한 4개의 전공 영역은 외국인 유학생의 수가 다른 전공에 비해 상대적으로 많은 한국어교육, 국어학, 경영학, 전자공학이다. 한국어교육과 국어학을 함께 넣은 것은 동일 계열의 전공 내에서도 텍스트의 특성에 차이가 있을 것이라고 보았기 때문이다.

3.2.1. 말뭉치의 구성

말뭉치 구성에 포함된 텍스트의 표본은 강범모(1998)에 따라 각각 1,000어절 내외로 구성하였으며, 각 전공 영역별로 10개씩 총 40개의 텍스트, 39,844어절의 자료를 수집하였다. 논문은 각 전공 분야의 하위 학문 영역을 고려하여 다양하게 선정하되, 대표성이 있는 학술지에서 추출하였다.[4]

3.2.2. 언어 자질

이 연구에서는 한국어 논문 텍스트의 장르적 특성을 강범모(1998)의 '차원 1. 비형식적 상호 교류 대 계획된 산출'과 '차원 4. 형식적 견해 진술'에 한정하여 살폈기 때문에 언어 자질은 두 영역의 특성을 설명하는 긍정적 언어 자질과 부정적 언어 자질 모두가 대상이 되었다. 따라서 차원

---

4 논문 목록은 참고문헌 참고.

1의 긍정적 언어 자질 16개, 부정적 언어 자질 8개, 차원 4의 긍정적 언어
자질 10개, 부정적 언어 자질 6개가 분석 대상이 되었다.[5]

〈표 1〉 분석을 위한 언어 자질

차원	긍정적 언어 특성	부정적 언어 특성
차원 1. 비형식적 상호교류 대 계획된 산출	이인칭, 현재, 의문, 짧은 부정, 감탄, 명령, 문두부사, 청유, 추측, 강조, 약속, 연결-조건, 심리형용사, 일인칭, 비형식적 조사, 용언류	조사-목적, 접속사-이유/설명, 체언류, 복합문 비율, 한자어, 단어길이, 조사-소유, 문장길이
차원 4. 형식적 견해 진술	이다, 보문명사, 것 보문, 사적동사,[6] 조사-주제, -고 보문, 복합문 비율, 지시사, 접속사-역접, 가능성, 필연, 비한정, 의문보문, 복수	일어문 비율, 명사문 비율

3.3. 분석 방법 및 절차

3.3.1. 자료의 태깅

자료의 태깅은 다차원 연구의 통계적 기법을 적용하기 위한 전처리
단계로 각 텍스트에 대한 형태소 분석과 언어 자질에 대한 태깅, 빈도
산출 작업이 수행된다. 각 텍스트의 언어 자질에 대한 빈도는 절대 빈도
를 사용하지 않고 1,000절당 빈도로 표준화하여 산출하였다. 이는 개별
텍스트의 어절 수의 차이에 따른 연구 결과의 오차를 줄이기 위한 것이
다. 본 연구에서는 세종21세기 균형 말뭉치의 활용 도구로 제공되는 지

---

5 분석에 사용된 언어 자질의 명칭은 강범모(1998)를 그대로 따랐으며, 지면 관계상
   개별적인 언어 자질에 대한 설명과 예시는 생략하기로 한다.

6 사적동사(Private)란 강범모(1998)에 따른 것으로 다음과 같이 설명되고 있다.
      "믿음, 지식 등 정신적 작용과 관련된 심리 동사류를 말한다. '보다' 등의 지각동
   사도 포함한다. 믿다, 생각하다, 예측하다, 결론짓다, 결정하다, 발견하다, 의심하
   다, 잊다, 희망하다, 상상하다, 추측하다, 추정하다, 알다, 배우다, 의미하다, 인지
   히다, 기억하다, 드러내다, 보이다, 가정하다, 이해하다; 보다, 듣다, 느끼다 등."

능형태소분석기와 Python으로 작성한 빈도 추출 프로그램,[7] Microsoft Excel 10.0 등의 소프트웨어를 활용하여 이 과정을 수행하였다.

3.3.2. 통계 분석

자료 분석은 각 텍스트별로 산출한 언어 자질의 빈도를 토대로 한 통계적 처리와 그에 대한 해석으로 이루어진다. 먼저 텍스트의 특성을 통계적으로 설명하기 위하여 각 언어 자질의 표준화 빈도를 표준화 점수로 환산한 후 각 텍스트별 인자점수[8]를 산출하였다. 인자점수는 전공 영역별 텍스트의 장르적 특성 간 차이를 통계적으로 검증하기 위한 자료가 된다. 전공 영역별 차이의 유의도 검증에는 ANOVA 분석과 General Linear Model 분석 기법이 적용되었으며, SPSS 17.0 통계 패키지를 사용하였다.

3.4. 연구 가설

이상의 연구 방법과 절차를 통해 이 연구에서 살피고자 하는 연구 가설은 다음과 같다.

---

7   언어자질별 빈도 추출을 위한 프로그램 작성은 연세대학교 언어정보학협동과정의 김은영의 도움을 받았다.

8   인자점수는 텍스트의 특성을 나타내는 언어적 자질의 빈도를 절대 빈도가 아닌 표준화된 값으로 측정한 것이다(강범모, 62). 이 값은 요인분석의 과정에서 얻어지는 통계적 결과치 중 하나이며, 변수 X1, …, Xp를 인자 F1, …, Fm로 표현한 인자모형으로, 인자를 변수들로 표현한 것이다(강범모, 1998:222). Biber(1988)에서는 각 텍스트에 속한 언어자질의 절대 빈도를 표준화하여 표준점수를 산출한 후 그것을 합산한 결과를 인자점수로 표현하고 있다. 이 연구에서는 강범모(1998)의 연구 결과 중 두 개의 차원에 속한 언어 자질에 대한 빈도를 측정하여 한국어 논문 텍스트가 두 개의 차원에서 어떤 속성을 보이는지를 검토하는 것을 기본 연구 과제로 삼고 있기 때문에 요인분석을 통한 통계적인 결과로서의 인자점수가 아닌, Biber(1988)의 방식에 따라 인자점수를 산출하였다.

첫째, 한국어 논문 텍스트는 다른 장르의 텍스트들과 다른 언어학적 특성을 가지는가.

둘째, 전공별로 한국어 논문 텍스트의 언어학적 특성이 달라지는가.

4. 한국어 논문 텍스트의 장르적 특성

4.1. 한국어 논문 텍스트의 특성

국어학 전공 논문 텍스트와 강범모(1988)의 일상대화, 일반소설, 석사학위논문 텍스트와의 비교를 통하여 알아본다.

이 절에서는 첫 번째 가설을 검증하기 위하여 네 가지 전공 분야의 논문 중 국어학 전공 분야의 논문과 강범모(1998)의 35가지 장르 중 일상대화, 일반소설, 석사학위논문 간의 비교를 통해 학술 논문이 '차원 1: 비형식적 상호교류 대 계획된 산출'과 '차원 4: 형식적 견해 진술'의 두 차원에서 어떠한 특성을 보이는지를 살펴보고자 한다.[9]

차원 1은 텍스트 내에 존재하는 화자와 청자, 저자와 독자가 상호작용 패턴을 통해 한국어의 특성을 설명해 주는 범주이다. 이 차원에서 긍정적으로 작용하는 언어 특성은 이인칭 대명사와 현재 시제, 의문문 등으로 이들은 "발화자와 청자가 서로 상호작용하는 상황"에서 주로 사용된다. 한편, 목적격 조사나 한자어 등의 출현 빈도는 상대적으로 매우 적으며, 이들은 "시간적 여유를 가지고 주의 깊게, 계획적으로 텍스트를 산

---

9 한국어 논문 텍스트의 특성을 설명하기 위해서는 본 연구의 대상이 된 4가지 전공 분야의 논문 외에 모든 전공 영역의 논문, 학술지 논문 외에 모든 유형의 논문이 포함되어야 할 것이다. 이는 후속 연구로 남겨 두고 본고에서는 국어학 논문을 표본으로 강범모(1988)와의 비교를 통해 개략적인 특성을 살피는 것으로 향후 연구의 방향성을 모색하기로 한다.

출하는 문어적 상황"을 설명해 주는 부정적 언어 특성이 된다(강범모, 1998). 이 차원에 속하는 대표적인 텍스트 장르는 대화-소설, 드라마/영화 대화 등으로 '비형식적 상호교류'란 결국 구어성을 반영하는 것이 된다. 한편, 목적격 조사, 이유를 나타내는 접속사, 체언류, 복합문 비율, 한자어, 긴 문장 길이와 단어길이, 소유격 조사 등은 이 차원에서 부정적으로 작용하는 언어 자질로 '계획된 산출'이라 정의된 이것은 문어성[10]을 반영하는 것임을 알 수 있다.

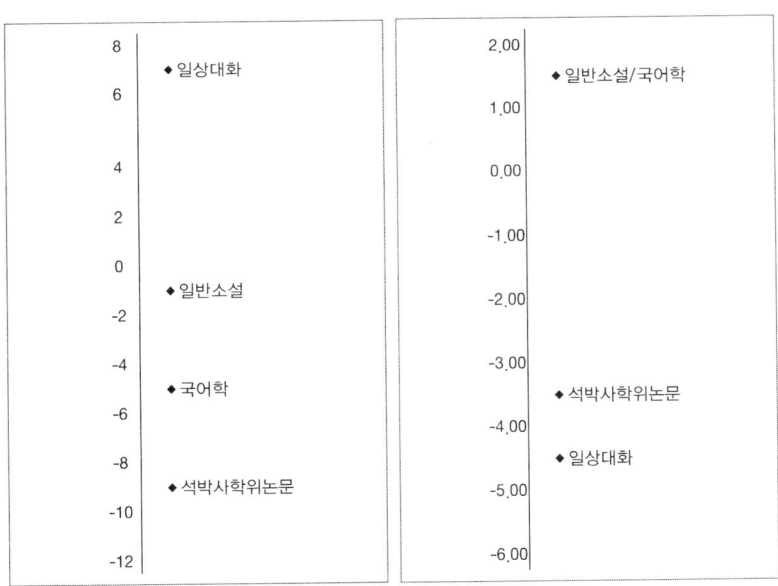

〈그림 1〉 논문 텍스트의 특성: 차원 1   〈그림 2〉 논문 텍스트의 특성: 차원 4

10 연설문이나 발표 등은 구어임에도 불구하고 사전에 준비된 원고 등을 토대로 철저하게 계획되고 준비된 발화의 유형이다. 따라서 '계획된 산출'이 문어 텍스트의 전형적인 특성을 나타낸다고 말할 수는 없다. 따라서 이 연구에서는 보편적인 문어의 속성을 설명하기 위한 술어로 문어성이라는 용어를 사용하고자 한다.

〈그림 1〉은 각 장르의 인자점수[11] 평균을 토대로 도식화하여 차원 1에서 각 텍스트가 어떤 특성을 보이며 분포하는가를 나타낸 결과이다. 플롯을 통해 알 수 있는 바와 같이 일상대화가 '비형식적 상호교류'의 특성을 강하게 나타내는 반면, 석박사학위논문은 '계획된 산출'의 특성을 강하게 나타내고 있다. 한편, 일반소설은 일상대화 쪽에 가깝게, 국어학 전공 논문 텍스트는 석박사학위논문 쪽에 가깝게 분포하고 있다.

학술논문 텍스트는 논자가 연구 가설이나 검증 과정, 결론을 설명하기 위해 오랜 시간에 걸쳐 텍스트를 구성하고 여러 차례의 수정을 거쳐 최종적으로 산출되는 텍스트이다. 따라서 전형적인 '계획된 산출'이 전제된 텍스트로 인자 1의 부정적인 특성이 핵심적 속성이 된다. (1)의 예에서 보는 바와 같이 한국어 논문 텍스트는 문장의 길이가 긴 편이며, 한 문장 내에 여러 차례의 목적격 조사와 소유격 조사가 출현하거나, '-기 때문에'와 같이 이유를 나타내는 접속사가 포함되어 있음을 볼 수 있다. 또한 사용 어휘의 상당 부분이 한자어이다.

> 하지만 안승신(2005)에서도 인정하듯이 생략은 단순히 문장 내**의** 구조적 현상이나 일치에 의한 삭제로만 볼 수 없고 문장 안에서 뿐 아니라 맥락**을** 통해 생략이 되는 요소들도 **많기 때문에** 통사론적인 시각에서만 분석하기에는 한계가 있다. 이런 시각에서 Crystal(1997)은 "생략 현상은 맥락**을** 바탕으로 이해 가능한 정보**를** 생략하는 것"이라고 정의하였고, Leech and

---

11 장르별 인자점수는 모든 텍스트의 인자점수를 각각 구한 뒤 그 평균을 내게 된다. 그러기 위해서는 각 텍스트의 언어 자질에 대한 빈도가 필요하다. 그러나 강범모 (1998)에서는 참고자료로 장르별 평균을 제시하고 있어, 한국어 논문 텍스트와 강범모 (1998)의 세 가지 장르를 비교하기 위해 이 연구에서 구축한 한국어 논문 텍스트의 전공 영역별 평균을 낸 뒤 인자점수를 구하는 방식으로 비교를 하였다. 두 방법에 차이는 통계적으로는 유의한 차이를 가져올 수 있지만, 두 개의 차원에서 각 장르별 텍스트가 보이는 특성의 대략적인 경향을 보는 데에는 무리가 없을 것이라고 판단하였다.

Svartvik(2002)은 생략 현상을 "앞선 맥락에서 이미 분명하게 드러난 정보를 생략하는 것"이라고 말하고 있다. (이성범 외 2009: 담화와 인지)

차원 4는 발화자의 의견을 피력하는 상황에서의 한국어 특성을 설명해 주는 범주이다. 이 차원에서 긍정적으로 작용하는 언어 특성은 '이다', 보문명사, 것 보문, 의문보문, 사적동사 등으로 이들은 명제적인 내용을 명시적으로 나타내는 기능을 한다. 한편, '생각하다', '믿다' 등 인지작용과 관계된 사적동사, 필연과 가능성 등의 양태 의미를 나타내는 표현의 빈도도 높게 나타나는데, 이들은 발화자의 의견이나 견해를 설명할 때 사용된다. 아울러 형식적인 문어에서 주로 사용되는 역접의 접속사, 복합문의 비율이 이 차원에서 긍정적으로 작용하는 언어 특성이 된다(강범모, 1998). 이 차원에 속하는 대표적인 텍스트 장르는 책머리말, 서평, 강연/연설 등으로 공식적인 상황에서의 격식성, 즉 일정한 형식을 갖춘 텍스트의 특성과 관련된 것임을 알 수 있다.

〈그림 2〉는 차원 4에서 각 텍스트가 어떤 특성을 보이며 분포하는가를 나타낸 결과이다. 플롯을 통해 알 수 있는 바와 같이 국어학 분야의 논문 텍스트가 일반소설과 함께 형식적 견해 진술의 텍스트의 속성을 가장 강하게 나타내고 있으며, 이어서 석박사학위논문, 일상대화의 순으로 분포하고 있다.[12]

---

12 여기에서 일반소설이 보편적으로 세울 수 있는 가설과는 다소 다른 결과를 보이고 있다는 점을 설명할 필요가 있다. 일반소설은 보편적으로 허구적인 내용을 담고 있으며, 사건이나 인물에 대한 내용을 서사적으로 기술하기 때문에 논문 텍스트에 비해 형식성이 적은 텍스트일 것으로 생각된다. 그러나 그러한 예상과 달리 강범모(1998)에서 일반소설은 석사학위논문에 비해서도 '형식적 텍스트'의 특성이 강한 것으로 나타났다. 이는 강범모(1988)에서 제시하고 있는 언어 자질의 인자점수를 확인한 결과 의문보문, 사적동사, 역접의 접속사 빈도가 다른 장르에 비해 월등하게 높기 때문인 것으로 분석되었다 인자점수는 특정 자질의 빈도가 다른 것에 비해 현저하게 높거나 낮을

한국어 논문 텍스트는 (2)에서 알 수 있듯이 차원 4.에서 긍정적 기능을 하는 의문보문과 것보문, 주제의 조사 '은/는', 지시사, '파악하다', '주목하다'와 같이 인지작용과 관련된 사적동사가 공기하고 있다. 이러한 요소들은 공식적으로 논자의 견해를 표명하거나 명제적인 내용을 설명하는 논문 텍스트의 보편적인 기능과 관계된다.

> 다시 말해, 은유는 언어와 사물의 관계를 중심으로 볼 때, 화자가 어떤 두 대상의 관계를 **파악하고** 이들을 관련짓는 기능을 수행하는 동시에 화자의 화행 의도에 따라 청자에게 사실을 설명하거나 주장을 논증하여 설득하는 기능을 하고, **의**는 화자와 청자 사이의 관계, 더 나아가서는 한 언어 공동체 내의 의사소통 참여자의 관계에 영향을 미치는 기능을 동시에 **수행하는 것이다.** 본고**는** 이러한 은유의 기능과 관련된 다양한 측면 중 화자와 청자 사이의 의사소통 상황, 그중에서 설득적 상황에서 은유가 어떻게 생성되고 수용되며 **재생산되는가에 주목하고자** 한다. (신선경 2009: 한국어 의미학)

선행 연구 자료와의 비교로 통계적인 유의도 검증을 하지는 못하였으나 이상의 논의로부터 한국어 논문 텍스트는 차원 1과 차원 4에서 다른 장르의 텍스트들과 차별화된 언어학적 특성을 가짐을 확인할 수 있었다.

4.2. 전공 분야별 논문의 특성 비교

이 절에서는 전공 분야별 논문의 특성을 비교해 보고자 한다.

경우 매우 크게 영향을 받는다. 이러한 이유로 Biber(1998)에서는 인자점수를 산출하는 과정에서 그러한 자질들을 일정한 수준 이상이거나 이하일 경우 제외하는 방식을 채택하고 있다. 이는 말뭉치의 규모가 작을수록 그 영향력이 크며, 다차원 분석 연구 결과의 신뢰성을 담보하기 위해서는 말뭉치의 균형성과 대표성이 중요함을 단적으로 보여주는 예라고 하겠다.

4.2.1. 차원 1 : 비형식적 상호교류 대 계획된 산출

분석 결과 논문 텍스트는 차원 1에서 전공 분야에 따라 〈그림 3〉과 같은 분포를 보였다.

경영학 분야의 논문 텍스트가 '계획된 산출'로서의 문어성이 가장 강하며, 이어 한국어교육, 국어학, 전자공학 분야의 논문이 그러한 것으로 나타났다. 플롯상에 보이는 이와 같은 특성의 차이는 〈표 2〉에서 보

〈그림 3〉 전공별 논문 텍스트의 특성 : 차원 1

는 바와 같이 유의확률 .001로 유의수준 0.05보다 적어 통계적으로도 유의미한 것으로 나타났다. 또한 결정계수(R^2)가 0.363으로 이러한 차이가 논문 텍스트의 장르적 특성을 상당 부분 설명할 수 있는 것으로 해석할 수 있다.

〈표 2〉 전공별 논문 텍스트의 인자점수 차이 검증 : 차원 1

소스	제 III 유형 제곱합	자유도	평균 제곱	F	유의확률
수정 모형	14.150[a]	3	4.717	6.833	.001
절편	.000	1	.000	.000	1.000
텍스트	14.150	3	4.717	6.833	.001
오차	24.850	36	.690		
합계	39.000	40			
수정 합계	39.000	39			

a. R제곱=.363(수정된R제곱=.310)

〈표 3〉은 전공 분야별 논문 텍스트의 차원 1의 언어 자질 분포를 나타낸 것이다.

〈표 3〉 전공별 논문 텍스트의 언어 자질 분포 : 차원 1

	전자공학	한국어교육	국어학	경영학
현재	27.98	28.86	28.62	15.78
의문	1.53	1.73	0.83	1.15
짧은 부정	0.00	0.37	0.00	0.10
문두부사	9.51	15.05	15.37	13.79
청유	0.00	0.20	0.48	0.00
추측	0.84	5.85	2.87	4.68
강조	0.00	0.49	0.38	0.10
연결-조건	2.91	3.00	4.78	4.40
심리형용사	0.29	1.07	0.09	0.10
일인칭	0.85	0.37	1.56	0.71
용언류	245.98	317.14	286.59	281.21
조사-목적어	96.27	96.70	74.69	93.18
접속사-이유	3.04	6.02	4.50	5.90
체언류	595.54	589.30	566.20	602.22
복합문 비율	0.95	0.90	0.88	0.96
한자어	550.53	602.36	564.64	634.95
단어길이	2.76	2.50	2.46	2.99
조사-소유	57.47	69.46	67.55	70.58
문장길이	19.85	19.62	18.99	20.37

경영학 분야의 논문 텍스트에서 '계획된 산출' 텍스트로서의 특성을 드러내 주는 언어 자질로 목적격 조사, 소유격 조사, 이유의 접속사 사용 비율이 높았으며, 특히 한자어의 빈도가 네 개 영역 중 가장 높았다. (3)에서 보는 바와 같이 소유격 조사 '의'의 반복적인 사용은 텍스트의 격식성을 높이고 밀도 있는 어휘 구성으로 학술적인 맥락에서의 공식적인 견해를 표명하는 계획된 발화 상황에서 언어적으로 정제된 텍스트의 모

습을 갖추도록 하는 기능을 한다. 또한 전공 분야의 전문용어 등 한자어의 출현 빈도가 높아지면서 문어적인 특성을 강하게 드러낸다.

> 그리고 어떠한 재무적 특성을 갖는 기업들이 축소형 또는 확장형 구조조정을 수행할 가능성이 높고 또한 구조조정의 장·단기성과도 높은지에 관한 결과를 통해 우리나라 기업의 재무의사결정 행태에 대한 평가가 가능하며, 기업들의 향후 재무정책 수립에 도움을 제공할 수 있을 것으로 보인다. (박진우, 2009: 경영학 연구)

한국어교육 분야의 논문 텍스트에서는 목적격 조사, 소유격 조사, 이유를 나타내는 접속사의 평균 빈도가 높고, 한자어의 출현 빈도가 높았다. 특히, 현재 시제, 청유문, 의문문의 평균 빈도가 경영학 분야의 논문 텍스트에 높아지면서 다른 전공 분야의 논문 텍스트에 비해 차원 1의 특성을 상대적으로 덜 가지는 것으로 분석되었다. 이는 계획된 산출에 의한 논문 텍스트임에도 불구하고 (4)의 '~살펴보자', (5)의 '~어떠한 것일까?'와 같은 청유문과 의문문의 형태를 통해 독자가 논자가 유도해 가는 방향으로 텍스트를 읽어 나갈 수 있도록 상호작용을 유도하고 있기 때문인 것으로 해석된다. 또한 논자의 교수 경험이나 직관, 이론에 기대어 자신의 주장을 효과적으로 펼치기 위해 현재 시제를 초점화를 위한 기제로 사용하고 있기 때문으로 보인다.

> 이 절에서는 이 글의 주된 주제인 동사에 대해 **살펴보자**. 동사는 문장의 구성에서 가장 핵심적 역할을 하며, 문장은 서술어와 그 서술어의 의미 구조가 필수적으로 요구하는 성분들로 이루어진다는 점에서 여러 어휘 중 동사 어휘의 교육은 중요한 비중을 차지하게 **된다**. (강현화, 2000: 비교문화연구)
> 그렇다면, 외국어로서의 한국어교육에 적합한 한국어 교재는 **어떠한 것일까?** 첫째, 한국어의 체계와 어법을 이해하기 쉬운 교재라야 **한다**. (김선

정, 1999: 이중언어학)

국어학 분야의 논문 텍스트는 소유격 조사의 평균 빈도가 다른 영역에 비해 높은 반면, 목적격 조사의 사용 비율이 다소 낮았다. 한국어교육 분야의 논문 텍스트와 마찬가지로 현재 시제의 평균 빈도가 높았다. 또한 조건의 연결어미 또한 평균 사용 빈도가 높은 것으로 나타났다. (6)에서 알 수 있듯이 조건의 연결어미는 선행절과 후행절의 논리적인 선후 관계를 분명히 하는 기능을 한다. 이는 국어학 분야의 논문이 논자의 가설을 이론적 배경이나 선행 연구에 대한 비판적 고찰, 그것을 토대로 한 새로운 가설의 논증 과정을 주로 담고 있는 것에 기인한 것으로 보인다. 조건의 연결어미가 가지는 이러한 기능은 주로 실시간 상황에서 이루어지는 구어에서 쓰이는 기능과는 또 다른 기능이라고 할 수 있다.[13] 국어학은 한국어교육과 동일 계열의 전공 분야이지만 학술적인 목적이나 대상이 다른데, 이러한 차이가 언어학적 특성에도 반영된다는 것은 주목할 만하다.

그러나 말뭉치 용례를 **분석해 보면** '한'은 수관형사로서의 용법 이외에 지시관형사로 쓰이거나 부사적인 의미를 지니는 등 다양한 특성을 지니고 있다. 관형사 '한'의 문제는 수관형사를 관형사의 하위 부류로 볼 것인가 **아니면** 수사의 이형태로 취급하여 수사로 분류할 것인가의 문제와도 관련이 있다. (유현경. 2008: 국어학)

---

13 다차원 연구에서 중요한 것 중 하나는 어떠한 언어 자질을 분석 대상에 포함시킬 것인가에 대한 판단과 함께 그것의 담화 기능을 어떠한 관점에서 해석할 것인가라고 할 수 있다. 사용역에 따라 서로 다른 언어 자질이 공기한다면 각 언어자질은 공기관계에 따라 전혀 다른 담화 기능을 수행하게 될 것이다. 따라서 표면적으로는 동일한 언어 자질이라 하여도 사용 맥락에 따라 달리 해석되어야 할 것이다. 다차원 연구의 기본 속성은 계량적 연구에 있기 때문에 이 부분에 대한 고려가 충분히 이루어지지 못하고 있는데, 이 부분이 경험적인 연구 성과에 의해 보완될 수 있다면 연구 결과의 효용성이 더욱 커질 것으로 생각된다.

　전자공학 분야의 논문 텍스트는 목적격 조사의 평균 빈도가 높은 반면, 소유격 조사의 평균 빈도가 다른 전공 영역에 비해 약간 낮게 나타났다. 한자어의 평균 분포도 한국어교육이나 경영학 분야에 비해 다소 낮게 나타났는데, 이는 (7)에도 나타나듯이 논문의 주요 내용이 새로운 기술이나 전산 알고리즘에 대한 소개나 관련 도식의 설명, 제안 등으로 이루어지면서 외국어 표기 또는 외래어가 많이 사용되고 있기 때문인 것으로 해석된다. 그 외에 차원 1의 긍정적 자질 중 현재 시제의 평균 빈도가 한국어교육이나 국어학 분야와 유사한 수준으로 높게 나타났다. 이 또한 시의성을 가지는 새로운 기술이나 시스템에 대한 효과적 제안을 위한 장치로 현재 시제의 담화적 기능이 사용되고 있을 가능성을 고려해 볼 수 있다.

　　제안된 방법은 **BOP**구간을 이용하여 정해진 시구간을 이용하므로 기존의 방법보다 처리 속도를 향상시킬 수 있다. 본 논문에서 제안한 **MSBS** 방법은 기존의 조종자 **노드**와의 **홉** 수만 고려한 **네트워크** 구성 방식을 트래픽 처리량과 RSSI를 함께 고려하여 **네트워크 시스템** 성능을 유지하면서 **노드**의 이동성을 지원한다. (이재형 외, 2010: 전자공학회 논문지)

　지금까지 차원 1의 특성과 관련한 전공 분야별 논문의 특성을 살펴보았다. 한국어 논문 텍스트들은 논문 텍스트 고유의 특성을 나타내는 언어 자질들을 일관된 양상으로 공유하면서 전공 특성에 따라 특정 자질의 사용이 두드러지게 높거나 낮았다. 〈표 4〉는 이상에서 기술한 전공 분야별 논문 텍스트의 장르적 특성을 규정하는 데 언어 자질의 분포 차이가 미치는 영향에 대한 유의도 검증 결과로 유의도 수준 0.05를 기준으로 통계적으로 유의한 차이가 있는 것만 제시한 것이다. 현재 시제와 목적격 조사, 한자어는 앞선 해석에서 평균 빈도 차이를 통해 확인할 수 있었던 반면, 그 외의 자질은 빈도상으로는 매우 근소한 차이를 보였다. 차원

1에서는 현재 시제, 추측의 양태 표현, 강조의 의미를 나타내는 부사, 용언류, 목적격 조사, 한자어, 단어길이의 평균 빈도 차이가 전공 영역별 논문 텍스트의 장르적 특성을 결정하는 데에 통계적으로 유의미한 것으로 나타났다.

〈표 4〉 전공별 논문 텍스트의 언어 자질의 분포 차이 검증 : 차원 1

종속 변수	제 Ⅲ 유형 제곱합	자유도	평균 제곱	F	유의확률
현재	1214.598	3	404.866	4.307	.011
추측	143.637	3	47.879	5.950	.002
강조	1.611	3	.537	3.462	.026
용언류	25519.174	3	8506.391	7.299	.001
조사―목적어	3286.861	3	1095.620	4.889	.006
한자어	43601.165	3	14533.722	4.520	.009
단어길이	1.838	3	.613	6.034	.002

4.2.2. 차원 4 : 형식적 견해 진술

〈그림 4〉 전공별 논문 텍스트의 특성: 차원 4

분석 결과 논문 텍스트는 차원 4에서 전공 분야에 따라 〈그림 4〉와 같은 분포를 보였다.

한국어교육 분야의 논문 텍스트가 격식적 상황에서의 공식적 입장 표명을 위한 '형식적' 특성이 가장 강하며, 이어 국어학, 경영학, 전자공학 분야의 논문이 그러한 것으로 나타났다. 플롯상에 보이는 이와 같은 특성의 차이는 〈표 6〉에서 보는 바와 같이 유의확률 .002로 유의수준 0.05보다 작아 통계적으로도 유의미한 것으로 나타났다. 또한 결정계수(R2)가 0.338로 이러한 차이가 논문 텍스트의 장르적 특성을 상당 부분 설명할 수 있는 것으로 해석할 수 있다.

〈표 6〉 전공별 논문 텍스트의 인자점수 차이 검증 : 차원 4

소스	제 III 유형 제곱합	자유도	평균 제곱	F	유의확률
수정 모형	13.177[a]	3	4.392	6.123	.002
절편	.000	1	.000	.000	1.000
텍스트	13.177	3	4.392	6.123	.002
오차	25.823	36	.717		
합계	39.000	40			
수정 합계	39.000	39			

a. R제곱=.338(수정된R제곱=.283)

〈표 7〉은 전공별 논문 텍스트의 차원 4의 언어 자질 분포를 나타낸 것이다.

〈표 7〉 전공별 논문 텍스트의 언어 자질 분포 : 차원 4

	전자공학	한국어교육	국어학	경영학
이다	5.61	11.93	9.81	4.99
보문명사	0.66	1.73	7.19	7.53
것 보문	0.31	1.66	3.50	3.39
사적동사	19.55	36.64	34.24	35.48
조사-주제	41.70	45.71	58.86	52.73
고 보문	0.51	4.25	6.29	3.00
복합문 비율	0.95	0.90	0.88	0.96
지시사	2.78	8.92	13.81	7.16

접속사-역접	1.12	2.65	4.32	2.82
가능성	8.71	13.46	8.76	9.38
필연	2.41	8.12	2.19	2.75
비한정	.00	.42	.22	.20
의문보문	.62	1.29	2.35	1.04
복수	4.15	11.47	10.23	17.35
일어문비율	.00	.00	.00	.00
명사문비율	.00	.74	.00	.00

한국어교육 분야의 논문 텍스트는 '이다', 사적동사, 지시사, 가능성, 필연, 복수의 평균 빈도가 높았다. 한편, 다른 전공 영역에서는 보이지 않았던 명사문의 비율이 상대적으로 높았다. (8)의 '~사실이다'와 같이 '이다' 구문은 명제 내용을 단정적으로 서술하거나 정의를 내리는 기능을 한다. 따라서 논지를 전개해 감에 있는 명제 또는 명제와 관련한 내용을 서술하기 위해 빈번하게 쓰이게 된다. 사적동사는 '생각하다, 인식하다, 인지하다, 추론하다' 등과 같이 인지작용을 나타내는 동사들인데, 명제나 논지에 대한 논자의 견해를 피력하는 과정에서 많이 출현하게 된다. 지시사는 선후행 문장의 내용을 이어주는 것으로 담화적 결속성을 더해주는 기능을 한다. 이는 격식성을 갖춘 문어 텍스트에서 드러나는 보편적인 특성으로 논문 텍스트에서 흔히 볼 수 있다. 가능성과 필연은 명제에 대한 필자의 태도와 관련된 것으로 (9)의 '~제공하여야 할 것이다'에서와 같이 자신이 논지에 필연성을 부여하면서 그것을 강조하는 기능을 한다. 한편, 복수 표지는 주로 '학생', '학습자'와 같이 사람을 지칭하는 어휘와 함께 공기하였는데, 다른 전공 영역에 비해 한국어교육 분야에서 평균 빈도가 높게 나타난 것은 한국어교육이 학습자, 즉 대상을 전제로 한 학문 분야이기 때문이라는 짐작을 조심스럽게 해 볼 수 있다.

아울러 **학생들**이 듣기 자료를 듣고 내용 이해 여부를 단순히 **점검하는**
활동보다는 들은 내용을 서로 **연결시키기**, 들은 내용을 자신의 경험에 **관
련시키기**, **추론하기** 등과 같이 다소 도전적인 듣기 활동도 학생들의 고등
정신 기능을 신장시키는 데 도움이 될 것이다. 전통적인 외국어 교실에서
는 듣기를 단순한 이해 기능으로 **인식하여** 말하기나 읽기 기능에 비하여
소홀히 다루어 온 것이 사실**이다**. 따라서 앞으로의 듣기 지도는 학습자의
관심이나 필요를 고려하여 자연스럽고 실제적인 상황에서 학습자가 의미
있는 상호 작용을 할 수 있는 기회를 가급적 많이 **제공하여야** 할 것**이다**.
(김은주, 2000: 외국어교육)

비교·대조의 글쓰기에서 두 나라의 음식 문화를 비교하고자 할 때, '어
떤 음식을 선정할 것인가?'부터 **학습자들**은 막막해진다. **의** 경우에 **학습자
들**을 나라별로, 문화별로 묶어서 음식의 여러 종류(차, 주식, 부식, 육류요
리, 생선요리, 야채요리, 후식 등)를 검토하며, 음식 문화에 대한 의견을
나누게 한다. (이미혜, 2000: 한국어교육)

국어학 분야의 논문 텍스트는 '이다', 보문명사, 것 보문, 의문보문,
사적동사, 주제의 조사, 지시사, 역접의 접속사, 복수의 평균 빈도가 높
았다. 특히 문장 구조에서 보문 구성이 두드러지게 많은 것이 특징으로
나타났다. 보문 구성은 (10)과 (11)에서처럼 대개 통사적으로 길고 복잡
한 문장 구성을 띠게 되는데, 이때 그 안에서 명제 내용을 부각시켜 초점
화하거나 강조하는 기능을 한다. 그 외에 (12)의 '그러나'와 같은 역접의
접속사의 평균 빈도가 높게 나타난 것도 국어학 분야의 논문 텍스트의
특성으로 분석이 되었다. 이것은 담화 층위에서 앞선 문장의 내용에 반
하는 내용을 기술할 때 문장 간의 결속성을 유지하면서 효과적으로 전환
할 수 있도록 해 준다. 접속사는 기본적으로 문어적 특성이 강한데, 특히
국어학 분야에서 평균 빈도가 높게 나타난 것은 긴 문장들을 간결하게
처리하면서 논지를 단호하게 밝히기 위한 표지로서 선택된 것이 아닌가

생각된다.

　　이에 의하여 무조사구를 논항처럼 인식하는 것은, 정밀한 통사 분석에
의한 것이 아니라, **한국인의 문장 구조에 대한 직관적인 인식을 반영하는
것이다**. 무조사구**는** 제시성이 약화되면 익은말을 만들어 그 의미가 **추상화**
될 수 있다. (임홍빈, 2007: 국어학)

　　본고는 **현대국어 '느'가 어떤 변화를 겪었고 어떤 문법 범주에 속하는가
라는 질문**에 대한 답을 찾아보고자 작성되었다. **'느'의 통시적 변화 가 공
시적으로 어떤 양상으로 귀결되었는지를** 검토하고자 한 것이다. 이를 위해
본고는 크게 세 가지 준비 작업을 하였다. (임동훈, 2010: 국어학)

　　그래서 **이들에**는 원래 인용문 구성의 기능이나 의미는 사라지고 새로운
의미를 갖게 되고 통사론적으로도 더 이상 피인용문을 안은 내포문 구성이
라고 **볼** 수 없다. **그러나** 종결어미로 쓰이는 '-다고, -다면서, -다니까,
-다나' 등**은** 연결 형태가 종결어미로 쓰였기 때문에 탈락, 축약, 융합 현상
만으로는 설명이 불가능하다. (이금희, 2006: 국어학)

　　경영학 분야의 논문 텍스트는 보문명사, 것 보문, 사적동사, 주제의
조사, 지시사, 특히 복수의 평균 빈도가 높았다. 특히 다른 전공 영역에
비해 복수 표지의 '들'의 평균 표지가 높게 나타났다. 이는 (13)에서와
같이 경영학 또한 기업과 기업에 속한 사람이 논의에서 많이 거론되기
때문인 것으로 볼 수 있다.

　　종업원들이 창의적으로 일을 하게 될 때, 조직은 경쟁우위를 가질 수 있으
므로, 지금까지 많은 **연구자들은** 어떤 **요인들**이 조직 내 **개인들**의 창의성을
촉진시키는지에 대해 초점을 두고 연구를 진행해 왔다. 이러한 **연구들**의
결과에 의하면 다양한 개인특성, 직무특성, 그리고 환경특성 등이 개인 창의
성에 각각 영향을 미치는 것으로 나타났다. (이덕로, 2008: 경영학 연구)

전자공학 분야의 논문 텍스트는 세 개의 전공 영역에서 비교적 높은 평균 빈도를 보였던 '이다', 보문명사, 것 보문, 고 보문, 사적동사, 가능성, 필연성, 복수의 평균 빈도가 상대적으로 낮은 것이 특징적으로 드러났다. 전자공학 분야의 연구는 첨단 기기나 시스템, 인터넷망 등 기술적인 부분에 대한 내용을 주로 담고 있다. (14)에 보는 바와 같이 외래어와 외국어의 직접 표기가 빈번하며, 논지를 주장하기보다 소개나 제안, 개발 경로에 대한 설명이 주를 이룬다. 이러한 특성이 전자공학 분야의 논문을 다른 영역과 확연히 다른 장르적 특성을 지닌 텍스트로 규정하는 데에 작용하였으며, 언어 자질의 공기 양상에도 영향을 미친 것으로 파악된다.

제어국과 상위 장비 사이의 **인터페이스**에 <u>ACL (Access Control List)</u>을 설정하여 <u>Public WiBro</u>단말에서 기업용 <u>WiBro</u> 가입자로 향하는 **트래픽**에 대해서 해당 **패킷**의 <u>Source Ip</u>를 기업 자체 망에서 사용하는 <u>Ip</u>로 제한하는 **패킷 filtering** 정책을 설정하여 <u>WiBro</u> 일반 단말에서 <u>WiBro</u> 기업용 단말로 가는 **트래픽**을 차단한다. (조도현, 2010: 전자공학회 논문지)

지금까지 차원 4의 특성과 관련한 전공 분야별 논문의 특성을 살펴보았다. 〈표 8〉은 이상에서 기술한 전공 분야별 논문 텍스트의 장르적 특성을 규정하는 데 언어 자질의 분포 차이가 미치는 영향에 대한 유의도 검증 결과로 통계적으로 유의한 차이가 있는 것만 제시한 것이다. 차원 4에서는 '이다', 보문명사, 조사-주제, 고 보문, 지시사, 역접의 접속사, 필연, 복수의 평균 빈도 차이가 전공 영역별 논문 텍스트의 장르적 특성을 결정하는 데에 통계적으로 유의미한 것으로 나타났다.

〈표 8〉 전공별 논문 텍스트의 언어 자질의 분포 차이 검증 : 차원 4

종속 변수	제 III 유형 제곱합	자유도	평균 제곱	F	유의확률
이다	334.565	3	111.522	6.661	.001
보문명사	386.373	3	128.791	10.078	.000
조사-주제	1728.711	3	576.237	8.414	.000
고 보문	175.421	3	58.474	6.806	.001
지시사	624.901	3	208.300	10.848	.000
접속사-역접	51.284	3	17.095	4.699	.007
필연	242.976	3	80.992	6.595	.001
복수	877.750	3	292.583	3.642	.022

5. 결론

이 연구는 다차원 분석 기법에 의한 통계적 기술과 그에 대한 질적 분석을 통해 한국어 학술 텍스트의 장르적 특성을 살펴보았다. 한국어 텍스트를 대상으로 한 선행 연구 결과에 기대어 두 개의 차원, 차원 1: 비형식적 상호교류와 계획된 산출과 차원 2: 형식적 견해진술의 측면에서 살펴보았다. 분석 결과 한국어 논문 텍스트는 다른 장르의 텍스트들과 다른 언어학적 특성을 가짐을 확인할 수 있었다. 그리고 전공 영역에 따라 한국어 논문 텍스트의 언어학적 특성이 달라짐을 확인하였고, 통계적인 검증을 통해 일정 정도의 설득력을 가짐을 입증하였다. 그리고 연구 방법론의 측면에서 언어학적 관점에서의 텍스트 장르를 규정하는 것은 물론 한국어교육용 교수 자료 구축 및 교수 방법론 개발의 측면에서도 매우 유용함을 알 수 있었다. 특히 지금까지 주로 논문, 보고서와 같은 문어 텍스트와 강의, 발표, 토론 등의 구어 텍스트에 나타난 담화표지 분석이나 어휘 연구만으로 설명하기 어려웠던 논문 텍스트의 특성을 밝혀 학문 목적 학습자들에게 그 형태, 통사적 구조에 대하여 객관적으로 설명할 수 있는 근거를 마련하고 보다 체계적이고 효과적인 읽기와 쓰기 교수가 가능할 것이다.

　이 연구는 한국어교육에 다차원 분석 연구의 적용 가능성과 효용성을 검토하기 위한 파일럿 연구로 시작되었다. 그 과정에서 특정 텍스트의 평균 빈도가 월등하게 높거나 낮음에 의해 매우 상이한 결론이 나오기도 하였는데, 소규모의 말뭉치를 대상으로 한 연구였기 때문에 그것이 실제 해당 학문 분야의 특성인지 개인의 문체나 세부 영역의 주제 등에 의한 것인지를 단정할 수 없다는 한계가 있었다. 또한 계량적인 연구 결과를 설명하기 위한 질적 해석 부분에서 그 타당성을 담보하기 위한 객관적인 논거의 제시와 심도 있는 논의가 부족하였다. 이것은 다차원 분석 연구의 한계이기도 한데, 향후의 연구에서 균형성과 대표성을 갖춘 말뭉치의 구축, 언어 자질의 표층적인 기능 외에 담화 기능에 대한 충분한 고려를 통해 보완해 나갈 수 있을 것이다.

　ㅡ이 글은『한국어교육』22권 2호, 375~405쪽에 실린 논문을 수정·보완한 것임.

'보다' 구성의 가정 의미기능 연구

'-아 봐', '-았어 봐', '-았단 봐'를 중심으로

김진희 · 김강희
연세대학교 한국어학당
연세대학교

1. 서론

특정한 문법 형태가 지니는 기능은 고정된 것이 아니라 사용자가 해당 형태를 사용하는 맥락에 따라 달라질 수 있으며, 동일한 기능을 지니는 형태도 항상 동일한 환경에서 사용되는 것이 아니라 사용자의 선택에 따라 더 선호되거나 덜 선호되는 환경이 존재할 수 있다. 이와 관련하여 Diane Larsen-Freeman(2006)은 문법 형태는 문법을 사용하는 사용자의 선택에 의해 결정된다고 주장한 바 있다. 이는 문법을 실제 언어 사용과는 분리시켜 보고자 했던 Chomsky를 필두로 하는 주류 생성문법과는 일부 대치되는 주장이라고 볼 수 있다. 그러나 언어 능력보다는 언어 사용이 중요시되는 제2언어 교수·학습에서 실제 사용과 동떨어진 문법 이론은 학습자들이 목표 언어를 효과적으로 학습하는 데에 도움이 되지 않으며 오히려 원활한 언어 사용에 부정적인 작용을 할 가능성을 지니고 있다.

최근 의사소통 중심의 제2언어 교육에서 문법이 등한시되며 심지어 문법 무용론(Krashen, 1982)까지 제기되고 있는 현상 역시 기존의 문법이

의사소통이 이루어지는 상황 맥락을 배제한 채 문장 내에서의 기술을 중시해 온 까닭이 없지 않다. 이에 언어 사용자가 접하는 다양한 의사소통 맥락과 연관하여 연구할 강한 필요를 안고 있다. 특히 문법과 맥락 사이의 연관성은 문어에 비해 상대적으로 다양한 변이가 나타나는 구어 사용 환경에서 두드러지게 나타난다. Michal McCarthy & Ronald Carter(2005)에서는 문어 문법과 독립되는 구어 문법의 존재와 그 특징에 관해 10가지 정도의 기준들을 통해 소개하고 있기도 하다.

본 연구는 준-구어 말뭉치에 기반을 두고 특정 맥락 안에서 '보다'를 포함하는 구성이 나타내는 의미기능을 살펴보고자 한다. 맥락과 문법 요소의 관계를 염두에 두고 기존에 활발하게 논의되지 않았던 부분에 주목하여 문법적 형태와 결합한 보조용언 '보다' 구성이 가지는 가정의 의미기능과 그 특징을 유형별로 살펴보고자 한다. 한송화(2000)에서 한국어에서 상적 기능, 양태, 화행적 기능이 보조용언을 통해 두드러지게 나타난다고 주장하며 보조용언 '하다'를 중심으로 하여 다양한 기능에 관해 기술한 바 있다. 본 연구에서는 기존의 국어학 분야에서 활발하게 논의된 보조동사의 판별기준이나 어휘의 개별적인 특징이 아닌, 보조동사 '보다'가 '-아 봐', '-았어 봐', '-았단 봐'로 일정한 구성을 이루고, 그것이 사용되는 맥락과 연관성을 가져 '가정'의 의미기능을 나타내는 것에 집중하고자 한다.

2. 연구 대상 및 연구 방법

본고에서는 구어에서 높은 빈도로 사용되고 있는 '보다'가 준-구어 말뭉치에서는 어떠한 형태와 기능으로 나타나는지를 비교하여 '보다' 구성의 가정 의미기능과 관련한 실제적 사용 양상에 주목하고자 한다.

이러한 연구 방법을 살펴보면 다음과 같다. 먼저, 언어의 실제 사용 양상을 담고 있는 말뭉치를 통해 '보다' 구성을 살펴보고자 대화가 나타나는 준-구어 드라마 말뭉치를 구축 및 분석하였다.[1] 구체적으로는 40여종 드라마 5,767,610어절의 원시말뭉치를 대상으로 삼았다. 말뭉치를 수집 및 가공할 때 구체적인 상황 맥락을 파악해야 하기 위하여 문장 단위가 아닌 발화 단위(Turn-taking)를 중심으로 수집하였다.

본 연구는 드라마 대본으로 구축된 준-구어 말뭉치 기반의 논의라는 점에서 텍스트 간 맥락이 중요한 의미를 지닌다. 맥락이 사회문화적 현상에서 자유로울 수는 없다는 점을 고려할 때 준-구어 말뭉치의 사용은 사회문화를 반영하여 연구할 수 있다는 장점을 지닌다. 특정한 의미기능을 살펴보는 데 있어 상황 맥락을 함께 파악할 수 있는 자료라는 점에서 드라마 대본을 통한 자료 분석 방식이 본 연구에 적합하다고 판단하였다.

준-구어 자료의 경우 드라마·영화와 같은 영상 매체를 통해 담화 상황을 분석을 하기도 했는데, 몸짓 언어 등의 비언어적 요소를 통해 발화자의 감정이나 의도를 알 수 있다는 점에서 특정 맥락과 기능을 파악하기 쉬워 연구를 용이하게 한다. 특히 본 연구에서 다루는 '보다' 구성의 가정 의미는 면대면 대화 상황에서 명령형으로 사용되어, 그 상황을 가정하거나 특정한 조건을 제시함을 통해 상대방에게 조언, 충고나 경고를 하는 상황 맥락에서 이루어진다. 이러한 특성을 놓치지 않고 파악할 수 있는 자료로는 영상과 함께 살펴볼 수 있는 준-구어 자료가 연구를 수행하는 데 있어 가장 적절하다고 판단하였다. 다만, 인위적인 발화 자료라

---

1 본 연구를 위해 드라마 대본 준-구어 말뭉치를 강현화 교수님께서(연세대 국어국문학과) 제공해 주셨다. 일부 직접 동영상을 보고 전사하여 구축하였다. 구체적인 드라마 자료의 목록과 어절은 부록으로 첨부하도록 한다.

는 점, 다소 과장되고 자극적인 표현이 많아 현실성이 결여된다는 점에서 한계를 보이기도 한다. 그러나 기존에 구축된 구어말뭉치의 규모가 작고 최근 자료를 많이 포함하지 못하는 점 등을 감안하여 준-구어 말뭉치를 활용하였다.

둘째, 『표준국어대사전』, 『한국어 학습자용 어미·조사 사전』, 『외국인을 위한 한국어 문법』 용법 편 등 총 3종의 사전에서 제시하고 있는 '보다' 구성의 정의 및 용례를 찾아 정리하였고, 선행 연구에서 밝힌 '보다' 구성의 특징에 관해 정리하였다.

셋째, 준-구어 말뭉치에서 분석한 결과 선행 연구와 차별적으로 두드러지게 나타나는 구성의 특징을 밝혀내고자 각각의 용법을 보다 세밀하게 의미, 통사론적인 차원에서 분석하였다.

다음 장에서는 말뭉치 분석을 통해 밝혀낸 '보다' 구성의 각각의 구체적인 의미기능에 대하여 살펴본다.

3. '보다' 구성의 가정 의미기능

본 연구에서는 보조용언 '보다' 구성인 '-아 봐', '-았어 봐', '-았단 봐'가 가지는 '가정'의 의미기능에 대해 살펴보고자 한다. 보조용언 '보다' 구성은 [본용언+연결소+보조용언]의 구조로 이루어지는데 이 경우 본용언과 보조용언을 연결해 주는 장치인 연결소는 호광수(2003)와 같이 연결어미 계열과 종결어미 계열, [관형사형+의존명사] 계열을 모두 포함하는 것으로 정의하기로 한다.[2]

---

2 연결소의 유형으로는 연결어미 계열, 종결어미 계열, [관형사형+의존명사] 계열이 있다. 이들 중 가장 일반적인 유형은 연결어미 계열(특히 '-어/아, -게, -지, -고'

먼저 『표준국어대사전』의 기술 내용을 살펴보면 다음과 같다. 사전 처리 현황을 보면 '-아 보다'는 '시도'와 '경험'으로 기술하고 있고, '-다가 보다'는 '결과'로 제시되고 있다.

〈표 1〉 '보다' 항목의 사전별 기술 내용

『표준국어대사전』
[II] 「보조동사」 「1」((동사 뒤에서 '-어 보다' 구성으로 쓰여))어떤 행동을 **시험 삼아 함**을 나타내는 말. ¶ 먹어 보다 /입어 보다/말을 들어 보다/꼼꼼히 따져 보다 「2」((동사 뒤에서 '-어 보다' 구성으로 쓰여))이전에 어떤 일을 **경험했음**을 나타내는 말. ¶ 이런 일을 당해 보지 않은 사람은 내 심정을 모른다./그런 책은 읽어 본 적이 없다./학생 중에는 불량배에게 맞아 본 아이가 많다. 「4」((동사 뒤에서 '-다(가) 보니', '-다(가) 보면' 구성으로 쓰여))앞말이 뜻하는 행동을 하는 과정에서 뒷말이 뜻하는 **사실을 새로 깨닫게 되거나, 뒷말이 뜻하는 상태로 됨**을 나타내는 말. ¶ 오래 살다 보니 이런 좋은 일도 있네./일을 하다가 보면 요령이 생겨서 작업 속도가 빨라진다.
〈한국어 학습자용 어미·조사 사전〉

• -아 보다 (관용구)
(동사에 쓰여) 어떤 행위를 한번 시도하는 것을 나타낸다.
용례   - 제 공을 받아 보세요.
     - 마음에 들면 한번 신어 보세요.
     - 저 옷을 입어 볼까?
     - 도서관에서 유미를 찾아보세요.

등)이고, 종결어미 계열('-나, -ㄴ(은, 는)가, -(으)ㄹ까' 등)과 [관형사형+의존명사] 계열('-ㄴ(은, 는) 체, 척, 양, 듯, 성' 등)은 특수한 형태이다. 종결어미 계열과 [관형사형+의존명사] 계열은 연결어미 계열과 통사적 결합 양상이 다른 것들이다. 그러나 이들의 경우 기본적으로는 각자의 고유기능, 즉 종결의 기능과 명사구 기능을 유지하고 있으나, 보조용언 구성에 쓰일 경우 문맥적으로 연결어미와 같은 기능을 하는 연결소의 문법 특성을 보여 주고 있기 때문에 이들 세 유형을 모두 보조용언의 범주에 포함시켜 논의할 것이다.(호정수, 2003)

《(외국인을 위한) 한국어 문법 2》

• -아 보다
(동사에 붙어) 어떤 행위를 한번 시도하거나 경험함을 나타내는 표현.
어미 '-아'와 동사 '보다'가 함께 쓰인 표현.
형태정보: - 아 보다, -어 보다, -여 보다
용례   - 나도 한번 그 여자를 만나 보았다
             - 그 음식을 먹어 보고 얘기합시다.
             - 내게 그 일을 맡겨 보세요.
             - 사업을 해 본 사람은 내 어려움을 알 거야.
             - 나는 축구를 하다가 다쳐 본 적이 있어.
             - 비빔밥을 먹어 보니 별로 맵지 않더라.

　　이와 관련하여 '-아 보다'를 학습자 사전에 기술된 내용을 살펴보면 다음과 같다. 〈한국어 학습자용 어미·조사 사전〉에서는 '-아 보다'를 관용구로 설정하여 하나의 표제항으로 기술하고 있었지만 그에 관한 서술 내용은 '시도'에 관한 것에 국한되어 있었다. 〈(외국인을 위한) 한국어 문법 2〉에서는 '-아 보다'의 기능으로 '시도'와 '경험' 두 가지를 다루고 형태 정보와 용례를 각각 제시하고 있었지만 '-아 봐' 와 같이 주로 구어에서 사용되어 가정의 의미를 갖는 구성에 관한 정보는 찾아볼 수 없었다. 용례의 경우 다른 사전에 비해 비교적 풍부하게 제시되어 있었으나 유용한 맥락 정보나 용법 정보를 보여 주고 있지는 못하였다.

　　사전의 처리 현황과 달리 선행 연구에서는 비교적 상세한 기술을 하고 있는 연구를 찾아볼 수 있었다. 손세모돌(1996)의 경우 사전 4종에서 제시하고 있는 '시도'와 '경험'의 기능 이외에 '가정'의 기능과 '공손' 즉, '완곡'의 기능을 추가적으로 제시하고 있었다. 이 논문에서는 '시행', '경험', '가정', '완곡'의 기준을 설정하여 그에 해당하는 예문을 제시하고 있다.[3] 이러한 분류는 '가정'과 '완곡'이라는 새로운 범주를 추가하였다

3　손세모돌(1996)

는 점에서 기존의 연구에 비해 다양한 사용 양상을 고려하였다는 장점이 있으나 '완곡'의 경우 이것이 '시도', '경험', '가정'과 대등한 층위에서 논의될 수 있는 것인지에 관한 명확한 기술이 이루어지지 않았다. 다시 말해, 완곡은 발화자의 의도나 화청자 관계 등 맥락적 요인에 의해 시도 등의 다른 유형에 얹혀 나타나는 요소라고 판단된다.

호광수(1998) 역시 손세모돌(1996)과 마찬가지로 '시행', '경험', '가정', '완곡'을 다루고 있었는데 더해진 바가 있다면 손세모돌(1996)의 연구에 비해 '가정' 영역에 있어 비교적 세밀한 의미론적 분석을 시도하고자 하였다. 그러나 예문의 추가 외에 두드러진 차이가 나타나지 않는다는 한계를 보였다.[4]

지금부터 준-구어 말뭉치에서 나타나는 '보다' 구성이 '가정'의 기능

가. 시행	시행의 기준은 첫째, '-하다가 말다.', '-하다가 그만 두다.' 등의 미완된 동작의 중단 표시와 연결이 가능해야 하고, 둘째, '명령문과 청유문 등 문장 유형에서 시행의 의미가 나타나야 하거나, 셋째, 시제에 따라 시행의 의미가 나타나기도 하고, 넷째, 드라마 지문에서 배우의 행동을 요구하는 지시로 두드러지게 나타난다는 점이다.
나. 경험	경험은 시행에 비해 시제의 제약이 많고 과거시제에서 두드러지게 나타난다고 보았다.
다. 가정	가정은 '봐라' 형태로 구어에서 두드러지게 나타난다고 기술하였으며 명령문 어미와의 결합에 의해 만들어지고 '봐라'가 속한 선행 문장이 후행하는 문장의 조건절과 같은 역할을 한다고 보았다.
라. 완곡	우회적인 표현으로 직접적인 표현보다 공손하게 발화하고자 할 때 쓰인다고 하였다.

4   호광수(2003:30)

'보다' 구성 유형	1차적 의미	2차적 의미
'-아/어 보다'	'시행'	'경험', '가정'
'-고 보다'		'결과'
'-다(가) 보다'		'지속', '원인'
'-나 보다'	'추측'	
'-ㄴ(은,는)가 보다'		
'-(ㄹ)려나 보다'		
'-(으)ㄹ까 보다'		'의지'

을 가진다는 점에 초점을 두고 각각의 의미기능과 특징에 대해 살펴보고
자 한다.

3.1. -아 봐 / -았어 봐

'보다' 구성은 [본용언+연결소+보조용언]으로 이루어지는데 이 세 가
지 요소는 각각 독립적으로는 '가정'의 의미기능을 지니지 못하지만 유
기적으로 함께 쓰일 경우에 '가정'의 의미기능을 가진다. 선행 연구에서
는 '가정'의 의미기능을 보조용언 '보다'의 다층적 의미 체계 안에서 다
루고 있었으나,[5] 본 연구는 다음과 같은 이유에서 '보다' 구성을 독립적
인 가정의 의미로 설정하고 그 의미·통사적 특징을 기술할 필요가 있다
고 판단하였다. 첫째, 드라마 말뭉치를 분석해 본 결과 준-구어 사용
맥락에서 '-봐'의 형태로 나타나는 '보다'의 '가정'의 분포는 '시행' 다음
으로 높게 확인되었다.[6] 둘째, '보다' 보조용언은 '보다' 동사에서 기원
하고 있기 때문에 사전에서 제시하고 있는 '시행'이나 '경험'의 의미가
지각동사 '보다'로부터 파생되어 나온 것일 가능성을 지니고 있다.[7] 사
전 외의 호광수(2003), 손세모돌(1996) 등의 논의에서는 '가정'을 '시행'

---

5 3장에서 제시한 사전들은 '보다'의 중심 의미로 시행 및 경험을 제시하고 있으며, 호
   광수(2003)와 손세모돌(1996)은 '가정'의 의미기능을 제시하되, 시행·경험에 비해 부
   차적인 것으로 보고 있다.

6 드라마 반올림 1회~63회를 분석한 결과 자녀에 대한 어머니 발화 총 111개 중 '시행'
   의 기능이 81개로 가장 많이 나타났고, '가정'의 기능이 15개로 나타났으며, '경험'의
   기능이 12개, '반사실 가정'이 3개로 조사되었다. 이중 가정과 반사실 가정을 합치면
   총 18개의 가정 구문이 나타난 것으로 이는 사전류에서는 전혀 다루어지지 않던 '가정'
   으로서의 기능이 특정한 맥락에서는 '경험'의 기능보다도 더 빈번하게 쓰인다는 것을
   보여 주고 있다고 하겠다.

7 Åke Viberg (2001)에서는 지각동사 '보다'에서 파생되는 의미들을 5가지로 위계화하
   여 보여 주고 있다.

과 '경험'에 이어 제시하고 있지만, '가정'의 경우 통사 의미적 특징이 앞서 제시된 '시행', '경험'과는 상이한 양상을 보이고 있기 때문에 독립적인 구문으로 볼 필요가 있다. 뿐만 아니라 '가정'은 일반적인 서술과는 구분되는 화자의 서법 구현 형식이라고 볼 수 있다. 민경모(2010)에 따르면 Sweet는 Jesperson의 형태중심주의적 서법관과 달리 굴절형에 의한 직설법(indicative, fact mood), 가정법(subjunctive, thought mood), 명령법(imperative)에 '가정법(conditional – should, would), 허가법(per-missive – may, might), 강제법(compulsive – be to)'을 우언적 형식에 의한 서법으로 추가하여 제시한 바 있다.[8] 이에 비추어 볼 때 한국어에서도 보조용언 '보다'가 [본용언+연결소+보조용언] 구성으로 '가정'의 의미기능을 하는 경우 단순히 지각동사 '보다'의 하위적인 의미기능으로 보거나 '시행', '경험'과 묶어서 기술하기보다는 독립적인 '가정 구문'으로 보고 그 구문에서 지정하는 의미기능에 대해 기술하려는 시도를 하는 것이 보다 적절하다고 판단된다.

본 연구는 '보다'의 구성 중 현재시제형으로 쓰인 본용언과 결합한 '-아봐'와 과거시제형으로 쓰인 본용언과 결합한 '-았어 봐'로 구분하여 각각이 지니는 가정의 의미기능을 상술해 보고자 한다. 즉, 현재시제형으로 쓰인 본용언과 결합하는 '-아 봐'는 단순한 가정을 나타낸다면 과거시제형으로 쓰인 본용언과 결합하는 '-았어 봐'는 과거에 이미 일어난 사건을 전제로 하며, 특히 현재나 미래에는 결코 일어날 수 없는 반사실 가정을 나타낸다. 편의상 본고는 전자는 일반적인 '가정'으로 후자는 '반사실 가정'으로 이름 하여 연구를 진행하고자 한다. 반사실 가정을 '-았어 봐'로

---

8 우언법(迂言法, periphrastic)이란, "단일한 문장 형태를 나타내는 데 있어 굴절형(inflection)을 나타내는 대신 두 개 이상의 낱말을 사용하는 방식"을 말한다.(조성식 1990:890-1).

제시한 것은 말뭉치에서 이와 같은 형태로만 빈번하게 나타나는 것에
근거하여 특정 활용꼴로 제시한 것임을 밝혀 둔다.

3.1.1. '-(으)면'으로의 대체 가능성

가정의 의미를 나타내는 '-아 봐'의 경우 '시도'나 '경험'과 달리 가정
이나 조건을 나타내는 연결어미 '-(으)면'으로 교체할 때 후행하는 문장
과의 관계에 있어 어색함이 없다는 특징이 있다.

> (1) 대문 밖으로 나오기만 해 봐들! 가만 안 둬!
>
> (드라마 〈반올림〉 29회)

'-아 봐'가 사용된 문장은 후행하는 문장과는 별개의 독립된 문장이
다. 그러나 '-아 봐'는 의미적으로 '-(으)면'으로 교체할 경우에도 전달하
고자 하는 메시지를 이해하는 데에 있어 어려움이 없다는 특징을 지닌
다. 즉, '대문 밖으로 나오기만 하면, 가만 안 둬!' 라는 이어진 문장으로
해석이 가능한 것이다. 이는 반사실 가정의 경우에도 마찬가지이다.

> (2) 진작에 나 과외 시켜 줬어 봐! 내가 우클라라고 읽었나.
>
> (드라마 〈반올림〉 21회)

(2)는 영어 발음을 우습게 하여 친구들에게 망신을 당한 딸이 놀리는
엄마에게 책임을 전가하는 내용이다. 이 경우에도 '진작에 과외를 시켜
줬으면 내가 우클라라고 읽었나'라고 하여 의미적으로 전혀 어색함이 없
이 해석될 수 있다. 따라서 비록 '-아 봐'가 쓰인 문장이 후행문과 문법
적으로 서로 독립되어 있는 문장이라고 할지라도 의미론적으로 살필 때
마치 조건절과 후행절의 역할과 유사하기 때문에 '-아 봐' 가정 조건문

으로 볼 수 있다.

앞서 제시한 예문에서 확인된 바와 같이 '-아 보다' 가정은 조건절의 독립이 가능하다. 이는 '-(으)면'과 비교할 때 뚜렷한 특징을 살펴볼 수 있다. '-(으)면'의 경우 연결어미로 조건절과 후행절이 이어져 가정을 이루지만, '-아 보다'의 경우 후행하는 문장과의 의미적인 연결은 있으되, 후행하는 문장이 나타나지 않아도 그 자체로서 하나의 조건문을 구성할 수 있다는 것이다.

(3) 걸리기만 해 봐. (드라마 〈수상한 삼형제〉 33회)

위의 (3) 예문은 이 문장만으로는 앞의 내용은 짐작하기 어렵다. 그러나 후행문의 경우 제시되지 않았음에도 불구하고 '가만 두지 않을 것이다.' 등으로 짐작이 가능하다. 즉, '-아 봐' 가정의 경우 명시적으로 드러나지 않았더라도 후행문의 특정 의미기능과 관련하여 공통적으로 함의하는 바가 있다.

(3)' 걸리기만 하면…….

그러나 (3)'와 같이 '-(으)면'으로 교체할 때 이것은 화자의 의도가 모호해진다는 것을 알 수 있다. 즉 '-아 봐'는 후행하는 문장 없이도 조건문으로 사용될 수 있고, '경고' 등의 의도 역시 비교적 명시적으로 드러나지만, 연결어미 '-(으)면'은 반드시 후행절이 있어야 하며 그 내용에 따라 화자의 의도가 사뭇 달라질 수 있는 것이다.

3.1.2. 생략 가능성

보조용언은 본래 독자적으로는 의미를 표현할 수 없고, 본용언과 연결소를 필수적으로 앞에 배치해야 한다는 제약을 지닌다. 이러한 보조용언의 속성은 '-아/어 보다'에도 적용이 되는데 '시도', '경험'의 용법과 달리 '가정'의 용법에서는 이러한 속성이 달리 나타나는 것을 확인할 수 있다.

> (4) ㄱ. 아까 <u>전화해 봤는데</u> 사고는 없었대. (시도)
> ㄴ. 너 지금도 엄마 용돈 한번 <u>드려 봤어</u>?(경험)
> ㄷ. 문 세게 닫기만 <u>해 봐</u>. 아주 그냥 가만 안 둬!(가정)
> ㄹ. 우리 <u>옥림이었어 봐</u>. 당장 학원 빼먹고 기획사 달려갔지.(반사실가정)
>
> (드라마 〈반올림〉 24회, 54회, 6회, 39회)
>
> ㄱ′. 아까 전화했는데 사고는 없었대.
> ㄴ′. 너 지금도 엄마 용돈 한번 드렸어?
> ㄷ′. ?문 세게 닫기만 하다. / 문 세게 닫기만 해.
> ㄹ′. *우리 옥림이었다./ 우리 옥림어었어라.

'시도'와 '경험'의 예문은 '연결소+보다'가 생략되어도 문법적 의미만 사라질 뿐 본래 전달하고자 한 목적을 그대로 전달할 수 있는 반면, '가정'과 '반사실 가정'의 경우 일반 서술문이 되거나 혹은 서법을 유지시켜도 의미가 변질되거나 비문이 되는 것을 확인할 수 있다. 호광수(2003)은 '보다' 가정 구문의 해석에 있어 본용언의 행위주와 보조용언의 행위주를 구분하여 기술하고자 시도하였는데 이를 적용하여 볼 때 가정 용법의 '-아 봐'는 본용언의 행위주가 문장에 나타나지만 보조용언의 행위주는 항상 '가정'하고 있는 화자 자신이 되기 때문에 본용언의 행위주와 불일치하는 경우가 있음에도 불구하고 표면에 나타나지 않게 된다. 이러한 특징으로 인해 '시도'와 '경험'의 예문은 '연결소+보다'가 생략되어도 문법적 의미만 사라질 뿐 본래 전달하고자 했던 목적을 그대로 전달할 수 있는 반면, '가정'과 '반사실 가정'의 경우 의미가 달라지거나 아예 문장 종결법의 차원에서 비문이 되게 되는 것이다.

3.1.3. 전제의 부정과 화청자간 공유하는 정보

현재시제와 결합한 '-아 봐' 가정 용법과 달리 과거시제와 결합한 '-았어 봐' 가정 구성은 조건문의 명제와 반대되는 전제[9]를 지니게 된다.

> (5) ㄱ. <u>옥림이었어 봐</u>. 벌써 기획사로 달려갔지.
> ㄴ. <u>차만 안 샀어 봐</u>. 그냥 조용히 넘어가는 건데!
> ㄷ. <u>진작에 과외 시켜 줬어 봐</u>. 그럼 우클라라고는 안 읽는 건데.
> (드라마 〈반올림〉 39회, 18회, 21회)

(5ㄱ)은 화자의 발화 '옥림이었어 봐'에서 지시하고 있는 대상이 '옥림이가 아니다.'라는 전제를 지닌다. 또한 이미 화청자 사이에 발화 안에서 이야기되고 있는 대상이 '옥림이'는 결코 아니라는 사실에 대해 공유하고 있음을 알 수 있다. 현재시제형의 본용언이 쓰인 '옥림이어 봐.'일 경우에도 지시 대상이 '옥림이는 아니다.'라는 전제를 지니는 것은 동일하지만 옥림이일 수도 있는 가능성이 더 많다고 할 수 있는 반면 '옥림이었

---

9 정희자(2008)은 전제(presupposition)란 한 문장이 발화되었을 때, 그 문장에 사용된 어휘나 구문과 같은 특정 국면에 연결되어, 부수적으로 전달되는 여러 가지 의미를 포괄적으로 가리키는 용어라고 소개하고 있다. Frege(1975)는 '어떤 것이 단언되면 사용된 고유명사는 지시를 갖는다는 분명한 전제가 있다'고 주장하였는데 일반적인 고유명사는 물론 모든 지시 표현들을 'proper name'으로 불렀다.
정희자(2008:342)에 따르면 의미론에서는 문장 A가 참인 모든 상황에서 다른 문장 B가 참이고, 문장 A가 거짓인 모든 상황에서도 다른 문장 B가 참일 때, 문장 A는 다른 문장 B를 의미론적으로 선제한다고 한다.

어 봐'에서는 옥림이일지도 모르는 가능성이 과거시제의 사용으로 인해
완전하게 차단이 되고 나아가 그 사실에 대해 화청자 간에 공유된 정보
를 지니고 있다는 것이 보다 분명하게 나타난다. (5ㄴ)의 경우 '차를 샀
다.'는 전제를 지니게 되며, 이 경우 화청자 간에 이미 차를 산 사실에
대해 공유하고 있다는 것을 알 수 있다. (5ㄷ)은 '과외를 시켜 주지 않았
다.'는 전제를 만들어내고 있으며 이 역시 엄마와 자녀 사이에 공유하고
있는 경험이나 지식이라는 것을 알 수 있다. 반면, '옥림이어 봐, 차만
안 사 봐, 과외 시켜 줘 봐' 등의 현재시제로 바꾸어 볼 경우 청자는 화자
와 지식을 공유하고 있을 수도 있으나 공유하고 있지 않을 수도 있고,
해당 명제는 청자에게 새롭게 접하는 정보일 가능성이 높아지게 된다.
이 경우 화자는 청자에게 새로운 정보를 환기시키는 역할을 가정법을
통해 하고 있는 것이 되며, 일반적인 부정으로 나타낼 수 없는 전제[10]
역시 발생하지 않게 된다.

　이와 관련하여 과거시제와 결합한 '-(으)면' 역시 항상 반사실 조건문
을 만들어낸다는 점에서 '-아 보다'가 과거시제와 결합할 때 반사실 조
건문으로 나타나는 것은 시제의 영향이 큰 것임을 알 수 있다.

　　(6) 니가 엄마 딸 아니었으면 세뱃돈 줬겠어? (세뱃돈 안 줬다.)
　　(6)' 니가 엄마 딸 아니었어 봐. 세뱃돈 줬겠어? (세뱃돈 안 줬다.)
　　　　　　　　　　　　　　　　　　　　　　(드라마 〈반올림〉 6회)

10　의미론에서는 전제가 긍정문이든 부정문이든 어떠한 상황에서도 취소될 수 없다는
　　취소불가능성을 주장한다. 이러한 전제는 사실성 동사(realize, regret, know 등), 함
　　축동사(manage to, happen to, avoid V-ing 등), 상태변화 동사(stop, continue,
　　begin 등), 반복어(again, another 등), 한정적 기술(John, Fred's sister, this truck
　　등), 반사실적 조건문(If I had followes her advice 등), 시제절(since 절 등), 비제한
　　적 관계절, 분리 구문, 의문문 등의 특수한 어휘 혹은 특수한 구조와 연결되어 추론된
　　다.(정희자, 2008:342)

다만 중요한 차이는 '과거시제+-(으)면'의 경우 화자가 전달하고자 하는 바를 청자가 이미 알고 있다는 함축[11]은 발생하지 않지만, '과거시제 +-아 봐'의 경우 전제에 관해 화청자가 이미 공유하고 있다는 점을 환기시키게 된다. 즉 같은 반사실 조건문일지라도 '-(으)면'의 조건문에서 제시되는 반사실의 전제는 청자가 화자를 통해 새롭게 접하게 되는 명제일 수 있는 반면, '-아 봐'의 조건문의 전제는 화청자 간에 이미 공유하고 있는 경험이나 지식을 바탕으로 하는 것인 셈이다. 가령, '네가 조금만 더 성실했으면 참 기특했을 텐데.'라는 문장과 '네가 조금만 더 성실했어 봐. 참 기특했을 텐데.'라는 문장을 비교해 볼 때, 후자의 경우 '네가 성실하지 않다.'는 전제에 관해 화자와 청자가 이미 동의할 만한 사건이 있었거나 이전 발화에서 청자가 성실하지 않다는 사실을 공유한 일이 있을 것임에 반해 전자는 청자가 화자의 발화로 인해 처음으로 자신에 대한 화자의 견해나 의견을 깨닫게 될 수도 있는 가능성을 열어두고 있는 문장인 것이다. 즉 전자의 경우 화자의 전제는 '네가 성실하지 않다.' 가 되지만, 그것에 대해 청자가 동의하거나 동조하지는 않을 수 있는 여지가 있게 된다.

3.1.4. 서법 제약과 후행문의 특징

'-아 봐'가 시도나 경험의 의미와 달리 가정의 의미를 나타내기 위해서는 반드시 명령형으로만 나타나야 한다는 제약 조건을 지니고 있다. (5ㄴ)의 예문을 아래와 같이 문장종결형을 바꾸어서 살펴볼 수 있다. 특히 이러한 가정의 의미로 사용될 때에는 주로 구어에서 나타나는 특징이

---

11 Kattunen&Peter(1979)는 전제를 포착하는 의미 표현을 '고정 함축'이라 하여 전제 가 사실상 취소될 수 없음을 주장하였다. 그들의 이론에서 전제는 사실상 고정함축이 기 때문에 취소될 수 없고 부정문에서도 살아남아야 한다.(정희자, 2008:360)

있어 '보다'가 대부분 '봐'로 실현되는 양상을 보인다.

> (7) ㄱ. <u>차만 안 샀어 봐라</u>. 그냥 조용히 넘어가는 건데!
> ㄴ. *<u>차만 안 샀어 본다</u>. 그냥 조용히 넘어가는 건데!
> ㄷ. *<u>차만 안 샀어 보느냐?</u>. 그냥 조용히 넘어가는 건데!
> ㄹ. *<u>차만 안 샀어 보자</u>. 그냥 조용히 넘어가는 건데!
> (드라마 〈반올림〉 18회)

그리고 아래와 같이 가정 용법과 관련하여 후행문의 양상을 살펴보면 '–아 봐'와 같은 경고성의 가정일 때 후행문에는 청자의 개입이 불가능하다. 그러므로 (8 ㄷ, ㄹ)과 같이 청자의 의견을 반영하거나 청자에게 의견을 구하는 의문문이나 청유문은 공기할 수 없고 (8 ㄱ, ㄴ)의 서술문과 (8ㅂ)의 명령문만이 가능하다는 특징을 지닌다. 더불어 조건문의 가정은 현재 혹은 미래를 지시하는 것이기 때문에 후행문에는 (8ㅁ)과 같이 과거시제가 나타날 수 없다.

> (8) ㄱ. 대문 밖으로 나오기만 해 봐! 가만 안 둬.
> ㄴ. 대문 밖으로 나오기만 해 봐! 가만 안 둔다.
> ㄷ. *대문 밖으로 나오기만 해 봐! 가만 안 둘까?
> ㄹ. *대문 밖으로 나오기만 해 봐! 가만 안 두자.
> ㅁ. *대문 밖으로 나오기만 해 봐! 가만 안 뒀어.
> ㅂ. 대문 밖으로 나오기만 해 봐! 얘, 아주 가만 두지 마라.(제3자 에게)
> (드라마 〈반올림〉 29회)

'–았어 봐' 반사실 조건문 역시 청자의 의견을 반영하거나 구하는 의문문과 청유문과 함께 쓰일 수 없다. 그러나 과거시제는 나타날 수 있는데, 이 경우 이미 일어난 사건을 전제로 하고 있기 때문에 사실과 반대되

는 가정을 지정하기 위해 과거시제가 올 수 있게 된다. 후행문에 화자의
의지가 담긴 현재시제나 미래시제가 나타나는 경우도 있는데 이 경우에
는 현재 시점에서 강력한 금지, 절대로 일어날 수 없는 일에 대한 경고를
나타내고자 할 때 쓰인다. 그 밖에는 (8)의 경우와 유사한 양상을 보이는
데, 먼저 (9, ㄱ, ㄴ)에서 나타나듯 평서문은 나타날 수 있다. (9, ㄷ,
ㄹ)의 의문문과 청유문이 오지 못하는 것도 (8)의 경우와 동일하다. 다
만, 반사실 조건문의 경우 (9, ㅁ)처럼 과거 사실에 대한 명제이기 때문
에 후행문에 과거시제가 오는 것이 가능하다. 또한 (9, ㅂ)과 같이 명령
문도 위치할 수 있는데, 명령문이 나오기 위해서는 '-았/었 어 봐' 구문
이 강력한 금지나 경고를 의미하는 경우이어야 한다.

(9) ㄱ. 대문 밖으로 나오기만 했어 봐! 가만 안 둬.
     ㄴ. 대문 밖으로 나오기만 했어 봐! 가만 안 둔다.
     ㄷ. *대문 밖으로 나오기만 했어 봐! 가만 안 둘까?
     ㄹ. *대문 밖으로 나오기만 했어 봐! 가만 안 두자.
     ㅁ. 대문 밖으로 나오기만 했어 봐! 가만 안 뒀어.
     ㅂ. 대문 밖으로 나오기만 했어 봐! 얘, 아주 가만 두지 마라.(제3
        자에게)

공기 가능한 후행문의 형태를 '-(으)면'과 비교해 보면 다음과 같다.
'-(으)면'의 경우 조건절의 시제는 후행절의 영향을 강하게 받기 때문에
후행절에 따라 달라지며, 후행절에는 평서, 명령, 청유, 의문문이 모두
나올 수 있다. 그러나 앞서 살폈듯 '-아 보다' 조건문에서는 뒤에 청유문
이 나타날 수 없으며, 특히 경고의 가정법에서는 의문문도 나타나지 않
는 양상을 보였다. (10, ㄱ, ㄴ)서술문, (10, ㄷ)의문문, (10, ㄹ)청유문
이, (10, ㅁ)과거 시제가 올 수 있다는 것을 보여준다. (10, ㅂ)은 명령문

역시 나타날 수 있다는 것을 보여준다. '-아 봐'의 제약 현상과 달리 모든 문장 종결법이 나타날 수 있는 '-(으)면' 가정문의 특징은 '-(으)면'이 연결어미이기 때문인 것으로 이해할 수 있다.

(10) ㄱ. 대문 밖으로 나오기만 하면 가만 안 둬.
　　 ㄴ. 대문 밖으로 나오기만 하면 가만 안 둔다.
　　 ㄷ. 대문 밖으로 나오기만 하면 가만 안 둘까? (두지 말까?)
　　 ㄹ. 대문 밖으로 나오기만 하면 가만 안 두자. (두지 말자.)
　　 ㅁ. 대문 밖으로 나오기만 하면 가만 안 뒀어.
　　 ㅂ. 대문 밖으로 나오기만 하면 얘, 아주 가만 두지 마라.(제3자에게)

'-(으)면'의 반사실 조건문인 (10)'의 예문들 역시 예문(10)과 동일하게 (10', ㄱ, ㄴ) 평서문, (10', ㄷ)의문문, (10', ㄹ)청유문, (10', ㅁ)과거시제, (10', 명령문)이 모두 나타날 수 있다는 것을 아래의 예문을 통해 확인할 수 있다.

(10)' ㄱ. 대문 밖으로 나오기만 했으면 가만 안 둬.
　　 ㄴ. 대문 밖으로 나오기만 했으면 가만 안 둔다.
　　 ㄷ. 대문 밖으로 나오기만 했으면 가만 안 둘까? (두지 말까?)
　　 ㄹ. 대문 밖으로 나오기만 했으면 가만 안 두자. (두지 말자.)
　　 ㅁ. 대문 밖으로 나오기만 했으면 가만 안 뒀어.
　　 ㅂ. 대문 밖으로 나오기만 했으면 얘, 아주 가만 두지 마라.(제3자에게)

3.1.5. 기타 특징

가. 주어의 실현 양상

앞서 살펴본 바와 같이 '시행'과 '경험'은 본용언의 주어와 보조용언의

주어[12]가 일치한다. 뿐만 아니라 주어는 반드시 [+Human] 자질을 지닌
다. 반면 '가정'의 경우 본용언의 주어는 가정에 따라 다양하게 올 수 있
으며 [+Human]과 [−Human]을 모두 지닐 수 있지만 보조용언의 주어
는 반드시 가정하는 행위주인 화자가 되기 때문에 반드시 [+Human]의
자질을 지녀야 한다. 가정을 제시하는 주체는 항상 고정적으로 화자가
될 수밖에 없기 때문에 가정 용법에서는 보조용언의 주어가 늘 화자 자
신이고, 본용언의 주어는 가정하는 명제에 따라 달라질 수 있다. 본용언
주어의 인칭 제약은 '가정'과 '반사실가정' 모두 존재하지 않으며, 1, 2,
3인칭이 모두 나타날 수 있다.

나. 과거 시제와의 결합

'−아 봐'의 '가정'과 '반사실가정'의 의미기능을 명확히 하기 위해 과거
시제를 결합해 보았다. '반사실가정'의 경우 '−았어 봐'의 형태로 이미
본용언에 과거시제를 결합한 형태이기에 보조용언에 과거시제가 결합이
가능한지를 보았다. 그 결과 '가정'과 '반사실가정' 모두 보조용언에 과
거시제가 결합할 수 없다는 결론을 얻었는데 이는 보조용언 '−아 봐'로
나타나는 '가정'이라는 것은 항상 화청자가 함께 있는 장면 속 '현재시제'
에서만 이루어지는 것 때문인 것으로 보여진다. 즉 가정하는 명제는 과
거, 현재, 미래가 모두 가능하겠지만, '−아 봐'라는 가정 행위 자체가 명
령형으로 화청자가 함께 있는 장면을 지정하는 형태이기 때문에 이는
과거시제와 결합할 수 없게 되는 것이다.

---

12   본고는 주어와 행위주를 구분하여 기술하고자 하였는데 본고에서 언급하고 있는 '보
조용언의 주어'는 청자(2인칭 주어)를 포함하는 개념이고, '보조용언의 행위주'는 보조
용언 '보다'가 언표내적으로 수행하게 되는 행위, 즉 이 경우 '가정'이라는 행위를 하는
주체를 의미한다. 따라서 '−아 봐' 구문 중 보조용언 '보다'의 주어는 청자인 2인칭 주
어를 가리키고, 행위주는 '가정'이라는 행위를 하고 있는 화자 자신이 된다.

3.2. -았단 봐

앞서 살펴본 바와 같이 선행 연구에서는 '-다가 보다'의 경우 '지속'과 '원인' 정도의 의미를 갖는 것으로 제시하고 있었다. 본 장에서는 구어에서 자주 쓰이는 형태인 '-았단 봐'의 가정 용법과 관련한 특징에 대해 상술하도록 한다. '-았단 봐' 구성의 경우 보조용언 '보다'가 간접 화행으로서의 가정 기능을 수행해내는 것으로 볼 수 있다. 이와 관련한 구체적인 특징은 다음과 같다.

3.2.1. 인칭 제약

'-았단 봐' 구성에서 '봐'로 나타나는 '보다'의 명령형은 청자를 직접 상정하는 특징을 지니기 때문에 이 구성은 문체법의 특성에 따라 2인칭의 청자를 지니게 된다. 그러나 대부분 2인칭의 청자는 생략되며, 직접적인 청자가 존재하지 않는 혼잣말의 상황에서도 자주 쓰인다는 것을 확인할 수 있다. 2인칭 청자를 상정하는 것은 '가정'에서 나타나는 일반적인 특징이지만 혼잣말에 있어서도 2인칭 청자를 선택 혹은 생략하여 발화하는 것은 구어에서 드러나는 장르적 특징이다.

> (11) ㄱ. 강부 아니, 우리 강이가 진짜 자살했단 봐. 당신 살 수 있어!?
> ㄴ. 재수 안 해주기만 했단 봐라.
>
> (드라마 〈최강울엄마〉, 〈피아노〉)

(11ㄱ)의 경우 '당신'이라는 2인칭의 청자가 생략된 채 '우리 강이가 진짜 자살했단 봐.'라고만 나타나고 있는데, 후행문에서 청자가 드러나고, '당신, 우리 강이가 진짜 자살했단 봐.'와 같이 2인칭 청자를 삽입하면 화청자 사이의 관계가 더욱 선명하게 드러나게 된다. 그러나 '봐'라는 명령문 자체가 2인칭의 청자를 상정하는 것이기 때문에 '당신'이 생략

될지라도 의미적으로는 전혀 문제가 발생하지 않는다. 예문(11ㄴ)은 화청자가 한 장면 속에 공존하고 있다기보다는 화자가 혼자 혼잣말을 하는 상황으로 생각해 볼 수 있다. 뚜렷한 청자가 없을 때에도 화자의 행위에 대한 의지를 강조하기 위해 가상의 청자가 존재하는 것처럼 '-았단 봐' 구성을 사용하여 발화할 수 있는 것이다. 결국 '-았단 봐' 구성에서 '봐'의 주체가 되는 것은 직접적이거나 간접적인 2인칭의 청자가 될 수밖에 없게 된다.

'-았단 봐' 구성에서 또 하나 살펴볼 것은 '-았단 봐' 구성 본용언의 주어 인칭 제약이다. 이 경우 가정문의 가정 명제가 되기 때문에 주어의 자리에 1인칭, 2인칭, 3인칭이 모두 올 수 있다. 다음 예문에서는 2인칭과 3인칭만 나타나고 있지만 '내가 시험에서 떨어졌단 봐. 너 가만 안 둘 거야.'라는 문장을 상정해 본다고 할 때 1인칭의 주어가 오는 명제 역시 가정의 대상이 될 수 있으므로 '-았단 봐' 구성 본용언의 주어 자리에 나타날 수 있게 된다.

> (12) ㄱ. 강부 아니, 우리 강이가 진짜 자살했단 봐. 당신 살 수 있어!?
> ㄴ. 재수 안 해 주기만 했단 봐라.
> ㄷ. 봉숙 호랑말코 같은 놈들. 내 집에 손만 댔단 봐. 그 날이 내 관 짜는 날인 줄 알어.(드라마 〈내 이름은 김삼순〉 1회, 14회)

3.2.2. 서법 제약과 후행문의 특징

'보다' 구성에서 가정의 의미기능을 하는 '-아 봐'와 마찬가지로 '-았단 봐' 구성 역시 가정의 의미로 사용되기 위해서는 반드시 명령형으로 나타나야 한다. '-았단 봐'의 경우 명령형 외에 청유형으로도 가능하다는 특징이 있다.

(13) ㄱ. 안 해 주기만 했단 봐라.
　　ㄴ. *안 해 주기만 했단 볼까?
　　ㄷ. *안 해 주기만 했단 보다.
　　ㄹ. 안 해 주기만 했단 보자.

한편 후행문의 서법 제약을 살펴보면 '-아 봐'나 '-았어 봐'에 비해 제약이 다소 완화되는 것을 알 수 있다. 아래 예문(14ㄱ)의 경우 후행하는 문장이 의문문으로 나타나고 있는 등 비교적 자유로운 양상을 보이고 있다. 특히 예문에서는 '-을 것이다.' 등 단순 미래나 의지를 나타내는 문장이 자주 나타났으나 감탄이나 청유 등의 경우에도 상황에 따라 충분히 나타날 수가 있다는 점을 볼 수 있었다.

(14) ㄱ. 강부 아니, 우리 강이가 진짜 자살했단 봐. 당신 <u>살 수 있어?</u>
　　ㄴ. 재수 안 해 주기만 했단 봐라.
　　ㄷ. 봉숙 호랑말코 같은 놈들. 내 집에 손만 댔단 봐. <u>그 날이 내
　　　　관 짜는 날인 줄 알어.</u>

3.2.3. 시제 및 상적 특징

'-았단 봐' 구성은 시제 표현에 있어 일정한 규칙성을 갖는다. 먼저, 화자가 가정의 판단 요구하는 발화는 청자와의 상관적 장면[13]에서만 이루어지기 때문에 반드시 현재시제로 쓰이게 된다. 아래의 예문들이 모두 미래 사실을 가정하고 있음에도 불구하고 형태는 '봐'라는 '보다'의 현재 시제 명령형의 꼴을 사용하고 있음을 알 수 있다.

13　'상관적 장면'이란 '화자와 청자가 얼굴을 맞대고 말을 주고 받는 상황이 이루어지는 대화의 공간'이며, '단독적 장면'은 '작가와 독자가 책이라는 매체를 통해 의사소통을 하는 허구의 세계를 주로 가리키는 장면'이다.(고영근·구본관, 2008)

또 다른 시제 및 상적 특징은 항상 과거시제와 함께 쓰여 '-았단 봐'로 실현된다는 점이다.

예문 (14ㄱ)은 과거 사실에 대한 가정이거나 미래 사실에 대한 가정 모두로 실현될 수 있는 중의성을 지니고 있다. 즉 강이가 자살하려던 사건 이 과거에 있었고 그것을 화자와 청자가 이미 공유하고 있는 상태에서 화자는 현재 과거의 사건이 이루어지지 않은 것에 대해 가정하고 있을 수 있는 것이다. 이 경우 예문 (14ㄱ)의 '-았단 봐'는 '-았어 봐' 반사실 조건문으로 대체될 수 있다. 한편, 이것은 다가오지 않은 사실이 발생할 상황에 대해 강조하여 가정하는 미래 사실에 대한 가정문으로도 해석할 수 있는데, 이 경우 '-았-'은 명제가 발생할 시를 강조하기 위한 완료상의 사용으로 볼 수 있다. 예문 (14ㄴ, ㄷ) 모두 동일하게 중의적으로 해석하 는 것이 가능하다. 따라서 이러한 시제 및 상적 특징을 보다 명확히 해석 하기 위해서는 한 문장 안에서의 시제 및 상적 실현 양상만으로는 불충분 하고 문장 단위를 넘어선 맥락의 이해가 필수적으로 요구되게 된다. (14) 의 예문들은 '-았-'의 결합이 중복으로 실현된 '-았었-'을 적용할 경우에 도 문장 성립이 가능한데, '-았-'이 결합할 경우 과거 사실에 대한 가정임 이 더욱 확실해져 해석의 중의성이 사라진다는 특징을 지닌다.

3.2.4. 선어말어미와의 결합 특징

가. '-시-' 결합의 특징

'-았단 봐' 구성에 있어서 높임의 선어말어미인 '-시-'는 '보다'에 결합 할 수도 있고, 본용언에도 결합할 수도 있다. 이것은 상황적 맥락에 따라 달라질 수 있는데 '보다'에 결합할 경우는 청자가 화자보다 연장자인 상대 높임의 맥락일 때 그러하고, 본용언에 '-시-'가 결합하는 경우는 본용언 주어가 화자와의 관계에 있어 위-아래가 결정될 경우에 그러하다. 즉 본용언에 '-시-'가 결합하는 경우는 객체높임의 상황 맥락인 것으로 생각할 수 있다. 다만 청자와 본용언 주어가 일치할 경우, '보다'의 '-시-' 결합 양상이 본용언의 '-시-' 결합 양상과 동일하게 이루어진다는 특징이 있다. 다음은 (15)의 예는 본용언 주어와 청자가 일치하는 경우이고 (16)은 본용언 주어와 청자가 일치하지 않는 예이다.

<blockquote>

(15) ㄱ. 내 집에 손만 <u>댔단</u> 봐. (화자=청자, 화자〉청자)

ㄴ. 내 집에 손만 <u>대셨단</u> 봐. (화자〈청자)

ㄷ. 내 집에 손만 <u>댔단</u> 보십시오. (화자〈청자)

(16) ㄱ. 우리 강이가 진짜 <u>자살했단</u> 봐. 당신 살 수 있어!?
   (화자=청자〉본용언의 주어)

ㄴ. 우리 ○○께서 진짜 <u>자살하셨단</u> 봐. 당신 살 수 있어!?
   (화자=청자〈본용언의 주어)

ㄷ. 우리 강이가 진짜 <u>자살했단</u> 보십시오. 당신이 살 수 <u>있으시겠습니까?</u> (청자〉화자〉본용언의 주어)

ㄹ. 우리 ○○께서 진짜 <u>자살하셨단</u> 보십시오. 당신 살 수 <u>있으시겠습니까?</u> (본용언의 주어〉청자〉화자, 본용언의 주어=청자〉화자)

</blockquote>

다만, 화행적 전략으로서 혹은 관계의 친밀도나 기타 특징들로 인하여 연령이라는 기준과 무관하게 높임법이 실현되는 경우는 '-시-' 결합의 양상이 달라질 수 있다. 따라서 '-시-' 결합 양상에 있어서도 보다 적절한 해석을 하기 위해서는 맥락에 대한 고려가 충분히 이루어져야 할 것이다.

나. '-더-' 결합의 제약

'-았단 봐' 구성의 본용언과 '보다' 모두에 있어 '-더-'가 결합할 수 없다는 제약을 지닌다. 이는 '-았단 봐' 구성의 가정이 화자가 제3자의 말을 가정하거나 혹은 제3자의 말에 기반 하여 추청하거나 혹은 과거에 반복적으로 일어나던 일에 대해 가정하는 것이 아니라 화자 중심의 인지적 판단에 근거하여 경고하고자 하는 미래의 행위를 명확히 제시하기 때문이라고 볼 수 있다.

4. 결론

이 연구는 말뭉치 언어학의 방법론에 기반을 두고 '보다' 구성이 가지는 가정 용법의 특징에 대해 살펴보았다. 먼저 '-아 봐' 구성은 선행 연구에서 기술하고 있는 시도와 경험의 의미기능 외에 '가정'의 용법으로 빈번하게 사용되고 있었다. 특히 기존의 연구에서는 언급하지 않고 있던 '반사실 조건문'의 쓰임이 발견되었는데, 이는 구어 대화 상황에서는 화청자 간에 공유하고 있는 경험이나 정보지식이 전제될 때 사용되고, 특히 이미 과거에 이루어진 일에 관해 반대되는 상황을 가정할 경우에 사용되는 것으로 밝혀졌다.

'-았단 봐' 구성의 경우 보조용언 '보다' 구성이 조건문으로 기능하는 경우는 아니지만 보조용언 '보다'가 간접 화행으로서의 가정 기능을 수행해내는 것으로 볼 수 있다. 이는 혼잣말의 상황에서도 자주 쓰이며 미래 사실을 가정하고 있음에도 불구하고 '봐'의 형태로 '보다'의 현재시제 명령형의 꼴을 사용하고 있음을 알 수 있다. 주로 '-았단 봐'의 구성으로 과거시제형의 서술부를 지닌 절과 결합하는 양상을 보이고 있다. 이러한 두 구성의 특징을 살펴보면서 '보다' 구성의 가정 용법은 특히 화청자가 존재하는 '구어'라는 맥락의 영향을 많이 받고 있는 것을 확인할 수 있었다.

　발화자는 자신의 의도를 효과적으로 전달하기 위해, 즉 의사소통을 성공적으로 이끌어가기 위해 가장 효과적이라고 판단되는 문법 형태를 선택하기 마련이다. 경고의 간접화행으로 '-았어 봐', '-았단 봐'의 가정 용법이 두드러지게 사용되는 것은 우연의 작용이라기보다는 발화자의 전략 혹은 선택에 의한, 지극히 필연적인 언어 수행의 결과물이다.

　무엇보다도 분명한 것은 보조용언 '보다'의 구성이 특정 맥락에서 특정한 형태로 가정의 의미기능을 하는 점에 대해 기존의 문법 기술에서는 찾아보기 어렵다는 점이다. 이는 문법 기술이 실제 사용 속에서 나타나는 양상을 구체적으로 담지 못했다는 반증이 될 것이다. 이처럼 맥락과 함께 드러나는 특정한 의미기능은 학습자들에게 있어서는 상당히 중요한 부분일 수 있다. 따라서 그동안 탈맥락적으로 기술되었던 많은 문법 형태들을 다양한 언어 사용 맥락별로 다시 검토해 보고 재해석해 보려는 시도가 더욱 절실하다고 생각된다.

　　　　　　　　　　　　—이 글은 『시학과언어학』 제23호 81~109쪽에 실린 논문임.

〈부록〉 드라마 말뭉치 자료의 목록 및 어절 수

드라마 제목 및 회차	드라마 제목 및 회차
반올림 1회-63회	결혼하고 싶은 여자 1회-18회
여우야 뭐하니 1회-16회	고독 1회-20회
연애시대 1회-16회	로망스 1회-16회
옥탑방 고양이 1회-16회	내 마음이 들리니 1회-16회
이 죽일 놈의 사랑 1회-16회	꽃보다 아름다워 1회-30회
환상의 커플 1회-16회	눈의 여왕 1회-16회
피아노 1회-16회	뉴하트 1회-23회
최강 울 엄마 1회-18회	달콤한 나의 도시 1회-16회
내 이름은 김삼순 1회-12회	반짝반짝 빛나는 1회-40회
굳세어라 금순아 1회-80회	솔약국집 아들들 1회-54회
올드미스다이어리 1회-125회	수상한 삼형제 1회-64회
그들이 사는 세상 1회-16회	공부의 신1회-16회
그대, 웃어요 1회-45회	낭랑18세 1회-16회
1%의 어떤 것 1회-26회	마왕1회-20회
9회말 2아웃 1회-16회	거짓말 1회-20회
2009 외인구단 1회-16회	거침없는 사랑 1회-19회
가문의 영광 1회-50회	건빵선생과 별사탕 1회-16회
강남엄마 따라잡기 1회-18회	검사 프린세스 1회-16회
개인의 취향 1회-16회	겨울연가 1회-20회
결혼 못 하는 남자 1회-16회	
전체 어절 수	5,767,610 어절

맥락을 고려한
한국어 문법 교육 연구

요청 화행을 중심으로

서지혜

연세대학교 한국어학당

1. 서론

본 연구는 실제 대화에서의 한국어 요청 화행 실현 양상을 분석하여 한국어교육에서 맥락을 고려한 문법 교육의 필요성을 보이는 데 목적이 있다. 기존의 한국어 회화 교재에서는 다양한 요청 화행 표현들을 제한적으로 다루고 있고 요청 화행이 나타나는 상황이 구체적으로 제시되지 않은 경우가 많았다. 사실상 이러한 교재들은 해당 문형들이 요청을 의미한다는 지식만 습득시키고 한국어 학습자가 실제 대화에서 활용하는 방법에 대해서는 제시하고 있지 않다. 한국어교육에서는 실제 의사소통 능력 향상을 목적으로 하면서도 상황에 적절한 한국어 구사를 위한 교수·학습 자료는 부족하다. 따라서 본 연구에서는 한국어 모어 화자들의 실제 요청 화행을 나타내는 문형들에는 어떤 것들이 있고, 그 각각의 문형들이 나타나는 상황 맥락은 어떠한지를 분석해, 한국어 모어 화자들이 상황에 따라 각각 다른 문법을 선택한다는 것을 밝힌다. 이어서 기존 한국어 회화 교재들에 나타난 요청 화행 양상과 제시된 맥락을 분석해 보

완점을 찾아보고 실질적이고 효과적인 문법 교육은 맥락 안에서 이루어
져야 함을 증명한다.

의사소통 중심 교수법이 대두되면서 언어 학습에 있어서 화용적 능력
의 필요성이 인지되기 시작했다. 화용론적 관점에서 볼 때, 제2언어 학
습은 단순한 언어 규칙의 습득이 아니라 특정 상황에 대한 발화의 적절
성, 그 사회·문화가 용인하는 표현 구사 능력을 갖추는 것을 말한다(정
민주, 2002:8). 현재 영어 교육에서도 Halliday를 비롯한 학자들이 화·청
자와의 관계, 사회·문화적 요소 등의 맥락을 고려한 문법 선택 능력을
기를 수 있는 교수·학습 방안이 필요하다고 언급하고 있다.

전통 문법에서는 언어 지식에만 초점을 두고 언어적 형식만을 고려했다.
언어를 맥락과 구별되는 개별적인 것으로 보았다. 그러나 Halliday(1985)
가 언어가 맥락 안에서 어떻게 사용되고 있는지를 보는 기능 문법을 제시하
며 문법 교육에서 사회적 맥락에 초점을 두기 시작했다. 문법은 맥락 안에
서 일어나며 맥락과의 상호 작용을 통해 의미를 형성해 나간다. 교실을
넘어서서 실제 의사소통 상황에서 문법과 맥락은 매우 밀접한 관련을 맺고
있기 때문에 맥락에 맞는 적절한 문법 선택이 성공적인 의사소통을 할
수 있게 한다.

David Nunan(2001:192)은 제2언어 학습시, 문법에서의 맥락의 중요
성을 설명했다. 학습자들에게 맥락에서 문법을 탐색할 기회가 주어지지
않는다면, 학습자들이 각각의 문법들이 실제 의사소통 상황에서 어떤 의
미를 나타내는지, 서로 다른 의사소통 상황에서 어떤 문법이 적절한지를
알지 못한다. 기존 교재들 중에는 문법이 맥락과 관련 없이 제시된 경우
가 많다. 따라서 학습자들이 문법적 구조를 맥락 내에서 탐색할 수 없게
되는데, 맥락과 함께 제시된 문법은 학습자들이 형식, 의미, 사용 사이
에 존재하는 체계적 관계를 살펴볼 기회를 부여한다.

　위와 같이 문법과 밀접한 상관 관계를 맺고 있는 맥락은 정확하게 정의하기가 어렵다. 언어는 맥락을 떠나서는 이해하기 어렵다. 같은 말일지라도 서로 다른 맥락에서는 다른 의미로 쓰인다. 문장만 보아서는 의미를 짐작할 수 없는 경우라도 사람들은 발화가 일어난 맥락을 통해 추론이 가능하기도 하다. 이와 같은 특징들에 따라 Ann Hewings & Martin Hewings(2005:20)는 맥락을 발화되거나 쓰인 문장을 구성하는 다른 요소들을 포괄하는 의미로 보았다.[1]

　한국어를 배우는 외국인 학습자는 한국어 모어 화자보다 사회·문화적 규칙을 습득하기 어려운 조건에 있어 의사소통 실패를 야기하기 쉽다. 외국인 학습자들은 문법에 대한 형식적이고 보편적인 지식뿐만 아니라 사회에서 인정하는, 상황에 적절한 발화를 할 수 있는 지식까지 학습해야 한다(정민주, 2002:9).

　본 연구에서는 상황에 따라 표현이 달라지는 한국어 요청 화행 사용 양상을 밝혀 맥락을 고려한 문법 교육의 필요성을 보이고자 한다. 화행이 일어나는 상황별 한국어 요청 표현을 서법에 따라 밝혀 보고자 한다. 나아가 현재 한국어 회화 교재가 학습자들이 언어 수행 패턴을 익힐 수 있도록 문법을 충분한 맥락 설명과 함께 제시하고 있는지를 보고 이것을 통해 맥락을 고려한 문법 교육의 필요성을 뒷받침해 본다.

1　Ann Hewing&Martin Hewings(2005:20)는 맥락의 범위는 매우 넓어 좁은 의미의 언어적 맥락, 넓은 의미의 언어적 맥락, 좁은 의미의 상황 맥락, 넓은 의미의 사회·문화적 맥락으로 크게 4가지로 나누었다. 좁은 의미의 언어적 맥락은 의사소통에 있어서 핵심적인 언어와 그것을 뒷받침하는 것 모두를 의미하고, 넓은 의미의 언어적 맥락은 각각의 텍스트가 다른 텍스트와 관계하는 방법을 말한다. 좁은 의미의 상황 맥락은 시간, 장소, 시대, 대화 참여자의 성별 및 사회적 지위까지 포함한다. 넓은 의미의 사회·문화적 맥락은 의사소통 해석에 영향을 미치는 넓은 배경을 말한다. 사회와 문화, 정치적 영향, 관례적인 영역의 특징 등을 포함한다.

본 연구에서 요청 화행 연구를 위해 분석한 결과를 통해 한국어를 배우는 외국인 학습자들에게 상황별 적절한 발화 행위인 의사소통 상호작용 규범을 보여줄 수 있다. 한국인들이 선호하는 표현도 알 수 있다. 실제 의사소통 능력 향상 및 언어를 통한 사회·문화적 지식까지 성취할 수 있게 할 것이다. 이 결과를 통해서 한국어 문법 교육은 맥락 안에서 이루어져야 할 필요성을 밝힐 것이다.

2. 분석 대상

2.1. 요청의 개념

요청은 화자가 자신의 이득을 위해 청자에게 부담을 주는 행위이다. 청자의 체면에 주는 손상을 줄이기 위해 상황에 적절한 공손 전략을 필요로 한다(김수정 2011:11). 청자에게 부담을 준다는 점에서 명령과 유사하다. 그러나 명령은 청자의 체면을 고려하지 않는 발화로, 강제성이 있다. 화자가 청자에 대해 권위를 지니며 청자가 그것을 인정하는 조건으로 이루어진다. 청자가 행위를 수행하는 것이 당연시된다(정민주, 2002:26). 청자가 행위를 수행할지 여부가 분명하지 않으므로 화자는 청자와의 관계를 고려한 발화를 하게 된다. 상대방과의 관계, 청자가 행위를 수행하기를 바라는 정도 등에 따라서 상대방을 설득할 수 있는 여러 가지 표현 및 전략이 사용된다.

정리를 하면 요청은 강제성이 없고 화자에게 도움이 되며 청자에게는 부담을 주게 되는 행위로, 청자의 부담을 덜기 위해 공손적 전략이 사용되는 발화이다.

2.2. 한국어 요청 화행 양상

본 연구에서는 한국어 모어화자들은 요청을 할 때 어떤 상황에서 어떤 표현을 사용하는지를 조사해 보았다. 요청 화행은 청자에게 어떤 행위를 할 것을 요구하는 의도를 담은 발화로 청자에게 부담을 주게 되는 화행이다(박지영, 2006:16). 요청 화행은 청자가 행위를 수행할 수 있는 능력이 있다는 것을 전제로 하며 청자가 행위를 수행할 지는 분명하지 않고 화자는 청자가 행위를 수행하기를 바란다(Searle, 1969:24). 적절한 요청 화행을 구사하려면 상황과 대화 상대에 따라 공손성이 필요하다. 대화 상대가 누군지에 따라, 대화 상대와 화자와의 관계, 또 어떤 환경에서 말하는지에 따라 공손함은 다양하게 나타난다. 이러한 공손성을 요청 화행에서 적절하게 표현하는 것이 성공적인 의사소통을 가져온다.

한국어는 높임법이 발달한 언어로 대화 상대방과의 관계에 따라 표현하는 공손적 표현이 다양하다. 이러한 공손성은 대화 상대방과의 관계뿐만 아니라, 대화 상황, 발화 의도 등에 따라 세분화되어 나타나 외국인 학습자들에게 어떤 상황에서 어떤 문법을 사용해야 하는지 혼란스러움을 야기한다. 또한 공손적 표현은 한국인들과의 성공적인 의사소통을 위해서는 적절히 구사할 줄 알아야 한다. 적절하게 구사하지 않을 경우 상대방에게 무례함과 불쾌감을 줄 수 있기 때문이다.

특히, 요청 화행은 상대방에게 부담을 주어 상대방 체면을 손상시킬 수 있는 발화이므로 상황과 대화 상대방에 따라 공손적 표현을 적절히 구사해야 한다. 이와 같은 이유로 요청 화행에서 한국인들의 문법적 선택은 매우 다양하게 나타난다. 즉, 실제로 한국어의 요청 화행은 다양한 문형으로 표현되고 있다. 따라서 여러 가지 맥락 요인에 의해 다양한 형태로 나타나는 요청화행을 종결형을 중심으로 살펴보고 요청 화행에는

어떤 문형들이 있는지, 그러한 각각의 문형을 선택하게 하는 맥락 요인
들에는 어떤 것들이 있는지를 분석해, 한국인들은 어떤 맥락에서 어떤
문법을 선호하는지 즉, 한국인의 직관을 알아보도록 한다.

3. 분석 자료 및 분석 방법

한국인들이 실제로 요청을 할 때 어떤 문형을 사용하는지 알아보기
위해 세 편의 드라마 대본에서 각 드라마 당 주요 인물들의 담화 중 요청
화행을 뽑았다. 본 연구에서는 한국어 학습자들이 젊은 층인 것을 고려
해 20대에서 40대 연령에 속한 인물들의 담화를 분석했다. 또한 남녀의
수를 맞춰 성비의 균형을 갖췄다. 주로 어느 한 집단이나 조직에 속해
공적인 상황뿐만 아니라 다양한 상황에서 요청 화행이 이루어질 수 있는
인물들을 대상으로 분석해 목표어 집단의 전형성을 보여줄 수 있고 이러
한 인물들이 대표성을 지니고 있다고 볼 수 있다.[2]

요청 화행이 어떤 상황에서 어떤 문법으로 나타나는지를 보기 위해

---

2 담화 분석 대상으로 삼은 인물들의 정보

	성별	나이	직업
인물 1	남	30대	회사원
인물 2	남	40대	회사원
인물 3	여	30대	주부, 친목 모임 회원
인물 4	여	40대	주부, 친목 모임 회장
인물 5	남	30대	사업가
인물 6	남	30대	회사원
인물 7	여	20대	아르바이트생
인물 8	여	30대	회사원
인물 9	남	30대	회사원
인물 10	남	30대	회사원
인물 11	여	30대	회사원
인물 12	여	30대	회사원

한국어 요청 화행의 특성을 고려하여 다음과 같은 분석 기준을 설정해 각각의 발화의 맥락 정보를 분석했다.

한국어 요청 화행은 공손성의 정도에 따라 다양한 표현으로 나타나는데 이러한 공손성은 텍스트 외적 요소인 사회·문화적 맥락에 따라 결정된다. 선행 연구들에서도 이를 고려하여 분석 기준을 설정했다. 김수정(2011)은 격식성, 친밀도, 힘의 차이를 맥락 정보로 제시했다. 박지영(2006), 이우정(2002)은 요청 상황의 성격, 친밀도, 사회적 힘을 맥락 정보로 설정했다. 강현화(2012)는 화자의 성별, 청자 지위, 청자와의 관계, 청자와의 친소, 장소, 사용역, 장르 등을 맥락 정보로 제시했다. 특히, 상대방에 따라 문법적 선택이 달라진다. 본 연구에서는 위의 특성들을 고려하여 청자와의 관계가 잘 나타날 수 있는 요인들을 분석 기준으로 설정했다.

선행 연구들과 한국어 요청 화행의 특성을 고려해, 본 연구에서는 화자의 성별, 친밀도, 격식성, 힘의 차이, 화·청자 관계를 요청 화행에 영향을 미치는 상황 맥락으로 보았다. 친밀도는 서로 모르는 낯선 사람이 아니면 '친밀'로 분류했다. 격식성의 경우, 수업, 회의, 면접 등 공식적인 상황과 직장 등에서 업무적인 대화를 하는 상황 등은 '격식', 그 밖의 개인적인 목적으로 하는 대화를 하는 상황은 '비격식'으로 두었다. 힘의 차이는 상대적인 힘의 차이로 규정했다. 상대방이 같아도 처한 상황에 따라 힘의 차이는 달라질 수 있다. 손님과 가게 점원의 경우 물건을 살 때는 손님이 힘이 크지만 가격 흥정을 하게 되는 상황에 놓이면 손님의 힘이 작아진다. 화·청자 관계에서 1차 집단은 가족, 2차 집단은 사제간, 직장 내 관계 등과 같이 일상적인 지인 관계를, 3차 집단은 소원한 관계나 낯선 관계를 의미한다.[3]

<표 1> 한국어 요청 화행의 맥락 분석을 위한 변인들

맥락 정보	분류
화자 성별	남, 여
친밀도	소원, 친밀
격식성	격식, 비격식
힘의 차이	화<청, 화=청, 화>청
화·청자 관계	1차 집단, 2차 집단, 3차 집단

4. 분석 결과

4.1. 요청 화행에서 나타난 종결형 빈도

<표 2> 요청 화행에서 나타난 종결형 빈도

순위	종결형	빈도(%)
1	의문형(108)	33
2	명령형(94)	29
3	평서형(70)	22
4	기타(45)	14
5	청유형(7)	2
6	감탄형(0)	0
합계	324	100

드라마 대본에서 나타난 요청 화행 용례는 총 324개로, 의문형, 명령형, 평서형, 5개의 종결형에 속하지 않는 기타 유형, 청유형 순의 빈도로 나타났다. 감탄형을 제외한 다른 종결형들을 모두 요청 화행을 구사하는 데 사용하고 있음을 알 수 있다. 분석한 요청 화행은 매우 다양한 문형으로 나타났다. 4개의 종결형에 속해 있는 각각의 문장들도 일관된 문형으로 나타나기 보다는 다양한 형태로 이루어져 있다. 그 밖에도 5개의 종

---

3 강현화(2012)

결형에 속하지 않는 문형들도 꽤 많이 나타났다.

4.2. 종결형 별 세부 표현 양상

4.2.1. 평서형

평서형은 보통 정보를 진술하지만 요청을 수행하기도 한다. 수행 동사를 사용해 자신의 의지를 나타내기도 하며 '얘들아, 덥다.'와 같은 예문에서 보듯이 정보의 진술과 함께 상황에 따라 '창문을 열어라.'는 요청을 나타내기도 한다.

⟨표 3⟩ 평서형에서 나타나는 문형[4]

순위	문형	빈도(회)	힘의 차이	격식성	화자 성별
1	-부탁합니다 -기 바랍니다	32	화 < 청	격식, 비격식	공통
2	-(으)면 좋겠는데/좋겠어(요) -(으)면 해(요)/합니다 -(으)면 고맙겠습니다 -고 싶어(요)/싶습니다	21	화 ≦ 청	격식, 비격식	공통
3	-이요	5	화 > 청	비격식	여자

평서형으로 끝나는 문장들은 매우 다양한 형태로 나타났다. 평서형으로 나타나는 문형들 중 빈도 높게 나타나는 3개의 문형들을 ⟨표 3⟩에서 제시했다. 3개의 문형들이 어떤 상황에서 나타나는지 맥락 정보를 함께 제시했다. 가장 많이 나타난 '-부탁합니다, -기 바랍니다' 문형은 화자가 청자보다 힘의 크기가 작을 때 사용하며 격식적인 상황이나 비격식적

---

4   종결형 별 세부 표현 양상에서 해당 문형의 맥락 정보는 드라마 말뭉치에서 주로 나타나는 상황으로 기술했다. 즉, 어떤 문형의 힘의 차이에 관한 정보가 가 '화〉청'이라고 해서 화자가 청자보다 힘의 크기가 작거나 같은 경우에는 사용하지 않는다는 것이 아니라, '화〉청'의 상황일 때 가장 많이 사용된다는 것을 뜻한다.

인 상황 모두에서 사용되고 있었다. 수행동사를 사용한 이 문형은 다소 명시적인 요청이지만 편한 상대에게 하는 발화는 아닌 것으로 나타났다.

    (1)   ㄱ. 우리 남편한테 좀 잘해주라. 부탁이다.
          ㄴ. 부탁 좀 드리겠습니다.
          ㄷ. 아저씨, 제발 부탁이에요.

    두 번째로 많이 나타난 '-(으)면 좋겠어(요)' 문형은 힘의 크기가 화자가 청자보다 작거나 같을 때 주로 사용하며 이 문형 또한 비격식적인 상황, 격식적인 상황 모두에서 사용되고 있었다. 이러한 발화는 적극적 요청이기 보다는 다소 소극적이고 예를 갖춘 표현이라고 할 수 있고 자신의 소망을 청자에게 완곡하게 표현한 문형이라고 볼 수 있다.

    (2)   ㄱ. 아버진 반대 안 하셨음 좋겠어요.
          ㄴ. 예의상 받아는 주면 좋겠다.
          ㄷ. 인수합병 계약을 재고해 주셨으면 합니다.

    '-이요' 문형은 화자가 청자보다 힘의 크기가 클 때 비격식적인 상황에서 주로 여자들이 쓰는 것으로 나타났다. 주로 가게에서 주문할 때 사용한다.

    (3)   ㄱ. 아이스아메리카노 둘이요.
          ㄴ. 저는 캬라멜 마끼아또요.

    그 밖에 요청을 나타내는 평서형 문형들 중에는 간접적으로 요청을 하는 "너만 믿는다.", "난 계란말이보다 계란찜 더 좋아하는데." 등과 같은 평서형들과 직접적으로 요청을 하는 "전화 한 통만 쓸게요." 등과 같은 표현들이 있었다.

4.2.2. 의문형

의문형은 화자가 알고 싶은 것을 물어볼 때 사용한다. 그러나 상황에 따라서는 청자에게 어떤 행동을 요구할 경우에도 사용된다. 청자를 고려해서 간접적으로 요청을 할 때 많이 쓰이는 종결형이다.

〈표 4〉 의문형에서 나타나는 문형

순위	문형	빈도(회)	힘의 차이	격식성	화자 성별
1	-(으)ㄹ래(요)? -(으)시겠어요?	36	화 ≥ 청	비격식	공통
2	-(으)면 안될까(요)? -(으)면 안돼(요)?	29	화 ≤ 청	비격식	공통
3	-지?	10	화 = 청	비격식	공통
4	-아/어도 돼(요)/될까(요)?	9	화 ≤ 청	비격식	남자
5	-(으)ㄹ 수 있어(요)? -(으)ㄹ 수 있을까(요)?	8	공통	비격식	여자

의문형 또한 매우 여러 가지 문형으로 나타나고 있다. '-(으)ㄹ래요?', '-(으)시겠어요?' 문형은 주로 화자가 청자와 동등하거나 청자보다 높은 위치일 때 사용된다. 요청에 대한 청자의 의지를 묻는 다소 완곡한 표현으로 볼 수 있다. 용례를 통해 보면 화자와 청자 사이의 관계가 친밀하지 않은 경우에는 잘 사용하지 않는다. 조심스럽게 청자의 의향을 묻거나 화자가 자신의 요청을 반드시 들어줘야 하는 상황이 아닌, 가벼운 요청의 경우가 많았다.

    (4) ㄱ. 물 좀 줄래?
          ㄴ. 잠깐 나가 있어 줄래요?
          ㄷ. 내일 좀 봐주실래요?

의문형 중 두 번째로 많이 나타난 '-(으)면 안될까(요)?', '-(으)면 안돼 (요)?' 문형은 청자가 화자보다 힘이 클 때 주로 사용한다. 간접적인 요청 으로 청자의 체면을 먼저 생각하는 화행이다.

    (5) ㄱ. 추천 좀 해주시면 안돼요?
         ㄴ. 좀 태워주시면 안될까요?

'-지?' 문형은 주로 힘의 세기가 동등한 사람들 사이에서 사용한다. 비교적 적극적 요청에 해당되고 요청으로 인해 상대방에게 부담을 주는 것에 대해 크게 개의치 않는 상황에서 사용하는 것으로 보인다.

    (6) ㄱ. 그만하지?
         ㄴ. 시원하게 한 잔씩 먼저 하고 시작하지?
         ㄷ. 내 방에서 좀 나가주지?

'-아/어도 돼(요)/될까(요)?'의 문형은 이 문형은 주로 남성 화자들이 사용하며 화자보다 힘이 큰 청자에게 요청할 때 사용하는 것으로 나타났 다. 요청을 간접적이면서 완곡하게 나타내며 청자의 허락을 구하는 공손 한 표현으로 볼 수 있다.

    (7) ㄱ. 간단하게 한 말씀 부탁드려도 될까요?
         ㄴ. 눈도장 찍었으니까 나 가도 되지?

'-(으)ㄹ 수 있어(요)?', '-(으)ㄹ 수 있을까(요)?' 문형은 힘의 크기에 제한받지 않는다. 청자가 요청을 들어줄 수 있는지 청자의 체면을 고려 한 발화이다.

(8) ㄱ. 미안하지만 삼십 분 안으로 와줄 수 있니?

ㄴ. 올 수 있겠어요?

그 밖에 요청을 나타내는 의문형 문형들 중에는 '–하시죠?', '–하는 거 아니에요?', '– 못해?', '–지 않아요?', '– 없어?' 등이 있다.

4.2.3. 명령형

명령은 청자의 체면을 고려하지 않지만 명령형이 쓰인 문장이 명령 이외에 요청 화행의 기능을 갖기도 한다.

〈표 5〉 명령형에서 나타나는 문형

순위	문형	빈도(회)	힘의 차이	격식성	화자 성별
1	–아/어 줘/주라/주세요 –아/어 봐/보세요	63	공통	비격식	공통
2	–아/어 –(으)세요	20	공통	비격식	공통
3	–아/어라	11	화=청	비격식	공통

명령형 중에서 가장 많이 사용된 '–아/어 줘/주라/주세요', '–아/어 봐/보세요' 문형에서는 힘의 크기가 맥락 요인으로 작용하지는 않는 것으로 나타났다. 요청을 직접적으로 나타내기는 하지만 '–아/어', '–(으)세요' 문형보다는 조금 더 공손하고 화자의 체면을 고려한 화행이라고 볼 수 있다. 다양한 상황에서 일반적으로 쓰이는 문형이다. (9)ㄷ '신중하게 생각해 봐.'의 예문도 명령형으로 쓰였지만 명령의 기능 외에 생각해 볼 것을 청자에게 바라는 요청의 의미도 나타내고 있다.

(9) ㄱ. 이리 와 봐요.

ㄴ. 거기서 쭉 내려와 봐요.

ㄷ. 신중하게 생각해 봐.

ㄹ. 그리고 교통정리 해 주세요.

ㅁ. 한 번 먹어 봐요.

ㅂ. 제발 제 손목을 붙잡아 주세요.

ㅅ. 그것 좀 빨리 해결해 주세요.

　명령형 중 두 번째로 많이 사용된 '-아/어', '-(으)세요' 문형에서도 힘의 크기가 맥락 요인으로 작용하지 않았다. 가장 직접적인 요청에 해당하는 이 문형은 화자가 청자보다 힘의 크기가 작을 때 합쇼체나 해요체가 붙은 형태로 많이 사용되고 있다. 또한 친밀한 관계에서는 상대방이 힘의 크기가 커도 직접적인 요청을 많이 한다는 것도 알 수 있었다.

　　(10) ㄱ. 말씀 편하게 하세요.

　　　　ㄴ. 그럼 말 놓으세요.

　　　　ㄷ. 저한테도 제대로 된 일을 주십시오.

　'-아/어라' 문형도 화자와 청자와의 힘의 크기에 상관없이 사용한다. -아/어 주다'와 결합해 -아/어 주라'로 주로 사용된다. 매우 직접적인 요청으로, 친한 사이에 격 없이 대화할 때 주로 나타난다.

　　(11) ㄱ. 지금은 그만 돌아가 주라.

　　　　ㄴ. 나 위로 좀 해 주라.

　　　　ㄷ. 대책 좀 세워 주라.

4.2.4. 청유형

　청유형은 화자가 청자에게 공동의 행동을 같이 하기를 요구하는 서법이다. 그러나 요청 화행의 기능을 할 수 있다.

〈표 6〉 청유형에서 나타나는 문형

순위	문형	빈도(회)	힘의 차이	격식성	화자 성별
1	-자 -(으)ㅂ시다	7	화 ≧ 청	비격식	남자

여자 보다는 남자가 많이 사용하고 화자가 청자보다 힘의 크기가 크거나 같을 때 나타내며 완곡한 느낌을 준다. (12)ㄱ '나도 같이 하자.'의 예문을 보면, 이 문장은 공동 행위를 요구하는 내용이지만 나도 하겠다는 요청의 의미가 포함되어 있다.

> (12) ㄱ. 나도 같이 하자.
> ㄴ. 이유나 좀 알자.
> ㄷ. 없던 걸로 하자.

4.2.5. 기타

〈표 7〉 기타 문형들

순위	문형	빈도(회)	힘의 차이	격식성	화자 성별
1	명령형, 응/알겠어/네/어?	12	화 ≦ 청	비격식	여자
2	미완성 발화	33	화 ≦ 청	비격식	여자

5개의 종결형에 포함되지 않는 기타 문형으로 빈도 높게 나타나 유형화가 가능한 두 가지의 문형은 〈표 7〉과 같다. '명령형, 응/알겠어/네/어?' 문형은 총 12개의 용례가 나왔으며 주로 여자가 사용하고 화자가 청자보다 힘의 크기가 작거나 같을 때 사용한다. 화자가 청자에게 자신의 부탁을 들어줄 것을 다시 한 번 강조하는 기능을 한다.

> (13) ㄱ. 뭐라고 얘기 좀 해봐요, 네?
> ㄴ. 제발 좀 그만하세요, 예?

미완성 발화는 주로 여자가 사용하고 화자가 청자보다 힘이 작거나 같을 때 나타난다. 매우 소극적인 표현으로 요청을 암시하고 있다.

> (14) ㄱ. 잠깐만 얘기 좀…
> ㄴ. 저기 그리고 언니, 나 선금 좀…

5. 상황에 따른 요청 화행 표현 양상

Blum-Kulka, House and Kasper(1989)가 제시한 9가지 요청 화행의 전략을 김수정(2011)에서 한국어 요청화행에 맞게 다음과 같이 정리하였다. 본 연구에서 준구어 말뭉치로 분석한 한국인들의 실제 요청 화행 양상을 김수정(2011:36)에서 제시한 요청 화행과 비교해 수정·보완하여 한국어 요청 화행의 기능을 하는 표현들을 〈표 9〉와 같이 정리했다.

〈표 8〉 한국어 요청 화행의 전략(김수정, 2011:36)

	요청 화행의 전략	예
직접적 단계	직접 명령하기	-아/어(라), -(으)세요
	간접 명령하기	-아/어 줘/주라/주세요 -아/어 봐/보세요
	수행동사 사용	-부탁합니다, -기 바랍니다
관례적 간접적 단계	의무 진술하기	-아/어야 해요/합니다/지요
	소망 표현하기	-고 싶어요/싶습니다 -(으)면 좋겠는데/좋겠어(요)
	제안성 어구 사용	-자, -(으)ㅂ시다
	청자의 의지/의향 묻기	-(으)ㄹ래요?, -(으)시겠어요?
	허락 구하기	-아/어도 돼(요)/될까(요)?
	가능성 묻기	-(으)ㄹ 수 있어요/있을까요?
	감사 표현하기	-아/어 주시면 감사하겠습니다.
비관례적 간접적 단계	암시	(상황에 따라 상이)

〈표 9〉 한국인의 요청 화행 사용 양상

	요청 화행의 전략	예	빈도 (회)	맥락 정보
직접적 단계	직접 명령하기	-아/어(라), -(으)세요	31	비격식
		-이요	5	화 〉 청, 비격식, 여자 화자
	간접 명령하기	-아/어 줘/주라/주세요 -아/어 봐/보세요	63	비격식
	수행동사 사용	-부탁합니다, -기 바랍니다	32	화 〈 청
	강조하기	명령형, 응(알겠어, 어)?	12	화 ≦ 청, 비격식, 여자 화자
	바람 나타내기	-지?	10	화 = 청, 비격식
관례적 간접적 단계	의무 진술하기	-아/어야 해요/합니다/지요	1	-
	소망 표현하기	-고 싶어요/싶습니다 -(으)면 좋겠는데/좋겠어(요)	21	화 ≦ 청
	제안성 어구 사용	-자, -(으)ㅂ시다	7	화 ≧ 청, 남자 화자
	청자의 의지/의향 묻기	-(으)ㄹ래요?, -(으)시겠어요?	36	화 ≧ 청, 비격식
	허락 구하기	-아/어도 돼(요)/될까(요)?	9	화 ≦ 청, 비격식
		-(으)면 안돼(요)/안될까(요)?	29	화 ≦ 청, 비격식
	가능성 묻기	-(으)ㄹ 수 있어요?/있을까요?	8	비격식
	감사 표현하기	-아/어 주시면 감사하겠습니다	1	-
비관례적 간접적 단계	암시	미완성 발화	33	화 ≦ 청, 비격식

　　기존의 요청 화행에 관한 선행 연구들에서는 요청 화행에서 나타나는 문법들의 기능에 대한 연구들이 주로 이루어져 왔다. 그러나 실제 대화에서 외국인들이 수많은 요청 화행의 문법들을 어느 상황에서, 누구에게, 언제 사용해야 하는지, 문법적 선택을 결정하는 맥락 정보에 대한 연구는 거의 이루어지지 않고 있다. 따라서 본 연구에서는 요청 화행 문법들의 각각의 상황 맥락을 분석해 보고 또한 실제 한국어 모어화자들이 요청 화행에서 선호하는 문법들이 무엇인지 말뭉치 용례 분석을 통해 빈도 조사를 해 보았다.

빈도 높게 쓰이는 문법이 있는가 하면 '-아/어야 해요/합니다/지요', '-(으)ㄹ 수 있어요/있을까요?', '-아/어 주시면 감사하겠습니다'는 분석한 말뭉치에서는 많이 나타나지 않았다. '명령형, 응/알겠어/어?', '-이요', '지?', 미완성 발화는 기존의 선행 연구들에서 제시한 한국어 요청 표현들에서 나타나지 않았지만 말뭉치 분석을 통해서 한국인들이 요청할 때 사용하는 것으로 나타났다. 각각의 문법이 사용되는 맥락 정보와 빈도는 의사소통 중심의 한국어교육에 반드시 필요한 자료라고 본다.

6. 한국어 교재에 나타난 요청 화행의 문형 및 맥락과의 비교

한국어 교재에서는 어떤 문형들이 어떤 맥락 정보 안에서 제시되는지를 검토하고 실제 대화 속의 요청 화행과의 차이점을 살펴 보았다. 교재는 대학에서 일반 목적 학습자를 대상으로 출판한 한국어 회화 교재 4권을 대상으로 분석했다. 교재 분석에서도 '명령'이나 '청유' 혹은 '제안'의 의미를 갖는 문장들은 분석 대상에서 제외하였다.

〈표 10〉 교재와 말뭉치에서 한국어 요청 화행이 나타나는 상황 비교

(단위:%)

순번	문형	말뭉치		교재	
		비율	청자 정보	비율	청자 정보
1	-아/어(라), -(으)세요	10	1차, 2차, 3차	8	3차
2	-이요	2	2차, 3차	0	-
3	-아/어 줘/주세요 -아/어 봐/보세요	19	1차, 2차, 3차	43	3차
4	-부탁합니다, -기 바랍니다	10	1차, 2차, 3차	10	불분명
5	명령형, 응(알겠어, 어)?	4	1차, 2차, 3차	0	-
6	-지?	3	1차, 2차	0	-
7	-아/어야 해요/합니다/지요	0	-	7	1차, 2차, 3차

8	-고 싶어요/싶습니다 -(으)면 좋겠는데/좋겠어(요)	6	1차, 2차, 3차	9	3차
9	-자, -(으)ㅂ시다	2	1차, 2차	0	불분명
10	-(으)ㄹ래요?, -(으)시겠어요?	11	1차, 2차, 3차	10	3차
11	-아/어도 돼(요)/될까(요)?	3	2차	3	-
12	-(으)면 안돼(요)/안될까(요)?	9	1차, 2차, 3차	3	3차
13	-(으)ㄹ 수 있어요/있을까요?	8	1차, 2차, 3차	3	1차, 3차
14	-아/어 주시면 감사하겠습니다	0	-	0	-
15	미완성 발화	10	1차, 2차, 3차	0	-

　말뭉치 분석과 비교한 결과 교재에서 요청 화행이 나타나는 맥락은 다소 제한적이었다. 교재에서는 주로 청자와의 관계가 3차 집단인, 주로 소원한 사이에서 이루어지는 요청만을 다루고 있다. 가게에서 물건 사기, 차표 예매하기 등 서비스업을 다루는 장소들의 대화가 주를 이루고 있다. 이렇듯 3차 집단 간의 대화만 제시되어 있으므로 고객과 점원의 관계인 '화〉청' 위주의 상황 맥락만 나타나게 된다. '-아/어 줘/주세요', '-(으)ㄹ래요?'는 실제 대화에서는 다양한 상황에서 사용되지만 교재에서는 3차 집단 간의 대화만 제시되어 있다. 또한 2차 집단 간의 대화에서도 주로 교실에서의 대화, 같은 수업을 듣는 사람들 간의 대화로 제한적이다. 또한 맥락이 분명하게 제시되어 있지 않은 대화도 많았다. 이와 같이 맥락이 제한적이거나 불분명하게 제시되면 외국인 학습자들은 어떤 상황에서 어떤 상대에게 어떤 문형을 사용하여 요청을 수행해야 하는지 제대로 알 수 없게 된다. 성공적인 의사소통이 이루어지기 위해서는 화자가 처한 맥락에 적합한 문형을 구사할 줄 알아야 하는데, 교재는 이러한 다양한 맥락을 보여주지 못하고 있고 그 맥락 또한 불분명한 경우가 많았다.
　교재에서 빈도 높게 나타나는 문형들은 '-아/어야 해요/합니다/지요'를 제외하고는 말뭉치 분석에서도 빈도 높게 나타나는 경향을 보여 실제 대화에서 자주 사용하는 문형들이 교재에 제시되어 있음을 알 수 있었다. 그러나 교재에는 요청 문형이 다양하게 나타나 있지는 않았다.

교재에 나타난 표현들이 말뭉치에 나타난 표현들보다 공손적인 점도 두드러진다. '-아/어(라)' 표현은 거의 나타나지 않았고 대부분 '-(으)세요'로 나타났다. '-자' 표현 또한 거의 나타나지 않았고 '-(으)ㅂ시다' 표현이 주로 나타났다. '-아/어 줘' 표현보다는 '아/어 주세요'가 주로 나타났다. 이와 같이 모든 문형에서 '해체'보다는 '해요체', '합쇼체'가 더 많이 나타나고 있다. 그러나 실제 대화에서는 '해요체', '합쇼체' 보다는 '해체'가 더 많이 사용되고 있었다. 이를 토대로 교재에는 실제 대화 상황 맥락이 잘 반영되어 있지 않다고 볼 수 있다. 실제 대화에서 많이 나타나는 구어체가 거의 나타나고 있지 않는 점도 실제 대화 상황을 잘 반영하지 못하고 있다고 할 수 있다.

7. 결론

본 연구에서는 드라마 대본으로 한국어 요청 화행이 나타나는 맥락을 분석했다. 한국어 요청 화행은 매우 다양한 문형으로 표현되고 있음을 알 수 있었다. 그러나 본 연구는 몇 가지 한계점을 지닌다. 약 330개의 용례로 한국어 요청 화행의 양상을 일반화하기에는 무리가 있는 점이 한계로 남는다.

앞으로 후속 연구가 이루어져야 할 부분도 있다. 한국인의 직관을 제대로 조사하기 위해서는 실제 대화 자료 구축이 우선시되어야 할 것이다. 드라마 대본은 상황 맥락이 잘 드러나 있지만 어느 정도의 인위적 요소를 포함하고 있다. 맥락 안에서의 한국인의 문법 선택 양상을 보기 위해서는 다양한 방법을 통한 실제 자료 구축이 필요하다. 또한 한국어 요청 화행은 매우 복잡하고 다양한 양상을 보이므로, 문형뿐만 아니라 주화행 앞뒤에 붙는 보조화행에 대한 연구, 청자의 반응 유형 연구 등 많은 연구들이 이루어져야 할 것이다. 또한 구어 자료를 통해 분석한 실제 한국인의 요청 화행 사용 양상이 한국어 교재 속에 나타난 요청 화행과 어떤 차이점을 가지고 있는지에 대한 연구도 필요할 것이다.

그 다음으로는 이러한 다양한 맥락 정보가 반영된 교재를 마련해야 할 것이다. 학습자들이 실제로 대화를 할 때 가장 많이 처할 수 있는 상황들을 조사해야 할 것이고 각각의 상황들에서 주로 사용되는 문형들, 즉 한국인의 직관에 대한 분석을 통해 의사소통 능력 향상을 가져올 수 있는 맥락을 고려한 문법을 가르쳐야 할 것이다.

─ 이 글은 『시학과 언어학』 제23호, 111~135쪽에 실린 논문을 수정·보완한 것임.

제4부

교수에의 적용

한국어교육학 연구는 그 정도의 차이는 있겠으나 언어 학습과 교수를 위한 실용적 목적을 염두에 두고 있다고 할 수 있는데, 제4부에서는 이론적 연구나 실증적인 자료를 토대로 도출한 결과를 실제 한국어 교수에의 적용하고자 시도한 연구들을 소개한다.

먼저 김남길(2015)은 기본어휘와 구별되는 핵심어휘를 상정하는 것으로부터 출발한다. '기본어휘(basic vocabulary)'는 언어 교수·학습을 쉽고 효과적으로 수행할 수 있는 최소량의 어휘를 제공하려는 시도에서 시작된 것에 비해, '핵심어휘(core vocabulary)'는 어휘의 구조적 특성을 검토하여 어휘의 핵심성을 알아보고 이를 통해 유의어들을 맥락에 맞게 적절히 쓸 수 있게 하는 것을 목적으로 한다. 핵심어휘를 설정하기 위해서는 Carter(1998:76)가 제시한 열 가지 검증 기준을 사용할 수 있는데, 김남길(2015)에서는 이를 한국어에 적용하여 한국어 핵심어휘 설정을 위한 틀을 마련한 연구라 할 수 있다. 또한 기본어휘 선정에 쏠려 있는 한국어 어휘 자료 연구의 지평을 핵심어휘라는 새로운 영역으로 확장하고, 핵심어휘 연구를 통해 실제 어휘 사용에서 발견되는 문체적 효과와 표현력의 효과를 검토하여 어휘 교수에 적용할 수 있는 유용한 바탕을 제공하였다는 점에서 의미가 크다고 하겠다.

한송화(2013)는 인용절에 대한 그간의 연구가 주로 '-다고'를 중심으로 이루어졌으나 '-다는' 및 이와 호응하는 보문명사를 통해서도 인용이 이루어짐에 주목하여, 신문 텍스트를 기반으로 '-다는' 인용문의 특성을 살핀 연구이다. 인용문 또는 보문과 보문명사를 다룬 선행 연구(이필영 (1993), 김수태(1996), 김영희(1981), 강범모(1983), 김수태(1996), 차준경 (2008))에서는 주로 동사 중심의 인용문 및 보문의 통사적 지위에 대한 논의가 중심을 이뤄 왔으나, 한송화(2013)에서는 '-다는'과 공기하는 인용명사의 빈도와 의미적 특성을 분석하고, 이때 선택되는 특정 문형과 드러나는 화자의 태도를 집중적으로 살피었다. 방법론적으로는 신문 텍스트에서 '-다는' 인용문을 추출하여 분석함으로써 연구의 객관성을 확보하였고, 한국어교육적 관점에서는 특정 장르의 텍스트에서 특징적으로 나타나는 인용문의 특성을 고찰하여 특정 목적의 학습자를 대상으로 한 어휘 및 문법 교육에 활용할 수 있는 자료를 제공하였다.

김현강·이윤진(2013)은 한국어 교재의 본문에 내재된 담화적 요소를 분석함으로써 교재 본문이 가지는 중요성과 기능을 재고하고 한국어교육에 시사하는 바를 밝히는 데 방점을 둔 연구이다. 교재의 본문은 학습 목표가 되는 문법과 어휘, 표현과 주제가 드러날 뿐만 아니라 담화적, 문화적인 요소까지 고려하여 구성된 결과물이다. 기존 연구에서 본문이 가지는 중요성 및 가치를 강조하고(박석준, 2005) 실제의 언어 현실을 잘 반영하고 있는가에 대해 비판적으로 살핀 바는 있지만(신현숙, 2002:, 방혜숙, 2008:, 권성미·이혜용, 2008), 김현강·이윤진(2013)은 담화적 관점에서 본문의 담화적 요소를 '담화 유형, 배경지식, 언어 사용, 대화 조직'의 측면에서 중점적으로 살핀 데에서 차별화된다. 본 연구는 본문이 학습자에게는 의사소통 능력 신장을 위해 요구되는 담화적 지식을 제공하고,

교수자나 교재 개발자에게는 본문 교수나 구성에 관한 담화 지식을 제공하며 교수·학습의 전략을 개발하기 위한 기초로 활용될 수 있다는 점을 밝혀 제시한 점에 그 의의가 있다.

김남길은 USC(남가주대학)의 동아시아 학부 교수로, 해당 연구는 연세대학교 국어국문학과의 주최로 시행된 특별 강의를 정리한 것이다. 연세대학교 국어국문학과의 〈한국어교육 연구팀〉은 USC와의 꾸준한 학술 교류를 지속하고 있다. 한송화는 연세대학교 언어정보연구원 소속 교수로 본 사업단과 언어정보연구원은 지속적인 공동 연구를 통해 학술적 성과를 교류하고 있다. 김현강 역시 언어정보연구원의 연구교수로 연세대학교 〈한국어교육 연구팀〉의 신진연구 인력인 이윤진과 공동 연구를 산출했다는 점에서, 본 영역의 성과물은 국내외 연구자 간 국내 연구자 간의 활발한 교류를 보여준다.

한국어 핵심어휘에 대하여

영어의 경우를 참조하여

김남길
서던캘리포니아대학교

1. 들어가기

외국어를 공부한 사람이라면 누구나 느꼈을 것은 단어 공부가 외국어 공부의 첫 걸음이라는 것일 것이다. 우선 외국에 여행을 하였을 때 우리가 처한 상황에 맞는 단어를 알고 있다면 문법 실력이 없어도 우리가 묻고 싶은 것이라든지 가리키고 싶은 것을 전달할 수 있을 것이다. 그런데 이 초보 단계를 뛰어넘어 단어 배열의 기술인 문법을 잘 알고 있다 하더라도 자기 의사를 표현하기에 필요한 적절한 단어가 잘 생각나지 않거나 몰라서 좋은 문장을 만들어내지 못 하는 경우도 수 없이 경험했을 것이다. 사실 언어 실력이 향상되어 고급 수준이 되면 될수록 어휘 지식의 필요성을 느끼게 되는 경우가 더욱 많이 생기게 된다. 필자의 경우 여러 언어를 공부하면서 절실히 느끼게 되는 것은 단어 실력의 제한성이다. TV를 보거나 라디오를 들을 때 문제가 되는 것은 문법이라기보다는 단어를 모르기 때문에 내용을 이해 못 하는 것이다.

이와 같이 어휘가 실용적인 면에서 볼 때 그 중요성이 인지되었지만 언어 습득과 교육면에서 볼 때 어휘 교육의 위치는 언어 교육 방법 이론에 따라 다르게 결정되어 왔음을 알 수 있다. 즉, 어휘 교육은 시대에 따라 어휘 교육에 대한 집중이 다름을 볼 수 있다. 특히 영어 교육의 경우, 문법 번역 접근법이 성했던 19세기 말부터 읽기 중심이었던 20세기 초에는 언어 교육에서 어휘가 핵심 교육과정의 중요한 부분을 차지하여 단어 목록(words list)이 학습자에게 주어졌다. 그 뒤를 이어 2차대전 중에 나온 청취 발화법 또는 시청각 교육(audio-lingual method)이 성했던 1940년대부터 1960년대까지는 문법과 발음 교육을 위해 어휘 교육이 고의적으로 억제되었다. 구조주의 언어학에 기반을 두어 생긴 시청각 교육은 언어 학습은 근본적으로 습관 형성이라는 행동주의 심리학에 근거하여 좋은 언어 습관을 터득하기 위해 발음, 집중 구두 연습(intensive oral drilling), 문형, 외우기(memorization) 등에 의한 듣기와 말하기를 강조하였다.

행동주의에 입각한 구조주의 언어학과 행동주의를 대치한 1950년대 후반에 나온 Chomsky의 생성변형문법은 인간이 태어날 때부터 머릿속에 존재하는 언어에 대한 추상적 규칙과 같은 인지적 요소들에 의하여 언어가 지배된다고 주장한다. 이러한 견해에 입각하여 시도된 언어교육에서도 어휘는 만족스러운 주의를 받지 못 했다. Chomsky의 생성문법 이론이 화자의 문법적 능력(grammatical competence)을 강조함에 비해 이에 반응하여 Hymes(1972)는 언어 사용에서 절대적으로 필요한 사회언어학적 및 화용론적 요소들을 강조한 의사소통 능력(communicative com-petence)을 주장하였다. 이런 한 언어 사용에 의한 의사소통 능력에 입각하여 나온 언어교수 방법 이론이 의사소통 언어 교수법(communicative language teaching)이다. 이 교수법은 문장의 시청각교육 방법이나 생성 문법 이론에 기반한 언어교수법에서 강조한 문장의 정확성(accuracy)에 강조를 두기 보다는 언어가 상황에 알맞게 쓰여지는 것을 강조하는 적절성(appropriateness)을 강조하였다. 또 의사소통 언어 교수법은 전달하고자 하는 메시지와 유창성을 강조하였다. 하지만, 의사소통 언어 교수법에서의 어휘 교육의 위치는 다른 언어 교수법에 비해 크게 다를 바가 없다. 이 방법은 기능적 의사소통에서 쓰여지는 언어와 언어 연습에 학습자가 노출됨으로써 어휘 습득이 자연히 이루어진다고 믿었지만 그렇게 되지 않은 것이 실제이다. 최근의 눈에 뛰는 어휘 교육 경향은 어휘 사용의 빈도 목록에 입각하여 원칙적으로 어휘 선택을 함과 동시에 의미 있는 단어 사용을 계속하는 것을 독려하는 교수 방법이라고 할 수 있을 것 같다(Schmitt 2000: 14).

어휘 교육에 관한 단어를 교육함에 있어 언어 지식의 다른 부분들과 마찬가지로 "옳은" 또는 "가장 좋은" 방법이란 존재하지 않는 것 같다. 모든 상황에서 최상인 언어 교육 법칙을 제공한다는 것이 불가능함은 언어 교수를 경험한 사람이라면 누구나 동의할 것이다. Schmitt(2000: 142)에 의하면, "어떤 상황에서도 가장 좋은 실천은 학생의 유형, 목표 단어, 학교 시스템과 교과 과정, 그리고 다른 많은 요인들에 달렸다"고 하고 있다.

언어 학습과 교수에서 어휘에 대한 중요성이 다른 어떤 언어지식 못지않게 인식되는 마당에서 어휘의 본질에 대해 따져보는 것은 의미 있는 과업이라고 생각한다. 이러한 과업 중 하나가 핵심어휘에 대한 연구가 될 수 있을 것이다. 본 논문의 목적은 핵심어휘(core vocabulary)란 무엇이며 이것이 기본어휘와 어떻게 다르며 그 목적이 무엇인지를 살펴보는 것이다. 한국어의 경우 그 동안 많은 어휘에 대한 연구가 이루어 졌고 특히 기본 어휘에 대하여서는 최근에 출판된 서상규의『한국어 기본어휘 연구』가 그간 이루어진 기본 어휘에 대한 여러 연구의 집대성이라고 할 수 있겠다. 하지만 핵심어휘에 대한 연구는 그리 많이 이루어지지 않은 것 같다. 어휘에 대한 연구가 비교적 오랜 기간 이루어진 영어의 경우에도 핵심어휘에 대한 연구는 그리 흔하지 않다. 핵심어휘에 대한 대표적 연구는 Carter(1998)의 제2장 "The notion of vocabulary"에서 찾아볼 수 있다. 따라서 본 논문은 독자적이고 창조적인 연구 결과라기보다이 장(chapter)을 근거하여 한국어의 어휘 분석에 적용한 것이다.

핵심어휘에 대한 연구 동기는 기본어휘의 경우와 마찬가지로 언어의 학습과 교수를 위한 실용적 목적이라고 볼 수 있다(Cater 1998: 34). 본 논문이 목적하는 바는 핵심어휘가 무엇인가를 정의에 의해 내리기 보다는 어떻게 핵심어휘가 검증(test)되는지를 보여주는 것이다. 다시 말해 핵심어휘가 되기 위한 검증을 통하여 핵심어휘가 무엇인지를 알게 되는 것이 본 논문이 의도하는 바이다. 따라서 본 논문에서는 먼저 영어에서 이루어진 기본어휘에 대한 연구와 업적을 간단히 살펴 본 다음에 핵심어휘에 대해 논하기로 하겠다.

2. 기본어휘

영어의 경우 기본어휘는 우리의 생각을 분명히 나타내고 또 영어 학습과 교수를 쉽게 그리고 효과적으로 하기 위한 방법으로 필요한 어휘를 최소한으로 한정하려는 시도였다고 할 수 있다. 영어의 기본어휘에 대한 연구로 20세기 초에 시작됐던 Richard(1943)와 Ogden(1968)의 기본영어(Basic English)와 West와 Palmer를 중심으로 일어났던 어휘 통제 운동(Vocabulary Control Movement)을 들 수 있다. 본 절에서는 이 두 기본어휘에 대한 연구의 특징을 살펴보기로 한다.

2.1. 기본 영어(Basic English)

영어의 경우 기본어휘(basic vocabulary 또는 basic words)라는 말은 기본 영어(Basic English)라는 용어 사용에서 시작됐다고 볼 수 있다. 기본영어에 대한 연구가 시작됨에 따라 연구의 가장 근본적이고 핵심이 되는 부분이 어휘였다. 이 때문에 기본영어는 영어 학습을 위한 기본적인 최소량의 어휘를 제공하기 위한 연구 프로젝트로서 1920년대에 I. A. Richard와 C. Ogden에 의해 시작되었으며 그 이후 영어가 제2언어 또는 국제언어의 역할을 하기 위한 언어로서 1980년대까지 계속 연구되었다.

이러한 기본영어에 대한 연구 프로젝트는 두 가지 연구 목적을 가지고 있었는데 그 첫째는 최소 제2세계 언어를 제공하는 것이며, 둘째는 일반 영어를 할 수 있는 길로 들어가기 위한 외국인 학습자를 위한 진일보된 초급 과목 설계였다. 기본영어가 무엇이며 그 목적은 어떤 것인가 하는 것은 Richard(1943)와 Ogden(1968)에 다음과 같이 각각 소개되어 있다.

기본영어는 단어의 수를 850자로 제한하며, 생각하고 있는 것을 분명하게 표현하기에 필요한 이들 단어의 사용 법칙을 가장 적은 수로 줄여 만든 영어이다. 이렇게 만든 영어는 일상생활에 사용되는 영어의 어휘들의 일반적인 순서와 쓰임에 아무러한 변함이 없이 가능하다.

기본영어는 두 가지 가장 중요한 목적이 있다. (1) 국제 보조어(International Auxiliary Language) 역할을 하는 것으로 일반적 소통과 교역 그리고 과학을 위하여 세계에서 통용되는 제2언어로서의 역할을 하는 것이다. (2) 모국어가 영어가 아닌 사람들을 위한 첫 단계로서 또 능숙도와는 관계없이 영어를 구사하는 사람들에게 생각과 표현의 명확성을 높이는 문법 입문으로서 일상적으로 사용하는 영어를 합리적으로 소개하는 것이다.

Richard와 Ogden의 기본영어가 주장하는 가장 중요한 점은 850개의 기본어휘로 복잡한 생각을 표현할 수 있으며 학습자에게는 이 단어들이 배우기 쉽고 또 빨리 배울 수 있다는 것이다. 기본영어의 기본 어휘는 성질이나 품질(qualities)을 묘사하는 주로 형용사로 된 단어 150개, 사물을 나타내는 명사 600개, 다른 여러 품사로 된 작동(operation)을 나타내는 단어 100개로 되어 있다. 그들이 계획하였던 영어는 완전한 영어는 아니지만 적어도 영어 같은 영어를 나타내고 있다는 것이 그들의 생각이었다. 기본영어에서 선택된 단어들이 종이 한 장에 편리하게 나열될 수 있다는 것이 기본 영어의 장점으로 여겨질 수 있다. 기본영어는 의사소통을 하기에 충분하고 적절하며, 따라서 이것으로 성인들은 필요한 기본적인 언어 소통을 행할 수 있다고 Richard와 Ogden은 믿었다. 다시 말해, 기본영어에 제공된 제한된 어휘로 복잡한 생각을 표현할 수 있을 뿐만 아니라 또 빨리 배울 수 있다는 것이 그들의 신념이었다.

그러나 기본 영어의 기본어휘 수가 매우 제한적이었기 때문에 여기에 포함되지 않은 단어들 중에도 기본어휘로 간주될 수 있는 단어가 많았으며, 특히 동사의 경우 기본어휘에 속한 동사는 단지 18개에 불과하였다. 이 때문에 화자가 자기 의사를 표현하기 위해서는 완곡법(periphrasis)이나 바꾸어 말하기(paraphrase)를 사용하여야 했다. 예를 들면, 기본영어에서는 ask, want, walk 같은 단어가 포함되어 있지 않다. 따라서 이러한 단어를 사용하여야 할 경우에는 밑에서 보여주는 것 같이 바꾸어 쓰기로 표현되어야 했다.

ask   →   put a question

want   →   have a desire

walk   →   have a walk

위에서 보여준 것 같이 기본영어에서는 기본적인 단어만을 사용하여 다시 표현할 수 있다는 개념이 중요한 원리라고 할 수 있다. 이러한 이유 때문에 기본영어에 의해 산출된 언어들은 많은 경우 부자연스럽고 때로는 비문법적일 수 있다. 예를 들면, 기본영어에는 불규칙 동사가 포함되어 있지 않기 때문에 언어 학습 초보자는 다음과 같은 부자연스럽거나 비문법적인 문장들을 산출한 가능성이 있다.

> *I goed to school.   ←   I went to school
> ?I put a question to you.   ←   I ask you a question.
> ?I have a desire for going home.   ←   I want to go home.

기본영어에 포함된 단어는 850개 밖에 되지 않기 때문에 그 사용이 매우 제한적이고, 위에서 본 것 같이 부자연스럽거나 비문법적인 문장들을 산출하는 단점을 가지고 있어서 기본영어는 오래 가지 못했고 영어교육에 끼친 영향도 그리 크지 않았다. 그 이유는 첫째, 기본 영어는 일반 정규 영어를 대치하는 영어로 추진되었으나 실현되지 못 했다. 두 번째 이유는, 기본영어는 단어 수가 적었지만 위에서 본 것 같이 이 단어들을 실제 사용하는 것은 그리 쉬운 일이 아니었다. 즉, 단어 수는 적었지만 그 대신 학습자들이 그 단어들이 가지고 있는 여러 가지 의미를 학습해야 하는 수에 비해 더 큰 부담을 짊어져야 했다. 또 이 기본영어를 가르치는 사람들이 오히려 새로운 언어를 사용하고 가르치기 위해 새로이 교육을 받아야 하는 모순에 봉착하게 되었다. 이러한 문제 외의 또 다른 문제는 언어 사용 상황에서 꼭 있어야 할 단어들, 예를 들면, 'Thank you, Good-bye, Mr., and Mrs., big, never, sit' 같은 기본단어들이 기본영어의 850개 단어들에 포함되지 않은 것이다.

지금까지 본 것 같이 기본영어는 여러 가지 많은 문제점을 가지고 있었지만 제한된 기본 단어를 사용한 영어를 외국인들이나 제2언어 학습자들에게 소개하려는 노력은 크게 칭찬하지 않을 수 없다.

2.2. 어휘 통제 운동(Vocabulary control movement)

Richard와 Ogden의 기본 영어 프로젝트와 거의 동시에 Michael West와 Harold Palmer가 중심이 된 어휘 통제 운동(Vocabulary Control Movement)이 일어났다. 기본 영어 프로젝트와 어휘 통제 운동은 오랫동안 서로 경쟁하면서 발전하였으나 후세 영어 교육은 물론 다른 언어 교육에 큰 영향을 준 것은 어휘 통제 운동이다. 어휘 통제 운동이 한 시도는 단어 수를 한정함으로써 단어를 쉽게 하고 단어의 선택을 체계화하는 것이었다. 이 운동의 결과로 나온 대표적인 출판물이 West의 General Service List of English Words(GSL)이다. GSL은 영어 교육 목적을 위해 행해진 거의 30년에 걸친 영어 어휘 연구의 주요 대작이다. West와 Palmer 두 사람 다 영어 교육의 선구자로서 각각 인도와 일본에서 영어 교육에 깊숙이 관여했었다. 특히 West는 GLS이외에 New Method Readers와 New Method Dictionary도 출판하였으며 첫 저서에서는 제2언어 교육을 위한 등급별 독서에, 그리고 두 번째 저서에서는 사전 편찬에서 단어들의 정의를 위해 사용되는 어휘에 통제된 어휘들을 사용하였다.

어휘 통제 운동에 참가한 학자들이 초보 단계의 영어 습득자들을 위한 어휘 선택의 주요 기준을 세웠는데 그것은 다음과 같다.

1. 문어 영어의 각 단어들에 대한 빈도가 표시되어야 한다.
2. 단어 형태의 다양한 의미와 사용의 상대적 중요성에 대한 정보가 제공되어야 한다.

위의 두 기준은 어느 단어 또 어느 의미를 학습자들에게 먼저 교수해야 할 가를 결정해야 하는 선생들에게 특별히 유용한 지침을 제공한다.

어휘 통제 운동에서 어휘 선정의 가장 중요한 기준은 단어의 빈도성이었지만 이 기준 이외에 다음과 같은 기준들이 어휘 선정에 사용되었음을 볼 수 있다(Schitt 2000: 16).

> 1) 단어 빈도
> 2) 구조적 가치(모든 구조적 단어들이 포함되었음)
> 3) 보편성(문제를 일으킬 가능성이 있는 단어들은 제외됨)
> 4) 주제 범위
> 5) 정의(definition)에 필요한 단어(사전 편찬 등을 위해)
> 6) 단어 형성력
> 7) 스타일(구어체 또는 속어는 제외됨)

위의 기준에 근거하여 GSL은 2,000개의 단어로 구성되어 있으며 200개에서 500개에 이르는 단어로 된 말뭉치에서 선택한 의미와 빈도 수에 대한 정보를 보유하고 있다. GSL은 부사 불변화사(adverbial particles), 보조 동사(auxiliary verbs), 전치사, 접속사, 한정사, 대명사, 수사를 나타내는 기능어(functional words) 약 150개의 단어 가족들(word families)을 포함하고 있으며, 또 이 외의 나머지는 명사, 동사, 형용사, 부사가 속하는 내용어들(content words)이다. GSL은 다양한 품사들을 포함하였을 뿐만 아니라 단어들의 다양한 의미가 목록에 실려 학습자들로 하여금 목록을 유용하게 사용할 수 있게 하고 있다.

West는 이들 단어를 알면 모든 문어 텍스트에 나타난 단어들의 80%에 접근할 수 있어 학습자들에게 언어를 학습하려는 동기를 부여한다고 주장한다. 그 이유는 습득된 단어들로 인해 학습자들이 매우 빠른 보답

을 받는 것으로 느끼기 때문이다. 앞에서 본 두 어휘 선택 기준 이외에
또 다른 세 기준이 있는데, 첫째, 단어들이 모든 나라에서 사용할 수 있
다는 보편성(universality), 둘째, 가능한 한 광범위한 주제에 대해 토론
할 수 있게 하는 실용성(utility), 셋째, 단어에 대한 정의 가치(definition
value) 면에서의 유용성(usefulness)이다.

　이러한 다양한 기준에서 볼 때, GSL은 주관적, 객관적 기준의 혼합
결과로 볼 수 있다. 자세히 분류된 단어 목록이 선생들에게 주는 이점은
말할 수 없을 만큼 많다. 하지만 이러한 목록에는 단점도 있다. 이들 단
점 중 몇 개를 살펴보기로 하겠다. 첫째, 목록이 어떤 면에서는 시대에
뒤져 있다. 단어들 중에는 1930년대 이전의 단어들이 포함되어 최근 사
용되는 많은 단어들, 예를 들면 'pilot, helicopter, television, ast-
ronaut' 같은 단어들이 포함되어 있지 않다. 둘째, 목록이 근거하고 있
는 말뭉치가 문어 말뭉치인 것이다. 따라서 선택된 단어들은 문어에 기
반을 둔 단어들이 많은 반면, 구어 사용에 대한 데이터가 턱없이 부족하
다. 셋째, 현대의 발달한 컴퓨터 기술을 감안할 때 이해할 수는 있지만,
어휘 목록의 치명적인 약점은 연어와 이것의 빈도에 대한 정보가 없는
점이다. 넷째, West의 어휘 목록에는 단어들의 '사용 가능성'과 '친숙성'
같은 개념이 적절히 고려되지 않았다.

　GSL은 위에서 본 단점들을 가지고 있긴 하지만, 전에 나온 어떠한 어휘
목록보다 훨씬 발전하고 20세기의 외국어 교육과 어휘 측정학(lexi-
cometrics) 연구에 혁신적인 공헌을 한 어휘 목록이라고 할 수 있다 (Carter
1998: 20).

3. 핵심어휘

핵심어휘 연구 목적 중 하나는 어휘의 구조적 특성을 검토함으로써 어휘의 핵심성을 알아보는 것이다. 이렇게 함으로써 의미가 유사한 단어들을 맥락에 맞게 적절히 쓸 수 있게 하는 것이다.

3.1. 핵심어휘의 결정에 대한 가정과 목적

핵심어휘를 결정함에 있어서 필요한 가정은 어휘 중에 단일의 분명한 핵심어휘가 존재하기 보다는 한 개 이상의 핵심어휘가 존재한다는 전제이다. 이러한 가정 하에서는 단어들 간의 결합, 즉, 연어를 사용할 수 있는 능력을 가진 사람은 일련의 핵심어휘를 소유하고 있으며 의사소통의 특정 환경에 의해 핵심 단어가 결정된다고 봄으로 핵심어휘가 나타나는 이 환경을 살펴보아야 한다. 이러한 특정 환경의 예로 아직 완전한 언어 능력을 가지고 있지 않은 어린아이라든지 언어를 학습하고 있는 외국인 또는 제2언어 학습자들이 원어민 화자 또는 높은 수준의 언어 능력 소유자와 행하는 의사소통 상황 혹은 환경을 들 수 있다. 이러한 환경에서 원어민 화자 또는 높은 언어 능력 소유자는 의사소통을 위해 기초적이고 간단한 방법으로 소통하여야 하므로 기초적이고 간단한 특질을 가진 핵심어휘를 사용한다.

핵심어휘를 설정하기 위한 검증 기준은 영어에서 시작되었지만 영어에만 적용되는 것이 아니라 다른 모든 언어에도 적용될 수 있다고 Carter (1998: 76)는 보고 있으며 본 논문에서도 이 견해를 받아들여 한국어 핵심어휘 연구에 적용한다. 핵심어휘를 이루는 어휘는 문법어들(grammatical words)도 될 수 있지만 대부분의 경우 어휘어들(lexical words)이 된다.

3.2. 핵심어휘 검증의 유형

Carter는 핵심어휘를 검증함에 있어 서로 연관이 있는 두 검증 범주로 나눈다. 첫째는 핵심어휘들의 통사적-의미적 관계이며, 둘째는 핵심어휘들의 중립성이다. 첫 번째 검증의 목적은 구조 의미적 및 통사적 상호 관계로 이루어진 언어 체계에 어떤 단어들이 다른 단어들에 비해 얼마나 더 견고히 융합되었는지를 보여 주는 것이다. 두 번째 검증의 목적은 어떤 단어들이 다른 단어들에 비해 담화 면에서 더 중립적인가 또 이 중립성을 나타내는 단어들은 일반적으로 언어 사용의 화용적 맥락에서 볼 때 무표적(unmarked)이고 비표현적(non-expressive)임을 보여주는 것이다. 이 두 핵심어휘 검증은 대부분 직감을 이용한 정보원(informant)의 판단에 의존하게 되는데 그 이유는 상호 주관적으로 인지된 단어의 의미와 기능을 측정하고 신뢰할 수 있는 수단을 개발하기가 어렵기 때문이다. 이제 이 두 검증 범주로 핵심어휘의 특징들을 따져 보자.

3.2.1. 통사적 대치(Syntactic Substitution)

통사적 대치 검증은 어떤 한 단어가 다른 단어를 대치할 수 있을 뿐만 아니라 절대 필수적임을 보여준다. 다음 일련의 단어 무리를 보자.

gobble, dine, devour, eat, stuff, gormandize
삼키다, 식사하다, 처넣다, 먹다, 폭식하다

위의 단어들에서 어떤 한 단어를 정의할 때 'eat'와 '먹다'는 기본 의미 자질(feature)로 사용된다. 다음 예가 보여 주는 것 같이, '식사하다'는 '먹다'를 이용하여 정의될 수 있을 뿐만 아니라 대치될 수 있다.

'식사하다'

정의 : 아침, 점심, 저녁에 음식을 먹는 행동을 나타낸다.

대치 : 점심에는 식당에서 *식사한다.*

　　 → 점심에는 식당에서 (음식을) *먹는다.*

그러나 'eat'이나 '먹다'는 아래의 예문이 보여주는 것 같이 이미 핵심 어휘임으로 다른 단어들에 의해서 정의되지 않는다.

점심에는 빵을 먹었다.

*점심에는 빵을 식사했다.

위의 예문에서 본 것 같이 '먹다'는 '식사하다'를 대치할 수 있지만 '식사하다'는 '먹다'를 대치할 수 없는 것은 '먹다'의 핵심성 때문이다. 그러므로 핵심어휘는 다른 단어를 대치할 수 있지만 핵심어휘가 아닌 단어들에 의해 쉽게 정의되지 않는다고 할 수 있다.

3.2.2. 반의성(Antonymy)

단어가 핵심성이 적으면 적을수록 반의어를 찾기 어렵다. 영어의 'fat-thin'과 'laugh-cry' 그리고 한국어의 '뚱뚱한-야윈'과 '웃다-울다'는 반의어 쌍이다. 하지만 예를 들어 'fat'과 '뚱뚱한'과 유사한 의미를 가진 밑에 나열된 단어들은 이들 단어들에 의해 만들어진 의미공간에 위치하는 항목들의 반의어를 발견하기가 어렵다.

영어 : podgy, corpulent, obese, fleshy, chubby

한국어 : 살찐, 땅딸막한, 비만한, 토실토실한

그러므로 위의 단어들은 핵심어가 될 가능성이 희박하다.

3.2.3. 연어성(Collocability)

연어성이란 어떤 한 단어가 다른 단어와 결합하여 형성하는 어휘적 환경에서 기능을 발휘할 수 있는 가능성을 말한다. 우리가 '착한'이라는 단어의 뜻을 알게 되는 것은 '착한'이 '아이'라는 단어와 연어를 이루기 때문이다. '착한'과 비슷한 단어인 '좋은'은 매우 자주 쓰이는 단어이지만 '아이'와는 연어 형성이 잘 이루어지지 않음을 밑에서 보여 주는 것 같이 단어의 연어성에 의해 쉽게 알 수 있다.

> 착한 아이
> ?좋은 아이
>
> 아이가 착하다.
> ?아이가 좋다.

자연적인 또는 어색한 연어성의 또 다른 예로 유사한 의미를 가진 '강한'과 '센'의 쓰임을 보자.

> 강한 차
> *센 차
>
> 차 맛이 강하다.
> *차 맛이 세다.

위의 예는 '강한'과 '차' 또 '센'과 '차'의 연어 관계에 있어서 전자는 허용되나 후자는 그렇지 않음을 구와 문장에서 보여 주고 있다.

위의 단어들의 연어 관계가 핵심어휘 검증에 보여 주는 것은 어휘 항목이 핵심성이 강하면 강할수록 다른 더 많은 어휘 항목들과 결합하여 연어를 이룬다는 가설이다. 이제 이 가설에 의거하여 다음 일련의 단어 무리들 중 앞에 나오는 세 단어, '밝은', '빛나는', '환한' 중에서 어떤 단어가 연어성이 강하여 핵심어휘가 될 수 있는지 보자.

> 밝은, 빛나는, 환한, 반짝이는, 눈부신, 선명한

> 밝은   해
>   빛
>   하늘
>   색
>   앞날
>   눈

> 빛나는   ?해
>   *빛
>   *하늘
>   ?색
>   앞날
>   눈

> 환한   *해
>   빛
>   하늘
>   ?색
>   ?앞날
>   *눈

위의 단어 무리에서 단어 '밝은'이 다른 단어들에 비해 연어성이 높으므로 핵심어휘가 됨을 볼 수 있다.

3.2.4. 확대(Extension)

핵심어휘는 핵심어휘가 아닌 다른 어휘에 비해 더 활발히 복합어, 관용어, 다단어 동사(multi-word verbs), 구 동사(phrasal verbs) 같은 어휘적, 문법적 형태로 확대된다. 영어와 한국어의 동사run과 '가다'의 확대를 보면 다음과 같다.

> 영어 : run
> 복합어 : run-down(지친)
> 다단어 동사 : run out on (곤궁에 처한 사람을 버리다)
> 구 동사 : run into(우연히 만나다)
> 관용어 : in the short run (요컨대)
>
> 한국어 : 가다
> 복합 동사 : --어 가다
> 관용어 : 갈데없이 (어쩔 수 없이)
> 다른 문법 요소와 같이 : 갈수록 (점점 더)
> 부사 : 가다가 (간혹, 이따금)

다른 동사와 같이: 오도 가도 못하다 (이러지도 저러지도 못하다)

3.2.5. 상의성(superordinateness)

핵심어휘는 구체적 특성(specific property)보다는 총칭적 특성(generic property)을 가지고 있다. '진달래'나 '장미'는 하의어(hyponym)에 속하나 둘 다 '꽃'이라는 상의어(superordinate)에 포함되고 연결된다. 또 다른 예로 '승용차, 트럭, 택시, 버스, 밴'이 아래에서와 같은 담화 상에서 사용되는 것을 관찰하여 볼 때 '차'가 맥락에 따라 핵심어휘의 특성인 무표(unmarkedness) 대신 하의어들처럼 뚜렷한 유표(markedness)를 나타내고 있다.

> A : 너 뭐 하고 있어?
> B : 차 옮기고 있어.

위의 텍스트에서 '차'는 일반적인 또는 총칭적인 차가 아닌 승용차,

밴 같은 구체적 또는 특정 차를 의미하고 있다. 왜냐하면, 위의 텍스트에서 화자 A가 말한 차가 어떤 차인지(즉, 승용차 또는 밴인지)를 화자 B가 알기 때문이다. 또 다른 예로 다음과 같은 것을 들 수 있다.

> A : 너 뭐 샀어?
> B : 방에 놓으려고 가구 하나 샀어.

위의 예문에서 '가구'는 차의 경우와 마찬가지로 모든 가구를 가리키는 일반적인 가구가 아니라 '의자, 책상, 탁자'같은 특정 가구를 나타내는 의미로 쓰이고 있다.

지금까지 본 것 같이 상의어의 핵심성은 담화의 맥락에 따라 변할 수 있음으로 단어들 자체 만으로서의 특성을 따져 핵심어휘를 정하는 것은 주의를 요한다.

3.2.6. 문화의 비제약성(Culture-free)

핵심어휘는 비핵심어휘에 비하여 문화로부터 자유롭다. 문화로부터 자유롭다는 말은 문화의 제약을 받지 않음을 뜻한다. 따라서 핵심어휘의 측정과 관계하여 말한다면, 한 단어가 핵심성이 강하면 강할수록 특정 문화의 제약을 덜 받는다.

일반적으로 외래 어휘 보다는 토착 어휘가 핵심어휘가 된다. 그 이유는 쉽게 이해할 수 있듯이 외래어는 이미 그 문화의 영향을 받아서 쓰임의 제약이 있기 때문이다. 한국어는 많은 단어가 거의 60~70%가 중국어 단어로부터 오거나 또는 한자에 근거하여 만들어졌다. 그러나 한국어 고유한 토박이 단어들의 예를 들면, 몸의 부분을 나타내는 단어 '얼굴, 눈, 코, 입', 자연 형상을 가리키는 또는 일으키는 물체 '해, 달, 구름, 바람', 크기와 모양을 기술하는 단어 '크다, 작다, 둥글다', 맛을 나타내는 단어 '맵다, 쓰다, 달다', 대명사 '나, 너, 우리' 등은 문화의 제약을 받지 않고 핵심어휘를 이룬다.

또, 한 문화와 다른 문화를 비교하여 볼 때 한 특정 문화에 속하는 단어가 핵심어휘에 속한다 할지라도 같은 의미의 단어가 다른 문화에서는 핵심어휘가 되지 않고 다른 어휘가 핵심어휘가 될 수 있으며, 또 한 문화 안에서도 문화 가치관의 면화에 의해 핵심어휘 결정이 달라질 수도 있다. 예를 들면, Carter(1998: 42)는 영어의 'thin'을 보기로 드는데 서양 문화권에서는 'thin'이 내포하는 의미가 긍정적으로 받아 들여져 핵심어휘로 간주될 수 있지만, 어떤 아프리카의 문화권에서는 부정적으로 받아들여져 핵심어휘가 될 수 없음을 지적하고 있다.

3.2.7. 요약(Summary)

사람들이 일반적으로 자기가 본 것이나 읽은 것을 요약하여 기술하거나 말할 때는 보통 핵심어휘를 사용하여 표현한다. 그 이유는 요약은 일종의 장르로 간주되어 전달되는 명제가 문체적, 수사적, 평가적 수식 없이 명확히 표현되어야 하기 때문이다.

3.2.8. 연관성(Associationism)

어떤 단어가 핵심어휘인가 또는 그렇지 않은가를 결정함에 있어 단어의 의미 공간(semantic space)을 척도(scale)로 분석할 수 있는데 이러한 의미 공간 분석을 위한 척도로 평가 척도(evaluation scale), 강도 척도(potency scale), 격식 척도(formality scale) 를 이용한다. 이 각 척도는 1에서부터 10에 이르는 구분으로 되어 있어 다음과 같은 연속변이(cline)로 표시된다.

```
평가척도   긍정적(+) 1  ---------0-------- 10(-)부정적
강도 척도       강 1  ---------0-------- 10약
격식 척도   비격식적 1  ---------0-------- 10격식적
```

유사한 의미를 가진 어휘 무리(lexical set)들 중에서 어떤 단어들은 다른 단어들에 비해 연속 변이선상에서 중앙 (또는 중립적) 지점에 끌려 움직인다. 예를 들면, 영어의 경우 'emaciated, skinny, lean, slender, slim, thin, weedy'라는 단어 무리 중에서 단어 'thin'이 위의 세 가지 척도의 10개의 눈금 중에서 거의 중간 지점에 이르는 경향이 있다. 이에 비해 다른 단어들은 중앙점이 아닌 다른 지점으로 끌린다. 예를 들면 단어 'skinny'는 격식 척도 상에서 낮은 수의 점에, 평가 척도 상에서는 높은 수의 점, 강도 척도 상에서는 중간 수의 점에 끌리는 것으로 매겨졌다. 또 단어 'slim'은 격식 척도 상에서 중간 수의 점에, 평가 척도 상에서는 낮은 수의 점, 강도 척도 상에서는 단어 'skinny'보다는 낮지만 중간 수의 점에 위치하는 것으로 평가되었다.

위에서 본 정보원(informant)들의 주관적 평가 보다는 좀 객관적이라고 할 수 있는 평가는 다음과 같은 텍스트 예문에 의한 것이 있다. (Carter 1998: 43; Brown and Yule 1983: 125)

```
I like Sally Binn. 또는 I can't stand Sally Binn.
    a. She's tall and thin and walks like a crane.
    b. ---------- skinny ----------------.
    c. ---------- slim ------------------.
```

Carter에 의하면 (a)는 다른 (b)와 (c)보다 허용성이 높은데 그 이유는 'thin'이 'tall'과 같이 핵심 단어이지만 'skinny'와 'slim'은 핵심 단어가

아니기 때문이라고 주장한다.

다음은 한국어의 경우로, 한국어도 영어에서와 마찬가지 평가가 일어나는지 알아보자. 위에서 보여 준 영어의 단어 무리와 유사한 의미를 가진 한국어 단어들로 다음과 같은 것들을 들 수 있다.

야윈, 수척한, 마른, 홀쭉한, 가냘픈, 메마른, 빈약한, 가는, 날씬한

이들 단어 중 어떤 단어가 위의 세 가지 척도 (즉, 평가, 강도, 형식)에서 가운데 지점 또는 그 지점으로부터 벗어난 지점에 속하는지 정보원의 판단에 의해 결정하여 보자.

> 나는 영희가 좋아. (또는, 나는 영희가 싫어)
> a. 영희는 키가 크고 날씬하여 학 같이 걸어가.
> b. ----------- 야위어 ------------.
> c. ----------- 수척하여 -----------.
> d. ----------- 말라 --------------.

위의 텍스트에서 볼 때, 세 가지 척도의 중간지점에 가장 가까이 이를 수 있는 단어는 '날씬' 임을 볼 수 있다. 따라서 단어 '날씬'이 위의 단어들 무리에서 핵심 단어가 될 수 있을 것으로 보인다. 여기서 우리가 주의하여야 할 점은 앞에서 언급한 것 같이 핵심어휘는 한 개 만이 아니고 두 개 이상이 될 수 있음이다. 단어 '날씬'은 위의 텍스트 같은 맥락에서는 핵심 단어가 될 수 있지만 다른 단어들은 다른 맥락에서 핵심어휘가 될 수도 있다. 그러므로 핵심어휘의 결정에는 맥락이 매우 중요한 역할을 함을 알 수 있다.

3.2.9. 담화의 중립장(Neutral field of discourse)과 중립 양식 (Neutral tenor of discourse)

체계기능언어학(systemic functional linguistics)에 의하면 담화가 일어나는 사회적 맥락(social contexts)에는 세 가지가 있는데 그것들은 장(field), 양식(tenor), 유형(mode)이다. 장은 우리의 일상생활과 관계있는 집, 공장, 시장, 회사, 휴식처 같은 곳 에서 일어나는 모든 사회적 활동을 가리키며, 양식은 힘과 연대(power and solidarity)와 관련된 교섭(negotiation)에서 생기는 사람들의 사회적 관계를 가리킨다. 끝으로 유형은 인간의 사회적 활동 관계에서 의사소통 수단이 되는 구어와 문어는 물론 현대 의사소통 테크놀로지를 포함하는 모든 방법을 가리킨다. (Martin 2011).

가. 담화의 중립장

핵심어휘와 사회적 맥락의 관계에서 핵심어휘의 선택, 결정은 담화장과 담화 양식과 관계가 있다. 우선 핵심어휘의 담화장과의 관계를 살펴보면, 핵심어휘는 일반적으로 특수 담화장에서 사용되는 단어들 중에서 선택되지 않는다. 예를 들면, 영어의 다음 단어들 중 어느 단어고 핵심어휘가 되기는 쉽지 않다.

galley, port, starboard, fore, aft, knots

위의 단어들은 항해와 관계있는 특수 단어들임으로 항해라는 특수 맥락 하에서는 핵심단어가 될 가능성이 있지만 일반적인 맥락 하에서는 그렇지 못하다. 이와 대조적으로 위의 단어들과 유사한 뜻을 가진 밑에 나열된 일반 단어들은 핵심어휘가 될 가능성이 높다.

kitchen, left, right, miles per hour

그러므로 핵심단어는 특수 담화장이 아닌 일반 적, 즉 중립적 장에서 선택되어야 함을 알 수 있다.

나. 담화의 중립 양식

다음은 핵심어휘는 담화 양식과 어떤 관계에 있는지 살펴보자. 담화 양식은 우리가 어휘의 연관성을 다루는 절에서 본 의미 공간 분석(semantic space analysis)에 사용되는 격식-비격식을 나타내는 격식 척도와 매우 밀접한 연관이 있다. 언어의 사용에서 격식은 어린 아이들이나 외국인 화자들이 처음 언어를 습득할 때 가장 쉽게 실수를 범하는 문제들 중 하나다. 격식 검증에서 가장 중립성을 나타내는 단어가 핵심어휘가 된다. 다음 일련의 단어 무리를 살펴보자.

> 영어: podgy, corpulent, fat, obese, fleshy, chubby
> 한국어: 살찐, 뚱뚱한, 땅딸막한, 비만한, 토실토실한

위의 단어 무리 중 영어의 'fat'이나 한국어의 '뚱뚱한'이 담화 양식의 격식성에 있어서 가장 높은 중립성을 나타내는 것으로 평가된다.

그러나 격식이 전적으로 어휘의 문제라기보다는 어휘 외적인 사회-문화적 요소들에 의해서도 영향을 받음으로 단어들 무리에서 핵심어휘를 담화 양식 면에서 결정하기가 어려울 때도 빈번히 있다. 이러한 대표적인 영어(Carter 1998: 44)와 한국어 단어로 다음과 같은 것들을 들 수 있다.

> whine, moan, grumble, complain, whinge, bellyache
> 푸념하다, 투덜대다, 불평하다, 불퉁거리다, 투정하다

위의 단어들 중 어느 것이건 담화 양식 면에서 중립성을 가지기가 어려운 이유는 이 단어들 자체가 본질적으로 격식성에 민감하지 않기 때문이다. 따라서 이 단어들은 격식에 민감한 의미를 가지고 있지 않기 때문에 격식−비격식성에 제한이 없는 사회적 맥락에서 쓰인다. 위의 단어들 무리 중 가장 중립적 위치에 존재할 수 있을 것 같이 보이는 영어 단어 'complain'이나 한국어 단어 '불평하다'는 기본어휘로 선택될 수 있을지는 모르지만 핵심어휘로 선택되기는 어렵다. 왜냐 하면 이 단어들은 쓰임의 빈도 면에서 다른 단어들보다 높지만 격식성 면에서는 차이가 별로 없기 때문이다.

4. 나오기

지금까지 우리는 기본어휘와 핵심어휘에 대하여 알아보았다. 특히 핵심어휘가 어떻게 결정되는지를 10가지 검증을 통하여 살펴보았다. 이들 검증은 완전한 검증이 되지 못 할지 모르지만 단어의 속성과 특성을 검토하는 작업으로써 어휘 연구에 큰 공헌을 할 수 있다고 생각한다. 핵심어휘 연구의 또 다른 중요성은 구어와 문어, 어휘적인 것과 문법적인 것, 유표적인 것과 무표적인 것과 같은 두 자질로 된 범주들을 참조하여 어휘의 내적 특성 설명에 이 범주들을 이용할 수 있는 것이다. 이 외에 핵심어휘를 밝힘으로써 핵심어휘는 어휘의 사용에서 발견되는 문체적 효과와 표현력 효과를 검토할 수 있는 유용한 틀이 될 수 있다. 특히 기본어휘와 비교하여 핵심어휘가 왜 기본이 되는지를 분명히 보여 주는 것에 도움을 줄 수 있다.

본 논문에서 본 어휘의 핵심성은 어디까지나 단어의 특성에 기반하여 언어학적 측면에서 분석한 결과이다. 끝으로 언어교육 측면에서 핵심어 휘가 어떻게 다루어질 수 있을지를 몇 가지 제시해 보기로 하겠다. 첫째, 핵심어휘가 언어 학습 및 교수와 어떤 연관이 있으며 어떤 연구 거리를 제시하는가이다. 특히 핵심어휘가 언어교육에 어떤 기여를 할 수 있는가를 따져 보는 것이다.

둘째, 재미있는 연구 거리로 중국어에서 온 단어들과 한국어의 토박이 단어들 사이에 어휘의 핵심성과 관계하여 어떤 다른 점이 있는지를 살펴보는 것이다. 더 나아가서 이들 두 단어들 중 어느 것이 핵심 단어가 될 수 있는가를 찾아보는 것도 좋은 연구 제목이 될 수 있다. 이와 관련하여 어휘핵심성의 연어성을 볼 때, '(3) 연어성(Collocability)'에서 본 것과 같이 '강하다'와 '세다'는 연어성에 있어서 다른 쓰임을 보여준다. 이때 이 두 다른 쓰임이 언어 교수면에서 보여주는 것은 어느 단어를 먼저 가르치는 것이 좋을까이다.

위에서 앞으로 할 수 있는 연구 거리를 몇 개 제시하였으나 곰곰이 생각하여 보면 더 재미있고 의미 있는 연구 주제들이 많이 나올 수 있으리라 생각한다.

'-다는' 인용과 인용명사의
사용 양상과 기능

신문 텍스트에 나타난 인용을 중심으로

한송화
연세대학교

1. 서론

인용은 자신의 말이나 글에 다양한 목적으로 다른 사람의 말이나 글을 끌어다 쓰는 것이다. 이러한 인용문 혹은 인용절에 대한 연구는 통사론, 화용론 등 다양한 측면에서 이루어져 왔다. 그리고 인용의 특정 형식과 인용절에 나타나는 상위동사에 대한 연구도 활발히 이루어져 왔다. 그런데 다음과 같이 다른 사람의 발화나 생각을 인용하기 위해 '-다는(다고 하는)' 관형절과 이의 머리명사가 나타나기도 한다.[1]

    (1)   ㄱ. 시민단체에서도 … <u>협정체결 이전에 공청회 등 공론화 절차를 밟아야 한다는</u> 주장을 펴고 있다.

---

1   서종석 외(2008:72)에서는 신문 텍스트에 나타난 인용문의 기계적 추출을 위해 인용문의 형태적 특징을 검토하면서, 인용동사 외에 보충지표로 '인용도입명사', 즉 '라는, -다는'류와 관련하여 탐색되는 표지를 고려할 수 있다고 하면서, '시각, 말, 말씀, 글, 결론, …' 등의 예들이 관찰된다고 한 바 있다. 즉 신문 텍스트에서는 인용문이 '말하다'류의 인용동사 외에도 '말, 말씀'과 같은 명사에 의해서도 많이 나타남이 관찰된 것이다.

　　　ㄴ. 외교통상부 쪽은 … 협정을 빨리 체결해야 한다고 주장하는 반
　　　　면 재정경제부 법무부 농림부 법무부 등 해당 부처는 … 유예기
　　　　간을 둬야 한다는 견해를 보이고 있다.

　(1ㄱ)에서는 '시민단체'의 발화를, (1ㄴ)에서는 '해당 부처'의 생각을
인용하고 있으며, 이에 후행하는 명사는 '주장, 견해'와 같이 발화행위와
사유를 나타내는 명사가 사용되고 있다.[2] 이와 같은 명사의 특징은 인용
하는 내용을 명사의 의미로 한정한다. 즉 내용절의 명제를 화자가 사실
로 인식하는지, 주장으로 인식하는지, 충고로 인식하는지에 따라 '사실,
주장, 충고' 등의 명사를 선택하고 이들 명사가 그 내용을 한정한다.[3]

　　　(2)　ㄱ. 카드 불량자들 때문에 발생한 유동성은 일시적으로 끌 수 있을
　　　　　　지 몰라도 연체자들이 상환능력을 갖게 되는 것은 아니라는 지
　　　　　　적이다.
　　　　　ㄴ. 그는 사업성 판단 등 자신의 '예측'을 믿고 거액의 대출금을

2　각 명사가 이끄는 '-다는' 내용절을 '인용'으로 볼 수 있는지에 대해서는 논란이 있을
　수 있다. 국어문법에서 다루고 있는 인용절은 '-다고'에 의한 부사절(학자에 따른 논란
　의 여지는 있음)로서의 내포문으로만 한정하고 있다. 그러나 '-다는'은 '-다고 하는'의
　융합형(이를 줄인꼴로 볼 것인지 융합형으로 볼 것인지 학자에 따라 논의가 달라질
　수 있다)으로 '인용'의 의미를 지니며, '-다는'의 머리명사로 나타나는 '말, 충고, 지적,
　생각' 등도 '-다고'의 후행동사 '말하다, 충고하다, 지적하다, 생각하다' 등과 같은 인
　용동사(혹은 발화동사(화행동사)/인지동사, 보문동사로도 불림)와 대응을 이루고 있
　다. 따라서 완형보문인 '-다는'절을 '인용'의 범주에 포함시킬 수 있을 것이다.
3　Maggie(2007:203)에서도 영어의 보문명사(shell noun)와 내용절의 사용은 독자에
　게 그것을 요약하고 재제시하며, 보문명사의 선택을 통해 작자의 명제(내용절)에 대한
　입장을 통합할 수 있게 해 준다고 하였다. Lemarechal(1997)에서도 이와 유사한 견해
　를 피력한 바 있다. 김보경(2007:138)에 의하면, Lemarechal(1997:149)에서는 보문
　명사와 명사구 보문(내용절)과의 관계를 발화자의 관점에서 보고 있다고 하면서 화자
　가 보문명사를 통해 명사구 보문이 표현하는 사태나 사실을 본인이 어떻게 인식하는지
　를 나타낸다고 하였다. 즉 화자가 명사구 보문에 표현된 사실을 보문명사를 통해 여러
　가지 인식 양상으로 나타낸다고 한다.

　　　　직접관리하는 이해 안 가는 행보를 보였다는 <u>주장</u>이다.

　　ㄷ. 그러나 평창 유치관계자들은 1988년 서울올림픽과 2002 월드컵의 성공적 개최, 정부의 강력한 지원 등 장점을 적극 내세워 표를 끌어 모으겠다는 <u>전략</u>이다.

　　ㄹ. 여기에 "져도 깨끗이, 이겨도 깨끗이"라는 정 감독의 신념에 따라 '깔끔한'축구로 팬들의 사랑을 받겠다는 <u>생각</u>이다.

　(3)　'전국구 공천헌금을 받지 않겠다'는 한나라당 이회창(李會昌)총재의 <u>다짐</u>이 실현될 수 있을까. 이 총재는 4일 자신의 전국구 공천헌금 발언을 둘러싼 당내 논란에도 불구하고 공천헌금을 받지 않겠다는 <u>소신</u>을 거듭 확인했다. …〈중략〉… '돈 공천'을 하지 않겠다는 이총재의 <u>이상(理想)</u>과 한나라당의 현실(現實)이 어떻게 절충될지 지켜볼 일이다.

　예문 (2ㄱ, ㄴ)에서와 같이 대외적으로 발화된 내용을 인용하는 '지적, 주장'이나 (2ㄷ, ㄹ)에서와 같이 발화 유무와는 관련 없이 화자의 내용절 명제에 대한 인지만을 드러내는 '전략, 생각'에는 화자의 발화 혹은 인지에 대한 태도가 드러난다고 할 수 있다. 따라서 (3)에서와 같이 화자는 동일한 내용절의 명제에 대해 처음에는 '다짐'으로 다음에서는 '소신'으로 마지막에서는 '이상'이라는 어휘를 선택함으로써 인용한 내용이 실현 불가능할 것이라는 화자의 태도를 드러낸다. 독자는 이러한 명사 선택을 통해 내용절 명제(인용 내용)에 대한 화자(필자)의 태도와 입장을 알 수 있다.

　이와 같이 '지적, 전략, 소신' 등 인용에 나타나는 명사는 담화 상에서 발화나 사고 내용을 담는 그릇으로의 역할을 하게 된다. 본고에서는 이러한 명사를 인용명사로 이름하고 인용명사와 인용명사에 의한 인용문의 사용 양상과 텍스트 내에서의 기능을 신문 텍스트를 중심으로 살펴볼 것이다.[4] 신문 텍스트는 객관성을 담보하기 위해 인용문을 빈번하게 사용하고 있기 때문에 다양한 인용명사가 나타나고 이들의 다양한 사용 양상을 살필 수 있을 것으로 본다.[5] 이를 위해 본고에서는 먼저 신문 텍스트 말뭉치를 구성하여 말뭉치에 나타난 인용명사의 빈도와 인용명사에 의한 인용문의 특정한 형식을 살필 것이다. 그리고 인용명사의 의미적 특성과 인용명사에 의한 인용문의 화용적 특성을 살필 것이다.

2. 선행 연구

먼저 인용문과 관련한 연구로서, 이필영(1993)에서는 인용문을 직접인용과 간접인용으로 나누어 이들의 통사적 지위와 통사적 환경에 대해 논하고 인용문에 나타나는 상위동사의 분류가 시도되었다. 김수태(1996)에서는 발화와 상황요소(말할이, 들을이, 발화행위)가 그대로 문장 속에 표현되는 월을 인용월이라 하여(1996:163) 이에 대한 통사적 기능과 인용표지에 대해 논의하였다. 그런데 이러한 논의에서는 동사를 중심으로 한 인용문에 대해서만 다루고 명사를 중심으로 한 인용에 대해서는 다루지 않고 있다.

본고에서 다루고자 하는 인용명사와 관련한 연구는 주로 보문에 관한

---

4 본고에서 범주화한 명사는 완형보문명사와 동일한 범주이나 본고에서는 '완형보문명사'라는 통사론적 용어 대신 '인용명사'라는 다소 생소한 용어를 사용하고자 한다. 이유는 본고에서 논의하는 '다른 사람 혹은 자신의 발화나 생각을 문장에 포함시켜 전달한다'는 '인용'이라는 기능을 드러내고자 함이며, '말하다, 충고하다, 지적하다' 등과 같은 인용동사와의 대응을 고려하기 위함이다.

5 강지혜(2008)에서는 기자는 모든 사건 현장을 생생하게 전달하고자 인용문을 사용한다고 하였다. 즉 사실성을 입증하는 기제로 신문에서는 인용문을 가장 빈번하게 사용한다고 하고 있다.

연구에서 이루어졌다. 남기심(1989)에서는 보문 중 종결어미까지 모두 나타나는 보문을 완형보문이라 하고 보문자와 보문동사, 보문명사에 대한 논의를 하고 있다. 그리고 완형보문을 이끄는지 불구보문을 이끄는지, 완형보문과 불구보문을 모두 이끌 수 있는지의 명사 자질에 따라 명사를 분류하였다. 이러한 보문명사 중 본고에서의 연구 대상인 인용명사와 관련된 명사는 완형보문을 이끄는 명사이다. 남기심(1989)에서 완형보문명사로 제시된 것들은 다음과 같다.[6][7]

> (4) [+완보] 소문, 낭설, 소식, 연락, 질문, 불안, 얘기, 보도, 헛소문, 보고, 오보, 정보, 문제, 독촉, 명령, 의미, 전언, 농담, 고백, 예감, 눈짓, 이론, 말, 설명, 믿음, 이유, 인상…/사실, 약점, 욕심, 이점, 결심, 목적, 흔적
>   [+완보][−완보] 죄목, 혐의, 의심, 전력, 것

김영희(1981)에서도 '−다고 하는'으로 연결되는 보문을 간접 명사 보문법(indirect noun complement)이라 하고 이러한 보문의 구조를 밝히고자 하였다. 그리고 이러한 명사를 보문의 형식에 따라 단언명사(assertive noun)와 비단언명사(non-assertive noun)로 분류하였는데, 본고의 인용을 나타내는 명사와 관련된 것은 단언명사이다. 김영희(1981)에서 단언

---

6 이외 [−완보]의 자질을 가지는 보문명사로는 '가능성, 용기, 불상사, 사건, 기억, 경험, 일, 모양, 눈치, 줄, 바, 수, 데, 리' 등을 제시하고 있는데, 이들 중 '가능성, 기억, 일, 데' 등은 '−다는'과 공기할 수 있다. 따라서 본고에서는 이들도 인용을 나타내는 명사에 포함시켰다.

7 남기심(1989:39)에서는 보문명사를 의미적 자질에 따라 [−자발적], [+자발적], [+대외적], [−대외적], [+언어적], [−언어적] 자질로 분류를 시도하기도 했다. 그러나 남기심(1989)에서는 보문명사를 순수하게 통사적 근거에 따라서 분류하고자 하였으므로 이러한 의미적 분류에 따른 통사적 특성의 차이가 발견되지 않아, 보문명사를 의미에 따라 분류하지는 않고 있다.

명사로 제시된 것들은 다음과 같다.[8]

    (5)   단언명사: 말, 주장, 단언, 설명, 생각, 믿음, 견해, 이론, 보고, 소식, 소문

   강범모(1983)에서는 보문명사를 사실성과 명제성에 따라 분류하고 사실성에 따른 보문명사의 의미적 특성과 구문적 특성에 대해 밝히고 있다. 강범모(1983)에서도 보문명사를 보문소와의 결합, 보문의 사실성 성립 양상에 따라 분류하였는데, '-다는'과 결합 가능한 것으로 제시한 것에는 다음과 같은 것들이 있다.[9]

    (6)   [+사실성][+명제성]: 사실, 진실, 점, 약점, 이점, 장점, 단점, 잘못, 오류, 불상사, 경험…
             [-사실성][+명제성]: 소문, 헛소문, 정보, 전언, 명제, 이론, 결론, 글, 낭설, 오보, 특징, 특성, 쪽지, 제목, 죄목, 논증, 보도, 농담, 편지, 전화, 말, 주장, 설명, 보고, 연락, 이야기, 고백, 증언, 기별, 믿음, 의견, 생각…
             [0사실성][+명제성]: 죄, 사건, 전력, 전과, 소식, 혐의, 건

   그리고 김수태(1996)에서는 완형보문이 기본적으로 인용문에서 온 것

---

8   이외 비단언명사(사실명사 factive noun)로 '점, 사실, 약점, 이점, 전과, 죄목, 이유, 까닭, 잘못, 오류, 증거' 등을 제시하고 있는데 이들 중 '점, 사실, 약점, 이점, 죄목, 이유' 등은 모두 '-다는'과 공기할 수 있다. 따라서 본고에서는 이들도 인용을 나타내는 명사 범주에 포함시켰다.

9   강범모(1983)에서 이 외에 [+사실성], [-명제성]의 자질을 가지는 명사로서 '행위, 행동, 과정, 용기, 눈치, 상태, 모양, 광경, 장명, 경치, 모습, 소리, 목소리, 느낌, 냄새, 기분, 맛, …(진의, 목적, 의도, 이유, 까닭)' 등도 제시하고 있으나 이들 중 '-다는'과 공기하고 인용적 성격을 지니는 '소리, 목소리' 등의 명사는 본고의 논의에는 포함시켰다.

이고 인용문은 발화를 하나의 사물처럼 대상으로 인식하고 발화를 '대상화'하는 것이라는 점에서 이들을 모두 명사성을 가지는 것으로 분석하고 있다. 차준경(2008)에서는 보문보다는 이들과 결합하는 명사를 초점화하여 보문과 나타나는 명사를 추상명사로 명명하고 이들 명사의 말뭉치에서의 빈도와 의미적 특성, 의미적 전이를 살피고 있다.

지금까지 살핀 바와 같이 보문과 보문명사 그리고 인용문은 상호 관련성을 가짐에도 인용문 논의에서는 주로 동사 중심의 인용문에 대한 논의가, 보문과 보문명사 논의에서는 인용보다는 보문의 통사적 지위에 대한 논의가 중심을 이뤄왔다. 따라서 본고에서는 '-다는'이 기본적으로 인용문에서 온 것이며, 인용의 기능이 있음에 주목하여 이와 함께 패턴화하여 나타나는 인용명사에 대해 살펴보기로 하겠다.

3. 신문 텍스트에서의 '-다는'과 인용명사

신문의 기사문은 기본적으로 공정하고 객관적인 가치를 지향한다. 이러한 객관성의 확보와 사실을 전달하는 것이라는 설득력을 위해 신문 기사에서는 인용을 많이 사용하게 된다. 그러나 인용은 사실을 그대로 전달하는 것이 아니라 인용화자의 관점에 따라 피인용 사실에 다소의 변형을 가하게 되며, 어휘 선택에 인용화자의 관점과 판단을 반영하게 된다.[10] 즉 인용화자가 피인용 사실을 단순한 '말, 얘기'로 판단하는지

---

10 이필영(1993:12)에서도 인용절은 단순히 원발화의 내용을 표현한 것이 아니라 인용화자가 자기 나름대로 원발화의 형식을 어떻게 변개하든지 간에 자기가 원발화로부터 취한 일정한 언어형식을 대상으로 하여 표현한 것이라고 할 수 있을 것이라고 하고 있다. 강지혜(2008)에서도 인용이란 보도의 핵심적인 사실성을 입증하는 기제인데, 원천 텍스트가 동일하다는 인식을 토대로 존재하지만 동일하지 않으며, 누군가가 산출

'지적, 비판'으로 판단하는지에 따라 인용의 '-다는' 이후의 후행 명사의 선택이 달라진다.

(7) ㄱ. 따라서 현 여권엔 아예 '컨트롤 타워'가 없는 게 아니냐는 <u>얘기</u>도 나오고 있다.

ㄴ. 이같은 방침에 대해 법조계 일각에서는 축소 지향형 수사가 아니냐는 <u>지적</u>도 나오고 있다.

ㄷ. 한광옥(韓光玉)대통령비서실장이 28일밤 김종필(金鍾泌)자민련명예총재를 전격 방문함으로써 시민단체의 낙천운동을 둘러싼 민주당과 자민련간의 갈등이 해소의 실마리를 찾은 것이 아니냐는 <u>관측</u>도 나오고 있다.

위와 같이 '얘기, 지적, 관측'은 인용화자의 인용 사실에 대한 판단을 드러낸다. 따라서 신문 텍스트에서 어떠한 인용 사실을 인용하는지 알아보기 위해 인용의 '-다는'과 공기하는 명사를 추출할 수 있다. 본고에서는 신문 텍스트에서 인용의 '-다는'과 공기하는 인용명사를 추출하기 위해 총 242,532 어절의 신문 텍스트 말뭉치를 대상으로 인용의 '-다는, -냐는, -자는, -라는'의 출현빈도를 추출하였다.[11] 이들 신문텍스트에 출현하는 '-다는' 구문의 출현 빈도는 1,638회로 1,000 어절 당 6.75회로 나타났다.[12] 이는 세종 1000만 말뭉치에서의 '-다는' 구문의 출현빈

_____

한 텍스트를 있는 그대로 옮겨주는 것이라고 생각하기 쉽지만 재구성될 수밖에 없다고 하고 있다.

11 신문의 종류, 신문의 주제와 관련하여 다소의 변인이 있을 수 있어 『21세기세종계획』 (2011.12.수정판)의 신문텍스트 중 다음과 같이 말뭉치를 구성하여 본고의 연구에 활용하였다.

한겨레신문(1999)경제	53,328어절	중앙일보(2001)사회	42,930어절
동아일보(2001)정치	51,053어절	조선일보(2003)국제	47,744어절
한겨레신문(2003)스포츠	47,477어절	총	242,532어절

도가 48,294회로 1,000어절 당 4.83회 나타났다고 한 차준경(2008)에서 수치와 비교할 때 신문 텍스트에서는 일반 텍스트에 비해 '-다는' 구문을 더 많이 사용한다는 것을 말해 준다.[13] 신문 텍스트의 '-다는' 구문에서 높은 빈도의 보문명사로는 '것, 점' 등의 불완전명사를 제외하면, '입장, 지적, 주장, 사실, 얘기, 의견, 말, 방침, 이유, 판단, 비판, 전망, 분석, …' 등의 명사가 고빈도로 나타나며, '소식, 소문, 생각, 사실' 등의 보문명사는 상대적으로 빈도가 낮았다. 본고의 신문 텍스트 말뭉치에서의 '-다는'과 공기하는 명사의 빈도와 유인도를 보이면 아래와 같다.[14]

---

12 이하 인용의 '-다는, -냐는, 자는, -라는'은 모두 '-다는'으로만 언급한다.

13 차준경(2008)에서는 '-다는'이 나타난 모든 예문을 계량화한 반면, 본 논문에서는 '-다는, -냐는, -자는, -라는'의 예문 중 관계관형절로 쓰이는 '-다는, -냐는, -자는, -라는'은 제외하여 나온 수치이므로 수치상 다소의 차이가 있을 수 있다. 그러나 송경화·강범모(2006:265)에서도 일반 말뭉치와 신문 말뭉치의 복문 구성을 비교하였을 때 신문 기사는 일반 말뭉치보다 내포의 관형사절 구성이 많다고 하고 있다. 즉 이와 같이 관형사절 구성이 많음은 '-다는'과 보문명사 구성과 많은 관련이 있다고 해석할 수 있다.

14 유인도(attraction)란 특정 어휘 문법 패턴이 특정 어휘를 얼마나 유인하는지의 정도를 표시하는 것으로, 유인도가 높으면 특정 문법 패턴에서 해당 어휘가 많이 사용됨을 나타내는 것이다.

$$\text{attraction} = \frac{\text{frequency of a noun in a pattern}}{\text{total frequency of the pattern}}$$

(Schmid, 2000: 54)

〈표 1〉 인용명사의 신문 텍스트에서의 빈도와 유인도[15]

명사	빈도	유인도(%)	명사	빈도	유인도(%)	명사	빈도	유인도(%)	명사	빈도	유인도(%)
것	329	20.085	반응	12	0.7326	여론	5	0.3053	아쉬움	3	0.1832
점	112	6.8376	소문	12	0.7326	연구결과	5	0.3053	통보	3	0.1832
입장	84	5.1282	의미	12	0.7326	응답	5	0.3053	회의론	3	0.1832
지적	52	3.1746	소리	11	0.6716	자세	5	0.3053	각오	2	0.1221
주장	45	2.7472	비난	10	0.6105	전언	5	0.3053	견의	2	0.1221
사실	37	2.2588	질문	10	0.6105	기대	4	0.2442	결심	2	0.1221
얘기	34	2.0757	발언	9	0.5495	뜻	4	0.2442	결정	2	0.1221
의견	30	1.8315	소식	9	0.5495	의사	4	0.2442	공감대	2	0.1221
말	28	1.7094	식	9	0.5495	의심	4	0.2442	구호	2	0.1221
방침	28	1.7094	인식	9	0.5495	전제	4	0.2442	논란	2	0.1221
이유	28	1.7094	전략	9	0.5495	제안	4	0.2442	느낌	2	0.1221
판단	27	1.6484	목소리	8	0.4884	조항	4	0.2442	다짐	2	0.1221
비판	25	1.5263	구상	7	0.4274	진단	4	0.2442	등	2	0.1221
전망	20	1.2210	설명	7	0.4274	추측	4	0.2442	물음	2	0.1221
분석	19	1.16	시각	7	0.4274	판결	4	0.2442	반발	2	0.1221
데	18	1.0989	요구	7	0.4274	해석	4	0.2442	발상	2	0.1221
뜻	18	1.0989	증거	7	0.4274	혐의	4	0.2442	방식	2	0.1221
평가	18	1.0989	견해	6	0.3663	각서	3	0.1832	방증	2	0.1221
후문	18	1.0989	계산	6	0.3663	규정	3	0.1832	소망	2	0.1221
계획	17	1.0379	보도	6	0.3663	메시지	3	0.1832	예상	2	0.1221
생각	17	1.0379	원칙	6	0.3663	목표	3	0.1832	요청	2	0.1221
의혹	16	0.9768	의도	6	0.3663	반론	3	0.1832	원칙론	2	0.1221
관측	15	0.9158	정보	6	0.3663	보고서	3	0.1832	제보	2	0.1221
내용	15	0.9158	제의	6	0.3663	보장	3	0.1832	조건	2	0.1221
우려	15	0.9158	쪽	6	0.3663	분위기	3	0.1832	증언	2	0.1221
의지	14	0.8548	결론	5	0.3053	불안감	3	0.1832	징후	2	0.1221
취지	13	0.7937	발표	5	0.3053	설	3	0.1832	충고	2	0.1221
논리	12	0.7327	약속	5	0.3053	신념	3	0.1832	태도	2	0.1221

위에서 보는 바와 같이 신문 기사 텍스트에서는 '(누구의 어떠한) 입장, 지적, 주장, 의견' 등에 대한 인용이 많음을 알 수 있다.[16] 먼저 '지적,

---

15 본고에서 살핀 말뭉치에서'-다는' 구문에 나타는 명사는 총 260개였으나 여기에서는 지면 관계 상 일부만을 제시한다.

16 인용을 나타내는 명사의 상대적 빈도는 텍스트의 종류에 따라 달라질 수 있다. 위와 같이 신문 텍스트에서는 발화를 인용하는 인용명사의 경우 '지적, 주장' 등의 명사가 많이 사용됨에 반해 학술적 텍스트에서는 '말, 이야기, 기록' 등 객관적 인용명사의 사용이 더 많다.

주장, 비판, 평가' 등의 명사가 많이 사용되는 것으로 신문 기사 텍스트에서의 인용은 입증된 사실이나 내용보다는 다음과 같이 피인용자의 발화 화행에 대한 인용이 많음을 알 수 있다.

(8) ㄱ. 이에 따라 업계에서는 제도가 너무 자주 바뀌는 것이 아니냐는 불만과 함께 감독당국이 제도시행 전에 문제점을 면밀히 검토했었어야 했다는 <u>비난</u>도 일고 있다.

ㄴ. 특히 김대통령으로서는 이총재의 회담제의를 선뜻 수용함으로써 야당을 국정파트너로 대우하고 협력해 가겠다는 <u>약속</u>을 실천하는 대국적 모습을 보여주었고…

ㄷ. 이 때문에 일본의 거품 경제가 한창이던 80년대 이토요카도는 … 지금은 부동산 가격 폭락에서 가장 자유로운 기업이라는 <u>칭찬</u>을 받고 있다.

그리고 신문 텍스트에서 사실이나 증거를 인용하는 명사보다는 '의견, 방침, 판단' 등의 생각이나 판단, 결정의 내용을 인용하는 명사의 사용이 많음을 알 수 있다. 따라서 본고에서는 인용에 사용된 명사를 발화나 생각을 인용하는지 사실이나 상황을 설명하고 인용하는지에 따라 다음과 같이 분류하였다.[17]

---

17 Maggie(2007:208)에서는 추상명사를 다음과 같이 분류한 바 있다.

　IDEA 그룹: 이 명사들은 믿음, 아이디어, 바람, 사유 과정을 일컫는다.

　　(예: idea, assumption, belief, hypothesis)

　ARGUMENT 그룹: 이 명사들은 쓰여지거나 말해진 것을 일컫는다.

　　(예: argument, contention, point, claim)

　EVIDENCE 그룹: 이 명사들은 사실이 된 증거나 표시를 일컫는다.

　　(예: evidence, indication, observation, indicator)

　OTHER 그룹: 이 명사들은 다른 그룹의 의미에 포함되지 않는 추상명사이다.

　　(예: fact, case, concern, sense)

　그리고 이러한 분류와 유사하게 차준경(2008)에서는 다음과 같이 '추상명사'를 분류

(9) ㄱ. 발화를 인용하는 명사: 이야기, 건의, 경고, 고발, 논쟁, 당부,
대답, 말, 목소리, 반론, 반응, 반발, 발언, 발표, 보도, 비난,
비판, 설명, 소리, 소문, 소식, 약속, 얘기, 여론, 요구, 응답,
전언, 제의, 주장, 지적, 질문, 충고, 후문[18] ······.

ㄴ. 생각을 인용하는 명사: 가정, 각오, 견해, 결심, 계산, 계획,
관측, 구상, 기대, 논리, 느낌, 다짐, 뜻, 방침, 분석, 불안감,
생각, 설, 소망, 시각, 신념, 아쉬움, 예상, 우려, 의견, 의도,
의미, 의사, 의심, 의지, 의혹, 인식, 전략, 전망, 전제, 진단,
추측, 취지, 판단, 평가, 해석, 혐의 ······.

ㄷ. 사실을 인용하는 명사: 강점, 결과, 결론, 내용, 뜻, 사실, 원
칙, 의미, 이유, 정보, 조건, 증거, 징후, 판결, 확증 ······.

ㄹ. 상황을 인용하는 명사: 분위기, 입장, 자세, 태도 ······.

위와 같이 신문 텍스트에서는 쓰여지거나 말해진 것을 인용하는 명사,
생각이나 판단한 것을 인용하는 명사, 그리고 사실이나 증거가 된 것을
인용하는 명사, 상황이나 태도를 인용하는 명사가 나타나고 있다. 그러
나 이러한 명사의 사용 비중은 다소 차이가 있다. 본고에서 살핀 신문
텍스트에서 이들 명사의 사용 비율을 살펴보면 아래와 같다.

하고 있다.
　〈사실〉 : 사실, 이점, 장점, 단점, 정보, 가정, 원칙, ···
　〈발화〉 : 소문, 소식, 후문, 소리, 교훈, 뉴스, ···
　〈생각〉 : 의견, 견해, 생각, 판단, 결심, 믿음, 느낌, 계획, 전망, 환상, ···
　〈상황〉 : 일, 사건, 상황, ···
　그리고 김진웅(2002)에서는 보문명사를 보고 보문명사, 심리 보문명사, 감각 보문명
사, 상황 보문명사로 분류하기도 하였다.
18 본고에서 예시한 명사는 신문 텍스트에 주로 나타나는 명사이다.

〈표 1〉 신문 텍스트에서의 인용명사 사용 비율

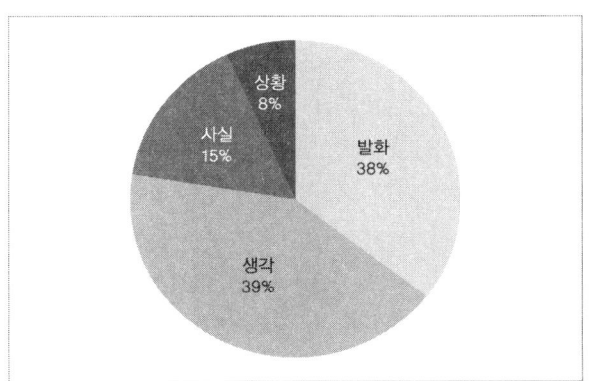

위에서와 같이 신문 텍스트에서는 발화나 생각을 인용하는 명사의 사용이 많으며, 사실이나 상황을 인용하는 명사 사용은 상대적으로 적음을 알 수 있다.

4. 신문 텍스트에서 인용명사의 문형

신문 텍스트에서 인용명사는 이미 앞서 살핀 예문들에서 보는 바와 같이 '-다는'절을 관형절로 하여 명사의 내용을 한정한다. 신문 텍스트 말뭉치를 살펴보면 이들 명사가 발화나 사유, 상황 등을 인용하는 경우, 명사의 종류에 따라 다소 간의 차이는 있으나 특정한 문형(pattern)으로 많이 나타나고 있다.

> (10) ㄱ. 일본은 이와 별도로 2007년까지 28억 달러의 차관을 이라크에 제공, 모두 50억 달러의 이라크 재건자금을 <u>지원한다는 계획이다.</u>

ㄴ. 때문에 "총선을 앞둔 야당 파괴 공작"이라는 야권의 반발이
오히려 설득력을 얻게 될 수 <u>있</u>다는 게 검찰의 판단이다.

ㄷ. 김 의원의 <u>주장은</u> 생활권이나 인구로 볼 때 창녕(7만4668명)은
함안(6만5923명)이나 의령(3만5358명)과 통합돼야 하는데도
밀양(12만6641명)과 통합한 것은 게리맨더링의 <u>전형이라는 것</u>
<u>이</u>다.

ㄹ. 이 상무가 행장후보로 오른 데는 이 은행 대주주인 독일 코메르
츠 은행이 내부인물을 바랐고, 전임 행장이면서 앞으로 외환은
행 이사회 의장으로 내정된 홍세표 행장 역시 내부 승진을 밀
었기 <u>때문이라는 관측이 유력하</u>다.

ㅁ. 일부에서는 증세가 잘 드러나지 않는 사스의 변종이 출현, 더
광범위하게 퍼지고 있을지 <u>모른다는 우려를 제기했</u>다.

신문 텍스트에서 인용명사는 (10ㄱ, ㄴ)과 같이 '이다' 구문으로 인용
의 내용을 전달하기도 하고 (10ㄷ)과 같이 명사의 내용을 후행 서술하는
방식으로 피인용 내용을 인용한다. 또 (10ㄹ)과 같이 인용의 내용에 대
한 평가나 기술을 함으로써 피인용 내용을 인용하기도 하며, (10ㅁ)과
같이 'N + 기능적 동사'형식으로 피인용 내용을 인용하기도 한다.[19] 이

---

19 이러한 예들은 모두 피인용 내용이 문장에 반드시 표면화되어야 한다는 면에서 인용
명사에 의한 다른 인용문과는 다른 특성을 보인다.

　(10) 'ㄱ. [일본은 …… 지원한다는/ *φ] 계획이다.
　　　ㄴ. 때문에 [야권의 반발이 …… 있다는 게/ *φ] 검찰의 판단이다.
　　　ㄷ. 김 의원의 주장은 […… 게리맨더링의 전형이라는/ *φ] 것이다.
　　　ㄹ. […… 내부 승진을 밀었기 때문이라는/ *φ] 관측이 유력하다.
　　　ㅁ. 일부에서는 […… 있을지 모른다는/ ?φ] 우려를 제기했다.
　　　ㅂ. 자민련은 […… 당사를 방문하겠다는/ 민주당의 φ] 제안을 거절했다.
　　　ㅅ. 국장은 […… 않았느냐는/ 기자들의 φ] 질문에 다음과 같이 답변했다.

　위 (10ㄱ~ㅁ)은 피인용 내용이 반드시 표면화되고 일정한 문형(pattern)으로 고정화
된 인용문을 형성한다는 점에서 (10 'ㅂ, ㅅ)과는 다르다.

와 같이 인용명사가 나타난 문형을 유형화해 보면 아래와 같다.

〈표 2〉 인용명사의 문형[20]

문형		명사
1유형	S-다는 N이다	각오, 관측, 계산, 계획, 구상, 논리, 뜻, 반응, 방증, 방침, 분석, 사실, 생각, 설명, 얘기, 의견, 의도, 의미, 입장, 전략, 주장, 지적, 판단, 평가, 후문…….
2유형	S-다는 것이 (n의) N이다	설명, 판단, 의견, 생각, 시각, 분위기, 인식, 주장, 전략, 평가, 입장, 통설, 분석, 전언, 얘기, 사실, 고민, 주문, 중론, 이유, 지적, 관측, 지론, 발표, 반응, 우려, 증언, 논리, 제안, 전망, 해석, 불만, 계산…….
3유형	N이… S-다는 것이다 (N이 … S-다는 점/사실이다)	발언, 주장, 입장, 취지, 사유, 이유, 방안, 발언 내용, 제안, 우려, 장점, 고심, 논지, 대답, 약점, 논리, 성과, 문제…….
4유형	S-다는 N이/가 V (V: 나오다, 유력하다, 지배적이다. 무성하다, 제기되다, 우세하다, 대두되다. 있다. 압도적이다, 많다, 일다, 끊이지 않다, 대두되다, 만만치 않다, ….)	견해, 관측, 논리, 말, 목소리, 반론, 반응, 분석, 비판, 설, 소리, 소문, 시각, 얘기, 여론, 우려, 의견, 의혹, 전망, 주장, 지적, 평가, 해석…….
5유형	S-다는 N을/를 V (V: 하다, 보이다, 내놓다, 펴다, 밝히다, 표명하다, 제기하다, 취하다; 받다, 듣다, ….)	견해, 결론, 결정, 논리, 뜻, 말, 반응, 방침, 비난, 비판, 얘기, 소리, 우려, 의사, 의지, 입장, 자세, 전망, 주장, 지적, 평가…….

위에서 1유형과 2유형, 5유형은 일반적으로 피인용주가 문장에 드러나고 '-다고' 인용문과 유사하게 피인용주의 발화행위를 독자에게 전달

---

20 본고에서 살핀 신문 텍스트 말뭉치 분석 결과, '-다는'과 공기하는 명사의 실현 예문 중 1유형은 14.04%(230/1638), 2유형은 6.35%(104/1638), 3유형은 1.89%(31/1638), 4유형은 20.51%(336/1638), 5유형은 18.07%(296/1638)로 일정한 문형으로 사용되는 비율이 61%에 달하고 있음을 알 수 있었다.

하고 있다. 그리고 4유형은 화자(필자)의 피인용주의 발화에 대한 평가가
후행하는 '유력하다, 무성하다' 등의 서술어에 드러나고 있다. 3유형의
경우에는 다소의 변이문형이 있는데, (11ㄱ)과 같이 '-다는 것이다' 문형
의 문두에 인용을 나타내는 명사가 나타나는 경우도 있으나 이러한 문형
으로보다는 (11ㄴ)과 같이 인용을 나타내는 명사가 명시적으로 앞 문장
에 드러나거나 (11ㄷ)과 같이 맥락 상 이 문장이 인용임을 드러내는 장치
가 텍스트 내에 나타나는 경우가 많다.

> (11) ㄱ. 그리고 하는 <u>말</u>이 2001년에는 1일 40만여 명의 많은 승객이
> 이용하게 될 것이니 양해하<u>라는 것이었다.</u>
> ㄴ. 파업에 강경한 <u>입장</u>이다. 근로시간 단축 문제는 "연내 법 개정
> 안을 제출하겠다"는 이상의 약속은 불가능하<u>다는 것이다.</u>
> ㄷ. 특히 국제경제 전문가인 칼 와인버거는 한국, 인도, 인도네시
> 아, 싱가포르의 주식투자자들이 세계경제 전망을 낙관하는 가
> 운데 올해 들어 최근까지 35~75% 이상의 고수익을 올린 점을
> 주목했다. 와인버거는 y2k를 우려한 현지 및 외국 투자자들이
> 아시아 시장에서 이익을 챙긴 뒤 잠정적으로 미국 재무부증권
> 과 같은 안전한 곳으로 투자처를 옮길지 모른다고 <u>말했다.</u> 이
> 같은 투자 이탈은 해당 국가들에 충격을 주고 신뢰도를 낮추며
> 기업과 소비자들의 지출을 줄여 경기침체까지 초래할 수 <u>있다</u>
> <u>는 것이다.</u>[21]

   지금까지 살펴본 바와 같이 인용명사는 특정한 문형으로 인용 내용을

---

21 '-다는 것이다'는 위 (11)에서와 같이 인용의 기능으로 사용되는 경우가 많다. 그러나
   (11ㄴ, ㄷ)이나 아래와 같은 경우에는 문형에 포함시키지는 않았다.
       (예) 대한올림픽위쪽은 평창의 유치 가능성에 대해 낙관도 비관도 하지 않고 있
       다. 가능성은 반반이라는 것이다.

전달하고 있음을 알 수 있다.

5. 인용명사의 추상적 의미

앞서 인용명사를 '얘기, 말, 소문' 등의 발화를 인용하는 명사, '의견, 생각, 결심' 등의 생각을 인용하는 명사, '결과, 사실, 증거' 등의 사실을 인용하는 명사, '입장, 자세, 태도' 등의 상황을 인용하는 명사로 분류한 바 있다.

이들 중 먼저 발화를 인용하는 명사의 경우에는 '얘기, 말, 소문' 등 전형적인 보문명사 외에도 '충고, 주장, 경고, 건의, 제의, 질문' 등 화행성 명사도 발화를 인용하는 명사로 쓰인다. 이들은 신문 텍스트에서 (12ㄱ)과 같이 화행적 행위를 지시하기도 하지만, 일반적으로는 (12ㄴ)과 같이 추상화하여 인용 내용을 한정하는 기능의 발화 인용명사로 나타난다.[22][23] 그리고 (12ㄷ)과 같이 텍스트의 앞 맥락과 상호지시되는 경우에도 추상화한 의미의 발화 인용명사로 나타나기도 한다.

> (12) ㄱ. 자유기업센터는 시장경제론 확산을 위해 각계의 <u>제안</u>을 받던 중 전경련 출신인 금호그룹 권오용 상무가······.
> ㄴ. 본래 취지대로 주상복합건물을 도심에서만 허용해야 <u>한다는</u> 전문가들의 <u>제안</u>도 있다.

---

22 김영희(1981:172-198)에서도 이러한 명사의 의미적 특성에 주목하여, '-음, -기' 혹은 '-는' 보문과 달리, '-다는+명사'로 이루어지는 보문법에 대해 '담화 상에 주어진 단언문을 말할이가 머리명사의 추상적 의미 범주로 개념화(conceptualization)하는 의미론적 특징을 가진다'고 하였다.

23 국립국어원 『표준국어대사전』에 따르면, '제안(提案)'의 의미는 '의안으로 내놓음. 또는 그 의안'으로 행위성과 그 내용을 함께 기술하고 있다.

ㄷ. 일본쪽은 … 이미 지출된 각종 대회경비를 벌충하기 위해 '빅 경기'인 <u>한일전을 제안한</u> 것으로 알려졌다. 한국쪽도 유럽파 선수들을 소집하기로 해 놓은 상태여서 일본의 <u>제안</u>을 받아들였다.

그리고 '공격, 반응' 등 화행성 명사가 아닌 행위성 명사도 인용절과 함께 나타나면 추상화하여 인용명사가 될 수 있다. 또한 '목소리, 소리'도 물질적인 본래적 의미에서 인용절과 함께 쓰임으로써 '여론이나 소문' 등의 추상화한 의미로 확대되어 인용명사가 되기도 한다.[24] 생각이나 사실, 상황을 인용하는 명사의 경우에도 아래 (13)(14)에서와 같이 인용을 나타내는 경우에는 의미의 추상화가 나타나며, 인용의 '-다는'과 함께 나타나 인용절의 내용을 지시하게 된다.[25]

(13) ㄱ. GM 역시 지난 8월 대우와 양해각서 교환 당시 양사가 배타적으로 협의해 나가기로 했고 그간 실사작업도 <u>계획</u>보다 다소 늦어질 정도로 힘을 쏟고 있어…….

ㄴ. 이에 반해 삼성은 이달 들어 9개의 홈런을 몰아친 이승엽이 내친김에 잠실구장에서 예포를 날려주고 그 여세를 몰아 에스케이와 주말 3연전에서 300호 축포와 함께 3연전을 <u>승리로 이끈다는</u> 계획이다.

---

24   국립국어원 『표준국어대사전』에 따르면, '목소리'를 '1. 목구멍에서 나는 소리'와 '2. 의견이나 주장을 비유적으로 이르는 말'을 분리하여 기술하고 있다.

25   차준경(2009)에서는 이러한 의미적 추상성을 초점화하여 이러한 명사를 추상명사로 범주화하였다. 그리고 차준경(2008:417)에서는 보문명사가 보문과 결합하지 않았을 때는 사건을 지시하지만 보문과 결합하면 보문내용인 명제를 지시하며, 이들 명사는 사건 의미 유형에서 명제 의미 유형으로 의미 유형의 전이가 일어나며 각 명사의 다의를 구성한다고 설명하고 있다.

(14) ㄱ. 평소 생각 그대로, <u>사실</u> 그대로 말한 것이라며 버티던 노장
　　　관은 ······.
　　ㄴ. 부시 행정부의 고민은 호주가 영국과 함께 전투병까지 파견해
　　　서 미국을 돕고 있는 소중한 <u>동맹국이란 사실</u>이다.

　　이러한 명사들이 특히 신문 텍스트에서 인용을 나타내는 쓰임으로 더
많이 사용되는지를 알아보기 위해 신문 텍스트에 고빈도로 나타나는 명
사 중 20개의 의존도를 알아보았다.

<표 3> 인용명사의 의존도

명사	빈도	총 빈도	의존도(%)	세종1000만 의존도 (차준경(2008)	명사	빈도	총 빈도	의존도(%)	세종1000만 의존도 (차준경(2008)
입장	84	245	34.2857	–	비판	25	100	25	
지적	52	209	24.8804		전망	20	254	7.8740	–
주장	45	364	12.3626	15.23	분석	19	118	16.1017	–
사실	37	253	14.6245	24.05	뜻	18	73	24.6575	17.93
얘기	34	88	38.6364	–	평가	18	155	11.6129	
의견	30	132	22.7273	–	후문	18	18	100	67.61
말	28	1269	2.2064	–	계획	17	223	7.6233	–
방침	28	164	17.0732	11.69	생각	17	147	11.5646	–
이유	28	136	20.5882	–	의혹	16	99	16.1617	–
판단	27	109	24.7706	–	관측	15	29	51.7241	–

　　위에서 일반 텍스트에서의 의존도를 제시한 차준경(2008:412)과 비교
하면, '주장, 사실'을 제외한 다른 명사는 신문 텍스트에서 인용을 나타
내는 명사로 나타나는 비율이 더 높음을 알 수 있다. 즉 차준경(2008:412)
에서는 세종 1000만 말뭉치를 대상으로 보문명사의 의존도를 제시하고
있는데, 고의존도 순으로 9.24% 이상인 명사만을 제시하고 있어 그 이
하인 명사의 의존도를 정확하게 알기는 어려우나, 위 <표 3>에서 보면
차준경(2008:412)에서의 의존도에 비해 신문 텍스트에서의 인용명사의
의존도 수치가 높음을 알 수 있다.[26] 따라서 신문 텍스트에서는 인용명사

가 주로 피인용 내용을 이끄는 추상화된 의미의 명사로 사용되는 비율이
타 텍스트에 비해 높다고 할 수 있다.

6. 명사 인용에 나타나는 화자의 태도

6.1. 인용명사에 나타나는 화자의 태도

명사와 '-다는'과의 결합으로 나타나는 인용에서 인용화자는 명사로
써 인용 내용을 한정하고 명사가 인용 내용을 개념화한다고 한 바 있다.
그리고 인용 화자는 인용 내용에 대한 진리치, 인용 내용에 대한 믿음,
인용 내용에 대한 긍정적, 부정적 태도 등을 명사의 선택을 이용해 나타
낸다.[27] 즉 '-다는'과 인용명사를 이용한 인용은 단순한 사실의 보고가
아니라 인용 화자의 관점이 반영된 보고라고 할 수 있다.

먼저 '말, 얘기, 이야기, 전언'과 '소문, 루머' 등은 인용 화자의 인용
내용의 진리치에 대한 태도를 드러낸다. 즉 인용 화자는 (15)에서와 같
이 '말, 얘기, 이야기, 전언'의 인용 내용의 진리치에 대해서는 중립적인
태도를 취하나 '소문, 루머'의 인용 내용의 진리치가 사실이 아님을 드러
내는 태도를 취하고 있는 것이다. 또 (16)에서와 같이 '사실, 방증' 등의
명사를 선택함으로써 인용 내용에 대한 사실성을, '의혹'을 선택함으로
써 인용 내용에 대한 비사실성을 드러내기도 한다.

---

26 차준경(2008)에서의 수치가 제시되지 않은 것은 모두 의존도 9.24% 이하이다.

27 장경희(1985:9-10)에서도 사건에 대한 화자의 정신적 태도를 나타내는 것을 양태로
   정의하고 '정말, 참말, 거짓말, 사실, 헛소문, 오보, 낭설, 농담, 진짜' 등의 명사는 사
   건의 진리치에 대한 태도가 표현된 명사이며, '생각, 짐작, 추측, 상상' 등의 명사는
   사건에 대한 인지적 태도가 표현된 명사라고 하고 있다.

(15) ㄱ. 이총재의 고민이 무엇인지는 불분명하지만, 전후 상황으로 미뤄 볼 때 이총재는 차제에 여권의 기세를 꺾으면서 등원하는 묘안을 찾고 있다는 <u>얘기</u>가 많다.

　　　ㄴ. 야생동물 음식점이 고전하는 이유는 사스 병균인 신종 코로나 바이러스가 야생동물에서 사람에게 전파됐다는 <u>소문</u>이 나돌고 있기 때문.

(16) ㄱ. 값비싼 명품에 대한 부모들의 열망은 '아르마니'를 이름으로 가진 여자아이가 자그마치 300명에 달한다는 <u>사실</u>에서도 엿볼 수 있다.

　　　ㄴ. 2일 〈아에프페〉 통신은 지코가 "일본 선수들은 80분간은 최고의 상태로 뛰다가 마지막 단계에서 대량 실점을 한다"고 지적했다고 보도했다. 마지막 10분을 위한 체력 유지를 위해 고민하고 있다는 <u>방증</u>이다.

　　　ㄷ. 특히 공정위쪽은 51%의 지분참여를 한 히카리 인쇄가 롯데의 특수 관계인이라는 <u>의혹</u>과 … 롯데호텔이 결국 경영지배권을 행사할 것이라는 지적에 대해 집중적인 조사를 벌이고 있다고 밝혔다.

그리고 (17)에서와 같이 '장점, 단점, 강점' 등의 명사를 선택함으로써 인용 내용에 대한 가치 판단을 드러내기도 한다.

(17) ㄱ. 또 지엠의 아·태 지역 7개 생산기지가 위치한 중국 인도 인도네시아 등에 비해 부품업체의 기술수준이 탁월하다는 <u>강점</u>을 지니고 있다.

　　　ㄴ. 일반적으로 오피스텔은 … 시공사가 부도를 냈을 때 보호받을 수 없지만, … 토지신탁이 시공과 분양을 책임지는 오피스텔은 안심하고 분양받을 수 있다는 <u>장점</u>이 있다.

또 인용 화자는 인용 내용에 중립적인 심리적 태도를 취하는지 부정적인 심리적 태도를 취하는지에 따라 명사를 달리 선택하기도 한다.

> (18) ㄱ. 군유지 61만평을 내놓기로 한 진천군은 곳곳에 산재한 화랑훈
>   련장 유적 등 태권도 탄생의 모태가 된 화랑정신이 어려 있는
>   고장이라며 역사적 상징성을 주장한다. 청주국제공항과 인접
>   해 있는 것도 강점이라는 <u>설명</u>이다.
>   ㄴ. 이에 대해 서울시 도시계획국 관계자는 … 2층 이하 건축 원칙
>   을 지켜왔는데 층고(層高)제한을 대폭 완화하자는 것은 기존
>   정책을 포기하는 것이나 마찬가지라는 <u>주장</u>이다.
> (19) ㄱ. 한나라당은 부산 경남(pk)과 대구 경북(tk)지역의 민심 흐름에
>   차이가 있는 점을 감안해 두 지역에 대한 접근전략을 차별화한
>   다는 <u>구상</u>이다.
>   ㄴ. 노무현(盧武鉉) 당선자측 반응이 주목되지만, 일본측은 정권
>   출범 전이므로 골치 아픈 문제에 적극 나서지 않을 것이라는
>   <u>계산</u>을 하고 있다.
>   ㄷ. 초대권 요구에 시달리는 기획사들은 공연장에 나오면 직접 좌
>   석권을 주겠다는 <u>식</u>으로 문제를 해결한다.

위 각 (ㄱ)의 '설명, 구상'은 인용 내용에 대해 인용화자가 중립적이나
각 (ㄴ, ㄷ)의 '주장, 계산'은 인용 내용에 대해 인용화자가 인용 내용을
신뢰하지 않거나 이에 대해 부정적인 태도를 가지고 있음을 드러낸다.
지금까지 살핀 바와 같이 '-다는+명사' 인용에서 인용명사에는 인용화
자의 판단과 태도가 드러남을 알 수 있다.

6.2. 인용문에 나타나는 화자의 태도

인용화자는 피인용주를 언급하지 않고 보문명사를 이용한 인용문을
사용함으로써 인용 내용에 일반성과 대중성을 부여하고 수용자로 하여

금 자신들이 보도한 내용에 동의하도록 설득한다.[28]

(20) ㄱ. 그렇지만 실업률이 여전히 높고, 불평등이 심화하는 등 부작용
　　　이 커지고 있다는 걱정스런 <u>목소리도 만만치 않다</u>.
　　ㄴ. 의사들의 집단이기주의에 미온적으로 대처한 정부가 사회적
　　　약자인 호텔 노조원들의 파업에 대해서는 무자비한 진압에 나
　　　섬으로써 가진 자 중심의 공권력 행사라는 <u>비난을 면키 어렵게</u>
　　　<u>됐다</u>.
　　ㄷ. 이를 위해 연중 계속해 문제를 출제하고 타당성 검토를 거쳐
　　　문제를 적립하는 문제은행식 출제가 반드시 필요하다는 <u>지적</u>
　　　<u>이 많다</u>.

(20)에서와 같이 인용화자는 인용 내용에 대한 언급이나 생각이 적지
않다고 함으로써 인용 내용이 일반적이고 대중적으로 합의된 내용이며,
수용자로 하여금 자신들이 인용한 내용에 동의하도록 한다.

그리고 인용의 '-다는'을 활용함으로써 인용화자는 자신이 인용한 내
용은 객관적 사실임을 강조하고 자신이 인용한 내용은 자신의 발화나
견해가 아닌 '남의 생각이나 발화를 인용한 내용'이므로 이로 인한 비난
등으로부터 책임을 회피할 수 있다. 즉 인용의 '-다는'은 인용화자로 하
여금 객관성과 무책임성을 확보하게 하는 방안인 것이다.[29]

(21) ㄱ. 해외매각 또는 외자유치가 임박한 기업들은 <u>기존 경영진에게</u>

28　Bell, Allen(1991:207)에서는 인용문은 인용되는 말이 논란의 여지가 없는 사실임을
　　보여주는 사실성의 기능을 지닌다고 하였다.
29　Van Dijk(1988:87~114)에서는 "뉴스의 진실성에서 중요한 것은 진짜 사실인지 여부
　　보다는 진실로서의 그럴듯함(illusion of truth)"라고 했다. 또 인용은 민감한 내용을
　　보도하는 경우 이해 당사자들로부터 받게 될 비방이나 명예훼손 소송을 피할 수 있게
　　해 주는 기능을 가진다고 한다.

계속 맡긴다는 것이 채권단의 판단이다.
　ㄴ. 부시 대통령이 부정확한 정보를 연설에 인용했다는 이유로 민주
　　당의 집중공격을 받는 상황인 데다, 부시가 클린턴과의 차별화
　　에 전력을 기울이고 있다는 것은 널리 알려진 사실이다.

　(21)에서와 같이 '기존 경영진에게 계속 맡기기'로 한 것은 '채권단의
판단'으로 객관성을 부여하면서 이러한 판단에 대한 책임은 회피하는 것
이다. 또 '민주당의 집중공격을 받은' 이유는 '부정확한 정보를 연설에
인용했다'는 것이며, 그 이유에 대한 진실성 여부는 판단을 유보한 채
인용만 함으로써 이에 대한 책임은 회피하는 것이다. 따라서 (22)와 같
이 민감한 사안인 정치 문제 등에 관한 인용에 있어서 '-다는+명사'를
통한 인용으로 인용 내용에 대한 진실성은 담보하지 않으면서 책임은
회피할 수 있게 한다.

　(22) ㄱ. 이 총재는 … 국정이 파탄에 빠져 있고 국민의 삶은 도탄에 빠
　　　져 있다는 말도 했다.
　　ㄴ. 시민단체에서도 … 협정체결 이전에 공청회 등 공론화 절차를
　　　밟아야 한다는 주장을 펴고 있다.

　신문 텍스트의 인용 내용의 객관화 성향은 '사실, 것, 점' 등 '-다는'과
'-는'을 모두 취하는 보문명사에서 더욱 드러난다.

　(23) 우리는 범인이 검문소를 통과했다는/통과한 사실을 모르고 있었다.
　　　　　　　　　　　　　　　　　(남기심, 1989:24 재인용)

　남기심(1989:24-27)에서는 인용이란 것은 남의 말을 전달하는 것으로
이 때 전달자는 그가 전달하고자 하는 남이 한 말의 내용이 사실이냐

아니냐에 대해서는 판단을 내리지 않으며, 완형보문자 '-다는'은 그것에 의해 이끌리고 있는 보문에서 진술된 행위나 상태 혹은 사건이 반드시 사실이어야 함을 전제하지 않으며, 위 (23)과 같이 '사실'과 같은 사실성을 띤 특정한 종류의 명사이면 사실 여부의 전제에 대한 중립성이 무너지고 '정말'인 것으로 나타난다고 하고 있다. 즉 위 (23)문장은 동일한 의미를 가지고 있으며 '-다는 사실'이나 '-는 사실' 모두 '사실'에 대한 기술이라는 것이다. 그러나 위 문장에서 '-다는'은 '-는'과 달리 내용절(인용 내용)을 객관화한 것이다.

> (24) ㄱ. 2일 〈아에프페〉 통신은 지코가 ⋯ 대량 실점을 한다고 지적했다고 보도했다. 마지막 10분을 위한 체력 유지를 위해 고민하고 <u>있다는 방증</u>이다.
>
> ㄴ. 이들 외국인학교에는 또 상당수 무자격자들이 재학 중인 것으로 알려졌다. 규정상으로는 외국인이나 5년 이상 외국에서 살다 일시 귀국한 한국 학생만 입학할 수 있다. 그러나 일부는 해외 유학 및 특례 입학 등의 연결고리로 입학하고 <u>있다는 것이다</u>.

위 (24)에서 '있는 방증' 혹은 '있는 것이다' 대신 '있다는 방증', '있다는 것이다'로 기술함으로써 이에 대한 인용 화자의 평가를 피하고 객관화함으로써 사실에 대한 단언을 피하고 완곡적으로 사실을 기술하는 것이다. 즉 '-다는'은 단언을 피하는 완곡적 기능도 하고 있음을 알 수 있다.

지금까지 살핀 바와 같이 '-다는' 인용은 인용 내용에 대한 객관성 부여와 인용 화자의 인용 내용에 대한 책임 회피와 완곡적 표현 기능을 하게 된다.

7. 결론

  인용은 다른 사람의 말이나 글을 자신의 말이나 글에 다양한 목적으로 끌어다 쓰는 것이다. 그런데 인용을 할 때는 다른 사람의 말이나 글을 있는 그대로 끌어다 쓰는 것이 아니라 의식적·무의식적으로 인용 내용을 재구하거나 인용 내용을 전달하는 동사나 명사 등의 다양한 언어적 수단의 선택을 통해 인용화자는 자신의 목적에 맞도록 인용을 활용하려고 한다. 이러한 관점에서 본고에서는 그 동안 많이 다루어오지 않았던 인용명사를 통한 인용 방식에 대해 살펴보았다. 인용절에 대한 그간의 연구는 주로 '-다고'와 인용동사에 관한 연구였으나 인용은 '-다는'과 보문명사에 의해서도 이루어진다. 인용명사를 통한 인용은 인용화자가 인용 내용을 인용명사를 통해 개념화하고 이에 자신의 판단과 태도를 드러낸다.

  본고에서는 인용명사를 통한 인용을 신문 텍스트를 중심으로 살펴보았다. 신문 텍스트는 자신의 보도 내용의 객관성과 정당성을 담보하기 위해 인용을 많이 활용하기 때문이다. 신문 텍스트에 나타난 명사를 활용한 인용을 살펴보면, 신문 텍스트에서 주로 어떠한 내용에 대한 인용을 많이 하고 있는지를 알 수 있다. 즉 신문 텍스트에서는 사실이나 증거에 대한 인용보다는 발화에 대한 인용이 많았다. 또 명사를 통한 인용에 있어서는 일정한 형식을 선호함도 알 수 있었다. 그리고 명사를 통해 인용 화자는 자신의 인용 내용에 대한 진리치, 가치 판단, 긍정적·부정적 심리적 태도를 드러내고 있음을 알 수 있었다. 또한 인용을 통해 신문 텍스트에서는 인용 내용에 대한 객관성, 무책임성을 드러내고 있으며, 인용의 '-다는 것이다'는 일종의 단언 회피의 완곡적 수단으로도 활용됨을 알 수 있었다.

본고에서는 신문 텍스트에서의 인용명사를 통한 인용을 살펴보았는데, 이러한 인용은 신문 텍스트뿐 만이 아니라 다양한 종류의 텍스트에서도 특징적으로 나타날 것이라고 본다. 즉 학술적 담화나 개인적 담화에서의 인용명사를 통한 인용을 살피면, 이러한 담화에서는 주로 어떠한 범주의 인용이 많이 나타나고 있는지, 또 어떠한 형식을 선호하는지 등을 알 수 있을 것이다. 또한 인용명사는 화자의 태도를 반영하므로 논쟁적인 담화인지 중립적인 담화인지에 따라 인용명사의 선택이 달라질 수 있을 것이다. 따라서 앞으로 인용의 통사적 측면에서의 연구를 넘어 의미적 화용적 측면의 심도 있는 연구가 더 필요하며 이러한 연구가 앞으로 한국어교육의 어휘 교육이나 각 목적별 교육에 활용될 수 있을 것으로 본다.

— 이 글은 『외국어로서의 한국어교육』 39집, 447~472쪽에 실린 논문임.

한국어 교재 '본문'의 담화적 요소 분석

김현강 · 이윤진
연세대학교

1. 서론

한국어 교재의 전반적인 체제에서 공통적으로 나타나는 주요 특징 가운데 하나는 '본문'이 제시되어 있다는 점과 '본문'이 각 단원에서 매우 중추적인 역할을 수행한다는 사실이다. 실제로 '본문'은 교재의 해당 단원에서 학습할 내용과 목표를 여실히 보여주는 축소판이라 부를 수 있을 텐데 그 까닭은 배워야 할 문법 및 어휘, 표현은 물론 주제, 담화 상황, 문화적인 요소 등을 종합적으로 고려하여 구성된 것이 바로 '본문'이기 때문이다.

이러한 점을 감안할 때 본문은 교육적 차원과 담화적 차원의 배려가 조화롭게 녹아 있는 결과물이라 할 수 있다. 특히 담화적 차원에서 볼 때 본문에 잠재된 담화적 요소들은 본문을 더욱 대화나 담화답게 만들어 줌으로써 한국어 담화에 대한 자연스러운 학습을 유도하고 있어 의사소통 능력을 배양하는 핵심적인 역할을 하고 있음에도 불구하고 지금까지는 이에 대해 충분히 논의된 바가 없다.

이에 이 글에서는 한국어 교재의 '본문'[1]에 내재된 담화적 요소를 중심적으로 고찰함으로써 의사소통 능력 신장 차원에서의 본문의 기능 및 역할을 재조명하고 그것의 함의를 밝히고자 한다. 이것은 교재의 효율적인 사용과 개발에 유용한 기초 자료로 삼을 수 있다는 점에서, 그리고 담화적 관점에서의 한국어 교재 연구에 적용 가능한 연구 방법론의 모색이라는 측면에서 의의가 있다.

2. 연구의 배경

본 장에서는 본격적인 논의 전개에 앞서 본문의 가치 및 이 글에서 본문의 담화적 요소에 관심을 갖게 된 배경을 소개한다.

앞서 밝힌 바와 같이 이 글에서는 한국어 교재의 본문에 교육적·담화적 차원의 접점을 최대한 모색하고자 한 의도가 전제되어 있다고 본다. 새롭게 배울 내용에 대한 노출의 정도를 수준에 맞게 체계적이고 계획적으로 통제하고, 선행 학습의 내용이 적재적소에 반복됨으로써 후행 학습의 내용과 자연스럽게 연계되도록 하는 것이 교육적 관점에서의 배려라고 한다면, 담화적 관점에서의 배려란 본문의 담화가 전형적이면서도 실제적인 한국어의 담화를 담아낼 수 있도록 하는 것을 의미하는 것이다.

---

1   지금까지 한국어 교재의 본문을 주된 연구 대상으로 삼은 논의를 살펴보면 '본문'을 지칭하는 몇 가지 용어가 사용되어 왔다. '대화문'(박석준, 2005), '제시대화문'(이소림, 2008)을 비롯하여 '한국어 교재의 대화'(신현숙, 2002; 방혜숙, 2008)가 바로 그 예인데 이것은 대부분의 본문이 '대화'로 제시되어 있기 때문으로 보인다. 더불어 한국어 교재 연구에서 '대화'에 관심을 둔 연구가 많았던 까닭에 본문은 곧 대화라는 인상이 없지 않았다. 그러나 이 글에서는 대화문 형식이 아닌 예들도 모두 포괄하는 의도에서 '본문'이라는 용어를 그대로 사용하기로 한다. 더불어 논의의 일관성을 위하여 선행 연구에서 용어가 다소 달리 사용된 경우일지라도 의미 전달에 지장이 없는 경우는 이 글에서 '본문'이라는 용어로 바꾸어 옮겼음을 밝혀 둔다.

이 글에서는 한국어 교재의 본문이 실제 담화의 모습에 가까워 보이기 위해 다양한 담화적 요소를 지니고 있다고 본다. 비록 겉으로 명확히 드러나지 않는다 할지라도, 또 교재 사용자가 본문의 담화적 요소를 인식하지 못한다 할지라도 모든 본문은 교재 개발자의 숨은 의도를 바탕으로 다양한 담화적 요소를 품고 있다는 것이다.

담화적 요소는 본문이 지닌, 담화의 구조와 특징을 이루는 요소이자 담화 능력[2]을 이루는 지식이라 정의할 수 있다. 본문에 나타난 담화의 유형과 그에 맞는 언어에 관한 지식, 대화 참여자와 상황, 맥락에 관한 배경지식, 대화를 주고받는 체계와 방법 등과 같은, 기존의 담화나 대화 분석에서 논의된 내용이 포함된다. 이러한 요소들은 학습자가 처할 대화 상황이나 유형에 대한 지식일 뿐만 아니라 그 상황에 맞는 언어를 구사하고 대화의 상호작용을 가능하게 한다는 점에서 담화적 능력인 동시에, 그것이 한국 사회의 언어, 사회적 규범이나 의식에 맞게 이루어지도록 한다는 점에서 사회언어학적 지식을 전제한다.[3] 또한 자신의 의사소통적

---

2 의사소통 능력의 교수를 목표로 할 때 교재의 본문은 문법적 지식 외에 담화적 지식을 비롯한, 의사소통에 필요한 여러 가지 요소를 포함해야 한다. Canale & Swain(1980)에서도 '의사소통 능력'은 문법적 능력 외에 담화적 능력(discourse competence), 사회언어학적 능력(sociolinguistic competence), 전략적 능력(strategic competence)으로 이루어진다고 하였다. 담화적 요소는 의사소통 능력의 전부는 아니지만 사회언어학적 지식이나 전략적 능력의 일부가 담화를 통해 구현되거나 담화적 능력과 연관되므로 의사소통 능력을 설명하는 데 있어 중요한 부분이다.

3 이 글에서 다룰 담화적 특징인 구어, 화용적 기능을 담당하는 담화표지, 청자반응 같은 담화적, 상호작용적 요소의 경우 주로 담화능력과 관련되며 말투의 차이나 상대에 대한 높임법은 한 사회나 집단의 예의(politeness)에 관한 의식과 관습을 인지하는 사회언어학적 능력과 관련된다. 예를 들어 낯선 이나 교사에게 높임말을 쓰는 것, 언어적으로나 비언어적으로 어떻게 공손하게 인사하는지 등은 단순히 언어적 표현을 익힘으로써 제대로 수행될 수 있는 것이 아니라 한국 사회의 예의 표현과 의식에 대한 인지를 전제로 하기 때문이다.

목적을 성취하거나 문제를 해결하기 위한, 적절한 전략을 포함해야 한다는 점에서 전략적 능력과도 연관된다.[4]

지금까지 본문을 주된 분석 대상으로 삼은 기존의 연구 성과들을 검토해 보면 본문의 중요성 및 가치를 부각시키거나(박석준, 2005) 비판적인 시각에서 본문이 실제의 언어 현실을 얼마나 잘 반영하고 있는가를 살피고 그것의 보완 방안을 제시한(신현숙, 2002; 방혜숙, 2008; 권성미·이혜용, 2008)[5] 논의는 있었지만 담화적 관점에서 본문의 담화적 요소에 관심을 가진 연구는 찾아 볼 수 없었다. 이것이 바로 이 글에서 본문에 구현된 담화적 요소를 면밀히 살핌으로써 본문의 본질적인 위상과 가치를 알아 보려는 시작점이 되었다.

그런데 한국어 교재의 본문이 교육적·담화적 관점을 가장 이상적으로 반영하고자 했다고 할지라도 학습자의 수준에 맞도록 간결하게 구성된 본문 안에 교육적인 효율성과 담화적 차원에서의 정보를 적절히 담아 내는 것은 결코 간단하지 않은 일이다. 초급 수준의 교재일수록 더더욱 그러하다. 즉, 본문의 본래 사명대로 "학습자들에게 있어서 교재에 있는 다른 어떤 학습 내용보다도 중요한 학습 대상이 되며, 실제로 사용할 기본적 한국어 지식의 핵심이자 바탕"(박석준, 2005;234)이 되도록 하면서도

---

4 전략적 능력은 의사소통적 목표를 성취하기 위해 담화를 계획하거나 상대방을 설득하는 전략에서부터 소통상의 문제를 해결하는 전략 등이 포함될 수 있는데, 외국인 학습자의 경우라면 상대방의 말을 이해하지 못했거나 어떤 단어를 모를 때 문제를 해결하고 의사소통에 성공하기 위해 여러 가지 언어적, 비언어적 수단을 이용하는 전략이 포함될 수 있다. 이러한 부분은 본문 대화 자체보다는 그것을 활용한 실제 수업 상황에서 교사와 학생간의 상호작용을 통해 이루어질 여지가 많다.

5 본문에 대한 연구는 주로 대화를 중심으로 이루어져 왔으며 특정 상황에서의 대화를 다룬 방혜숙(2008, 전화 대화 구성), 특정 구조의 대화를 중심으로 한 신현숙(2002, 질문과 응답), 화행의 실현에 대해 논의한 권성미·이혜용(2008, 간접화행) 등이 대표적이다.

"본문에서 학습한 내용이 교실 밖 현실에서도 유용하게 쓰일 수 있도록"
(이소림, 2008)[6] 해야 하지만 이 두 가지 문제는 숙명적으로 상충될 수밖
에 없는 것이다. 이러한 한계를 인정하지 않는 것은 아니지만 만약 본문
이 교육적·담화적 관점의 접점에서 의사소통 능력 지향적 성격을 지니
도록 구성되었다고 가정한다면 그것은 분명 본문을 둘러싼 담화적 요소
의 숨은 활약에 의해서 가능한 일이라 판단된다. 그러므로 이 글에서 본
문의 담화적 요소를 밝히는 작업은 바로 본문 그 자체에 대한 중요성과
의의를 과소평가하지 않고 본래의 가치를 올바로 파악하기 위함이라 할
수 있다. 또한 본문을 중심축으로 하여 한국어 교재에 대해 이해를 깊이
하는 것은 교재의 사용과 개발과도 밀접한 관련성이 있기에 매우 유의미
한 일임에 틀림없다.

이 글은 다음과 같이 구성된다. 3.1에서는 담화 유형에 관한 지식이
담화 능력의 한 부분이 될 수 있다고 보고 본문의 담화 유형을 살펴본다.
3.2에서는 본문이 상황 맥락, 대화 참여자 등의 배경지식을 다루고 있음
을 밝힌다. 3.3에서는 본문에 나타난 언어 사용상의 특징으로, 담화의
유형에 맞는 언어, 말투 사용의 문제에 대하여 논의한다. 끝으로 3.4에
서는 본문의 주된 담화 유형인 대화문을 중심으로, 말순서 주고받기 체
계와 연속체 등 대화를 이루는 구조적 요소와 전략, 상호작용에 기여하
는 청자반응 등의 대화적 특징을 논의할 것이다.

이 글의 분석 대상은 국내 대학 부설 기관의 대표적인 한국어 교재이
며 그 가운데 초급(1-2급)을 중심으로 살펴본다. 모든 수준을 망라한 교
재 분석이 체계적으로 이루어져야 하겠으나 본고에서 우선 초급 교재를
선정한 까닭은 다음과 같다. 첫 번째는 한국어 학습자가 한국어 담화에

---

6 이소림(2008:45-53)은 본문의 특성으로 최소성, 전형성, 실제성을 들었다.

대한 핵심적이고 기본적인 정보를 제공받는 출발점이 되는 동시에 한국어 담화 능력의 기초를 다져야 하는 단계가 바로 초급인 만큼 초급 교재의 중요성과 가치가 크기 때문이다. 두 번째로 초급 교재는 새로운 언어 표현의 노출에 있어서 제약을 특히 많이 두게 되는 단계라는 점에서 다른 수준의 교재와 차별화된다. 따라서 초급 교재는 다른 어떤 수준의 교재보다도 본문의 담화적 요소를 살리는 데에 한계가 클 수밖에 없다. 그럼에도 불구하고 교육적·담화적 관점에서의 이상적인 접점을 모색하여 '본문'을 구성할 때에 가장 많은 고심과 교육적 배려가 뒷받침되어야 하는 것도 초급 교재일 것이다. 본고는 이러한 점에 주목한 것이며 분석 대상으로 삼은 교재는 다음과 같이 표시하기로 한다.

교재명	표시
재미있는 한국어1, 재미있는 한국어2	A교재
한국어1, 한국어2	B교재
연세 한국어1, 연세 한국어2,	C교재
서강한국어1A, 서강한국어1B, 서강한국어2A, 서강한국어2B	D교재

3. 본문의 담화적 요소

본 장에서는 의사소통 능력, 더 좁게는 담화적 능력의 요소가 되는 본문의 담화적 요소에 관하여 고찰하고자 한다. '담화의 유형', '배경지식', '언어 사용의 특징', '대화의 조직'을 중심으로 교육적, 담화적 관점에서의 시사점을 논의하게 될 것이다.

3.1. 담화의 유형

이 글에서 한국어 교재의 본문에 반영된 담화적 요소의 첫 번째로 살핀 것은 담화의 유형에 대한 지식이다. 교재 분석 결과, 본문은 두 사람이상이 참여하며 말을 주고받는 대화가 주를 이룬다는 점, 전형적인 대화문 외에 수준별로 접근 가능한 또 다른 대화체나 글말도 부분적으로 제시하고 있다는 점을 확인할 수 있었다. 이것은 한국어 학습자들이 교재의 본문을 통해 한국어 담화 유형에 자연스럽게 노출됨과 동시에 이에 대한 지식도 습득해 갈 수 있음을 시사한다.

먼저 가장 주된 본문의 유형으로서, 두 사람이 참여하며 규칙적으로 말을 주고받는 대화의 사례를 살펴보면 다음과 같다.

> (1) 1:1의 규칙적 대화
> 이리나: 미에코 씨, 가방 샀어요?
> 미에코: 네, 샀어요.
> 이리나: 언제 샀어요?
> 미에코: 3일 전에 샀어요.(D교재 1-4)

위의 (1)과 같은 대화의 유형은 말을 주고받는 상호작용의 가장 기본적인 형태로서 각각의 말순서에 하나의 문장(문형)을 제시하기도 적합하고, 상대에게 적절히 반응하는 방법도 제시할 수 있어서 상호행위를 통해 대화가 이루어짐을 보여 주는 유용한 방식이다. 또 실제 연습에서도 교사와 학생, 학생과 학생이 역할을 나누어 맡아 이를 연습할 수 있다는 측면에서 교육적 효용성이 있다.

두 사람의 전형적인 대화문 이외에 대화자가 3명 이상, 혹은 '1:다'로 구성된 본문도 발견된다.[7] 특이한 것은 아래의 예문 (2)와 같이 교실에서의 실제 수업 대화 즉 교사와 학생들의 대화가 교재의 첫 부분부터 여러

---

7 자신이 아는 두 명의 지인을 서로에게 소개하는 대화, 두 친구가 식당에서 주문하는 대화의 경우이다. 이는 일상생활에서 자주 접할 수 있는 유형이다.

과에 걸쳐 반영되어 있는 사례(B교재)이다. 이는 아주 단순하기는 하지만 '질문-대답'으로 이루어지는 교수 행위의 한 유형을 담은 제도 담화로 학생들이 가장 자주 접하고 참여하는 대화의 모습이다.

> (2) '1:다' 대화[8]
> 여기는 어디입니까?
> 여기는 서울대학교입니다.
> 우리는 외국학생입니다.
> 우리는 서울대학교에서 한국어를 배웁니다.(B교재 1-4)

다음으로 교재에 부분적으로 나타나는 본문의 또 다른 유형으로, 전형적인 대화문과 차별화된 대화체나 글말을 들 수 있다. 본문의 유형을 분석해 보면 교재마다의 특징 및 차이점도 드러나는데 전반적으로 입말체의 대화문을 중심으로 이루어져 있는 경우(C교재, D교재)가 있는가 하면 아래의 (3)과 같이 독백체 말하기 예문이 반영된 경우도 있다.[9]

> (3) 독백체 - 발표하기 등
> 우리 가족을 소개하겠습니다. 우리 가족은 할아버지하고 부모님, 형, 그리고 저까지 모두 다섯 명이에요. 할머니께서는 오 년 전에 돌아가셨어요. 아버지께서는 은행에 다니시고, 어머니께서는 주부세요. 형은 지금 대학생이에요. 우리 가족은 지금 대전에 살아요.(A교재 1-13)

---

8 '1:다' 유형의 대화라는 점은 본문의 상단에 제시된 그림을 통해서도 알 수 있다. 〈B교재 1-4〉의 경우 칠판 앞에 선 교사가 여러 명의 학생들에게 설명하는 장면이 실려 있다. 그러나 이와 같은 대화 유형에 참여자에 대한 구체적인 표시가 없어 아쉽다.
9 〈A교재 1〉의 경우 본문에 세 개의 담화를 제시하였는데 2개는 대화문, 마지막 한 개는 독백체 말하기이다. 또한 〈B교재〉는 입말뿐만 아니라 일상적인 글말의 유형이 다양하게 반영되어 있다. 〈B교재 1〉의 경우 15과, 19과, 20과, 28과가 그 예이다.

(3)의 독백체 사례는 해당 단원의 또 다른 대화문이 다룬 상황 및 주제를, 대화가 아닌 독백의 형식으로 변형하여 서술한 것이다. 내용상으로는 자신의 일상생활을 담고 있으며 말투는 '-어요', '-습니다'를 사용해 듣는 이가 전제된 말하기, 예를 들어 다른 사람의 앞에서(또는 말하기 수업에서) 자신이나 자신의 생활, 생각에 관해 말하거나 발표하는 형식이다. 이는 한두 문장 정도로 이루어지는 짧은 발화를 넘어, 긴 이야기를 구성하는 또 다른 말하기의 유형을 본문에서 다루고 있음을 보여 준다.

이러한 담화 유형의 제시는 발표에 맞는 언어 표현이나 문장, 말투 사용에 대한 지식을 갖게 되는 것 외에도 그 담화 유형에 맞는 형식을 갖추고, 이야기의 내용을 구성, 계획할 지식을 제공한다는 점에서 의의가 있다. 이는 상호작용에 근거해, 짧은 발화를 주고받는 대화와는 다른 담화적 능력을 필요로 한다.

고급으로 갈수록 글말에 대한 요구가 크고, 많은 고급 학습자, 또는 학문 목적의 학습자들이 입말의 습관을 버리지 못하고 글말 쓰기의 어려움을 느끼는 것을 생각할 때 초급에서 긴 이야기, 또는 글말에 가까운 또 다른 담화 유형을 제시하는 것은 긍정적인 측면이 있다. 발표가 장르에 따른 내용 구성과 계획, 언어 사용이 필요한 말하기 담화의 예라면, 일기, 편지 등은 그러한 담화적 지식이 요구되는 일상적 글말의 사례(4)가 될 것이다.[10]

---

10 〈B교재〉의 경우 읽기 교재가 따로 없기 때문에 본 교재가 여러 가지 기능 교수를 목적으로 하고 있고, 일기 외에도 편지(2-14) 등 다양한 글말을 다루고 있다. 동화의 내용이나 말하기(구연)의 형식을 지닌 것(2-33), 제삼자적 관점에서의 나레이션(1-28), 대화의 상황을 설명하는 지문(2-15) 등도 포함하고 있다. 단, 이를 언급한 것은 담화 유형에 관한 지식이 담화 능력의 요소임을 말하고자 한 것이지 대화가 아닌 글말이나 다른 담화 유형을 많이 다루어야 한다는 뜻이 아니다. 대화를 포함해 어떤 담화 유형을 얼마나 다룰 것인지는 더 심도 있는 연구와 논의가 필요하다.

(4) 일상적 글말 -일기 등

　시간은 빨리 지나간다. 한국에 온 지 벌써 두 학기가 다 되었다. 학교 생활에 조금 익숙해졌다. 친구들과 놀 때는 즐겁다. 그러나 내가 하고 싶은 말을 표현 못할 때는 아주 괴롭다. 오늘도 내가 늦게까지 주무셨다고 하니까 친구들이 크게 웃었다. 이럴 때 나는 좀 창피하다.(B교재 2-30)

　대화문은 짧은 길이의 말순서나 문장을 발화하여 상대방과 상호작용하게 되는 반면, (4)와 같은 담화는 한 사람의 발화자(글의 저자)가 복수의 문장을 생성하고 연결하여 단락을 구성하고, 장르의 형식에 맞게 전개하는 능력이 필요한 또 다른 담화 유형이다. 이와 같은 일상적 글말은 문학 작품이나 에세이, 시론, 기사 등 본격적인 글말 텍스트를 실어 내용의 이해에 주안점을 두는 읽기 교재와 달리 학습자 자신이 담화의 내용 구성에 관여하고 담화를 생성해 내야 한다는 점에서 차별화된다. 전문가가 쓴 읽기 텍스트가 그 장르에 맞는 어휘 표현 등을 포함한다면 이와 같은 글은 자신이 입말에서 사용하는 언어를 토대로, 그것을 확장하여 글에 맞게 구성하는 경험을 초급 학습자들에게 제공할 수 있다.

　이와 같이 다양한 담화 유형이 내포하는 담화의 지식과 요소들은 결국 교수자가 본문 담화의 어휘나 문법 외에 담화의 유형과 그에 맞는 담화 지식도 제대로 인지하고 학습자에게 전달해야 함을 시사한다.

3.2. 배경지식

　한국어 교재의 본문이 지니고 있는 담화적 요소의 두 번째는 '배경지식의 제공'이다. 교재에서는 본문과 관련된 상황, 맥락, 대화 참여자 등의 배경지식을 다양한 방식으로 제시하고 있다. 먼저 '본문 관련 배경지식'을 중심으로 살핀 후 '본문의 대화자 정보'에 관하여 논의하도록 하겠다.

3.2.1. 본문 관련 배경지식

본격적인 본문의 제시에 앞서 본문과 관련된 배경지식은 다양하고 폭넓게 제공되고 있는데 이것은 교재 사용자를 배려한 교육적 의도도 다분히 반영된 것이라 할 수 있다.[11] 본문 제시 전 배경지식의 예비 노출 방법에는 크게 '그림 및 사진 제시', '말풍선 삽입', '도입 질문 제시'를 들 수 있다. 각각의 방법은 상호배타적이지 않으며 둘 이상의 방법이 겹쳐 나타나기도 한다.

첫 번째 방법은 그림과 사진을 통한 것이다. 그림이나 사진 속에는 등장인물의 동작, 대화 상황 및 장소, 대화자 수, 대화자 정보(성별, 국적, 연령대, 직업 등) 등이 자연스럽게 드러난다. 이를 통해 전반적인 대화 상황, 대화자, 대략의 대화 내용을 유추해 볼 수 있다.

그림(B교재1-4) 그림(C교재1-7(1)) 사진[12](A교재1-5)

〈그림 1〉 상황과 맥락의 시각화 사례

〈그림 1〉과 같이 실제의 대화는 이런 구체적인 정보와 상황 인지, 상대방이 주는 비언어적 실마리를 바탕으로 이루어진다는 점에서 그림이

---

11 이러한 교육적 의도를 인식하는 것과 인식하지 않는 것에는 큰 차이가 있다. 교재 사용자인 교수자와 학습자가 본문 제시 전 배경지식의 예비 노출에 대해 이해하고 그것을 전략적으로 활용하는 것은 본문의 교수·학습을 긍정적이고 효율적인 방향으로 이끌기 때문이다.

12 도로(대화 장소)에서 외국인과 한국인(대화자)이 대화를 나누고 있는데 한국인이 손을 뻗어 어떤 방향을 가리키며 말하고(대화 내용) 있는 그림을 통해 길을 묻는 대화를 하고 있음을 짐작할 수 있다.

나 사진은 그것을 가장 정확히 시각화해 전달하는 수단이 된다.

두 번째는, 그림이나 사진 속에 말풍선을 삽입하는 것이다. 말풍선에는 본문의 핵심 내용이 반영되기도 하고 대화자의 발화 내용이 표시되기도(D교재) 한다. 말풍선 안에는 대화 내용뿐만 아니라 그림(C교재)이나 문장부호(물음표 등)도 삽입된다.

그림 및 부호 삽입(C교재 1-8(3))

대화 내용 삽입(D교재 1B-5(대화2))

〈그림 2〉 말풍선 삽입을 통한 배경지식의 제시 사례

이처럼 대화 속에서 대화자가 말하거나 생각하는 내용을 말풍선에 표시하는 것은 결국 대화자의 상호 이해를 도울 뿐만 아니라 학습자가 본문의 핵심 내용을 쉽게 파악할 수 있게 한다. 또 학습자가 본문의 어휘나 문법을 예습할 수 있고 실제 수업의 도입부에서도 이와 같은 용도로 활용할 수 있어 유용하다.

세 번째는, 〈그림 3〉에서 볼 수 있는 것과 같은 도입 질문의 제시이다.

한국어 제시(C교재 1-7(1))

한국어/영어 제시[13](A교재 1-5)

〈그림 3〉 도입 질문을 통한 담화 맥락 예측 사례

　　그림이나 사진이 주로 대화의 상황, 배경지식에 대한 정보를 제시하는 것과 달리, 도입 질문은 본문의 내용과 주제를 떠올리게 하거나 이끌어내는 기능을 한다.[14] 〈그림 3〉에서처럼 도입 질문의 제시는 본문 수업, 또는 본문 담화에 앞선 도입 단계의 담화로, 후속할 본문 담화를 추측하고, 더 쉽게 이해할 수 있는 사전적 대화 맥락을 구성하도록 한다. 또한 교육적 측면에서는 학습자가 본문에서 집중적으로 파악해야 할 내용이 무엇인지를 알려 주는 기능을 한다. 따라서 도입 질문은 실제 교수 시의 도입 단계에서 매우 유용하게 활용할 수 있다.

3.2.2. 본문의 대화 참여자 및 상황 맥락

　　본문에서는 주로 실제 대화에 관련된 대화 참여자(Participants)[15]와 구체적인 상황 맥락에 대한 정보가 언어적으로 제시된다. 이것은 본문 관련 배경지식의 시각화(3.2.1)와 차별화된다는 점에서도 주목할 만하다.

13　이처럼 도입 질문에 영어 번역문을 포함하는 경우의 의도는, 도입 질문 자체를 이해하지 못함으로 인해 배경지식의 활성화에 방해를 받지 않도록 하기 위해서라 할 수 있다.

14　그림이나 사진이 참여자, 장소 등 물리적 요소를 그대로 재현하여 대화의 구체적인 상황과 장면을 시각적으로 보여 주는 것이라면 말풍선은 대화 참여자들의 생각이나 발화를 담음으로써 대화의 내용을 압축해 보여 주거나 상대방(또는 참여자 각각)의 생각을 파악하는 실마리를 제시하여 상호작용적 맥락 정보를 제공한다.

15　참여자(Participants)는 Hymes(1972)가 말한 SPEAKING Model 즉, Setting and Scene(배경과 장면), Participants(대화 참여자), Ends(목적), Act Sequence(행위연속), Key(어조), Instrumentalities(도구), Norms(규범), Genre(장르) 가운데 하나로, 언어 분석에 관여하는 것으로 여겨지는 언어사례(Speech event)의 대표적인 구성 성분이다(이원표, 2001:16). 한국어 교재의 본문에서 대화자를 어떤 방식으로 표시하는가는 해당 대화의 내용, 상황, 언어 사용 등을 이해하는 실마리가 되기 때문에 대화자를 어떻게 드러내고 있는지는 매우 중요한 정보이다. 그러나 지금까지 이에 대한 구체적인 논의는 찾아볼 수 없었다.

본문에서 대화 참여자를 어떻게 표시하는지는 대화자에 대한 정보를 제공하며, 일부 교재에 나타난 지문은 구체적인 상황 맥락을 제시하는 기능을 한다.

첫 번째로, 대화자 표시는 대화 참여자에 대한 정보를 '전혀 제공하지 않는 경우', 그리고 '대화 참여자의 정보를 주되 이름, 직업, 상황별 신분'을 나타내는 경우 등이 있다. 예를 들어 친구 사이인 철수와 영희가 나누는 대화인지, 교사와 학생이 나누는 대화인지, 손님과 아주머니가 나누는 대화인지를 본문에 표시할 수 있는데 이는 대화의 내용이나 상황을 인지하고 그에 따른 적절한 언어 사용 방법을 익히는 데에 긍정적인 영향을 준다. 한국어 교재 본문을 검토한 결과 〈표 1〉과 같이 대화자를 전혀 표시하지 않는 것, 그리고 이름,[16] 직업(점원, 기사, 의사 등), 친족명(아주머니, 아저씨), 상황별 신분(행인, 손님 등) 등으로 표시하는 방법이 나타나고 있었으며 각 방법이 복합적으로 쓰이기도 하였다(이름-직업명, 이름-친족 등).

〈표 1〉 본문의 대화자 표시 방법

대화자 표시 방법	무표	이름	직업	친족명	복합
사례	(없음) : (없음) :	링링 : 마리아 :	환자 : 의사 :	아주머니 : 행인 :	링링 : 기사 :

한편, 〈표 1〉의 대화자 표시 방법 가운데 본문에 대화자의 이름이 표시된 경우는 두 사람의 관계나 연령, 신분 등 대화자에 대한 여러 가지 정보가 교재 앞에 제시되기도 한다. 전체 교재에서 그 대화자가 일관되게 등장하고 일정한 역할을 구축하게 되면 학습자는 교재 대화의 전체적인 흐름을 더 쉽게 이해할 수 있다.

---

16   한국인과 외국인의 이름이 제시되어 있으므로 대화자의 국적을 쉽게 알 수 있다.

　　두 번째로, 본문의 주요 대화자 구성의 경향을 살펴보았다. 대화 참여
자의 성별, 국적, 연령 등에 관한 것을 들 수 있는데 대학 기관의 교재에
서는 다음과 같은 경향을 보였다.

　　　　· 이성 간의 대화
　　　　· 외국인과 한국인의 대화
　　　　· 청장년층의 대화(20대~40대)

　　이성뿐만 아니라 동성 간의 대화도 적절히 반영되어 있었고 '외국인-
한국인'의 대화와 더불어 '외국인-외국인'의 대화도 포함되어 있었다.
다만 '한국인-한국인'의 대화는 거의 발견되지 않는데 언어적 관점에서
는 자연스럽고 실제적이며 문법적으로 더 완벽한 한국어 대화를 연출할
수 있겠지만 실제 본문 대화는 학습자가 참여한 대화를 상정하고 있기
때문으로 판단된다. '한국인-한국인'의 대화에 비해 외국인을 포함한 대
화는 학습자가 경험하는 현실과 직결되고, 자신이 배운 것을 연습하거나
실제 교실 밖의 상황으로 전이시킬 수도 있기에 더 많은 실제성을 확보
할 수 있다. 또한 본문에서 어린이나 중고생, 어르신이 대화자로 등장하
는 경우도 거의 발견되지 않았는데 이 역시 교재 사용자와 그들이 접촉
하는 이들의 평균 연령대를 고려했기 때문으로 해석된다.[17] 이상과 같이
본문에 적절한 대화 참여자가 선정되고 표시되었다면 남은 것은 대화의
참여자가 자신의 역할, 신분, 처한 상황 등에 따라 적절한 언어 사용을
하고 있는지이다.[18] 이에 대해서는 3.3.1에서 살펴볼 것이다.

17　본고에서 분석하고 있는 교재들은 대학의 언어교육기관용임을 전제하고 있으나 이와
　　같은 대화자 변인은 어떤 학습자를 대상으로 하는 교재인지에 따라 실제 한국 생활에
　　서 부딪힐 수 있는 대화자를 등장시키고 있는지가 세밀히 검토되어야 할 것이다.
18　대화자의 연령대가 어떠한가는 동일한 상황이라 할지라도 높임의 정도가 달라지므로

마지막으로, 일부 교재에서는 본문에 대화의 상황을 설명하는 지문을 제시하였다.[19] 아래 (5)는 두 사람이 길을 가다 마주친 상황을 영어 지문으로 기술한 사례이다.

> (5) → Two people have met on the street.
> 　　 수미: 안녕하세요. 린다 씨.
> 　　 린다: 안녕하세요, 수미 씨. 어디 가요?
> 　　 수미: 도서관에 가요. 린다 씨는 어디에 가요?
> 　　 린다: 저는 식당에 가요.(A교재1-2)

(5)의 대화 지문은 본문의 상황을 메타언어로 설명하고 있다는 점에서 그림 및 사진을 통한 배경지식 시각화(1)와 차별화된다. 대화 지문을 제시할 때 유의할 점은 먼저 대화를 이해하는 데에 필요한 적절한 상황 설명이 쉽고 간결하게 효율적으로 기술되고 있는가이고 두 번째는 학습자의 수준과 학습 내용 및 목표를 감안할 때 배경지식을 어떤 메타언어로, 어느 정도 제공하는 것이 가장 적절한가에 대한 교육적 판단이라 할 수 있다.

3.3. 언어 사용상의 특징

대화문에 어떤 언어, 또는 말투를 사용해야 하는지를 결정하기 위해서는 대화의 유형과 상황을 우선 고려하여야 한다. 이 글에서 분석한 초급 교재의 대부분은 앞서 3.1에서 언급하였듯이 본문이 대부분 일상적인

중요한 대화의 요소이자 사회언어학적 지식이다. 가령, 인사하기 상황에서 대화자의 연령대를 각각 다르게 설정하여 '안녕?', '안녕하세요?', '안녕하십니까?'라는 표현을 제시하는 것도 한 방법이 될 것이다.

19 〈B교재〉(2-3, 2-15)에는 한국어로 상황을 설명하는 지문도 나타난다.

구두 대화로 이루어져 있고, 그 속에는 친밀한 관계의 사적인 대화를 비롯해, 어느 정도 격식성을 갖춘, 업무나 용무에 관한 대화, 수업 대화, 식당이나 길에서의 대화도 있었다. 따라서 이 절에서는 이와 같은 담화 상황에서 첫째, 비격식체와 격식체가 어떻게 혼용 제시되는지, 둘째, 입말체가 얼마나 다양하게 나타나는지, 문장 차원에서 설명할 수 없는 입말의 담화표지가 나타나는지를 살펴봄으로써 본문에 사용된 언어가 적절한 담화적 지식을 전달하는지를 확인하고자 한다.

3.3.1. 비격식체와 격식체의 혼용

일상대화의 다양한 상황에서 쓰이는 언어는 입말이면서, 비격식체와 격식체를 넘나드는 것이 특징이다.[20] 이 글에서는 한국어 교수의 주요 항목인 종결표현('-아요', '-습니다')을 중심으로 논의한다. 사적 친밀성이나 대화의 격식성의 정도 차에 따라 그 현상은 달라질 수 있으나 대부분의 대화는 친한 친구나 형제 간의 사적 대화를 제외하면, 격식체와 비격식체가 함께 사용된다. 한국어를 필요로 하고, 한국어 교재에 주로 나타나는 대화 상황이 주로 가족이 친구가 아닌, 외국인 간의 대화나 한국인과 외국인 간의 대화 상황임을 고려하면 비격식체와 격식체가 혼용되는 것은 당연한 듯 보인다. 따라서 각 대학기관의 교재 본문에도 이와 같은 현상이 나타나는데 크게는 격식체가 먼저 나타나고 비격식체가 나중에 등장하는 경우(B교재, C교재)와 비격식체가 먼저 쓰이고 격식체가 나중에

---

20 제시된 유형이나 상황에서 실제 쓰이는 언어를 반영하기 위해서는 원어민 자료에 대한 기초 연구가 필요하다. 예를 들어 21세기 세종계획 구어 형태소 분석 말뭉치에는 비격식체 어미 '-어요'(상대빈도 10만 어절당 8743)(-에요, -아요 제외)와 격식체 어미 '-습니다'(상대빈도 420.8)가 높은 빈도로 함께 등장하는 것을 볼 수 있지만(안의정, 2009) 이 글에서는 하나의 말순서 혹은 연속체 내에 혼용하는 양상을 의미하므로 이에 대해서는 텍스트나 단락 내에서의 사용을 질적으로 분석한 연구가 더 필요하다.

등장하는 경향을 보이는 경우(A교재, D교재)로 나뉜다.

　그런데 여기서 주목해야 할 또 하나의 지점은 이와 같은 혼용이 자의적이기보다 대화의 맥락에 따라 적절히 이루어져야 한다는 것이다. 격식체를 먼저 교수하는 교재의 경우, 격식체를 먼저 배우는 것이 실제 일상생활에서의 언어 사용과는 다소 괴리가 있지만 비격식체('-요')보다 문법적인 규칙을 상대적으로 덜 복잡하게 배울 수 있다는 장점이 있다.[21] 반면 비격식체('-요')가 먼저 제시되는 경우는 일상생활의 자연스러운 언어 사용에 노출되는 시점을 앞당긴다는 교육적 고려가 있다. 단, 격식체를 먼저 제시하고 비격식체가 나중에 등장하는 교재라 하더라도 교재의 초반(6가)이나 중반(6나) 정도에 비격식체가 제시되고 있으므로 교재의 전반적인 구성 상 그리 늦은 시점이 아니다.

　(6)　가. 마리아: 여기요.
　　　　　종업원: 네, 뭘 드릴까요?

21　그 까닭은 아래의 표(이윤진, 2007:191)에서 확인할 수 있다. 격식체 '-습니다/ㅂ니다'가 음운적인 조건(선행 음절의 받침 유무)에 의해 선택되는 것과 달리, 비격식체 '-아요/어요/여요'는 음운적인 조건(선행 음절의 모음 종류)과 형태적 조건(하다)이 복합적으로 적용되어 선택되기 때문이다.

선택조건 / 실현 꼴의 유사성		음운적 조건				형태적 조건		
		선행 음절의 받침 유무로 구분		선행 음절의 모음으로 구분		선행 품사로 구분		'하다'
		있음	없음	ㅗ, ㅏ	기타 모음	동사	형용사	
조사	다른꼴	-이	-가					
		-을	-를					
		-은	-는					
		-과	-와					
어미	비슷한꼴	-으로	-로					
		-으니까	-니까					
		-습니다	-ㅂ니다					
				-아요	-어요			-여요
		(-은데)	(-ㄴ데)			-는데	-은데	

1→리 에: 저는 불고기를 주십시오.

2→마리아: 저는 비빔밥을 먹겠습니다.

　종업원: 불고기 일 인분하고 비빔밥 하나요.

3→리 에: 그리고 여기 물 좀 주십시오.(C교재1-4)

나. 아저씨: 어서 오세요.

1→존 스: 사과 좀 주세요.

2→이 사과는 한 개에 얼마입니까?

　아저씨: 오백 원입니다.

3→존 스: 네 개 주십시오. 맥주도 세 병 주세요.

　아저씨: 여기 있어요. 모두 칠천사백 원입니다.(B교재1-12)

　격식체와 비격식체가 혼용되는 대화 상황에서는 주요 학습 항목에서의 격식체 사용이 두드러진다(6가1-3). (6가)에서는 학습자의 주변 인물(종업원)이나 주된 내용을 반복하거나 정리하는 부차적 맥락에서 비격식체가 사용되어 교수와 학습의 초점을 차별화하고 있는 것이다. (6나)에서도 학습자 스스로 격식체와 비격식체를 섞어 쓰고 있지만(6나1-3) 주요 학습 항목인 '얼마입니까'나 '네 개 주십시오'에서는 격식체 어미를, '주십시오, 주세요'가 반복해 쓰인 덧붙인 말에서는 비격식체 어미를 사용하였다. 또한 학습자가 주로 격식체를 익혀 사용하게 하면서도(6가1-3) 실제 식당이나 가게에서 관용적으로 사용되는 표현이나 인사 등('여기요', '어서 오세요', '여기 있어요')은 비격식체를 사용하여 자연스러운 담화를 위한 고려와 교육적 배려가 녹아 있다.

　다음으로 비격식체를 먼저, 격식체를 나중에 제시하는 경우를 살펴보고자 한다. 비격식체는 초급 학습자가 쉽게 익힐 수 있을 뿐 아니라 일상 대화의 상황에서 폭넓게 사용되는 스타일이다. 이는 초기 학습의 부담을 줄이고 배운 것을 실제 대화 상황에 쉽게 적용할 수 있도록 한다. 그러나

두 가지 스타일이 함께 제시되는 것은 일상 대화의 많은 상황에서 비격식체와 격식체를 섞어 쓴다는 것을 생각할 때, 실제 대화에는 가까우나 학습의 측면에서는 부담이 된다. 이러한 부담을 해소하기 위해, 이 교재들도 역시 맥락에 따른 혼용 제시의 방식을 취한다. 예를 들어 (7)에서는 대화 전반적으로 비격식체를 주로 사용하면서 인사의 경우에 격식체 표현을 제시하였다(7가1). (7나)는 인사를 다룬 본문에서 주로 격식체를 제시하면서 인사를 받는 두 번째 행(1→)에서만 비격식체를 제시하였다. 전반적으로 격식체 인사말을 주로 배우지만 격식체만 주고받을 때 오는 딱딱함이나 부자연스러움을 피하기 위해 첫 번째 행과 유사한 인사를 여성 화자인 린다를 통해 비격식체로 제시한 것이다.

> (7) 가. 앤디: 안녕하세요? 앤디예요. 이름이 뭐예요?
> 　　　소라: 소라예요.
> 　　　앤디: 소라 씨, 한국 사람이에요?
> 　　　소라: 네, 한국 사람이에요.
> 　　　앤디: 저는 미국 사람이에요.
> 　1→ 소라: 아, 그래요? 반갑습니다.(D교재1-1)
>
> 　　나. 사토: 안녕하십니까. 저는 사토 유이치입니다.
> 　1→ 린다: 안녕하세요. 저는 린다 테일러예요.
> 　　　사토: 만나서 반갑습니다.
> 　　　린다: 만나서 반갑습니다. (A교재1-1)

3.3.2. 다양한 입말체의 제시

본문의 대화는 다양한 입말체의 특징을 보여 주고 있다. 일상 대화는 대화의 격식성이나 참여자의 지위, 신분에 따라 입말체가 사용되는 정도는 달라질 수 있겠으나, 구두로 이루어지는 대화이기 때문에 기본적으로 입말체가 나타난다. 이는 어휘, 문법의 교수를 위해 고안된 인위적인 문장의 아쉬움을 보완해 주는 중요한 특징이다. 〈표 2〉와 같이 주어가 생략된 문장, 한 단어 문장, 다양한 입말 어휘나 표현(구어형), 축약형 등이 그것이다.

〈표 2〉 입말체 제시 사례

구분	예
주어 생략 문장	내일은 무엇을 하십니까? 학교에 갑니다.(B교재1-7)
조사 생략	여기 물 좀 주십시오.(C교재1-4)
한 단어 문장	여기요.[22](A교재1-6, C교재1-4)
구어형	그럼 나하고 영화 보러 갈래요?(A교재1-7)
축약형	이게 뭐예요?(D교재1-준비2)

초급 교재의 앞부분에서부터 다양한 입말의 특징이 나타나는데 이는 실제 의사소통 상황에서 쓰이는 언어의 모습을 재현한다는 점에서 의미가 있다. 다만 많은 학습자들이 글말을 쓰는 상황에서도 이와 같은 표현을 계속 사용하는 문제가 나타남을 볼 때 적절한 시기에 입말과 글말의 차이에 대해서는 체계적인 교수가 이루어져야 하고 교재에도 이러한 부분이 보완되어야 할 것으로 본다.

본문 대화에는 개별적 의미를 지니는 어휘 외에 다양한 담화 기능을 하는 담화 표지[23]가 제시되고 있는데 이를 대화 속에 배치하여 제시하는

---

22 '여기요'의 경우 단어 '여기'에 보조사 '요'가 붙은 것으로 보아 한 단어 문장으로 본다.
23 Schiffrin(1987)은 담화표지를 "발화 단위를 묶는 데 사용하는 연쇄적으로 나타나는 의존 요소(sequentially dependent elements which bracket units of talk)"라고 정의하였다. 담화표지는 그것이 나타난 담화가 말인지 글인지, 또는 어떤 장르인지에 따라 달라질 수 있으나 이 글에서는 교재의 본문이 주로 입말 대화이므로 입말체 사용과 더불어 입말 담화표지를 살펴보았다.

것은 본문 대화를 인위적 대화가 아닌 실제 담화에 가깝게 만든다. 또한 이는 단순히 어휘 의미만으로 이해하거나 사용하기 어려운 담화적 기능을 하는 표현으로 실질적 담화 능력을 형성하는 데에도 크게 기여한다. (8)은 한국어 교재 본문에 반영된 담화 표지의 사례를 보인 것이다.

> (8) 가. A: <u>그럼</u> 저것은 무엇입니까?
>   B: 사전입니다.(C교재1-2)
>   나. 앤디: 소라 씨, <u>저</u>…….
>   소라: 왜요? 앤디 씨, 말씀하세요.(D교재1-7)
>   다. A: 아, 그래요? 그럼 내일 뭐 하세요?
>   B: <u>글쎄요,</u> 집에서 쉬고 싶어요.(C교재1-5)

(8)의 밑줄에 나타낸 담화표지들은 특히 입말로 이루어지는 대화의 특징을 고스란히 드러낸다. 담화표지는 예를 들어, 그것이 학술적 글인지, 일상적 대화인지, 즉 전달 방식이나 담화의 유형에 따라 담화적 기능이 달라질 수 있고, 주로 나타나는 담화표지도 다를 수 있다.

전영옥(2005), 안주호(2009)에서는 담화표지의 기능을 주로 화제와 관련된 것으로 설명하였는데 위의 (8가)의 '그럼'은 화제 전환, (8나)의 '저'는 무엇인가 말을 꺼내려는 화제 도입, (8다)의 '글쎄요'는 건네진 화제(내일 뭐 하세요?)에 대한 대답을 미루면서 사실상 화제를 유지하는 기능을 한다. 그러나 이들은 화제를 바꾸는 한편, 말순서를 시작하고('그럼'), 말을 꺼내기에 앞서 상대에게 말을 걸어 자신에게 주목하게 하고 다음 말순서를 가져오는 결과를 만들어내기도 한다('저'). 또 화제와 발언권을 유지하면서도 정중히 화제에 대한 부정적 반응(거절)을 예고하며 청자에 대한 태도를 표현하는 기능도 한다('글쎄요'). 화제나 담화의 결속성은 말과 글 모두에 필요한 것이지만, 말을 주고받는 상호작용성은 입말 담화에 더 강하게 드러나는 특징이다. 위에서 언급한 담화표지들은 그런 면에서 화제에 관한 기능 외에 상대를 전제하거나 주목하게 하며 상대에 대한 반응을 내포하는 입말의 담화표지가 하는 기능을 잘 보여 준다.

어휘 표현 항목의 측면에서 담화표지가 담화적 능력을 구성하는 중요한 요소임을 생각할 때 한국어 교재의 본문은 화제에 집중하면서도 각각의 발화를 결속시키고, 또 상호작용하는 대화를 하기 위한 담화 표지에 대한 지식과 정보를 반영하고 있다고 해석할 수 있다.

3.4. 대화의 조직

단어를 이어 문장을 이루듯이 문장이나 그에 준하는 발화를 연속하여 대화를 조직하는 것은 담화 능력의 핵심적 요소이다. 대화분석가들은 말순서 주고받기(turn taking system)와 연속체(sequence)를 대화를 조직하는 주요한 체계로 보았다(Sacks et al., 1974; Schegloff & Sacks, 1973). 또한 청자반응도 상대에 대한 반응을 통해 상호작용적 대화를 완성하는 요소이다(Yngve, 1970; Duncan, 1974). 본문의 대화는 대화 조직에 필요한 이런 요소를 충실히 담고 있어야 한다. 이러한 이론적 배경 하에 본 절에서는 말순서 주고받기, 연속체 구성, 청자 반응을 중심으로 본문 대화의 조직을 살펴볼 것이다.

3.4.1. 말순서 주고받기

본문의 대화는 약 4개에서 11개의 말순서[24]로 구성되고 하나의 말순서는 1개에서 3개에 이르는 발화 단위[25]로 이루어져 있다. 그러나 일반적

---

24 이 글에서는 발화자가 바뀌기까지 한 사람이 말한 발화 전체를 하나의 말순서로 본다.

25 말순서를 이루는 단위(Turn Construction Unit)는 문장, 단어, 어절, 청자반응, 문

으로는 (9)와 같이 각각 두세 번의 말순서를 가지도록 구성된 점이 특징
이다.[26]

(9) 리에: 안녕하십니까?
    웨이: 네, 안녕하십니까?
    리에: 리에입니다.
    웨이: 저는 웨이입니다.(C교재1-1)

주로 1급의 초반에는 (9)와 같이 각 2번씩 말 주고받기를 하다가 1급
중후반부터 2급에 이르면서는 (10)의 사례처럼 3번 혹은 그 이상으로 그
횟수가 증가함을 알 수 있다.

(10) → 앤디: 안녕하세요? 앤디예요. 이름이 뭐예요?
       소라: 소라예요.
       앤디: 소라 씨, 한국 사람이에요?
       소라: 네, 한국 사람이에요.
       앤디: 저는 미국 사람이에요.
       소라: 아, 그래요? 반갑습니다.(D교재1-준비1)

한편 말순서의 단위를 살펴보면, 말순서가 하나의 단위로 이루어지는
경향을 보이는 것과 둘 이상의 단위로 이루어져 있는 것으로 구분된다.
위의 (9)는 교재 전반적으로 말순서가 하나의 단위로 일관된 교재(C교재)
의 사례이며, (10)은 말순서가 3개의 발화 단위(→)로 이루어져 상대적으
로 긴 말순서를 유지하는 경우를 보인 것이다. 후반부나 더 높은 급으로
갈수록 더 긴 말순서, 혹은 연속체를 제시하는 것은 바람직하지만 단순

장의 일부나 구 등 의미의 덩어리로 말순서가 바뀔 수도 있는 경계(Transition
Relevance Place)를 기준으로 나뉜다. 이 글에서는 편의상 '발화 단위'라 하였다.

26 가장 긴 경우는 11개의 말순서가 나타난 〈A교재 2-15〉였다.

히 문법을 제시하기 위해 발화 단위를 나열하는 것이 아니라 자연스러운 연속체를 구성하기 위해서는 적절한 담화표지나 청자반응 등이 포함될 필요가 있을 것이다.

3.4.2. 연속체 구성

대화 연속체는 말순서의 연속을 가리키는 것으로, 대화에서 하나의 발화가 다음에 이어지는 발화를 결정하거나 그것과 관련한 것으로 기대되는 발화가 연속되는 것이다. Schegloff(1974)는 이를 "조건적으로 관련된 (conditionally relevant)" '인접쌍(adjacency pair)'이라는 개념으로 설명하였다. 질문-대답, 인사-인사의 경우가 그 예이다. 인접쌍은 상호작용에 의해 '대화를 이루는 기본 구조(building block)'(Renkema, 1993)이기 때문에 의사소통을 목적으로 언어를 가르치고 대화의 상호작용을 익히는 주요한 단위가 된다.

본문에 나타나는 대표적인 연속체는 '인사-인사', '질문-대답'이 있다. 또한 '질문-대답-논평'으로 이루어지는 세 부분 연속체도 많이 나타난다.[27] 이와 같은 예는 초급 대화로서는 충분하나 중급, 고급으로 가게 되면 다양한 모습으로 변형된 연속체를 생각해 볼 필요가 있을 것이다.

〈표 3〉 연속체 구성 사례

구분	예
인사-인사	선생님: 안녕하세요? 여러분 학생들: 안녕하세요? 선생님.(B교재2-1)
질문-대답	다케시: 린다 씨, 지금 뭐 해요? 린다: 한국어를 공부해요.(A교재1-2)

---

27 Mehan(1979)에 따르면 발의-반응-평가(initiative-reaction-evaluation sequence)와 같은 세 부분 연속체는 실제 언어 교수의 현장에서 교사와 학생의 상호작용에 자주 나타난다.

질문-대답-논평	앤디: 서울역까지 얼마나 걸려요? 아주머니: 30분쯤 걸려요. 앤디: 감사합니다. (D교재1-6)

　어휘나 문법적 지식으로 하나의 문장을 완성하고 또 연속체를 구성할 수 있지만 그것만으로 공손하게, 그 사회의 예의나 문화에 맞게 말할 수 있는 것은 아니다. 이와 같은 사회언어학적 전략이나 지식은 (높임말이나 높임의 종결어미, 공손 표현 같은 어휘 문법 항목으로도 나타나지만) 둘 이상의 발화나 말순서로 된 연속체 구성의 전략을 통해서도 나타난다. Brown & Levinson(1987)에 따르면 요구나 요청 같은 체면 위협적인 행위는 비공표적으로, 간접적으로 수행될수록 공손하게 느껴지는데 그것은 하나의 문장 또는 말순서에 통합된 형태로 제시되기도 하고,[28] (11)에서처럼 둘 이상의 말순서 연속체를 통해 제시되기도 한다. 이 예에서는 요청에 앞선 예비 발화로 공손함을 표현하고 있다.

> (11) → 렌　핑 : 이리나 씨, 오늘 수업 후에 뭐 할 거예요?
> 　　　 이리나 : 글쎄요, 아직 잘 모르겠어요.
> 　　　 렌　핑 : 그럼 우리 같이 탁구 치러 갈까요?
> 　　　 이리나 : 네, 좋아요. 같이 탁구 치러 가요. (D교재1-5)

　이와 같이 연속체의 구성은 대화의 조직 측면에서뿐만 아니라 결국 그 사회의 규범이나 의식에 맞게 전략적으로 구성하는 사회언어학적 지식도 포함한다.

28　실례지만 길 좀 묻겠습니다. (C교재 1-7), 죄송하지만 웨이 씨 좀 바꿔 주세요. (C교재 1-8)

3.4.3. 청자반응

청자반응(back-channels)은 대화에서는 비록 듣는 이라 해도 듣고 있음을 나타내거나(자신이 듣는 이임을 확인하거나) 주목하고 있음, 혹은 대화가 원활히 진행되고 있음을 알리는 표현, 혹은 행위로서 적극적으로 말을 하고 있지 않은 순간에도 '적극적으로' 대화라는 상호작용에는 참여하게 하는 소통의 행위이다. 교재에 나타난 경우는 주로 (12)('아')와 같이 대답(또는 상대의 발화를 접수하는 응답)에 가깝거나 다음 발화에 예비적인 요소로 해석될 수 있는 경우이다.[29]

(12) A: (아니요,) 저는 일본 사람입니다.
　　　B: <u>아,</u> 그렇습니까?(C교재1-1)

또한 (13)의 '네'는 상대 발화를 받아들이면서 그것에 공감이나 동의를 표현하는 기능도 함께 가지고 있음을 알 수 있다.

(13) 미　선: 오늘 날씨가 조금 흐린데요.
　　제임스: <u>네,</u> 하늘에 구름이 좀 꼈어요.(C교재1-9)

이 글에서 살펴본 교재에서는 위의 예를 제외하곤 청자반응이 거의 나타나지 않는데 실제 대화에서처럼 문장 중간에 빈번하게 청자반응을 끼워 넣는 것은 문법적이고 모범적인 문장을 제시해야 하는 교재의 특성

---

[29] '응, 음', '그래' 같은 청자반응을 하나의 말순서로 볼 것인가는 말순서 주고받기 체계를 논의하는 이들 속에서도 논란의 여지가 있는 부분이다. Renkema(1993)는 대화 참여자가 주된 화자가 되는 경우만 말순서로 보는 것도, 모든 발화를 하나의 말순서로 보는 것도 경계하면서 이를 예비 말순서(pre-turn)로 보았다. 여기서 중요한 것은 말순서의 지위를 갖는지 여부보다는 대화 연속체를 구성하는 필수적 행위로 보아야 한다는 것이다.

상 한계가 있기 때문이다. 또 한편으로는 각 교과에서 언어적 형태나 어휘 항목으로 분명히 제시되는 어휘나 문법 요소에 비해 청자반응은 실제 의사소통 상황에서 무의식적으로 습득될 것이라고 가정되기 때문이기도 하다. 이와 같이 청자반응을 자연스럽게 제시하는 것이 쉽지 않은 문제이므로 이러한 점을 고려해 본문에서 청자반응을 발화의 중간에 적절히 배치하는 것을 고민해야 할 것이다.

청자반응은 언어뿐만 아니라 끄덕임[30] 같은 비언어적 행위로도 나타나고, 언어적으로도 다양한 형태로 나타나기 때문에 본문 대화나 그림에서 여러 가지 방식으로 제시할 수 있다. 청자반응이 부족할 경우 의사소통에 문제가 있음을 감지하게 된다는 점에서 청자반응은 자연스러운 습득 외에도 교재 대화문에서 문법이나 참고 설명 등 어떤 방식으로든지 제시되거나 교수되어야 할 부분이다.

4. 결론

이상으로 한국어 교재의 '본문'에 담긴 담화적 요소를 살펴보았다. 이 글에서는 본문이 단순히 해당 단원의 목표 어휘, 문법, 내용 등의 통합체로서가 아니라, 수많은 담화적 요소들을 포괄함으로써 담화 능력 더 나아가 의사소통 능력 신장을 지향하도록 구성되었다는 점에 주목하였다. 본문의 주된 담화 요소는 '담화 유형, 배경지식, 언어 사용, 대화 조직'의

---

30 끄덕임에 대한 최근의 논의인 김현강(2012)에서는 끄덕임의 신호를 대화의 질서를 유지하는 데에 중요한 기여를 하는 것으로 보았다. 그리고 끄덕임은 "상대에게 집중하고 대화에 협력하는 증거가 되기 때문에 끄덕임이 없어지는 순간 대화자는 불안해질 수밖에 없고, 그런 의미에서 끄덕임은 대화가 잘 되고 있으며 서로의 관계에 아무 문제가 없음을 느끼게 하는 의미 있는 행위(p24)"임을 밝혔다.

측면에서 살펴보았다.

　　첫째, 본문이 다양한 담화 유형을 내재하고 있음으로써 학습자가 자연스럽게 한국어의 담화 유형에 대한 지식을 얻도록 구성되었음을 확인하였다. 본문에 전형적인 대화문 이외에도 독백체, 일상적인 글말 등의 담화 유형이 반영된 것이 그 예이다. 둘째, 본문은 다양한 방법으로 그리고 폭넓게, 본문과 관련된 배경지식을 제공하고 있었다. 본문 제시 전에도 배경지식의 예비 노출이 적극적으로 이루어지고 있는데 특히 상황과 맥락의 시각화가 주목할 만한 특징이었다. 또한 본문 제시 중에는 대화 참여자와 관련된 다양한 변인과 상황 맥락에 대한 배경지식을 다루고 있었다. 셋째, 일상 대화의 비격식체와 격식체를 혼용하고 다양한 입말체와 담화표지를 포함하여 실제에 가까운 언어 사용 양상을 반영하고 있었다. 마지막으로 대화의 조직이라는 측면에서는 말순서 주고받기 체계와 연속체 구성 등 대화를 이루는 구조적 요소와 특징도 잘 반영하고 있음을 알 수 있었다. 다만 실제 대화에 가깝게 말순서 주고받기와 연속체를 변형하거나 이 과정에 필요한 청자반응 등 자연스러운 대화의 모습을 반영하는 데에는 한계가 있었다.

　　이 글은 교재의 본문을 이루는 여러 요소들이 단지 어휘나 문법을 가르치기 위한 문장을 제시하고 나열한 결과가 아니라 그것을 바탕으로 말을 주고받고 대화의 상호작용을 구성하는 데에 실마리가 되는 담화적 요소라는 점을 밝히고자 했다. 교재는 특정한 어휘 문법 항목을 효율적으로 가르치기 위한 교육적 관점과 실제 대화에 가까운 담화를 제시하는 관점이 적절히 타협될 필요가 있다. 어휘와 문법에 관한 많은 연구들이 교재에 반영되었지만 담화 속에서 운용하고 실제 대화에 사용할 수 있도록 하는 담화적, 의사소통적 지식 또한 반영되어야 한다. 본 연구를 통해 본문이 담화의 기본 뼈대는 갖추고 있으나 자연스러운 대화를 위한 언어·비언어의 행위와 상호작용, 즉각적이고 다양하게 변형되는 대화적 양상까지 모두 담고 있지는 않다는 점을 알았다. 초급 교재라는 한계도 있으나 향후 연구 대상의 범위를 넓혀 더 높은 수준의 교재를 비교 분석하면서 그 방향을 더 고민해 보아야 할 것이다. 그럼에도 불구하고 이 연구는 교재 사용자인 학습자와 교수자, 나아가 교재 개발자 모두에게 본문 교수나 구성에 관한 담화적 지식을 제공하고, 교수·학습의 전략을 개발하기 위한 기초가 될 수는 있을 것이다. 끝으로 이 글이 담화적 관점에서의 교재 분석 연구의 가치를 재조명하고 향후 전개되어야 할 폭넓은 연구의 가능성을 제고하는 계기가 되기를 기대한다.

― 이 글은 『사회언어학』 21권 1호, 49~73쪽에 실린 논문을 수정·보완한 것임.

제1부   어휘 교육 연구

【한국어교육의 세계화를 위한 기초 연구】 _ 강현화

강현화, 「한국어교육학 연구의 최신 동향 및 전망 -연구사를 중심으로」, 『한국어
     교육』 21-2, 국제한국어교육학회, 2010.

_____, 「한국어교육에서의 담화 기반 문법 연구」, 『외국어교육』 19-3, 한국외국
     어교육학회, 2012.

_____, 「한국어교육학에서의 담화 연구 분석」, 『한국어교육』 23-1, 국제한국어교
     육학회, 2012.

_____, 「한국어교육용 중급 어휘 선정에 대한 연구」, 『외국어로서의한국어교육』
     40, 연세대 언어교육원, 2014.

_____, 「한국어교육용 초급 어휘 선정 연구」, 『문법교육』 21, 한국문법교육학회,
     2014.

_____, 「국내 한국어교육기관 교재 어휘 분석 연구」, 『외국어로서의 한국어교육』
     41, 연세대 언어교육원, 2014.

_____, 「부정표현의 맥락 문법 연구」, 『문법교육』 20, 한국문법교육학회, 2014.

_____, 「한국어 교재의 숙달도별 품사 분석 연구」, 『외국어교육』 22-1, 한국외국
     어교육학회, 2015.

강현화 외, 『한국어능력시험(TOPIK) 어휘 목록 개발 및 활용 방안 연구』, 교육부
     국립국제교육원 용역보고서, 2014.

강현화·원미진, 「한국어학습자를 위한 〈한국어기초사전〉 구축 방안 연구」, 『한국
     사전학』 19, 한국사전학회, 2012.

윤현애, 「한국어 피동 표현의 담화 기능 연구」, 연세대학교 석사논문, 2011.

한재영, 『한국어교육 연구의 현황』, 신구문화사, 2013.

【한국어교육용 반의어의 개념 설정 및 목록 선정에 관한 연구】 _ 장채린·홍연정

1. 논문 및 저서, 보고서

강수진, 「반의어의 의미 유형 연구」, 조선대학교 석사학위논문, 2010.

강현화, 「연구 논문: 회화 교재의 주제 유형과 어휘 -한국어 교재와 외국어 교재의
　　　비교를 바탕으로」, 『외국어로서의 한국어교육』 29, 연세대학교 한국어학
　　　당, 2004.

＿＿＿, 『한국어 교육 어휘 내용 개발』, 국립국어연구원, 2014.

김유미·강현화, 「학술 전문 어휘 선정과 교수 방안 연구 -한국어, 문학, 경영학,
　　　컴퓨터공학 전공을 대상으로」, 『국제한국어교육학회 학술대회논문집』,
　　　국제한국어교육학회, 2008.

김지연, 「중급 학습자를 위한 반의어 어휘 교육 방안」, 중앙대학교 대학원 석사학
　　　위논문, 2011.

남기심, 「반대어고」, 『국어학』 2, 국어학회, 1974.

도재학, 「현대 국어 다의어의 대립적 의미관계 연구」, 고려대학교 대학원 석사학위
　　　논문, 2011.

＿＿＿, 「대립적 의미 관계에 대하여」, 『국어학』 66, 국어학회, 2013.

류은종, 「반의어에 대하여」, 『중국조선어문』 46, 길림성민족사무위원회, 1990.

문금현, 「외국인을 위한 한국어 의미 교육의 현황과 전망」, 『한국어의미학』 16, 한
　　　국어의미학회, 2005.

문창덕, 「[어휘지식] 반의어를 어떻게 가려잡을 것인가」, 『중국조선어문』 48, 길림
　　　성민족사무위원회, 1990.

박정은, 「한국인과 외국인간의 반의어에 대한 연상 차이 연구」, 『사회언어학』 17,
　　　한국사회언어학회, 2009.

배정호, 「[고찰과 연구]문체론적 반의어에 대하여」, 『중국조선어문』 65, 길림성민
　　　족사무위원회, 1993.

서기선, 「상대어 지도 방법에 대한 연구」, 부산교육대학교 교육대학원 석사학위논
　　　문, 2007.

왕　파, 「'반의어' 개념의 확장」, 『Journal of Korean Culture』 21, 한국어문학국
　　　제학술포럼, 2007.

이경숙, 「관용표현을 활용한 한국어 교육 방안 연구 -반의현상을 중심으로-」, 서

울시립대학교 일반대학원 석사학위논문, 2007.

이광호, 「대립어의 정도성 연구」, 『우리말글』 42, 우리말글학회, 2008.

_____, 「코퍼스를 활용한 반의어의 총체적 목록 확보 방법에 대한 연구」, 『국어학』 56, 국어학회, 2009가.

_____, 「형용사 반의어쌍 공기 패턴(co-occurrence pattern)의 사전 편찬 및 어휘 교육적 활용 연구」, 『한국어의미학』 30, 한국어의미학회, 2009나.

이기황, 「말뭉치와 언어 정보의 추출: 말뭉치에 나타난 반대말의 쓰임새」, 『언어정보개발연구』 1, 연세대학교 언어정보연구원, 1998.

이동혁, 「격틀이 다른 반의어쌍에 대하여」, 『어문학교육』 45, 한국어문교육학회, 2012.

이민우, 「어휘 의미의 자체대립 유형 연구」, 『語文論集』 47, 중앙어문학회, 2011.

_____, 「말뭉치 統計分析을 이용한 反意語 連續 構成 研究」, 『語文研究』 40, 한국어문교육연구회, 2012.

이석주, 「반의어 의식에 관한 일조사 연구: 서론; 문제의 제기」, 『韓國國語敎育研究會論文集』 9, 한국어교육학회(구-한국국어교육연구학회), 1975.

이종철, 「반의 관계 속담의 연구」, 『국어교육』 112, 한국어교육학회, 2003.

임지룡, 「대립어의 의미습득에 대하여」, 『배달말교육』 7, 배달말교육학회, 1989.

임채훈, 「반의관계와 문장의미 형성 -형용사, 동사 반의관계 어휘의 공기관계를 중심으로-」, 『한국어의미학』 30, 한국어의미학회, 2009.

장채린·강현화, 「한국어 교육용 문법 항목 선정 및 복잡도 산정 -종결어미를 중심으로-」, 『한국문법교육학회 발표집』, 한국문법교육학회, 2013.

정인수, 「국어 형용사 반의어에 대하여」, 『韓民族語文學』 19, 한민족어문학회, 1991.

진 소, 「한국어 반대어 연구: 부정 접두사 반의어를 중심으로」, 영남대학교 대학원 석사학위논문, 2005.

최유정, 「한국어 학습자를 위한 반의어 교수 모형 설계」, 가톨릭대학교 대학원 석사학위논문, 2013.

최호정, 「한국어 반의어 교육방법 연구」, 부산대학교 대학원 석사학위논문, 2013.

추엔웨이, 「반의관계의 문장 실현 양상 대조 연구: 한국어, 중국어의 반의관계 구문을 중심으로」, 경희대학교 대학원 석사학위논문, 2013.

홍윤기, 「문장에서의 반의관계 실현 방식 연구 -반의관계와 문법 구성 및 표현의 상관성을 바탕으로-」, 『한국어교육』 20, 국제한국어교육학회, 2009.

황 종, 「중국인 학습자를 위한 한국어 반의어 교육연구」, 『문창어문논집』 43, 문창어문학회, 2006.

2. 한국어 교재
경희대학교 국제교육원 한국어교육부 저, 『한국어』, 경희대학교 출판부, 2000.
고려대학교 한국어문화교육센터 저, 『재미있는 한국어』, 교보문고, 2010.
서강대학교 한국어 교육원 저, 『서강 한국어』, 서강대학교 국제문화원 출판부,
　　　2008.
연세대학교 한국어학당 저, 『연세 한국어』, 연세대학교 출판부, 2011.
이화여자대학교 언어교육원 저, 『이화 한국어』, 이화여자대학교 출판부, 2011.

3. 사전
한국어기초사전 http://krdic.korean.go.kr

4. 그 외 웹사이트
구글 http://www.google.com
(주) 낱말 http://www.natmal.com

【한국어교육용 외래어 선정을 위한 기초 연구】 _ 이현정

강현화, 『한국어 교육 어휘 내용 개발(1단계)』, 국립국어원, 2012.
_____, 『한국어 교육 어휘 내용 개발(2단계)』, 국립국어원, 2013.
김광해, 『국어 어휘론 개설』, 집문당, 1993.
김낭예, 「학문 목적 외래어 목록 선정 연구」, 『한국어교육』 21-2, 국제한국어교육
　　　학회, 2010.
김봉주, 『형태론』, 한신문화사, 1984.
김유미·강현화, 「학문 목적 학습자를 위한 학술 전문어휘 선정 연구-한국어·문
　　　학, 경영학, 컴퓨터공학 전공을 대상으로」, 『한국어교육』 19-3, 국제한
　　　국어교육학회, 2008.
김중섭, 『국제통용 한국어교육 표준모형 2단계』, 국립국어원, 2011.
문승실, 「한국어학습자를 위한 외래어 교육 방안 연구」, 경희대학교 석사학위논문,
　　　2004.
박명수, 「북한이탈주민을 위한 남북한 외래어 대조 연구 : 북한이탈주민을 위한
　　　생활어휘 교재의 외래어를 중심으로」, 연세대학교 석사학위논문, 2013.
박지영, 「한국어 학습자를 위한 외래어 어휘 연구」, 『한국어와문화』 8, 숙명여자대
　　　학교 한국어문화연구소, 2010.

배주채, 『한국어 기초어휘집』, 한국문화사, 2010.

서상규 외, 『외국인을 위한 한국어 학습 사전』, 신원프라임, 2006.

이병규, 『한국어 교재 분석 연구』, 국립국어원, 2005.

이정희, 「한국어 외래어 교육 목록 선정에 관한 연구」, 『한국어교육』 18-3, 국제한
　　국어교육학회, 2007.

임홍빈, 「외래어의 개념과 범위의 문제」, 『새국어생활』 18-4, 국립국어원, 2008.

정지혜, 「국어의 외래어 조어법과 의미변이 연구」, 조선대학교 석사학위논문,
　　2013.

정희원, 「외래어 표기법」, 『국어문화학교』 1호, 국립국어연구원, 2004.

조남호, 『한국어 학습용 어휘 선정 결과 보고서』, 국립국어원, 2003.

조은호, 「한국어 외래어 교육 연구」, 경희대학교 석사학위논문, 2006.

조현용, 『한국어 어휘 교육 연구』, 박이정, 2000.

＿＿＿, 「외국인을 위한 한국어 어휘 교재 연구」, 『외국어교육연구논집』 22-1, 한
　　국외국어대학교 외국어교육연구소, 2008.

조형일, 「교육용 외래어·외국어 표현 선정과 표기 방안 연구」, 『한국언어문화학』
　　10-1, 국제한국언어문화학회, 2013.

【한국어교육을 위한 외래어 조어소 선정에 관한 연구】_남신혜·원미진

국립국어원, 『2001 신어』, 국립국어원, 2001.

＿＿＿＿, 『2002 신어』, 국립국어원, 2002.

＿＿＿＿, 『2003 신어』, 국립국어원, 2003.

＿＿＿＿, 『2004 신어』, 국립국어원, 2004.

＿＿＿＿, 『2005 신어』, 국립국어원, 2005.

국립국어원, 『사전에 없는 말 신조어』, 태학사, 2007.

김인균, 「한국어교육에서의 파생어휘 교육 -'-스럽-, -답-, -롭-' 파생 형용사
　　를 중심으로-」, 『국제어문』 31, 국제어문학회, 2004.

김정은, 「한국어 파생어 교육 연구」, 『이중언어학』 22, 이중언어학회, 2003.

김희정, 「외래어 사용에 대한 광고효과 연구」, 『광고학연구』 12-2, 한국광고학회,
　　2001.

민현식, 「국어 외래어에 대한 연구」, 『한국어 의미학』 2, 한국어의미학회, 1998.

＿＿＿, 「간판 언어의 의미론」, 『한국어 의미학』 9, 한국어의미학회, 2001.

박용찬, 「국어의 단어 형성법에 관한 일고찰 -우리말 속의 혼성어를 찾아서-」, 『형태론』 10-1, 2008.

서희정, 「한국어 학습자를 위한 접두파생어에 대한 연구」, 『이중언어학』 30, 이중언어학회, 2006.

신희삼, 「단어 형성의 원리를 이용한 한국어 어휘 교육의 방안에 관하여」, 『한국언어문학』 74, 한국언어문학회, 2010.

이신형, 「외래어의 자생적 기능에 관한 고찰」, 『새국어교육』 82, 한국국어교육학회, 2009.

이지욱, 「외국인을 위한 한국어 파생어 교육」, 『이화어문논집』 27, 이화어문학회, 2009.

이충우, 『좋은 국어어휘 교육 어떻게 할 것인가?』, 교학사, 2006.

전명미·최동주, 「신어의 단어 형성법 연구 -2002, 2003, 2004 신어를 대상으로-」, 『한민족어문학』 50, 한민족어문학회, 2007.

장혜연, 「신어의 조어 방식과 특성」, 한양대학교 석사학위논문, 2007.

조현용, 「어휘 중심 한국어 교육방법 연구」, 경희대학교 박사학위논문, 2000.

제2부　문법 교육 연구

【한국어교육용 연결어미 선정을 위한 기초 연구】_ 이현정·최영롱

강소영, 「오류분석을 통한 연결어미 지도 방안: 초급 중국인 학습자를 중심으로」, 충북대학교 석사학위논문, 2012.

공혜남, 「중국어권 학습자를 위한 한국어 양보 관계 연결어미 교육 연구」, 인하대학교 석사학위논문, 2012.

길지혜, 「한국어 구어 교육을 위한 연결어미 연구」, 동국대학교 석사학위논문, 2010.

김경화, 「한국어 시간관계 연결어미의 교수방안 연구: 중국인 학습자를 대상으로」, 서울여자대학교 박사학위논문, 2011.

김광해, 『국어 어휘론 개설』, 집문당, 1993.

김숙자, 「인과관계 연결어미 '-어서'와 '-(으)니까'의 교수·학습 방안 연구」, 한성대학교 석사학위논문, 2013.

김정숙 외, 『외국인을 위한 한국어 문법2』, 국립국어원, 2008.

김정연, 「한국어 학습자의 목적·결과 관계 연결어미 습득 양상 연구」, 이화여자대
　　　학교 석사학위논문, 2013.

김지혜, 「한국어 이유 표현 교육 연구」, 고려대학교 박사학위논문, 2009.

김제열, 「한국어 교육에서 기초 문법 항목의 선정과 배열 연구」, 『한국어교육』 제
　　　12권 1호, 국제한국어교육학회, 2001.

＿＿＿, 「한국어 교육 문법의 문제점과 개선 방안-중급1단계를 중심으로-」, 『문법
　　　교육』 제1권, 한국문법교육학회, 2004.

김호정, 『한국어교육 문법 표현 내용 개발 연구』, 국립국어원, 2012.

권수정, 「한국어 교육을 위한 양보관계 연결어미 교수·학습방안 연구」, 서울여자
　　　대학교 석사학위논문, 2010.

박대범, 「한국어 학습자를 위한 이유·원인의 연결표현 교육 연구」, 상명대학교 석
　　　사학위논문, 2008.

방성원, 「한국어 문법화 형태의 교육 방안: '다고'관련 형태의 문법 항목 선정과
　　　배열 중심으로」, 『한국어 교육』 제15권 1호, 국제한국어교육학회, 2004.

성진선, 「외국인을 위한 한국어 교육의 연구: 연결어미를 중심으로」, 『土林語文研
　　　究』 제14권, 창원대학교 국어국문학과 사림어문학회, 2002.

안주호, 「한국어 교육에서의 [원인] 연결어미에 대하여」, 『한국어 교육』 제13권 2
　　　호, 국제한국어교육학회, 2002.

＿＿＿, 「한국어교육에서의 어미 제시순서에 대한 연구」, 『배달말』 34집, 배달말
　　　학회, 2004.

＿＿＿, 「한국어 교육에서 연결어미의 교육방안에 대한 연구: {-길래}를 중심으로」,
　　　『한말 연구』, 한말연구학회, 2008.

유현경, 「연결어미의 종결어미적 쓰임에 대하여」, 『한글』 제261호, 한글학회, 2003.

유혜령, 「국어지식 교육 내용 구성의 원리 : 연결어미 체계를 중심으로」, 『청람어
　　　문교육』 제32집, 청람어문교육학회, 2005.

윤경애, 「중국대학생들을 위한 한국어 연결어미 교육 연구: 조건 표현 연결어미를
　　　중심으로」, 고려대학교 박사학위논문, 2008.

이관규, 『학교문법론』, 월인, 2012.

이미정, 「한국어 목적 연결어미의 나선형 교육방안 연구」, 부산외국어대학교 석사
　　　학위논문, 2012.

이수연, 「한국어 문법교육에서의 연결어미 연구: 시간표현 연결어미를 중심으로」,
　　　연세대학교 석사학위논문, 2011.

이현정, 「경영학 전공의 한국어 학습자를 위한 전공 기본어휘 선정 연구─어휘의 공기관계 분석 및 조어 단위 접근을 중심으로」, 연세대학교 석사학위논문, 2012.

임지아, 「한국어 교육을 위한 연결어미 연구」, 동아대학교 박사학위논문, 2010.

임진숙, 「대학 수학 목적의 한국어 교재 연구: 한국어 연결어미와 복합형을 중심으로」, 영남대학교 석사학위논문, 2008.

최정순, 「학문 목적 한국어 교육의 교육과정과 평가」, 『이중언어학』 제31호, 이중언어학회, 2006.

하지선, 「한국어교육을 위한 종결기능 연결어미 연구」, 한양대학교 석사학위논문, 2006.

한예진, 「한국어 학습자를 위한 목적 연결어미 교육 방안 연구」, 한양대학교 석사학위논문, 2010.

【한국어 학습자의 숙달도별 연결어미 정확도 변이 양상 연구】 _ 서세정·어지혜

고석주 외, 『한국어 학습자 말뭉치와 오류분석』, 한국문화사, 2004.

김유미, 「학습자 말뭉치를 이용한 한국어 학습자 오류분석 연구」, 『외국어로서의 한국어교육』 27-1, 연세대학교 한국어학당, 2002.

김정은, 「한국어교육에서의 중간언어와 오류분석」, 『한국어교육』 14-1, 국제한국어교육학회, 2002.

김재욱, 「한국어 학습자의 시제표현 문법형태의 용법별 중간언어 연구」, 『언어와 학연구』 32, 언어과학회, 2005.

김중섭, 「한국어 학습자의 연결 어미 오류 양상에 관한 연구」, 『한국어교육』, 13-2, 국제한국어교육학회, 2002.

박지순·서세정, 「한국어 쓰기 숙달도 평가 방안에 대한 연구: 학습자 작문 텍스트의 T단위 분석을 통하여」, 『제3회 한국 언어·문학·문화 국제학술대회 발표집, Columbia University·일본조선어연구회·연세대학교 국어국문학과 BK21 한국 언어·문학·문화 국제인력양성사업단, 2009.

서세정, 「통사적 숙달도 진단을 통한 한국어 학습자의 중간언어 발달 연구 : 학습자 작문 텍스트의 분석을 바탕으로」, 연세대학교 석사학위 논문, 2009.

서정수, 『국어문법』, 한세본, 2004.

석주연·안경화, 「한국어 학습자 표현 오류분석의 몇 가지 문제─정의, 확인, 기술을 중심으로─」, 『한국어교육』 14-3, 국제한국어교육학회, 2003.

이정희,「한국어 오류 판정과 분류 방법에 관한 연구」,『한국어교육』13-1, 국제한
　　　국어교육학회, 2002.
허　용 외,『(외국어로서의)한국어교육학 개론』, 박이정, 2007.

【'-다는'의 유형과 문법화】_남신혜

권재일,「한국어 인용 구문 유형의 변화와 인용 표지의 생성」,『언어학』22호, 한
　　　국언어학회, 1998
김선효,「인용 구문 '-다고 하는'과 '-다는'의 특성」,『어학연구』40-1, 한국언어
　　　학회, 2004.
김수태,「인용월과 완형보문」,『국어국문학지』33, 부산대학교, 1996.
김영희,「"하다"; 그 대동사 설의 허실」,『배달말』9, 배달말학회, 1984.
김지은,「관형절의 한 유형에 대한 연구」,『애산학보』제27집, 애산학회, 2002.
김흥범,「'-다면서', '-다고', '-다니'의 구조와 의미」,『외국어로서의 한국어교육』
　　　제12집, 연세대학교 언어연구교육원 한국어학당, 1987.
남기심,『국어완형보문법 연구』,『한국학연구총서』제1집, 계명대학교 한국학연구
　　　소, 1973.
_____,『현대국어통사론』, 태학사, 2001.
남기심·고영근,『표준 국어문법론』, 塔出版社, 1985.
방성원,「국어 발화 동사 구문에 대한 연구」,『고황논집』제27집, 경희대학교,
　　　2000.
손세모돌,「{(는/ㄴ)단다}의 어미화」,『한양어문』16, 1998.
안경화,「한국어 인용 구문의 연구─유형과 융합도를 중심으로」, 서울대학교 박사
　　　학위논문, 1995.
우형식,「국어의 관형절과 핵심명사」,『원우론집』15-1, 1987.
유현경,「어미 '-다고'의 의미와 용법」,『배달말』31, 배달말학회, 2002.
이관규,「관형사 어미 "다는"에 대한 고찰」,『새국어교육』제77집, 한국국어교육학
　　　회, 2007.
이금희,「인용문 형식의 문법화」,『국어학』제48집, 국어학회, 2006.
이맹성,『한국어체언형에 관한 변형분석적연구』, 서울대학교어학연구소, 1968.
이　숙,「서술종결형어미 '-단다'의 형성과 의미기능 분석」,『우리어문연구』39,
　　　우리어문학회, 2011.

이지양, 「인용 구문의 융합」, 『인문과학연구』 제1집, 가톨릭대학교 인문과학연구소, 1996.

이필영, 「국어의 인용 구문 연구」, 서울대학교 박사학위논문, 2003.

_____, 「인용구문의 의미 특성 연구」, 『언어』 30-3, 한국언어학회, 2005.

임동훈, 「통사론과 통사 단위」, 『어학연구』 제31집, 한국언어학회, 1995.

조경순, 「국어 발화동사 구문 연구」, 『한국어 의미학』 제30집, 한국어의미학, 2009.

최재희, 「'-고'에 이끌리는 내포 구문의 의미 해석」, 『한글』 248호, 한글학회, 2000.

최현배, 『우리말본(깁고 고침)』, 정음문화사, 2004.

홍사만, 「국어 의존명사 {것}의 사적 연구」, 『어문논총』 제44집, 한국문학언어학회, 2006.

Lee, Hong-Bae, *A Study of Korean Syntax*, Seoul: Pan Korea corporation, 1970.

Yang, In-Seok, *Korean Syntax*, Seoul: Paek Hap Sa, 1972.

【조사 '에게'와 결합하는 무정물 명사의 유정성 연구】 _ 한승규

고영근, 「형태소의 교체와 형태론의 범위 - 형태음운론적 교체를 중심으로 -」, 『국어학』 46집, 국어학회, 2005.

박양규, 「소유와 소재」, 『국어학』 3집, 국어학회, 1997.

유현경, 「'에게'와 유정성」, 『형태론』 9권 2호, 형태론학회, 2007.

김형정, 「선행명사구의 유정성과 조사 '에게/에'의 선택」, 『언어사실과 관점』 26집, 연세대학교 언어정보연구원, 2010.

_____, 「처격 조사의 결합 관계를 통해서 본 한국어 유정성 연구」, 연세대학교 대학원 박사학위 논문, 2012.

연재훈, 「기능-유형 문법에서의 분석과 설명」, 『언어학』 제17호, 한국언어학회, 1995.

Mutsumi Yamamoto. *Animacy and Reference: A cognitive approach to corpus liguuistics*. Amsterdam/Philadelphia: John Benjamins Publishing Co, 1999.

Comrie, B. *Language Universals and Liguistic Typology*. 2nd ed. Oxford: Basil Blackwell, 1981.

Foley, W.A.. and R.D. Van Valin, Jr. 1. "Information Packaging in the Clause." In T. Shopen(ed.), *Language Typology and Syntactic Description*, Vol. 1.: Clause Structure, Cambridge: Cambridge University Press, 1985.

Langacker, R.W. *Foundations of Cognitive Grammar*, Vol. II: Descriptive Application. Stanford, California: Stanford University Press, 1991.

제3부   담화 교육 연구

【한국어 상대높임법 실현의 영향 요인 연구】_박지순

강현화, 「한국어교육에서의 담화 기반 문법 연구: 부정 표현의 맥락 문법을 활용하여」, 『외국어교육』 제19권 3호, 외국어교육학회, 2012.

김정호, 「국어 높임법에 대한 체계적인 사회언어학적 접근」, 『겨레어문학』 제33집, 겨레어문학회, 2004.

_____, 「1970년대 '합쇼체'의 남성어적 성격에 관하여 – 소설 자료를 중심으로」, 『겨레어문학』 제40집, 겨레어문학회, 2008.

남기심, 「국어 존대법의 기능」, 『인문과학』 제45집, 연세대학교 인문학연구원, 1981.

_____, 『현대국어통사론』, 태학사, 2001.

남기심·고영근, 『표준국어문법론』, 탑출판사, 1985.

남신혜, 「한국어의 중화체에 대한 연구 – 일상적 글말 텍스트 장르 분석을 중심으로」, 연세대학교 석사학위논문, 2012.

박경래, 「청원 방언의 경어법에 대한 사회언어학적 연구 – 청자대우법에서의 힘과 유대를 중심으로」, 『개신어문연구』 제15집, 개신어문학회, 1999.

박석준, 「초급 한국어 교재의 청자 높임법」, 『한말연구』 제17집, 한말연구학회, 2005.

박성일, 「인칭 범주에 기반한 한국어 경어법 교육 연구」, 서울대학교 박사학위논문, 2012.

박영순, *Aspects in the Development of Communicative Competence*, Ph. D. Dissertation, Univ. of Illinois, 1978.

박영순, 「상대높임법의 사회언어학」, 『어문논집』 제34집, 안암어문학회, 1995.

백봉자, 『외국어로서의 한국어 문법 사전』, 도서출판 하우, 2009.

엄경옥, 「현대 한국어 청자대우법의 사회언어학적 연구」, 중앙대학교 박사학위논문, 2008.

이관규, 『국어교육을 위한 국어문법론』, 집문당, 2005.

이익섭, 『사회언어학』, 민음사, 1994.

임지룡 외, 『학교문법과 문법교육』, 박이정, 2005.

이경우, 「현대국어 경어법의 사회언어학적 연구(2)」, 『국어교육』, 106집, 한국어교육학회, 2001.

_____, 「현대국어 경어법의 사회언어학적 연구(3)」, 『국어교육』 113집, 한국어교육학회, 2004.

이보라, 「한국어 교재의 상대경어법 제시 양상 분석 및 교재 개선 방안 연구」, 한양대학교 석사학위논문, 2008.

이은경, 「한국어 교재의 경어법 연구」, 『관악어문연구』 제27집, 서울대학교국어국문학과, 2002.

이은희, 「한국어 교재의 문법 기술 방식-높임법을 중심으로」, 『이중언어학』 제25집, 이중언어학회, 2004.

이익섭·임홍빈, 『국어문법론』, 학연사, 1983.

이익섭·채 완, 『국어문법론 강의』, 학연사, 1999.

이정복, 「국어 경어법에 대한 사회언어학적 접근」, 『국어학』 제47집, 국어학회, 2006.

최주희, 「한국어 고급 학습자의 상대 높임의 등급 전환 양상 연구」, 『한국언어문화학』 제10권 1호, 국제한국언어문화학회, 2013.

한 길, 『현대 우리말의 높임법 연구』, 역락, 2002.

Hewings. A. & M. Hewings, *Grammar and Context : An advanced resource book*, London : Routledge, 2005.

【다차원 분석에 의한 한국어 논문 텍스트의 장르적 특성 연구】 _ 홍혜란

강범모, 『한국어의 텍스트 장르와 언어 특성』, 고려대학교 출판부, 1999.

강범모·김흥규·허명희, 「통계적 방법에 의한 한국어 텍스트 유형 및 문체 분석」, 『언어학』 22, 한국언어학회, 1998.

_____, 『한국어의 텍스트 장르, 문체, 유형: 컴퓨터와 통계적 기

법의 이용』, 태학사, 2000.

강현화, 「코퍼스상의 빈도가 어휘 교육에 주는 효용성」, 『경희대학교 논집』 4, 경희대학교, 2000.

구철모·최정일, 「조직의 흡수역량이 기업성과에 미치는 영향에 대한 실증연구」, 『경영학연구』 37-3, 한국경영학회, 2008.

권미정, 「외국어로서의 한국어 읽기 교육」, 『한국어교육』 제10권 1호, 국제한국어교육학회, 1999.

권수영·문보영, 「기업수명주기 하에서 자기자본이익률의 구성요소와 미래수익성 및 가치 관련성」, 『경영학 연구』 38-5, 한국경영학회, 2009.

김미옥, 「인지양식을 고려한 한국어 교수학습」, 『한국어교육』 제9권 1호, 국제한국어교육학회, 1998.

김상원·조찬섭·남재우·김봉환·이종현, 「MEMS 공정을 이용한 BGA IC 패키지용 테스트 소켓의 제작」, 『전자공학회 논문지』 제47권 SD편 제11호, 대한전자공학회, 2010.

김선정·허 용, 「한국어교재 선택법 및 학습지도안 작성법」, 『이중언어학』 제16호, 이중언어학회, 1999.

김원진·조 걸·정기석, 「멀티코어 시스템을 위한 멀티스레드 H.264/AVC 병렬 디코더」, 『전자공학회 논문지』 제47권 SD편 제11호, 대한전자공학회, 2010.

김은주, 「의사소통 중심교실에서의 효과적인 듣기 지도 방안」, 『이화여자대학교 교과교육학연구』 4, 여화여자대학교 교과교육연구소, 2000.

김익수·김병구, 「한국 다국적기업의 해외자회사 통제수준 결정요인에 관한 실증 분석」, 『경영학연구』 39-5, 한국경영학회, 2010.

김정숙·최은규·김유정, 「한국어능력시험의 개선 방안 연구」, 『한국어교육』 제16권 1호, 국제한국어교육학회, 2005.

김제열, 「한국어 문법 교육의 문제점과 개선 방안」, 『문법교육』 제1호, 한국문법교육학회, 2004.

박영규, 「자기주식매입 기업의 이익조정에 관한 연구」, 『경영학연구』 39-5, 한국경영학회, 2010.

박진우·백재승, 「구조조정과 기업가치: 축소와 확장 비교분석」, 『경영학연구』 38-5, 한국경영학회, 2009.

박홍수·최선미·정완진·강성호, 「협력적 기업 활동이 마케팅 성과로 이어지기 위한 선행요인에 관한 연구」, 『경영학연구』 37-5, 한국경영학회, 2008.

반기종·원영진·임승하, 「퓨즈 캡의 검사를 위한 알고리즘 설계」, 『전자공학회지』

제47권 IE편 제4호, 대한전자공학회, 2010.

백승현·김승광·박흥배, 「사내 네트워크 보안을 위한 네트워크 접근제어시스템 설계 및 구현」, 『전자공학회지』 제47권 TC편 제12호, 대한전자공학회, 2010.

성해경·이문구, 「실시간 무선 원격 제어 및 모니터링 시스템의 구현」, 『전자공학회지』 제47권 CI편 제6호, 대한전자공학회, 2010.

신선경, 「설득의 수단으로서의 은유—은유의 생성과 수용에 대한 일고찰」, 『한국어의미학』 제20호, 한국어의미학회, 2006.

신중진, 「문헌과 방언을 통해 본 '부스럼[furuncle]'의 형태사」, 『국어학』 제57집, 국어학회, 2010.

오종철, 「인터넷 서비스 수용의 영향요인: UTAUT모형에 대한 재평가」, 『경영학연구』 39-1, 한국경영학회, 2010.

우인혜, 「한일 언어 비교를 통한 발음 교수법」, 『이중언어학』 제15호, 이중언어학회, 1998.

유현경, 「관형사 '한'에 대한 연구」, 『국어학』 제53집, 국어학회, 2008.

윤우진·송재용, 「바이오테크 기업의 기술영역 변화와 제약회사와의 전략적 제휴: 주변영역의 변화와 핵심영역의 변화에 따른 기존 파트너 제약회사와의 반복 제휴형성에 관한 연구」, 『경영학연구』 39-1, 한국경영학회, 2010.

이금희, 「인용문 형식의 문법화—문법화 과정과 문법화 정도에 대하여」, 『국어학』 제48집, 국어학회, 2006.

이덕로·김태열, 「직무특성이 개인 창의성에 미치는 영향: 선행적 행동의 매개효과를 중심으로」, 『경영학연구』 37-3, 한국경영학회, 2008.

이동대, 「브랜드 경영 효율성이 기업 수익성과 주주가치에 미치는 영향」, 『경영학연구』 39-5, 한국경영학회, 2010.

이미혜, 「과정 중심의 한국어 쓰기 교육」, 『한국어교육』 제11권 2호, 국제한국어교육학회, 2000.

이병기, 「중세 국어 '강세접미사'와 '보조용언'의 상관성」, 『국어학』 제53집, 국어학회, 2008.

이석훈·황인석, 「주파수 배가 방법을 이용한 고속 전압 제어 링 발진기」, 『전자공학회지』 제47권 SC편 제2호, 대한전자공학회, 2010.

이성범·홍승진, 「생략적 발화의 화용적 기능」, 『담화와 인지』 제16권 1호, 담화인지언어학회, 2009.

이재원, 「기사제목과 본문 사이의 상호텍스트성」, 『텍스트언어학』 제26집, 한국어텍스트언어학회, 2009.

이재형·이웅수·김동성, 「센서 네트워크의 이동 노드를 위한 효율적 네트워크 구성 방법」, 『전자공학회지』 제47권 CI편 제6호, 대한전자공학회, 2010.

이준환, 「고유어와 한자어 구개음화의 상관성」, 『국어학』 제49집, 국어학회, 2007.

이필영, 「서술부 양태 표현의 부정 양상-보조용언적 구성을 중심으로」, 『국어학』 제48집, 국어학회, 2006.

이현동·정목동, 「클라우드 컴퓨팅 환경을 위한 상황인식 보안 시스템」, 『전자공학회지』 제47권 CI편 제6호, 대한전자공학회, 2010.

이홍석·이태영·김병수·고윤호, 「근접감시용 무인항공기 시스템을 위한 영상 안정화 알고리즘」, 『전자공학회지』 제47권 SP편 제6호, 대한전자공학회, 2010.

임홍빈, 「한국어 무조사 명사구의 통사와 의미」, 『국어학』 제49집, 국어학회, 2007.

조도현·강대석·한규정·지영하·한완옥, 「WiBro망에서 보안성이 확립된 기업용 Mobile-VPN 구축 방안 연구」, 『전자공학회지』 제47권 IE편 제4호, 대한전자공학회, 2010.

현윤호, 「과제 수행 중심의 말하기 지도방안」, 『한국어교육』 제12권 2호, 국제한국어교육학회, 2001.

Biber, "Variation among university spoken and written register: A new multi-dimensional analysis", In Pepi Leistyna and Charles F. Meyer(Eds.), Language and Computers, Corpus Analysis: Language Structure and Language Use, 2003.

Biber, D., & Hared, M., "Dimensions of register variation in Somali". Language Variation and Change 4, 1992.

Biber, D., Davies, M., Jones, J.K., Tracy-Ventura, "Spoken and written register variation in Spanish: A multi-dimensional analysis", Corpora Vol. 1(1), 2006.

Biber, D., Variation across Speech and Writing. Cambridge, CUP, 1988.

Fergason, Charles A., "Dialect, register, and genre: working assumptions about conversationalization", In D. Biber and E. Fiengan(eds.), Sociolinguistic Perspective on Register, N.Y.: Oxford University Press, 1994.

Kim, Y., & Biber, D., "A corpus-based analysis of register variation in Korean", In D. Biber & E. Finegan(Eds.), Sociolinguistic perspectives *on register*, New York: Oxford University Press.

Kim, Yong-Jin, Register Variation in Korean: A Corpus-Based Study. Ph.D. dissertation. USC, 1992.

Reppen, R., Variation in elementary student language: A multi-dimensional perspective, Unpublished doctoral dissertation, Northern Arizona University, 1994.

Susan M. Conrad, "Investigating Academic Texts With Corpus-Based Techniques: An Example From Biology", Linguistics and Education 8, 1996.

White. M., Language in job interviews: Differences relating to success and socioeconomic variables, Unpublished doctoral dissertation. Northern Arizona University, 1994.

【'보다' 구성의 가정 의미기능 연구】 _ 김진희 · 김강희

고영근 · 구본관, 『우리말 문법론』, 집문당, 2008.

국립국어원 편, 『표준국어대사전』, 두산 동아, 1999.

권수정, 「한국어 교육을 위한 양보관계 연결어미 연구」, 『인문논총』, Vol.20, 서울 여자대학교인문과, 2010.

김경혜, 「일본어와 한국어의 조건표현의 대조 연구」, 『日語日文學硏究』, Vol.34 No.1, 한국일어일문학회, 1999.

김미경, 「국어 보조동사 구문의 구조」, 『언어』, Vol.15, 한국언어학회, 1990.

김소연, 「보조용언 '버리다, 보다, 가다, 주다'의 연구」, 충남대학교 석사학위 논문, 2003.

김수정, 「동사 '보다'의 다의체계 연구」, 경북대학교 석사학위 논문, 2007.

김승곤, 『21세기 국어 이음씨끝 연구』, 정인출판사, 2009.

김의수, 「우언적 부정 표현의 통사 연구- '의문사+(-이)+ㄴ+가'를 중심으로-」, 『어문론총』, 제64호, 한국언어문화학회, 2007.

김하수 외, 『(한국어교육을 위한) 한국어 연어 사전』, 커뮤니케이션북스, 2007.

남기심, 『표준국어문법론』, 탑출판사, 2011.

민경모, 「서법(Mood) 구현 형식에 대한 일고찰- 서법 범주의 수용과 전개를 중심 으로-」, 『한국학논집』, 제40집, 2010.

박재연, 「연결어미와 양태: 이유, 조건, 양보의 연결어미를 중심으로」, 『한국어 의미학』, Vol.30, 한국어의미학회, 2009.

백문규, 「영 독어에 있어서 가정법에 관한 비교 연구」, 고려대학교 석사학위 논문, 1979.

서상규·백봉자·강현화·김홍범·남길임·유현경·정희정·한송화 편, 『외국인을 위한 한국어 학습 사전』, 문화관광부·한국어세계화재단, 2006.

손민숙, 「한국어 조건문 연구」, 『겨레어문학』, Vol.11, 겨레어문학회, 1986.

손세모돌, 『국어 보조 용언 연구』, 한국문화사, 1996.

안미경, 「조건문에 관한 연구」, 연세대학교 석사학위 논문, 1991.

안찬원, 「국어 조건관계 연결어미의 계층구조 연구」, 연세대학교 석사학위 논문, 2001.

안 첨, 「중국인 학습자를 위한 한국어 가정표현 {-면}구문 연구」, 연세대학교 석사학위 논문, 2011.

연세대학교 언어정보개발연구원 편, 『연세 한국어 사전』, 두산 동아, 1998.

이성범 외, 『화용론 연구』, 태학사, 2002.

이익섭·채 완, 『국어문법론 강의』, 학연사, 1999.

정언학, 『상 이론과 보조용언의 역사적 연구』, 태학사, 2006.

정희자, 『담화와 문법』, 한국문화사, 2008.

조성식, 『영문법 연구』, 신아사, 1990.

진설매, 「한국어 조건 접속문과 중국어의 대응 구문에 대한 연구」, 연세대학교 석사학위 논문, 2011.

한송화, 「한국어 보조용언의 상적 기능과 양태기능, 화행적 기능에 대한 연구」, 『한국어 교육』, Vol.11 No.2, 국제한국어교육학회, 2000.

호광수, 「국어 보조용언 연구: '보다'의 통사의미 특징을 중심으로」, 조선대학교 박사학위 논문, 1998.

_____, 「보조용언 '보다' 구성의 선어말 어미 분포 양상」, 『한국언어문학』, Vol.39, 한국언어문학회, 1997.

_____, 『국어 보조용언 구성 연구』, 역락 출판사, 2003.

Adele E. Goldberg, *Constructions: A New Theoretical Approach to Language*, In Trends in Cognitive Sciences, 2003.

Celce-Murcia, M., "Foley, J. A. (Ed.). (2004). Language, education, and discourse", Studies in second language acquisition, Vol.28 No.1, 2006.

Diane Larsen-Freeman, *Teaching language : from grammar to grammaring*,

Boston : Thomson/Heinle, 2003.

Jacob L. Mey 저, 이성범 옮김, 『화용론 개관』, 한신문화사, 2007.

Jacques Moeschler, Anne Reboul 저, 최재호·홍종화·김종을 공역, 『화용론 백과사전』, 한국문화사, 2004.

Laura A. Michaelis, "Construction Grammar", University of Colorado at Boulder, 2005.

Malka Rappaport Hovav and Edit Doron and Ivy Sichel (eds.), *Lexical Semantics, Syntax, and Event Structure*, Oxford University Press, 2010.

 ke Viberg, "Verbs of perception, In Martin Haspelmath, Ekkehard K nig, Wulf Oesterreicher and Wolfgang Raible (eds.)", *Language typology and language universals: an international handbook*, vol. 2, 2001.

【맥락을 고려한 한국어 문법 교육 연구】 _ 서지혜

강현화, 「한국어 문법 교수 학습 방법의 새로운 방향」, 『국어교육연구』 18, 서울대학교 사범대학 국어연구소, 2006.

_____, 「한국어 표현문형 담화기능과의 상관성 분석 연구」, 『이중언어학』 34, 이중언어학회, 2007.

_____, 「한국어 교육에서의 담화 기반 문법 연구」, 『한국문법교육학회 제16차 전국학술대회 발표문』, 한국문법교육학회, 2012.

권순희, 「청자를 고려한 대화 방법」, 『화법연구』 4, 한국화법학회, 2002.

김수정, 「한국어 교재의 공손성 분석」, 이화여자대학교 석사학위 논문, 2011.

남기심·고영근, 『표준 국어 문법론 개정판』, 탑 출판사, 1997.

노주현, 「한국어 요청 화행 연구」, 고려대학교 석사학위 논문, 2001.

문금현, 「구어 중심의 한국어 교재 편찬 방안에 대하여」, 『국어교육』 105, 한국어교육학회, 2001.

박지영, 「한국어 학습자를 위한 요청화행 교육 방안 연구」, 숙명여자대학교 석사학위 논문, 2006.

윤정아·김선정, 「한국어 학습자의 요청 응답 화행 연구」, 『언어와 문화』 4-3, 한국언어문화교육학회, 2008.

이우정, 「한국어 학습자를 위한 요청관련 담화표지 연구」, 경희대학교 석사학위

논문, 2007.

장효은, 「한국어 지시 화행과 공손성의 상관관계 연구: 부탁 화행과 제의 화행을 중심으로」, 한국외국어대학교 석사학위 논문, 2008.

정민주, 「한국어 요청 화행 표현 연구」, 서울대학교 석사학위 논문, 2002.

Ann Hewings & Martin Hewings, *Grammar and context*, Routledge, 2005.

Blum-Kulka, S. & Levenston, E., Lexical-grammatical pragmatic indictors, Studies in Second Language Acquisition 9, 1987.

_____, Request and apologies: a cross-cultural study of speech act realization patterns(CCSARP), Applied Linguistics 5(3), 1984.

Blum-Kulka, S., Indirectness and politeness in requests: same of different J ournal of Pragmatics 11(2), 1987.

David Nunan, *Teaching grammar in context*, Routledge, 2001.

Kasper, G., Linguistic Etiquette, In Florian Coulmas(Eds), *The Handbook of Sociolinguistics*, Blackwell, 1987.

M.A.K. Halliday, *An introduction to functional grammar*, London : E. Arnold, 1985

제4부 **교수에의 적용**

【한국어의 핵심어휘에 대하여】 _ 김남길

서상규, 『한국어 기본어휘 연구』, 한국문화사, 2013.

Ogden, C. K., *Basic English: International second language*, London: Kegan Paul, Trensch, Trubner & Co, 1968.

Richards, I.A., *Basic English and its uses*, London: Kegan Paul, Trensch, Trubner & Co, 1943.

Martin, J.R., Systemic functional linguistics. In Hyland,K. and Paltridge, B. (eds.), *The Bloomsbury companion to discourse analysis*, London: Bloomsbury, 2011.

Schmitt, N., *Vocabulary in language teaching*, Cambridge: Cambridge University Press, 2000.

【'-다는' 인용과 인용명사의 사용 양상과 기능】_한송화

강범모, 「한국어 보문명사 구문의 의미특성」, 『어학연구』19권 1호, 서울대학교 언어교육원, 1983.

김보경, 「프랑스어와 한국어의 보문명사 유형과 보문명사 구문의 분포적 문체적 특성에 대한 소고」, 『프랑스어문교육』제26집, 한국프랑스어문교육학회, 2007.

김수태, 「인용월의 개념과 유형」, 『우리말연구』6권, 우리말학회, 1996.

김영희, 「간접 명사 보문법과 '하'의 의미 기능」, 『한글』173·174호, 한글학회, 1981.

김용진, 「신문 뉴스 인용문의 담화 기능: 미국 신문의 9-11 사건 보도를 중심으로」, 『담화와 인지』11권2호, 담화인지언어학회, 2004.

서종석·박시현·아가다 자케비취, 「인용문의 자동 검색을 위한 텍스트 연구: 한국-프랑스 신문기사를 중심으로」, 『언어와 언어학』43집, 한국외국어대학교 외국어종합연구센터 언어연구소, 2008.

김정남, 「신문 기사 인용문의 특성에 대하여」, 『국어학』46집, 국어학회, 2005.

김진웅, 「국어 보문명사구문 연구」, 연세대학교 국어국문학과 석사학위논문, 2002.

송경화·강범모, 「신문 기사의 언어 사용 양상: 코퍼스언어학적 접근」, 『인지과학』17권 4호, 한국인지과학회, 2006.

남기심, 『국어 완형보문법 연구』, 탑출판사, 1989.

이필영, 『국어의 인용구문 연구』, 탑출판사, 1993.

이현우, 「현대 국어의 명사구의 구조 연구」, 서울대학교 국어국문학과 박사학위논문, 1995.

장경희, 『현대국어의 양태범주연구』, 탑출판사, 1985.

Lemarechal, Alain, *Zero(s)*, Paris, PUF, 1997.

Bell, Allen, *The Language of News Media*, Cambridge, MA: Blackwell, 1991.

Schmid, Hans-Jorg, *English Abstract Nouns as Conceptual Shells - From Corpus to Cognition-*, Mouton de Gruyter Berlin, New York, 2000.

Charles, Maggie, Argument or Evidence? Disciplinary Variation in the Use of the Noun *That Pattern in Stance Construction. English for Specific Purposes*, 26, 2007.

Van Dijk. T. A. *News as Discourse*, Hillsdale, New Jersey: Lawrence Erlbaum, 1988.

【한국어 교재 '본문'의 담화적 요소 분석】 _ 김현강·이윤진

강지원, 「고등학교 영어 교과서 대화문 분석: 인접쌍을 중심으로」, 성신여대 석사 학위 논문, 2009.

고려대 한국어문화교육센터, 『재미있는 한국어 1』, 교보문고, 2008.

_____, 『재미있는 한국어 2』, 교보문고, 2009.

권성미·이혜용, 「한국어 초, 중급 교재에 제시된 간접화행의 실현 양상 연구」, 『한국어교육』 19-2, 국제한국어교육학회, 2008.

김해연, 「대화분석과 고등학교 영어교과서분석의 대화분석적 접근」, 『영어학』 5-4, 한국영어학회, 2005.

김해연·김정윤, 「ESL/EFL 교재와 고등학교 영어교과서 대화문에 나타난 수정 현상에 대한 비교 분석 연구」, 『영어학』 9-3, 한국영어학회, 2009.

김현강, 「고개 끄덕임의 대화 내 상호작용 연구」, 『사회언어학』 20-1, 한국사회언어학회, 2012.

박석준, 「한국어 교재의 대화문에 대하여」, 『문법 교육』 3, 문법교육학회, 2005.

방성원, 「한국어 교재 및 교육 자료 연구 동향 분석」, 『이중언어학』 47, 이중언어학회, 2011.

방혜숙, 「한국어 교재 대화 구성에 관한 사회언어학적 연구」, 『이중언어학』 36, 이중언어학회, 2008.

서강대 한국어교육원, 『서강한국어(NEW)₩ 1A, 1B, 2A, 2B, 서강대 국제문화교육원, 2008.

서울대 언어교육원, 『한국어 1』, 문진미디어, 2005.

_____, 『한국어 2』, 문진미디어, 2003.

신현숙, 「한국어 대화의 교수모형: 질문과 응답」, 『한국어교육』 13-1, 국제한국어교육학회, 2002.

안의정, 『국어사전에서의 구어 어휘 선정과 기술 방안 연구』, 한국문화사, 2009.

안주호, 「한국어교육에서의 담화표지 위계화 방안」, 『한국어교육』 20-3, 국제한국어교육학회, 2009.

안혜련, 「고등학교 영어교과서 대화문 분석」, 중앙대학교 석사학위 논문, 2005.

연세대 한국어학당, 『연세 한국어1』, 연세대학교 출판부, 2007.

_____, 『연세 한국어2』, 연세대학교 출판부, 2008.

이소림, 「한국어 교재의 제시대화문 구성 연구」, 전남대학교 박사학위 논문, 2008.

이원표, 『담화분석』, 한국문화사, 2001.

이윤진, 「한국어 교육 자료에서의 문법 항목 표시 방법 연구」, 『한국어교육』 18-3, 국제한국어교육학회, 2007.

전영옥, 「한국어 담화 표지의 특징 연구」, 『화법연구』 4, 한국화법학회, 2005.

Brown, P. and Levinson, S. C., Politeness: *Some Universals in Language Use*, Cambridge: Cambridg University Press, 1987.

Canale, M. and Swain, M., Theoretical bases of communicative approaches to second language teaching and testing. *Applied Linguistics*, 1(1), 1980.

Chafe, W. L., Integration and involvement in speaking, writing and oral literature, in Tannen (ed.) Spoken and Written Language: Exploring Orality and Literacy, 1981.

Duncan, S., On signalling that it's your turn to speak. *Journal of Experimrntal Social Psychology*, 23, 1974.

Hymes, D., Toward ethnographies of communication: The analysis of communicative events. In Gilglioi (Ed.), *Language and Social Context. Harmondsworth*: Penguin, 1972.

Mehan, H., *Learning Lessons. Social Organization in the classroom*, Havard University Press. Camvridge, MA, 1979.

Renkema, J., *Discourse Studies*: An Introductory Textbook. Amsterdam: John Benjamins, 1993.

Sacks, H., Schegloff, E., & Jefferson, G., *A simplest systemics for the organization of turn-taking*, *Language*, 50, 1974.

Schegloff, E. & Saks, H., *Opening up closings*, Semiotica, 7, 1973.

Schiffrin, D., *Discourse Markers*, Cambridge University Press, 1987.

Tannen, D., *Conversational Style*, Norwood, NJ: Ablex Press, 1984.

Tannen, D., Relative focus on involvement in oral and written discourse, in Olsen, D. Torrance, N. and Hildyard, A.(eds.) Literacy, language and learning: The nature and consequences of reading and writing, Cambridge University Press, 1985.

Yngve, V., On getting a word in edgewise, *Papers from the Sixth Regional Meeting Chicago Linguistic Society* 6, 1970.

찾아보기

저자소개

강현화
연세대학교 국어국문학과 교수

김강희
연세대학교 국어국문학과 박사과정

김남길
서던캘리포니아대학교 교수

김진희
연세대학교 한국어학당 강사

김현강
연세대학교 언어정보연구원 HK연구교수

남신혜
연세대학교 국어국문학과 박사과정

박지순
국립국어원 학예연구사

서세정
시마네현립대학교 강사

서지혜
연세대학교 한국어학당 강사

어지혜
연세대학교 국어국문학과 박사과정

원미진
연세대학교 국어국문학과 조교수

이윤진
연세대학교 국어국문학과 BK21플러스사업단 박사후연구원

이현정
한국개발연구원국제정책대학원대학교 강사

장채린
이화여자대학교 언어교육원 한국어교육부 강사

최영롱
연세대학교 한국어학당 강사

한송화
연세대학교 언어정보연구원 HK교수

한승규
연세대학교 국어국문학과 박사과정 수료

홍연정
홍익대학교 국제언어교육원 한국어교육부 강사

홍혜란
연세대학교 언어정보연구원 연구원

한국 언어·문학·문화 총서 **1**

코퍼스 기반 한국어교육 연구의 이론과 실제

2015년 7월 31일 초판 1쇄 펴냄

지은이 강현화 외
펴낸이 김흥국
펴낸곳 도서출판 보고사

책임편집 이유나
표지디자인 이유나

등록 1990년 12월 13일 제6-0429호
주소 서울특별시 성북구 보문동7가 11번지 2층
전화 922-5120~1(편집), 922-2246(영업)
팩스 922-6990
메일 kanapub3@naver.com
http://www.bogosabooks.co.kr

ISBN 979-11-5516-425-9 94710
　　　 979-11-5516-424-2 94080(세트)

ⓒ 강현화 외, 2015

정가 30,000원

이 도서의 국립중앙도서관 출판예정도서목록(CIP)은 서지정보유통지원시스템 홈페이지
(http://seoji.nl.go.kr)와 국가자료공동목록시스템(http://www.nl.go.kr/kolisnet)에서 이
용하실 수 있습니다.(CIP제어번호 : CIP2015018367)